Koch-Priewe / Leonhard / Pineker / Störtländer
Portfolio in der LehrerInnenbildung

Barbara Koch-Priewe
Tobias Leonhard
Anna Pineker
Jan Christoph Störtländer
(Hrsg.)

Portfolio in der LehrerInnenbildung

Konzepte und empirische Befunde

VERLAG JULIUS KLINKHARDT
BAD HEILBRUNN 2013

Dieser Titel wurde in das Programm des Verlages mittels eines Peer-Review-Verfahrens aufgenommen. Für weitere Informationen siehe www.klinkhardt.de.

Bibliografische Information der Deutschen Nationalbibliothek
Die Deutsche Nationalbibliothek verzeichnet diese Publikation
in der Deutschen Nationalbibliografie; detaillierte bibliografische Daten
sind im Internet abrufbar über http://dnb.d-nb.de.

2013.r. © by Julius Klinkhardt.
Das Werk ist einschließlich aller seiner Teile urheberrechtlich geschützt.
Jede Verwertung außerhalb der engen Grenzen des Urheberrechtsgesetzes ist ohne Zustimmung des Verlages unzulässig und strafbar. Das gilt insbesondere für Vervielfältigungen, Übersetzungen, Mikroverfilmungen und die Einspeicherung und Verarbeitung in elektronischen Systemen.

Druck und Bindung: AZ Druck und Datentechnik, Kempten.
Printed in Germany 2013.
Gedruckt auf chlorfrei gebleichtem alterungsbeständigem Papier.

ISBN 978-3-7815-1931-2

Inhaltsverzeichnis

Editorial 7

1 Einführung und Überblick: Portfolio in der LehrerInnenbildung

Felix Winter
Das Portfolio in der Hochschulbildung – Reformimpulse für Didaktik und
Prüfungswesen 15

Barbara Koch-Priewe
Das Portfolio in der LehrerInnenbildung – Verbreitung, Zielsetzungen,
Empirie, theoretische Fundierungen 41

2 Portfolio in der LehrerInnenbildung: Studien zur Konzeptentwicklung in der ersten, zweiten und dritten Phase

Rainer Bolle und Liselotte Denner
Das Portfolio „Schulpraktische Studien" in der Lehrerbildung –
Genese, empirische Befunde und ein bildungstheoretisch fokussiertes Modell
für eine theoriegeleitete Portfolioarbeit 74

*Sascha Ziegelbauer, Christine Ziegelbauer, Susi Limprecht und
Michaela Gläser-Zikuda*
Bedingungen für gelingende Portfolioarbeit in der Lehrerbildung –
empiriebasierte Entwicklung eines adaptiven Portfoliokonzepts 112

Lilian Streblow, Vanessa Rumpold und Nicole Valdorf
Einschätzung der Portfolioarbeit durch Lehramtsstudierende – empirische
Ergebnisse einer studienverlaufsbegleitenden Befragung in Bielefeld 122

Christian Kraler
Grundlagen und Umsetzung der Portfolioarbeit in der LehrerInnenbildung
an der Universität Innsbruck. Ein Resümee 136

Peter Bade
Das Portfolio im Hamburger Referendariat:
Konzeption – Erfahrungen – Entwicklung 158

Harry Neß
Phasenübergreifendes Professionalisierungs-Portfolio unter Einbeziehung
der Validierung des informellen und nichtformalen Lernens 168

3 Reflexion als Kern der Portfolioarbeit im Lehramtsstudium

Tobias Leonhard
Portfolioarbeit zwischen Reflexion und Leistungsbewertung.
Empirische Befunde zur Messbarkeit von Reflexionskompetenz 180

Anna Pineker und Jan Christoph Störtländer
Gestaltung von praktikumsbezogenen Reflexionsanlässen im Rahmen des
„Bielefelder Portfolio Praxisstudien" – zwei hochschuldidaktische Varianten
und ihre Evaluation 193

Achim Brosziewski
Die Zweiseitigkeit der Reflexion: Portfolios als Selbstreflexion der
Lehrerinnen- und Lehrerbildung – Eine empirische Untersuchung zur
Portfolioarbeit an drei Standorten 212

Rose Vogel
Portfolioarbeit als Ort der Selbstreflexion im Lehramtsstudium
(am Beispiel des Fachs Mathematik) 226

4 Portfolio im Lehramtsstudium zwischen formativer und summativer Leistungsrückmeldung

Katja Rentsch-Häcker und Thomas Häcker
Portfolios bewerten in der Lehrer/innenbildung?
Bericht über einen frühen Praxisversuch 237

Fisun Akşit und Julia Harting
Portfolio und Formative Assessment:
Der Einsatz von Portfolios in der türkischen LehrerInnenausbildung 250

5 Das elektronische Portfolio im Lehramtsstudium

Gerd Bräuer und Stefan Keller
Elektronische Portfolios als Katalysatoren für Studium und Lehre 265

Klaus Himpsl-Gutermann und Peter Groißböck
E-Portfolios als Karrierebegleiter in der Schule.
Vom eigenen Portfolio zur Medienbildung 276

6 Fazit: Portfolio in der LehrerInnenbildung

Tina Hascher und Christine Sonntagbauer
Portfolio in der Lehrer/innenbildung – Bilanz, Rahmung und Ausblick 287

7 AutorInnenverzeichnis 299

Editorial

Die Idee für dieses Buch entstand anlässlich des Internationalen Portfolio-Symposiums (IPS) im April 2012 an der Erciyes Universität in Kayseri, Türkei. Bei diesem von der DFG und der Erciyes Universität in der Türkei geförderten Symposium trafen sich etwa 30 ErziehungswissenschaftlerInnen aus Deutschland und der Türkei und diskutierten intensiv die Zielsetzungen, Praktiken, Rahmenbedingungen und empirischen Befunde zur Portfolioarbeit in der LehrerInnenbildung in den beiden beteiligten Ländern.

Im Anschluss an den intensiven und erfreulichen bilateralen kollegialen Austausch formierten sich die deutschen TeilnehmerInnen zu einer Adhoc-Arbeitsgruppe von ErziehungswissenschaftlerInnen, die auch im eigenen Land systematischer den Fragen zu formalen Bedingungen, theoretischen Fundierungen, empirischen Zugängen und den Herausforderungen der Erziehungswissenschaft bei der Anleitung und Evaluation studentischer Portfolios nachgehen wollten. In diesem Kontext entstand die Idee, die bisher im deutschsprachigen Raum gesammelten Erfahrungen zu bilanzieren. So wurde der Kreis der AutorInnen auch auf diejenigen ExpertInnen erweitert, die nicht an dem Symposium in der Türkei beteiligt waren und die ebenfalls mit Portfolios in der LehrerInnenbildung arbeiten.

Im Kern zielt diese Veröffentlichung darauf, den aktuellen Stand von Portfolioarbeit in der LehrerInnenbildung in Deutschland und den deutschsprachigen Nachbarländern abzubilden. Zusätzlich berichtet der Beitrag der türkischen Kollegin Fisun Akşit (in Zusammenarbeit mit Julia Harting) in komprimierter Form über die Herausforderungen, vor denen die Portfolioarbeit in der türkischen LehrerInnenbildung steht und macht damit diese Anstrengungen auch dem interessierten deutschen Publikum zugänglich. Der Überblick über die in diesem Band versammelten Beiträge zeigt, in welch vielfältiger Gestalt und mit welch unterschiedlichen Schwerpunkten und Repräsentationsformen sich das Portfoliokonzept inzwischen darstellt. Darüber hinaus bilden sich in den Beiträgen das phasenübergreifende Potential und die damit verbundenen je unterschiedlichen Herausforderungen für die Arbeit mit Portfolios ab.

Es wird deutlich, dass das Portfolio in der LehrerInnenbildung „den Kinderschuhen entwachsen" ist. Während die Diskussion der vergangenen 15 Jahre vorwiegend konzeptioneller Art war, die in diesem Band auch entsprechend aktualisierte Berücksichtigung erfährt, sind inzwischen eine Reihe relevanter empirischer Untersuchungen entstanden, deren zentrale Ergebnisse in diesem Band versammelt sind.

Diese (zugebenermaßen bescheidene) „empirische Wende" im Diskurs über die Arbeit mit Portfolios in der LehrerInnenbildung verweist auf zwei Aspekte:
1. In einer zunehmend von Effizienzdenken geprägten Bildungs- und Hochschulpolitik kommen Initiativen leicht unter Druck, deren Ziele und Praktiken theoretisch zwar exzellent begründbar sind, für deren Wirkungen Evidenz aber nicht einfach feststellbar ist. Insofern sind die in diesem Band dargestellten empirischen Beiträge in ihrer Komplexität von Bedeutung. Denn sie zeigen, dass Forschung zur Portfolioarbeit wichtig und lohnenswert ist, aber eben auch, dass sich die Zugänge zu den untersuchten Aspekten wie z.B. zu den Wirkungsdimensionen der Portfolioarbeit als komplex darstellen.
2. Die Initiativen, Verfahren und Ergebnisse sind bisher überwiegend lokal ausgerichtet. Dieser, auch der föderalistischen Struktur der LehrerInnenbildung in Deutschland und dem Primat der (Selbst-)Evaluation der eigenen Konzepte geschuldete Befund verweist auf ein Forschungsdesiderat, die Initiativen trotz unterschiedlicher Konzeptionen zu vernetzen und anhand vorhandener Instrumente (z.b. zur Selbststeuerung) bzw. noch zu entwickelnder Instrumente (z.b. zur Reflexionskompetenz) die zentralen Zielperspektiven standortübergreifend empirisch zu prüfen. Eine systematische Wirkungsforschung über besonders tragfähige Elemente, Zugänge und Ergebnisse von Portfolioarbeit in der LehrerInnenbildung steht bisher aus.

Neben den empirischen Ergebnissen sind die Erfahrungen der AutorInnen mit der Einführung, Gestaltung, langfristigen institutionellen Verankerung und Akzeptanz des Portfolios bei den Beteiligten, vor allem den Studierenden, ein weiterer Schwerpunkt dieses Buches.
Denn die derzeitige bildungspolitische Attraktivität des Portfoliokonzepts und die damit verbundene Innovationsrhetorik darf nicht darüber hinwegtäuschen, dass die Einführung und Verstetigung ein hoch komplexes hochschuldidaktisches und -politisches Unterfangen darstellt, das sich mit externen Anforderungen wie „Kostenneutralität" nicht in Einklang bringen lässt.
In mehreren Beiträgen wird deutlich, welche Bedingungen erfüllt sein müssen, damit das Potenzial des Portfoliokonzepts im Rahmen der LehrerInnenbildung auch gehoben werden kann. Diese Gelingensbedingungen zur Kenntnis zu nehmen und sie argumentativ einzusetzen, wenn die breite und institutionalisierte Einführung von Portfolios in der LehrerInnenbildung bildungspolitisch im Raum steht, kann helfen, klare Rahmenbedingungen für die Portfolioarbeit einzufordern. Diese seien an dieser Stelle nur skizziert:
Wenn der Anspruch besteht, dass angehende Lehrkräfte mit Hilfe eines Portfolios ihre eigene Bildungsbiographie umfassend reflektieren und diese substanziell zu professionstheoretisch bedeutsamem Wissen und den Erfahrungen im Praktikum in Beziehung setzen, um so aus der „willkürlichen Addition disparater Gegenstän-

de" (Bohnsack) eines Lehramtsstudiums eine kohärente Position für individuelles professionelles Lehrerhandeln zu entwickeln, dann müssen für dieses höchst anspruchsvolle Unterfangen umfassende Betreuungskapazitäten zur Verfügung stehen, die eine individuelle Unterstützung im Querschnitt einer Lehrveranstaltung wie im Längsschnitt der persönlichen Entwicklung ermöglichen.

Der Verzicht auf diese, natürlich auch finanzielle Ressourcen erfordernde Unterstützung führt aus unserer Sicht leicht zu einer Korrumpierung des lehrerInnen*bildenden* und emanzipatorischen Potentials von Portfolioarbeit und hat transintentionale Wirkungen auf angehende Lehrkräfte, die einer reflexiven LehrerInnenbildung insgesamt eher schaden.

Selbstkritisch stellen die HerausgeberInnen fest, dass dieser Band keinen Beitrag enthält, der den angesprochenen Ressourcenbedarf realistisch kalkuliert. Sehr deutlich wird jedoch, dass die Einführung von Portfolioarbeit als singulärer hochschuldidaktischer Akt ohne Veränderung der hochschulischen Lern- und Leistungskultur (gerade auch an den „Massenuniversitäten") auf die Akteure vor Ort, die aus Überzeugung heraus Portfolios einsetzen, angesichts von Workload-Berechnungen, „Schein"-Relevanz und der Frage, zu wie viel Prozent sich etwas in der Modulnote abbildet, erheblichen Rechtfertigungsdruck ausübt. Der hochschuldidaktische Aufwand, um (angesichts der Wirkungen von „Bologna" nachvollziehbare) funktional strategische Orientierungen der Studierenden in eine inhaltliche Orientierung auf den Sinn eines universitären Lehramtsstudiums, die Chancen einer Auseinandersetzung mit deutungsmächtigen theoretischen Konzepten und gar das Abenteuer der Reflexion zu wenden, erweist sich als erheblich und im Ausgang ungewiss. „Schlechte Erfahrungen" aus Sicht der Studierenden mit dem Konzept haben wiederum zur Folge, dass die Wahrscheinlichkeit eines Wandels der Lernkultur u.a. mittels Portfolio an den Schulen erheblich abnimmt.

In der Frage der Bewertung der Portfolioarbeit bzw. der Produkte derselben kulminieren die Spannungsverhältnisse zwischen inhaltlicher Interaktion und formaler Organisation. Die Beiträge dieses Bandes, in denen auf diesen Aspekt Bezug genommen wird, zeigen hier keineswegs eine einheitliche Linie, ob bzw. inwieweit ein Portfolio der Bewertung zugeführt werden kann oder sollte. Vielmehr finden sich Modelle, die die obligatorische Portfolioarbeit nicht einmal in der Berechnung des Workloads der Studierenden abbilden, über den Einsatz der Portfolios als Instrumente formativer Leistungsrückmeldung (formative assessment) bis hin zu Modellen, in denen eine auch formal relevante Bewertung der Portfolios vorgenommen wurde.

Die in diesem Band vorfindlichen konzeptionellen Überlegungen, praktischen Erfahrungen an den Standorten und empirischen Befunde sollen zu einem differenzierten Problembewusstsein in Bezug auf den Einsatz von Portfolioarbeit in der LehrerInnenbildung beitragen sowie dazu, das Rad nicht immer wieder neu erfinden zu müssen.

Die Struktur des vorliegenden Bandes wird anhand der kurzen Charakteristik der jeweiligen Beiträge verdeutlicht:

Der erste Teil dient dem einführenden Überblick. Der Beitrag von Felix Winter über „*Das Portfolio in der Hochschulbildung. Reformimpulse für Didaktik und Prüfungswesen*" führt allgemein in das Thema Portfolio in der universitären Bildung ein, in dem unterschiedliche Portfoliokonzepte an Hochschulen sehr anschaulich und praxisnah dargestellt werden. Der Autor beschreibt dabei die Prozesse und Phasen genauer, die bei Seminar- und Veranstaltungsportfolios, bei ausbildungsbegleitenden Studienportfolios, bei Bewerbungs- und Zulassungsportfolios und bei Lehrportfolios von DozentInnen zu berücksichtigen sind. Einen großen Raum nimmt auch die Frage der Gütekriterien bei der Bewertung von Portfolios ein.

Im Aufsatz „*Das Portfolio in der LehrerInnenbildung – Verbreitung, Zielsetzungen, Empirie, theoretische Fundierungen*" führt Barbara Koch-Priewe in das zentrale Thema des Werks ein, indem sie zusammenstellt, wo bisher das Portfolio in Deutschland in der LehrerInnenbildung eingesetzt wird, welche Zielsetzungen damit verfolgt werden, welche empirischen Studien zu diesem hochschuldidaktischen Instrument bereits vorliegen und welche theoretischen Begründungen diskutiert werden. Auf dieser Basis wird am Schluss des Beitrags dem praktikumsbegleitenden Portfolio besondere Aufmerksamkeit gewidmet.

Im zweiten Teil haben wir Beispiele für die Praxis und Evaluation der Portfolioarbeit zusammengestellt. Die Beiträge zeichnen die Entwicklung unterschiedlicher Konzeptionen innerhalb der einzelnen Phasen der LehrerInnenbildung und als phasenübergreifende Perspektive nach.
Dieser Teil beginnt mit dem Beitrag von Rainer Bolle und Liselotte Denner mit dem Titel „*Das Portfolio ‚Schulpraktische Studien' in der Lehrerbildung – Genese, empirische Befunde und ein bildungstheoretisch fokussiertes Modell für eine theoriegeleitete Portfolioarbeit*". Die Autoren beschreiben die Ausarbeitung eines Portfoliokonzepts, das in Karlsruhe eng mit den schulpraktischen Studien verbunden ist. Dabei fand die Entwicklung in der Spannung zwischen theoretisch-konzeptioneller Argumentation und hochschulpolitischen Rahmenbedingungen statt. Zudem wird deutlich, wie empirische Ergebnisse die konzeptionelle Fokussierung vorangetrieben haben. Am Ende steht die Beschreibung und Begründung eines dezidiert bildungstheoretischen Konzepts von Portfolioarbeit, das weit über den Kontext schulpraktischer Studien hinaus von Bedeutung ist.
Die Kolleginnen und Kollegen Sascha Ziegelbauer, Christine Ziegelbauer, Susi Limprecht und Michaela Gläser-Zikuda widmen sich in ihrem Beitrag „*Bedingungen für gelingende Portfolioarbeit in der Lehrerbildung – empiriebasierte Entwicklung eines adaptiven Portfoliokonzepts*" der Frage, unter welchen Bedingungen die Ar-

beit mit Portfolios zur Akzeptanz durch die Beteiligten führt. Diese Frage wird anhand von motivationspsychologischen Ansätzen wie auch Konzepten aus der Innovationsforschung und eigener Untersuchungen zur Akzeptanz von Portfolioarbeit aus Sicht der Beteiligten bearbeitet und verweist darauf, dass Portfolioarbeit keineswegs verordnet werden kann, sondern an theoretisch wie empirisch klar umrissene Voraussetzungen gebunden ist, die in der Spannung von inhaltlicher Interaktion und formaler Organisation geschaffen werden müssen.

Lilian Streblow, Vanessa Rumpold und Nicole Valdorf ergänzen diese Perspektive in ihrem Beitrag „*Einschätzung der Portfolioarbeit durch Lehramtsstudierende – empirische Ergebnisse einer studienverlaufsbegleitenden Befragung in Bielefeld*" um empirische Befunde einer Befragung von Lehramtsstudierenden zu ihrer Arbeit mit dem „Portfolio Praxisstudien" an der Universität Bielefeld. Die Befunde der ersten Kohorte, für die das Portfolio ein obligatorischer Teil der Ausbildung ist, zeigen eine ambivalente Haltung der Studierenden zum Portfolio. Nach einer detaillierten Beschreibung einzelner Aspekte zur Portfolioarbeit werden Implikationen für die universitäre Begleitung des Instruments diskutiert.

In dem Aufsatz „*Grundlagen und Umsetzung der Portfolioarbeit in der LehrerInnenbildung an der Universität Innsbruck. Ein Resümee*" charakterisiert Christian Kraler zunächst basierend auf dem Kernaspekt der Portfolioarbeit – der metakognitiven Reflexion – den Portfoliobegriff und diskutiert anschließend das Potenzial des Portfolios für die LehrerInnenbildung. In dem Bericht werden zentrale Forschungsbefunde zum Portfolioeinsatz an der Universität Innsbruck vorgestellt und darauf basierend Gelingensbedingungen für eine erfolgreiche Implementierung dieses Instruments formuliert.

Im Beitrag mit dem Titel „*Das Portfolio im Hamburger Referendariat: Konzeption – Erfahrungen – Entwicklung*" liefert Peter Bade einen komprimierten Einblick in die Arbeit und die langjährigen Erfahrungen mit dem Instrument Portfolio in der zweiten Phase der LehrerInnenausbildung in Hamburg. Es wird versucht, das Konzept aus verschiedenen Perspektiven zu beleuchten sowie die Erfolge und Probleme beim Einsatz eines sehr offen angelegten Reflexionsportfolios kritisch resümierend darzulegen. Im letzten Abschnitt werden künftige Entwicklungsmöglichkeiten aufgezeigt. Zugleich wird hier auch deutlich, dass eine klare Positionierung des Portfolios zwischen den Polen einer wünschenswerten individuellen, reflexiven Selbststeuerung und der institutionell verordneten und gesteuerten Portfolioarbeit mit eventuellen Bewertungsanteilen die Entwickler und Nutzer des Instruments vor große Herausforderungen stellt.

Die schwerpunktmäßig konzeptionellen Beiträge beschließt Harry Neß mit drei wesentlichen Impulsen. Er weitet mit seinen Ausführungen zum „*Phasenübergreifenden Professionalisierungs-Portfolio unter Einbeziehung der Validierung des informellen und nichtformalen Lernens*" zum einen den Blick über die einzelnen Phasen oder Teilaspekte professioneller Entwicklung von Lehrkräften hinaus auf die Perspektive lebenslangen Lernens, die durch die Portfolioarbeit unterstützt werden kann. Dass Lernen und Kompetenzerwerb nicht nur in formalen Lehr-Lern-Zusammenhängen wie der Universität stattfinden, sondern auch informell und nicht-formal, und dass dieses Lernen genauso subjektiv bedeutsam wie objektiv anerkennenswert ist, bildet den zweiten Impuls. Harry Neß beschreibt ausführlich, wie am DIPF ein Instrument entwickelt wurde, das diese Perspektiven menschlichen Kompetenzerwerbs nicht nur anerkennt, sondern auch einer formalen Zertifizierung im Rahmen des Deutschen Qualifikationsrahmens (DQR) zugänglich macht. Diese dritte Perspektive transzendiert die föderalistischen Strukturen der LehrerInnenbildung auf eine gesamtdeutsche und europäische Perspektive, die im Diskurs über Konzepte und Modelle der Portfolioarbeit vor Ort leicht aus dem Blick gerät.

Der dritte Teil des Bandes widmet sich einer zentralen Zielkategorie von Portfolioarbeit, nämlich der Annahme, dass diese die Reflexion bei den Studierenden, Referendaren und Lehrkräften fördern könnte und würde.
Tobias Leonhard macht in seinem Beitrag *„Portfolioarbeit zwischen Reflexion und Leistungsbewertung. Empirische Befunde zur Messbarkeit von Reflexionskompetenz"* deutlich, dass das reflexionsfördernde Potential der Portfolioarbeit ganz wesentlich mit der Frage der Bewertung dieser Arbeit zusammenhängt. Die Diskussion von vier analytisch gewonnenen Modellen kann helfen abzuschätzen, welche Wirkungen die Wahl des entsprechenden Modells auf die Reflexion der Portfolioschreibenden haben kann. Im zweiten Teil des Beitrags wird vom Versuch berichtet, ein Maß für Reflexionskompetenz zu entwickeln, der aber vor allem dazu führt, die Bedingungen, unter denen Reflexion wahrscheinlich ist, empirisch fundiert näher beschreiben zu können.
Im Beitrag von Anna Pineker und Jan Christoph Störtländer mit dem Titel *„Gestaltung von praktikumsbezogenen Reflexionsanlässen im Rahmen des ‚Bielefelder Portfolio Praxisstudien' – zwei hochschuldidaktische Varianten und ihre Evaluation"* wird zunächst in das Konzept des ‚Bielefelder Portfolio Praxisstudien' eingeführt, wie es seit kurzem in der LehrerInnenbildung eingesetzt wird. Die AutorInnen stellen sodann zwei hochschuldidaktische Varianten von Reflexionsanlässen des ersten universitär organisierten Schulpraktikums vor. Sie berichten von Evaluationsergebnissen dieser Reflexionsanlässe, die einerseits Rückschlüsse auf das Reflexionsvermögen der Studierenden erlauben und zugleich zeigen, wie die hochschuldidaktisch kreativen Gestaltungspraxen mit studienstrukturellen Gegebenheiten interferieren und auch konfligieren.
Der Beitrag von Achim Brosziewski *„Die Zweiseitigkeit der Reflexion: Portfolios als Selbstreflexion der Lehrerinnen- und Lehrerbildung – Eine empirische Untersuchung zur Portfolioarbeit an drei Standorten"* gibt einen Einblick in Portfoliokonzepte und deren Implementierung und Akzeptanz bei den jeweiligen AkteurInnen an

drei Pädagogischen Hochschulen in der Schweiz. Die mittels verschiedener methodischer Zugänge erhobenen und ausgewerteten Daten ergeben, dass die Reflexion ein Kernelement der Portfolioarbeit an allen drei Standorten darstellt und dass es sich dabei um ein Produkt einer kollektiven Autorenschaft – das der Lernenden und das der aus- und weiterbildenden Institutionen – handelt. Aus der Verschränkung beider Reflexionen resultieren sowohl die Potenziale des Portfolios als auch die typischen Schwierigkeiten ihrer Realisierung.

Rose Vogel zeigt in ihrem Beitrag, dass *"Portfolioarbeit als Ort der Selbstreflexion im Lehramtsstudium (am Beispiel des Fachs Mathematik)"* in den Fachdidaktiken inzwischen an Akzeptanz und Zuspruch gewonnen hat. Sie stellt ein hochschuldidaktisches Modell zum Lernen mit Portfolio aus dem Kontext der Grundschullehrerinnenbildung vor und zeigt anhand konkreter Reflexionselemente, wie diese als „Kristallisationspunkte professioneller Handlungskompetenz" wirken können.

Im vierten Teil des Bandes haben wir zwei Beiträge versammelt, die sich schwerpunktmäßig mit der Frage beschäftigen, in welchem Verhältnis Lernen und Leisten, Rückmeldung und Bewertung bei der Portfolioarbeit stehen.

Katja Rentsch-Häcker und Thomas Häcker thematisieren in ihrem Beitrag *"Portfolios bewerten in der Lehrer/innenbildung? Bericht über einen frühen Praxisversuch"* die Problematiken, die mit der Bewertung von Portfolios verbunden sind. Dabei wird zwischen formativer und summativer Bewertung unterschieden. Sie berichten über die Praxis an einer Pädagogischen Hochschule in der Schweiz, in der das Portfolio als Instrument summativer Bewertungsprozesse in der LehrerInnenbildung verwendet wurde. Auf Basis eines Prüfungsportfolios wurde die mündliche Prüfung gestaltet. Der Beitrag reflektiert, unter welchen Rahmenbedingungen ein Prüfungsportfolio in der LehrerInnenbildung sinnvoll sein kann und enthält konkrete Beispiele für Bewertungskriterien.

Der Beitrag von Fisun Akşit und Julia Harting über *"Portfolio und Formative Assessment: Der Einsatz von Portfolios in der türkischen LehrerInnenausbildung"* verfolgt eine dreifache Zielsetzung. Die Autorinnen legen einen Schwerpunkt auf Möglichkeiten und Grenzen des ‚formative assessment' mittels der Portfolioarbeit, indem sie einschlägige aktuelle empirische Befunde dazu zusammenstellen und analysieren. Darüber hinaus wird die jüngste und zugleich überaus umfassende Reform in der türkischen LehrerInnenbildung dargestellt, die als Paradigmenwechsel im Verständnis von Lehren, Lernen und Prüfen aufgefasst werden kann. Im Zuge dessen geben die Autorinnen einen Überblick über den Portfolioeinsatz in der türkischen LehrerInnenbildung und an türkischen Schulen.

Der fünfte Abschnitt des Bandes widmet sich schwerpunktmäßig der digitalen Repräsentation von Portfolios, die sich aus diversen Gründen verstärkter Beliebtheit erfreuen, aber durch das Medium vor eigenen Herausforderungen stehen.

Der Beitrag von Gerd Bräuer und Stefan Keller *"Elektronische Portfolios als Katalysatoren für Studium und Lehre"* befasst sich mit der reflexiven Praxis in elektronischer Portfolioarbeit anhand zweier Fallbeispiele (Basel/Freiburg). Die Autoren identifizieren hierbei drei Handlungsebenen, auf denen der Einsatz von elektronischen Portfolios Wirkung entfalten kann. Auf institutioneller Ebene beschreiben sie die Notwendigkeit einer festen Verankerung der Portfolioarbeit in den einzelnen lehrerbildenden Studiengängen. Auf der Ebene der Studierenden entwickeln sie Kriterien für die Einschätzung der Reflexionsqualität und weisen auf die Wichtigkeit der engen Begleitung der Portfolioarbeit durch die Hochschule hin. Auf der Ebene der Hochschuldidaktik stellen sie die Bedeutung der jeweiligen Aufgaben zur Veranlassung von Reflexion und eines angemessenen Scaffoldings bei diesen Aufgaben heraus, welches sie als Gelingensbedingung für eine die reflexive Praxis unterstützende Portfolioarbeit kennzeichnen.

Klaus Himpsl-Gutermann und Peter Groißböck greifen in ihrem Beitrag *„E-Portfolios als Karrierebegleiter in der Schule. Vom eigenen Portfolio zur Medienbildung"* das Thema des berufsbegleitenden Lernens von LehrerInnen auf und verknüpfen es mit den Möglichkeiten, die sich durch elektronische Portfolios ergeben („E-Portfolio als Karrierebegleiter in der Schule"). Es geht um die Tradition der Lehrportfolios („Teaching Portfolio"). Hier wird zwischen den Ebenen „Products of Learning", „Process of Learning" und „Representation of Learning" unterschieden. Durch die vielfältigen Möglichkeiten der elektronischen Medien erschließen sich dem Portfolio auch in der LehrerInnenbildung neue Dimensionen. Die Autoren hoffen, dass mit der Einführung eines berufsbegleitenden E-Portfolios auch einen Beitrag zur höheren Medienkompetenz von LehrerInnen geleistet wird.

Der Band wird beschlossen durch den Beitrag von Tina Hascher und Christine Sonntagbauer mit dem Titel *„Portfolios in der Lehrer/innenbildung – Bilanz, Rahmung und Ausblick"*, in dem alle Beiträge des Bandes kritisch gewürdigt und systematisiert werden. Die Autorinnen arbeiten zusammenfassend die wichtigsten Aspekte des Portfolioeinsatzes in der LehrerInnenbildung heraus und zeigen Perspektiven für weitere Forschung auf.

In diesem Überblick über die Struktur des Bandes und die Themen und Schwerpunkte der einzelnen Beiträge wird deutlich, dass diese in der Regel ein sehr breiteres Spektrum abbilden und man sich daher für das Buch auch andere Gliederungsmöglichkeiten hätte vorstellen können. Insofern empfehlen wir eine neugierige Rezeption aller Teile des Buches und sind sicher: Es gibt überall Spannendes zu entdecken.

Das Portfolio in der Hochschulbildung – Reformimpulse für Didaktik und Prüfungswesen

Felix Winter, Universität Zürich

Abstract
In diesem Beitrag wird aufgezeigt, welche Portfoliotypen im Bereich der Hochschulausbildungen gebräuchlich sind, wodurch sie sich auszeichnen und welche Funktionen sie in den beiden Kontexten „Lernen" und „Prüfung" sowie „Leistungsbeurteilung" haben können. Es wird die These vertreten, dass eine gute kommunikative Rahmung entscheidend für das Gelingen von Portfolioarbeit an der Hochschule ist. Seminarportfolios lassen sich daher leichter mit Aussicht auf Erfolg implementieren als ausbildungsbegleitende Portfolios. Mit Portfolios können Studienleistungen anders als herkömmlich geprüft werden, was durchaus im Sinne der Bologna-Reform ist. Hinter dem Portfolio als Leistungsnachweis verbergen sich Vorstellungen vom Erreichen der Testgütekriterien, die erheblich vom klassisch psychometrischen Modell abweichen.

Schlagwörter: *Portfolio, Hochschuldidaktik, Seminardidaktik, Studienreform, Hochschulprüfung, Leistungsbeurteilung, Gütekriterien.*

Obwohl Portfolios schon seit langem diskutiert und für verschiedene pädagogische Arbeitsfelder – so auch die Hochschule – empfohlen werden (vgl. Oser 1997a: 36f.; Oelkers & Oser 2000[1]; Andexer & Thonhauser 2001; Andexer et al. 2001; Wilson & Rebel 2001; Hascher & Schratz 2001; Winter 2001, 2005; Garner 2006; Kraler 2007; Häcker 2007; Häcker & Winter 2009), haben sie in die Hochschulausbildungen bislang nur begrenzt Eingang gefunden. Ein Schwerpunkt liegt dabei in der LehrerInnenbildung und Studiengängen zu Gesundheitsberufen. Die Anregungen zum Einsatz von Portfolios kommen dabei in der Regel aus den USA und anderen englischsprachigen Ländern, die schon weitaus länger mit Portfolios arbeiten.

Wenn man sich mit Portfolios und ihrem Einsatz befasst, stößt man sofort auf Begriffsprobleme, denn unter dem Etikett „Portfolio" wird zum Teil recht Unterschiedliches verstanden. Das reicht von Heften, in denen Lernreflexionen

---

[1] Die Autoren schlagen für die Lehrerbildung 88 Standards in 12 Bereichen vor und formulierten: „... wobei diese dann als erworben gelten, wenn eine Art Portfolio vorliegt, d.h. wenn auf allen Ebenen analytisch, theoretisch, nachahmend und praktisch selbsttätig gehandelt worden ist und die Kompetenz im Feld aktualisiert werden kann" (Oelkers & Oser 2000: 59).

festgehalten werden, bis zu vorgedruckten Mappen, in die Eintragungen zu bestandenen Kursen und Selbsteinschätzungen zu vorhandenen Kompetenzen vorgenommen werden. Beides wäre aber nach unserem Verständnis kein Portfolio, jedenfalls nicht, sofern nicht noch weitere Belege dazukommen.

In diesem Beitrag soll über Erläuterungen zum Portfoliobegriff hinaus aufgezeigt werden, welche Portfoliotypen es im Bereich der Hochschule gibt und welche Funktionen sie erhalten können. Neben der Schilderung von Möglichkeiten, wie Portfolios Erfolg versprechend eingesetzt werden können, sollen aber auch die Schwierigkeiten und Hemmnisse dargestellt werden, die regelmäßig auftauchen, wenn das neue Instrument etabliert werden soll. Die beiden hauptsächlichen Kontexte, in denen hier die Portfolioarbeit dargestellt wird, sind einerseits „Lernen" und andererseits „Leistung". Beim Kontext Leistung ist nicht nur an die Überprüfung von Leistung zu denken, sondern mehr noch an die Art, wie sie erbracht wird und wie sie beurteilt werden kann. Den Hintergrund der Darstellungen bilden vor allem die Erfahrungen, die im Bereich der LehrerInnenbildung bislang gemacht wurden. Besonders ausführlich werden hier „Veranstaltungs-" bzw. „Seminarportfolios" beschrieben, sie stehen exemplarisch für die Portfoliomethode.

Welche Portfolios gibt es an der Hochschule?

Wenn von Portfolios in der Hochschule die Rede ist, wird man zuerst an ausbildungsbegleitende Dokumentmappen denken, also solche Portfolios, in denen Studierende über einen längeren Zeitraum Belege aus ihrem Studium und zu ihrem Studium sammeln. Daneben gibt es aber eine Reihe anderer Portfoliotypen. Ich möchte die Portfolios an der Hochschule wie folgt einteilen:
a) Seminarportfolios (SP) bzw. Veranstaltungsportfolios
b) Ausbildungsbegleitende Portfolios (AP) bzw. Studienportfolios[2]
c) Prüfungsportfolios (PP)
d) Bewerbungs- und Zulassungsportfolios (BP)
e) Lehrportfolios von Dozierenden (LP)
Neben diesen Bezeichnungen tauchen eine ganze Reihe anderer Benennungen auf, die aber nicht sonderlich kennzeichnend für das sind, worum es geht. Am häufigsten wird einfach der Ausdruck „Portfolio" ohne weitere Spezifikation verwandt. Daneben wird oftmals von „Lernportfolio" gesprochen, was aber keine klar typisierende Bezeichnung darstellt und zudem häufig eher eine Sammlung von Lernreflexionen enthält und damit besser mit dem Ausdruck Lerntagebuch bezeichnet werden kann. Insgesamt gesehen sind die Bezeichnungen und auch die Klassifikationsversuche zu Portfolios sehr vielfältig und z. T. auch verwirrend (vgl.

---

[2] Pietsch (2005: 52f.) nennt in ihrer Beschreibung des Portfolios in der Hochschuldidaktik zwei Grundformen: das Seminar- (Vorlesungs-) Portfolio und das Studienportfolio.

Jabornegg 2004: 160ff.; Häcker 2006; Breuer 2009: 168ff.; Winter 2010: 10f.). Das hängt unter anderem damit zusammen, dass die kennzeichnenden Attribute verschiedenen Gesichtspunkten folgen. Sie betreffen zum Beispiel
- den *Zweck,* zu dem ein Portfolio angelegt und genutzt wird (z.B. Prüfungsportfolio, Arbeitsportfolio, Vorzeigeportfolio), und damit auch bestimmte Adressaten, an die sich das Portfolio richtet;
- den *Inhalt,* das Gebiet, aus dem Portfolioeinlagen stammen (z.B. Mathematikportfolio, Lehrportfolio);
- den *Veranstaltungstyp,* auf den das Portfolio bezogen ist (z.B. Seminarportfolio, Praktikumsportfolio) und damit verbunden oft eine Aussage zur zeitlichen Erstreckung, über die das Portfolio angelegt wird.

Auch die hier vorgeschlagene Einteilung nimmt Bezug auf unterschiedliche Ordnungsgesichtspunkte, sie deckt aber meines Erachtens am besten ab, was derzeit an Portfoliotypen im Bereich der Hochschulen vorkommt. Ich möchte diese Portfoliotypen noch einmal in visualisierter Form darstellen, um ihre Stellung im Studiengang besser kenntlich zu machen (siehe Abb. 1).

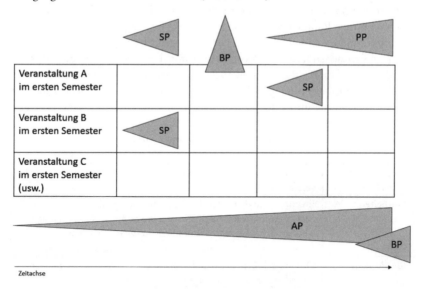

Abb. 1: Schematische Darstellung verschiedener Portfolios im Ausbildungsgang

Abbildung 1 soll einen fiktiven fünfsemestrigen Studiengang darstellen, in dem verschiedene Portfoliotypen eine Rolle spielen. Die Portfolios werden als Dreiecke symbolisiert, die im Zeitverlauf anwachsen, also mit weiteren Belegen angereichert werden. Während des gesamten Studiengangs legen die Studierenden ein ausbildungsbegleitendes Studienportfolio (AP) an, in dem sie Dokumente sammeln und darstellen. Es wird außerhalb der Veranstaltungen von den Studierenden in Eigenregie geführt. Seminarportfolios (SP) spielen in drei Veranstaltungen eine Rolle. Eines davon ist ein Praktikumsportfolio, das außerhalb des Studiengangs angesiedelt ist. Im dritten Semester ist angedeutet, dass man hier mit einem Bewerbungs- bzw. Zulassungsportfolio (BP) in den Studiengang einsteigen kann, sofern dieses als äquivalent zu den vorangegangenen Ausbildungsabschnitten anerkannt wird. Für das Ende des Studiengangs ist angedeutet, dass auch hier ein Bewerbungsportfolio angelegt wird. Während der letzten zwei Semester stellen die Studierenden ein Prüfungsportfolio (PP) zusammen. Es wird kommentiert und eingereicht und ersetzt eine schriftliche Prüfung.

Merkmale des Portfolioprozesses
Bevor die einzelnen Portfoliotypen noch etwas genauer gekennzeichnet werden, sollen noch einige Merkmale beschrieben werden, die gemeinsame Kennzeichen der Portfolioarbeit sind. Im angelsächsischen Bereich ist es üblich, bei der Portfolioarbeit die Schritte „context definition", „collection", „selection", „reflection" und „projection" aufzuführen (Häcker 2007: 143). In einem inhaltlich und formal bestimmten Rahmen werden also Belege zum Lernen gesammelt, ausgewählt, reflektiert, und es wird abschließend nach vorn gedacht, welche Schlussfolgerungen daraus zu ziehen sind. Das Portfolio ist damit als ein Instrument gekennzeichnet, das einen Prozess begleitet und auch organisiert und zwar mit einem hohen Anteil an Selbstbestimmung, aber auch in bewusster Auseinandersetzung mit Anforderungen, die im Dialog geklärt werden (vgl. Winter/INP 2007). Es gibt Kennzeichnungen des Portfolioprozesses, in denen noch einige weitere Merkmale genannt werden, so die folgende Reihe (aus Winter 2012: 44):

Einen Rahmen abstecken	Gemeinsam Ziele und Kriterien für die Portfolioarbeit vereinbaren.
Erarbeiten	Entsprechend den Vereinbarungen in Dialog mit Fachgegenständen treten, sich auf eine Sache einlassen, initiativ werden, Produkte erarbeiten, mögliche Belege erstellen.
Sammeln	Eigene Arbeiten in einem Ordner, einer Mappe aufbewahren.
Reflektieren	Distanz nehmen, Ziele und Prozesse bedenken und beschreiben, Kriterien anlegen, das Vorgehen begründen.
Überarbeiten	Arbeiten entsprechend neuer Einsichten und Hinweise überarbeiten.
Auswählen	Arbeiten nach Vorgaben und eigenen Wünschen für das Portfolio auswählen.
Dokumentieren	Belege so zusammen- und darstellen, dass sie von anderen eigenständig rezipiert werden können. Das Portfolio gestalten.

Präsentieren und Wahrnehmen	Portfolios vor anderen Menschen präsentieren und Portfolios anderer wahrnehmen.
In Dialog treten und Rückmelden	Mit anderen über Portfolios sprechen, Kriterien entwickeln und anwenden, Rückmeldungen erarbeiten und mitteilen.
Bewerten	Qualitäten und Schwächen des Portfolios und des Portfolioprozesses ein- und wertschätzen sowie stellungnehmend begutachten.
Schlussfolgern	Schlussfolgerungen für nachfolgende Lernprozesse und über den Autor/ die Autorin des Portfolios ziehen.

Abb. 2: Schritte in der Portfolioarbeit

An dieser Aufzählung lässt sich ablesen, dass Portfolioarbeit vielfältige individuelle und auch gemeinsame Aktivitäten ermöglicht, aber auch verlangt, und dass im Organisatorischen jeweils einiges an „Drumherum" (Jervis 2006: 49) erforderlich ist.

Zu a): Seminar- bzw. Veranstaltungsportfolios
„Seminarportfolios" werden im Kontext einer Lehrveranstaltung eingesetzt und dienen dort der Erbringung und Beurteilung von Arbeiten der Studierenden (vgl. Richter 2006; Viebahn 2006, 2009). Die Portfolioarbeit soll zu einem stetigen und vertieften Arbeiten an den Fachgegenständen führen, persönliche Stellungnahmen herausfordern und dazu beitragen, dass die Studierenden sich als Lernende besser kennenlernen (Viebahn 2006: 147). Darüber hinausgehend soll die Portfolioarbeit Ziele und Beurteilungskriterien transparent machen, die Reflexion anregen und dazu beitragen, dass inhaltliche Rückmeldungen gegeben werden (Brouër 2007: 238). Das Portfolio fungiert im Veranstaltungsverlauf als ein Gefäß, in dem verschiedene Arbeiten sowie diesbezügliche Reflexionen abgelegt werden. Durch diese Zusammenstellung kann – so die Idee – ein Zusammenhang zwischen den einzelnen Arbeiten und Lernakten der Studierenden gestiftet und sichtbar gemacht werden.
Für das, was im Portfolio gesammelt und dargestellt wird, werden Vorgaben gemacht und Aufgaben formuliert (Winter & Ruf 2009; Winter & Canonica 2012; PDF-Download unter http://www.klinkhardt.de/verlagsprogramm/1931.html). Zum Beispiel kann gefordert sein, ein Lesetagebuch zu zwei Texten aus dem Seminarreader zu schreiben, ein Positionspapier zu einem der Themen des Seminars zu verfassen, eine Rückmeldung zu einem Positionspapier eines anderen Studierenden zu geben, ein Sitzungsprotokoll anzufertigen und eine abschließende Seminarreflexion vorzunehmen.[3] Die Vorgaben können weit sein, individuel-

---
3 Siehe auch die Anforderungen eines portfoliogestützten Seminars im Anhang.

le Wahlmöglichkeiten enthalten und unterschiedliche Aufgabentypen umfassen. Das ermöglicht eine Individualisierung der Leistungserbringung und macht sie gleichzeitig im Portfolio verfolgbar und abrechenbar. Brouër (2007: 240) schreibt: *„Die Studierenden erhalten die (in vielen Studienfächern sonst eher seltene) Gelegenheit, über die eigenen Lernziele nachzudenken, sich Ziele festzulegen und deren Erreichung zu dokumentieren und zu reflektieren. Es wird dadurch ein Prozess in Gang gesetzt, der losgelöst von der üblichen Arbeit in Lehrveranstaltungen das Individuum selbst im Zentrum hat und ihm erlaubt, unabhängig von äußeren Zwängen den eigenen Weg zu gehen und zu beobachten."* Damit sind hohe und zum Teil ungewohnte Anforderungen verbunden.[4] Anders als in traditionellen Seminaren, die vor allem ein thematisch festgelegtes Referat fordern, verlangt diese Arbeitsweise von den Studierenden eine kontinuierliche Arbeit, eine Beschäftigung mit den eigenen Lernprozessen und Überzeugungen und enthält zudem die Aufforderung zu verschriftlichen, was sie gedacht und erarbeitet haben. Das Lernarrangement passt insofern zu dem Konzept der Berechnung von Workloads im Bologna-System, indem es verlangt, einen Teil dieser Eigenarbeit bzw. deren Ergebnisse zu dokumentieren. In der Regel ist der Arbeitsaufwand für ein Seminar mit Portfolio vergleichsweise hoch – vor allem aber anders. Das gilt auch für die Seite der Dozentinnen und Dozenten (s.u.).[5]

Die Arbeitstruktur ist beim Portfolioeinsatz noch weitergehend verändert. Mit einigen Arbeiten können sich die Studierenden Zeit lassen und sie erst am Ende der Veranstaltung oder sogar danach in ausgearbeiteter Form abgeben. Andere Arbeiten müssen exakt zu bestimmten Zeitpunkten vorliegen, weil sie z.B. im Seminar wechselseitig gelesen und dann besprochen werden sollen. Für viele Belege, die in das Portfolio eingehen, sind zusätzlich Reflektionen zu schreiben, in denen z.B. etwas vom eigenen Lernprozess mitgeteilt und der persönliche Lerngewinn eingeschätzt wird. Die Studierenden sind damit aufgefordert, einiges von dem offenzulegen, was sie üblicherweise eher für sich behalten oder nicht zu Ende denken. Diese Besonderheit wird z. T. als Zwang zur Selbstoffenbarung, zur Selbstanpassung und zur ideologieträchtigen Selbstmanagementveranstaltung kritisiert (vgl. Rihm 2006; Sertl 2006; Rabenstein 2007; Häcker 2005: 83f.; Häcker 2010). Eingedenk dieser Gefahren ist mindestens ein taktvolles Umgehen mit den Portfolioinhalten erforderlich und insgesamt das Bemühen um ein Klima des Vertrauens.

Mit der Portfolioarbeit ergeben sich neue seminardidaktische Perspektiven. Um einen Blick auf die Textsorte des reflexiven Schreibens (Bräuer 2000) zu geben,

---

4 Die Studierenden in meinen Seminaren, die allesamt mit Portfolios arbeiten, berichten häufig, dass sie erst gegen Ende des Seminars verstanden hätten, was ich eigentlich von ihnen wollte, obwohl sie früh schon Portfolios von Studierenden vorheriger Kurse einsehen konnten.

5 Viebahn (2009) weist auf diesen Aspekt besonders hin und macht Vorschläge zur Entlastung der Lehrpersonen (z.B. durch Hilfskräfte und Sekretariatsunterstützung).

möchte ich zwei Auszüge aus Portfolios anführen, die im Rahmen eines pädagogischen Seminars zum Thema „Komplexe Lehr-Lern-Umgebungen" entstanden sind (Winter & Ruf 2009: 208). *„Auch habe ich gelernt, dass es in der Regel viel einfacher ist, geschlossene Aufträge zu gestalten als offene Aufträge. Und, dass es oft vorkommt, dass man einen Auftrag vielleicht auf den ersten Blick als einen offenen Auftrag „diagnostiziert", dieser sich dann aber bei eingehender Betrachtung und Bearbeitung der Aufgaben doch als geschlossener Auftrag erweist, der auf eine ganz spezifische Lösungsidee abzielt."* In einer anderen Reflexion zu einem Portfoliobeleg heißt es: *„Im Rückblick ist mir klar geworden, wie intensiv meine eigenen Erfahrungen mein Interesse für die Sache beeinflusst haben, ja sogar meine Studienwahl beeinflusst haben. Dass in dieser Hinsicht ein Zusammenhang besteht, habe ich vorher schon gesehen – allerdings nur schwammig, weil ich mich damit nie intensiv auseinandergesetzt habe. Ich ging stets davon aus, dass der wichtigste, dominierende Impuls das reine Interesse für das Fach, das kontextunabhängig einfach existierende, gewesen sei. Indem ich mich auf diesen Dialog mit der Sache eingelassen habe – anfangs skeptisch, zum Schluss, als ich meine Gedanken zu Papier brachte, ein wenig verwundert und überraschenderweise zufrieden – ist mir die Bedeutung meiner Biografie für meine fachlichen Interessen deutlich geworden. Es war keine Entdeckung im eigentlichen Sinn, sondern eher das Öffnen eines halb-durchsichtigen Vorhangs – ein reflektierter, konzentrierter Blick zurück."* Diese Texte lassen etwas von den veränderten Arbeitsweisen und auch Zielen des portfoliobegleiteten Seminars erahnen, z.B. dass es hier unter anderem darum geht, die eigenen pädagogischen Überzeugungen besser kennenzulernen und mit den dargestellten wissenschaftlichen Konzepten in Bezug zu setzen.

Durch diese Art des Schreibens soll implizites Wissen explizit und zugänglich für die eigene Reflexion gemacht werden, aber auch für den Austausch, um eine Offenheit für Handlungsalternativen sowie theoretisches Wissen zu schaffen (vgl. Neuweg 2002, 2007). Die Portfolioarbeit verspricht somit, Probleme des Grabens zwischen Theorie und Praxis, zwischen Wissen und Handeln und zwischen Überzeugung und Handeln (vgl. Hess 2003), wie sie typisch für den Lehrberuf sind, bereits während der Ausbildung anzugehen, Brücken zu schlagen, Konzepte zu bearbeiten und zu ändern sowie produktive Formen der Zusammenarbeit einzuüben. Das erklärt m. E. auch das frühe und anhaltende Interesse am Einsatz von Portfolios in der LehrerInnenbildung.

Auf der Seite der Dozierenden beinhaltet die Arbeit mit Seminarportfolios, dass die eigenen Vorträge reduziert werden zugunsten vielfältiger Eigenarbeit der Studierenden. Im Verlauf der Veranstaltung lesen Dozierende einzelne von deren Texten und geben Rückmeldungen dazu. Das, was sich an Positionen zeigt, wird wieder in das Seminar eingespielt und zur Diskussion gestellt – z.B. in Form einer Autographensammlung (Ruf 2008: 22f.). Und schließlich müssen die fertigen Portfolios nach dem Ende des Seminars durchgesehen und bewertet werden. Die

Arbeitsweisen der Dozierenden sind also beim Einsatz von Portfolios verändert und auch die Verteilung der Arbeit im Semester verlagert sich. Es gibt weniger Vorbereitung und mehr Nachbereitung. Die Wissensvermittlung findet zu einem größeren Teil anhand individueller Lektüre der Studierenden statt, während die Dozierenden mehr damit befasst sind, Lernprozesse in Gang zu setzen, Austausch anzuleiten und Positionen theoretisch aufzuladen, zuzuspitzen oder zu kontrastieren (vgl. Zimmermann et al. 2008; Winter & Ruf 2009; Winter & Canonica 2012).

Einen besonderen Untertyp von Veranstaltungsportfolios stellen solche Dokumentmappen dar, die im Rahmen eines Praktikums oder übergreifend für mehrere Praktika eingesetzt werden. Zweck dieser Portfolios ist es häufig, dass die Studierenden in diesem von der Hochschule weniger direkt kontrollierten Lernbereich ihre Erfahrungen niederschreiben und gleichzeitig reflektieren (vgl. Bolle & Denner 2007); auch mit der Zielsetzung, sie auf das theoretische Wissen zu beziehen und zu verallgemeinern. In diesem Zusammenhang werden oft Kompetenzbeschreibungen eingesetzt, in denen in knapper Form umrissen ist, welches berufliche Können und welche ethischen Werte als Standard gelten. Die Studierenden sind aufgefordert, zu beobachten und selbst zu prüfen, ob und wie weit sie diese Standards in ihrem Handeln erkennen können und woran sie das festmachen. Das ist z.B. beim Portfolio der Praxiselemente in NRW der Fall.[6] Die Kompetenzbeschreibungen sollen außerdem dabei helfen, sich im Praktikum über wichtige Erfahrungen zu verständigen und auszutauschen. Und schließlich sollen sie dazu beitragen, dass in der theoretischen und der praktischen Ausbildung gleiche oder sich ergänzende Ziele eine Rolle spielen. Sie dienen also auch den beteiligten Lehrpersonengruppen zur Verständigung über die Ziele der Ausbildung. In Abbildung 3 wird versucht darzustellen, wie das Verhältnis theoretischer und praktischer Ausbildung – idealerweise – als aufeinander bezogen gedacht werden und welche Rolle dem Portfolio dabei zukommen kann: Es ist ein Gefäß, in dem Lernerfahrungen und Reflexionen dazu als Lernspuren festgehalten werden, darunter auch Fragen an die theoretische Ausbildung, welche in diese hineingetragen werden. Neben den verschriftlichten Lernerfahrungen sollen aber auch andere Produkte im Portfolio abgelegt werden, die direkt über die Arbeitsweise und den Erfolg der Studierenden Auskunft geben können. So wäre ein eigener Unterrichtsentwurf, ein Video von einer selbst gehaltenen Stunde, ein ausgearbeitetes Beurteilungskonzept u.a.m. denkbar. Das sind mögliche Belege, die in einem Veranstaltungsportfolio vom Typ Praktikumsportfolio dokumentiert werden können, das wie in Abb. 3 zu sehen, Teil eines größeren Studienportfolios ist. Auf die Produkte als Belege in Portfolios möchte ich besonders hinweisen, denn es gehört zum Kern guter Portfolioarbeit, dass nicht nur „sekundäre" Belege dokumentiert

---

6 http://www.schulministerium.nrw.de/ZBL/Wege/Portfolio_Praxiselemente/; siehe auch das Portfoliokonzept für das Referendariat in Hamburg (Landesinstitut 2010).

werden – also etwa Berichte über eine gehaltene Stunde – sondern auch solche, die möglichst authentisch Einblick in das Denken und Handeln der Studierenden geben (Garner 2006).

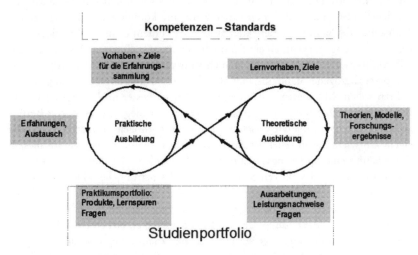

Abb. 3: Einsatz eines Portfolios im Kontext zweier Ausbildungsteile

Ein Portfolio ist in diesem Konzept nicht nur Anlass und Mittel, die Reflexion voranzutreiben und festzuhalten, sondern auch ein Instrument, mit dessen Hilfe praktische und theoretische Ausbildungsteile besser aufeinander bezogen werden können. Zum Beispiel dadurch, dass Fragen und Lernvorhaben aus dem einen Bereich in den anderen hineingetragen werden. Gleichzeitig sollen aber auch die erbrachten Leistungen dokumentiert und bestätigt werden.

Ich habe die Veranstaltungsportfolios und speziell das Seminarportfolio hier besonders ausführlich beschrieben, weil daran wichtige Prinzipien und Potentiale der Portfolioarbeit und auch einige Gelingensbedingungen exemplarisch deutlich gemacht werden können. Sie spielen auch bei dem folgenden Portfoliotyp eine Rolle, und es wird sich zeigen, warum es weitaus schwieriger ist, diesen Typ so zu etablieren, dass er zu den angestrebten Zielen führt.

Zu b): Ausbildungsbegleitende Studienportfolios
Dieser Portfoliotyp zeichnet sich zunächst dadurch aus, dass eine größere Breite an Lernerfahrungen und Produkten in ihm aufbewahrt und dargestellt werden sollen – im Extremfall solche aus allen Veranstaltungen. Im ausbildungsbegleitenden Portfolio kann eine Art selbst zusammengestelltes „Zeugnis" des absolvierten Studiengangs entstehen, in dem die Entwicklung des professionellen Fachwissens

wie auch der erworbenen Handlungskompetenzen sichtbar wird. Diese Idee lässt sich in vielen größer angelegten Portfoliokonzepten erkennen (vgl. Zeichner & Wray 2000; Behrens 2001; Schratz & Tschegg 2001; Häcker & Winter 2006). Die Verantwortung für das Entstehen des Portfolios liegt dabei im Wesentlichen bei den Studierenden. Als Unterstützung für ihre komplexen und andauernden Tätigkeiten des Sammelns, Reflektierens und Dokumentierens erhalten sie schriftliche Anweisungen, eventuell ein Sammelinstrument (z.b. einen Ordner oder ein e-Portfolio-System) und manchmal auch tutorale Beratung. Zudem erhalten sie kompetenzbezogene Standards, auf die sie ihre Ausbildungsbemühungen ausrichten sollen. Mit diesen Instrumenten sollen sie besser in die Lage kommen, ihr Studium selbständig zu organisieren, gezielt anzulegen, persönliche Bezüge zwischen den Lehrinhalten verschiedener Veranstaltungen herzustellen und die eigene Entwicklung zu reflektieren.[7] Es ist nicht verwunderlich, dass auf diesem Wege häufig Überforderungssituationen erlebt werden. Das Portfolio kann zwar als ein Instrument des aktiven Studierens und des persönlichen, biografisch und langfristig orientierten Lernens begriffen werden, die Einführung der Portfolioarbeit stellt aber auch eine Übertragung von Ungewissheit auf die Adressaten und Adressatinnen der Ausbildung dar (vgl. Brosziewski et al. 2011). Diese Ungewissheit ist einerseits objektiv gegeben (z.B. ist die Orientierung der Ausbildung an Kompetenzstandards für alle noch recht neu) und andererseits auch gewollt (es sollen ja Reflexionen zu den eigenen Studien angeregt werden). Man kann sie aber zumindest dort als Zumutung betrachten, wo die Ausbildungsinhalte kaum aufeinander abgestimmt sind oder keine Strukturen geschaffen werden, innerhalb derer die Unsicherheiten kommunikativ bearbeitet werden können (ebd.: 25).

Es erfordert einen intensiven und vielfältigen Kommunikationsprozess, wenn Studieninhalte, Vorwissen und eigene Überzeugungen sowie vorgegebene Standards miteinander in Bezug gesetzt und persönlich verarbeitet werden sollen. Im Rahmen der oben geschilderten Arbeit mit Seminarportfolios kann diese Kommunikation in die Veranstaltung gelegt werden. Der Portfolioprozess wird dadurch gut „gerahmt" im Sinne von Anleitung, Begleitung, Austausch, Wahrnehmung und Anerkennung. So können seine spezifischen Wirkungen gesichert werden. Im Fall der Studienportfolios ist dies offenbar in den meisten Fällen nicht gewährleistet und ein Grund dafür, dass Studierende sich frustriert von der Portfolioarbeit abwenden (vgl. Landwehr et al. 2009: 38ff.) und sie allenfalls formal und gegen Ende des Studiengangs wieder aufnehmen. Eine motivierte Übernahme der Aufgabe, sich ein Studienportfolio anzulegen, wird zusätzlich erschwert, wenn es keine Gelegenheiten gibt, in denen dieses wahrgenommen wird und wenn es nicht

---

7 Siehe z.B. den Leitfaden: „Das Qualifikationsverfahren" der Pädagogischen Hochschule Zürich (2012) und für die Pädagogische Hochschule Luzern (2012): „Wegleitung portfoliobasierte Masterprüfung im Bereich Bildungs- und Sozialwissenschaften" (beides im Internet verfügbar). Siehe auch Fußnote 6.

formal – z.B. als Leistungsnachweis – anerkannt wird. Häufig wird den Studierenden lediglich die Perspektive genannt, sie könnten ihre Portfolios nutzen, um ihre Kompetenzentwicklung zu reflektieren und sie künftig bei Bewerbungen einzusetzen. Diese Aussichten müssen vage bleiben. Es gibt aber auch Studiengänge, in denen die Studierenden für ihre Portfolios eine formale Anerkennung erhalten, indem diese als Studienleistung gelten und Prüfungen ersetzen oder die Basis für Prüfungen bilden (vgl. Brüggen et al. 2009; Brosziewski et al. 2011).

Insgesamt gesehen gibt es viele Varianten ausbildungsbegleitender Portfolios, und es ist schwierig, sich lediglich anhand von Reglementen und Anleitungsmaterialien ein Bild von der Art und dem Einsatz des jeweiligen Portfoliokonzepts zu machen. Das liegt zum Teil daran, dass schon der Begriff Portfolio häufig einseitig oder auch falsch verwendet wird, man also nicht sicher sein kann, ob es sich tatsächlich um ein solches handelt, wenn es das entsprechende Etikett trägt. Nach zwei Seiten hin wird der Portfoliobegriff häufig verengt. Erstens in Richtung einer Sammlung von Dokumenten, die ich *Dossier* nenne, weil darin vor allem Vermerke über bestandene Prüfungen und Tests, über Standortgespräche, die stattgefunden haben, und Berichte über die betreffende Person gesammelt werden, nicht aber originäre Arbeiten von ihr. Zweitens werden manchmal Dokumentsammlungen als Portfolios bezeichnet, die wiederum keine eigenen Arbeiten enthalten, sondern ausschließlich Lernreflexionen über Arbeitsprozesse, Lektüren, Lerngegenstände und das Erreichen von Kompetenzzielen. Sie sollten besser als Lerntagebücher bezeichnet werden (Winter 2007: 112ff.; 2012: 268ff.). Freilich können in Portfolios Dossieranteile enthalten sein und Reflexionen im Sinne eines Lerntagebuchs gehören immer dazu, es muss aber noch mehr dazukommen. Die Varianten von Studienportfolios lassen sich anhand der in Abb. 4 genannten Dimensionen differenziert beschreiben.

Dimension	Unterscheidungen	
Zwecksetzung:	mehr für das Lernen	mehr für Prüfung und Zertifikation
Inhaltsbestimmung:	mehr von der Person, die das Portfolio führt	mehr von Seiten der Institution und deren Vorgaben
Praxisbezug:	praktische Ausbildung ist zentral im Portfolio	praktische Ausbildung ist ein Element unter anderen
Kompetenzstandards:	nicht oder wenig an Kompetenzstandards ausgerichtet	stark an Kompetenzstandards ausgerichtet
Gegenstände, die gesammelt werden:	Vielfalt der Gegenstände und Formate	eng definierte Gegenstände und Formate

Kommunikation zum Portfolio:	wenig Kommunikation, isolierte Erstellung des Portfolios	vielfältige Kommunikation in Begleitprozessen
Integration der Praxislehrkräfte:	starke Beteiligung	geringe Beteiligung
Präsentation:	Portfolio eher für den Eigengebrauch, keine Präsentationsforen	organisierte und anspruchsvolle Präsentationsforen
Beurteilung und Rückmeldung:	keine Beurteilung oder wenig differenzierte Beurteilung und Rückmeldung	ausführliche und differenzierte Beurteilung und Rückmeldung

Abb. 4: Dimensionen zur Unterscheidung von Studienportfolios (in Anlehnung an Zeichner und Wray 2001)

Viele der aufgelisteten Unterscheidungsdimensionen kovariieren in der Praxis, dennoch sind sie teilweise unabhängig. Die Tabelle darf daher nicht so gelesen werden, als stünde auf der einen Seite ein prototypisches Portfoliokonzept und auf der anderen Seite eines, das konträr dazu sei.

Zu c): **Prüfungsportfolios**

Prüfungsportfolios dienen als Grundlage für eine (mündliche oder schriftliche) Prüfung oder bilden selbst das Dokument, das geprüft und bewertet wird. Der zuletzt genannte Fall trifft auch auf viele Veranstaltungsportfolios zu. Mit Prüfungsportfolios eröffnen sich neue Perspektiven für die Erbringung von Leistungen, für den Leistungsbegriff und die Gütekriterien, denen eine Leistungsprüfung entsprechen soll. Auf Letzteres wird weiter unten noch gesondert eingegangen. Mit der Bezeichnung Prüfungsportfolio möchte ich nur solche Portfolios ansprechen, die gesondert und für eine übergreifende Prüfung zusammengestellt werden (siehe Abb. 1). Dieser Fall ist bislang nicht häufig, er enthält aber interessantes Potenzial zur Reform von Prüfungen:

- Die Studierenden können hier kumulativ Leistungen erbringen und auch Leistungs- und Entwicklungsprozesse darstellen sowie anerkennen lassen.
- Es können initiativ Leistungen erbracht werden.
- Die Prüfung kann adaptiv auf das eingehen, was die Studierenden selbst in ihrem Studium als darstellenswert betrachten.
- Die Prüfung kann nicht nur das betreffen, was gelehrt wurde, sondern auch solches Wissen und solche Kompetenzen, die sich Studierende selbst angeeignet haben.
- Es kann über punktuelles Wissen hinausgehend geprüft werden, ob Bezüge zwischen Wissensgebieten und zwischen Theorie und Praxis hergestellt werden können.

- Die Leistung hängt in besonderem Maße von der Anstrengungsbereitschaft und Darstellungsfähigkeit der Studierenden ab.

Es gibt viele Varianten möglicher Portfolioprüfungen. Diese können sich auf Teile der Ausbildung erstrecken (und diese abschließen) oder so etwas wie eine Synthese aller Studieninhalte im Visier haben, indem am Ende und auf der Basis einer selbst erstellten und mit Dokumenten versehenen Übersicht versucht werden soll, Bezüge zwischen ihnen herzustellen. In dieser Form wären Portfolioprüfungen eine modernisierte und stärker individualisierte Neuauflage klassischer Abschlussprüfungen, die der Idee folgen, dass zu diesem Zeitpunkt eine neue Qualität des Wissens und Könnens aus der Über- und Zusammenschau verschiedener Wissenschaftsgebiete entsteht.

Für eine Portfolioprüfung reichen die Studierenden ihre – nach bestimmten Vorgaben zusammengestellte – Mappe ein. Wenn das Portfolio selbst das zu prüfende Dokument darstellt, wird die Mappe gelesen und bewertet. Wenn auf seiner Basis eine mündliche Prüfung stattfinden soll, wird das Portfolio auf relevante und prüfenswerte Inhalte durchgesehen und die Prüfung mit Bezug zu diesen abgehalten. Manchmal werden zuvor – auf der Basis des Portfolios zunächst Prüfungsgebiete vereinbart. Die Prüfung selbst geht dann auch über die Portfoliothemen hinaus und fragt z.B. nach Bezügen zu anderen Wissensgebieten und Praxissituationen. Portfolioprüfungen sind wegen der zum Teil umfangreichen Dokumentsammlungen zeitaufwändig, und es macht daher Sinn, Vorgaben für eine Auswahl zu machen. Die Bewertung von Portfolios gilt – schon wegen deren Individualität – als schwierig (Johnstone & Hascher: 40f.), und es ist zu beachten, dass aus den Belegen nur begrenzt auf Kompetenzen rückgeschlossen werden kann (Huber 2008: 23). Portfolioprüfungen folgen einer veränderten Auffassung von Assessment, auf die im Folgenden noch eingegangen wird.

Zu d): Bewerbungs- und Zulassungsportfolios

Seit langem spielen im Bereich der Hochschulen für Gestaltung Künstlermappen (heute oft einfach „Mappe" genannt) eine wichtige Rolle bei der Aufnahme von Bewerbern. Diese ähneln dem Portfolio. Auch im Bereich Architektur spielen solche Elemente bei der Zulassung zum Studium eine Rolle. Und auch in anderen Bereichen – z.B. Gesundheits- und Verwaltungsberufen – gibt es zum Teil die Möglichkeit oder Pflicht, vorhandene Qualifikationen in Form von selbst zusammengestellten Mappen nachzuweisen. Diese heißen heute oftmals Portfolio, sind ihrem Charakter nach aber eher Dossiers (s. o.). Auch bei der Gleichwertigkeitsprüfung von andernorts erbrachten Studienleistungen spielen portfolioartige Zusammenstellungen traditionell eine Rolle – insbesondere gilt das für ausländische Studierende und Gaststudierende. Die Europäische Kommission ist schon seit längerer Zeit darum bemüht, faktische Qualifikationen so validieren zu lassen, dass grenzüberschreitend sichtbar wird, was die Betreffenden können. In diesem Zusammenhang geht es auch darum, das lebenslange Lernen zu fördern und Ergebnisse nichtformalen sowie informellen Lernens anzuerkennen.[8] Speziell zusammengestellte Dossiers oder Portfolios sollen eine Basis für die Anerkennung sein. Das Europäische Sprachenportfolio ist das bekannteste Portfolio dieser Art. Auch bei der Zulassung zu Hochschulen kann in einzelnen Ländern die Dokumentation von Studienleistungen und Qualifikationen in Dossiers oder Portfolios eine Rolle spielen und eine „admission sur dossier" erfolgen (vgl. Hauenstein 2006). Wie weit diese Möglichkeiten tatsächlich derzeit eine Rolle spielen, ist mir nicht bekannt und soll hier auch nicht eingehender behandelt werden.

Zu e): Lehrportfolios von Dozierenden
In Lehrportfolios werden Dokumente und Berichte zusammengestellt, die belegen sollen, welche Qualifikationen Hochschulangehörige im Bereich der Lehre besitzen. An einzelnen Universitäten gibt es Programme, die Lehrenden helfen, solche Dokumente zu sammeln und aufzubereiten.[9] Zudem können diese Portfolios eingereicht und einem Anerkennungsverfahren unterzogen werden. Hochschuldozentinnen und Hochschuldozenten können auf diesem Weg Lehrqualifikationen planen, dokumentieren und in späteren Bewerbungsverfahren nutzen (vgl. Seldin 2003; Queis 2005; Futter 2009, 2012; Szczyrba 2009, Szczyrba & Gotzen 2012).

Das Portfolio in der Hochschuldidaktik – ein erstes Fazit

Bei der Beschreibung der verschiedenen Portfoliotypen und ihres Einsatzes im Bereich der Hochschulausbildung wurde deutlich, dass Portfolios vor allem in zwei Kontexten Funktionen erfüllen und Reformen anstoßen sowie tragen können: Das ist einerseits der Kontext Lehren und Lernen und andererseits der Kontext Prüfung und Beurteilung von Leistungen. Eine entsprechende Übersicht wird in Anhang gegeben. Im Kontext Lehren und Lernen erscheint der Einsatz von Portfolios geeignet, folgende Veränderungen in der Hochschuldidaktik und des Studierens in Gang zu setzen:
- mehr kontinuierliches Arbeiten in Veranstaltungen mit Portfolios;
- Unterstützung und Dokumentation eigenständigen Lernens;
- größere Vielfalt der Leistungsarten, die gleichzeitig einer Evaluation und Prüfung zugänglich gemacht werden;

---

8 Siehe: http://ec.europa.eu/education/lifelong-learning-policy/informal_de.htm, vgl. auch den Beitrag von Neß in diesem Buch.
9 Siehe: http://www.hochschuldidaktik.uzh.ch/weiterbildung/tsk/tp.html.

- Förderung der Reflexion der Studieninhalte, des Lernens und des Studienverhaltens;
- Herstellen von Bezügen zwischen Inhalten verschiedener Veranstaltungen sowie zwischen theoretischen und praktischen Teilen der Ausbildung;
- Unterstützung für die Orientierung der Ausbildung an Kompetenzstandards;
- mehr Austausch und Rückmeldung zu den Arbeiten und dem Lernen;
- eine veränderte Rolle der Lehrenden (weniger Darstellungstätigkeit, mehr Anleitung und Begleitung eigenständigen Studierens, Nachbereitung und Rückmeldung, gemeinsame Bearbeitung von Lernerfahrungen).

So betrachtet, könnte der Einsatz von Portfolios ein zentrales Instrument der Reform der Studiengänge sein. Die weiterhin starke Vorstrukturierung der Studiengänge durch das Lehrangebot und die Prüfungsordnungen könnte wirksam ergänzt werden durch mehr selbständiges und selbst bestimmtes Lernen. Dort, wo geeignete Kompetenzbeschreibungen als Zielgrößen für die Ausbildung vorliegen, könnte diese somit tripolar (Lehrangebot – Selbständiges Lernen – Kompetenzbeschreibungen) bestimmt werden und den Studierenden helfen, ihre Studien und Praktika mit Bezug auf die Anforderungen professionellen Handelns zu steuern. Es besteht die Vorstellung und Hoffnung, dass so eine größere Verarbeitungstiefe des Gelernten erreicht werden kann und mehr Brücken zwischen Wissen und Können entstehen (vgl. Oser 1997b: 226). Das Portfolio könnte ein Organisator dieser Bildungsprozesse sein und gleichzeitig ein Medium, in dem sie dokumentiert und beurteilt werden können. Das klingt gut, scheint aber bislang nur ausnahmsweise der Fall zu sein. Meist scheint den Studierenden dort, wo es ausbildungsbegleitende Portfolios gibt, das Anlegen entweder wenig wichtig oder eine lästige Pflicht zu sein. Es wurde die These vertreten, dass Portfolioarbeit, wenn sie gelingen und wertgeschätzt werden soll, vor allem eine Rahmung braucht, die geeignet ist, eine persönliche Anleitung und einen intensiven Austausch zu gewährleisten. Zudem müssen Perspektiven für die Anerkennung und Gratifikation der Portfolioarbeit existieren. Die einfache Verpflichtung zum Führen von Portfolios mit der vagen Aussicht, diese später eventuell in Bewerbungsverfahren einsetzen zu können, reicht offenbar nicht für eine motivierte Übernahme der damit verbundenen vielschichtigen Arbeit aus. Daraus lassen sich einige Empfehlungen für die Einführung von Portfolios im Hochschulbereich ableiten:

- sorgfältige Klärung des Portfolios, seiner Stellung in der Ausbildung und der ihm zudachten Funktionen (s. a. Abb. 1 und 4);
- ausführliche Anleitung und Beratung (schriftlich, aber auch durch Personen);
- eine breite und gut beschriebene Palette von möglichen Belegen (Beispiele in Form von Portfolios);
- Anlegestellen in den Veranstaltungen, z. T. besondere Veranstaltungen (wobei Beteiligte das Portfolio als Chance erfahren sollen, die Theorie-Praxis-Gräben zu überbrücken);

- Investitionen in reflexives Schreiben (z.B. Schreibbüros);
- Übungen zum Schließen auf Kompetenzen;
- Zeitpunkte, Gelegenheiten, Orte, an denen die Portfolios wahrgenommen, besprochen und anerkannt werden;
- Gratifikationen für die Portfolioarbeit (Anrechnung als Studienleistung, Prüfung oder Grundlage für Prüfungen).

Nachdem die Rolle der Portfolios im Kontext Lehre und Lernen beleuchtet wurde, möchte ich nun noch näher auf den Kontext Prüfung und Beurteilung eingehen.

Perspektiven für das Prüfungswesen und seine Gütekriterien

Mit der Bologna-Reform hat sich im Prüfungswesen der Universitäten vieles geändert. Die spürbarste Veränderung dürfte die sein, dass die Zahl der Prüfungen stark angewachsen ist.[10] Einzelne Module oder Veranstaltungen werden geprüft und damit abgeschlossen. Für sie soll festgelegt werden, welche Ziele sie verfolgen und welche Inhalte und Kompetenzen darin vermittelt werden sollen und auch, wie diese zu prüfen und zu bewerten sind. Theoretisch sind damit die Prüfungen näher an das Lerngeschehen herangerückt worden und könnten daher vielfältige Formen annehmen und mit dem Lernen enger verzahnt werden (vgl. Arbeitsstelle für Hochschuldidaktik 2007; Bülow-Schramm 2008; Reis & Ruschin 2008). Die Flut von Prüfungen und die wachsende Zahl von Studierenden hat aber weithin dazu geführt, dass zunehmend ökonomische, leicht auswertbare Prüfungen veranstaltet werden also solche, die punktuell, in begrenzter Zeit abgelegt werden und mit einem geringen Personalaufwand auszuwerten sind. Letzteres erreicht man am besten über Multiple-Choice Fragen, die online ausgefüllt und maschinell verarbeitet werden können. Auch andere Formen von Klausuren entsprechen dieser Logik, also solche, wo kleine Fragen (z.B. „Short-Answer-Questions") oder andere Aufgaben gestellt werden, deren Lösungen leicht in richtig oder falsch eingeteilt werden können. Das Ziel, Kompetenzen auszubilden und nachzuweisen, spricht aber dafür, auch andere Prüfungsformate zu nutzen – darunter auch das Portfolio (vgl. Wex 2011: 27). Ich möchte hier nun für das Portfolio aufzeigen, welche Veränderungen in der Prüfungsdidaktik möglich sind und welche grundlegend anderen Vorstellungen zur Erreichung von Gütekriterien sich in diesem Zusammenhang entwickelt haben. Ich beziehe mich dabei vor allem auf das oben geschilderte Seminarportfolio, vieles davon lässt sich aber auch auf Studienportfolios und Prüfungsportfolios übertragen.

Wie oben bereits dargelegt wurde, können in die Veranstaltungsportfolios vielfältige, recht unterschiedliche Typen von Leistungen eingehen. Dadurch ist es ein Leichtes, zwei Hauptforderungen der Prüfungstheorie zu erfüllen, nämlich erstens

---

10 Man schätzt, dass sich das Prüfungsvolumen etwa verzehnfacht hat (Wex 2011: 1).

die nach proportionaler Abbildung der Veranstaltungsinhalte und auszubildenden Kompetenzen und zweitens die nach Variabilität der Formen und Modalitäten der Leistungsüberprüfung (Sacher 2011: 29). In Portfolios werden zum Beispiel regelmäßig – die heute hoch geschätzten – Reflexionen zu fachlichen Gegenständen und eigenen Lernprozessen verschriftlicht und können daher als Leistungen anerkannt werden (Reis 2009). Dass ihre Bewertung schwierig ist, steht auf einem anderen Blatt. In Portfolios geht zu einem hohen Teil eigenständige Arbeit der Studierenden ein, sogar solche, die initiativ, also nicht auf Anforderung der Lehrenden und vor allem nicht als einfache Beantwortung von fremdgestellten Fragen erbracht wird (PDF-Download unter http://www.klinkhardt.de/verlagsprogramm/1931.html). Dieser Anforderungstyp unterscheidet sich sehr von dem, was im Rahmen von Klausuren verlangt wird. In Portfolios können komplexe, längerfristig angelegte Lern- und Arbeitsprozesse und deren Ergebnisse dokumentiert werden – z.B. die Planung einer Unterrichtseinheit (Winter & Ruf 2009) oder die Fähigkeit zur Konstruktion von Lernaufgaben (Winter & Canonica 2012). Sie besitzen in diesen Fällen einerseits Inhaltsgültigkeit (denn in ihnen drückt sich eine Kompetenz aus, um die es in dem Seminar geht) und besitzen in dem Sinne ökologische Validität, als die Arbeitsbedingungen denen von beruflich tätigen Fachleuten teilweise ähnlich sind. Mit Portfolios kann das geprüft werden, was (und wie) gelernt wird und auch anfängliches Können im angestrebten Berufsfeld. Mittels Portfolios können auch solche Fachinhalte Referenzpunkt für Prüfungen werden, die sich die Studierenden selbst aneignen und nicht nur das, was zum Curriculum im Sinne des Lehrangebots gehört. Das wäre durchaus im Sinne der Bologna-Reform. Wex (2006: 7f.) schreibt dazu: „Der zeitlich umfangreichste Teil des Studiums – und entsprechend die Zahl der Leistungspunkte – liegt aber nicht in den präsenten Lehrveranstaltungen, sondern im angeleiteten Selbststudium. Daraus folgt weiter, dass nicht, wie im herkömmlichen Studium, nur das geprüft werden darf, was gelehrt worden ist, sondern zu prüfen ist, welche Lernziele, Kenntnisse und Kompetenzen der Studierende sich selbst angeeignet hat."

Bei der Portfolioarbeit erbringen die Studierenden ihre Leistungen in einem längeren Prozess. Dieser ist durch Vorgaben gerahmt, er wird beraten und ist von Austausch (auch unter den Studierenden) geprägt. Alle diese Bedingungen sind – wie oben gezeigt – wesentlich für das Gelingen von Portfolioarbeit. Sie unterscheiden sich damit aber diametral von denen, die etwa beim Schreiben von Klausuren bestehen. In Ausbildungsinstituten wird traditionell solchen Leistungen misstraut, die nicht unter Aufsicht und mit Unterstützung anderer entstanden sind. Die Eigenständigkeit der Leistungen wird angezweifelt. Sind die in Portfolios dargestellten Leistungen also weniger aussagekräftig oder generell plagiatsverdächtig? Zunächst lässt sich sagen, dass es recht schwierig ist, ein Portfolioplagiat so herzustellen, dass es unbemerkt bleibt. Das hängt gerade mit dem Beratungsprozess zusammen, innerhalb dessen individuelle Vorschläge für die Weiterarbeit und

Verbesserung von Produkten entstehen und dann umgesetzt werden müssen.[11] Auch Lernreflexionen sind meistens recht persönlich, fall- und institutionsbezogen und lassen sich daher schwerlich von anderen übernehmen. Bei Eintragungen in einem Lesetagebuch mag solches vielleicht unentdeckt bleiben. Es wäre aber zu kurz gegriffen, nur darauf hinzuweisen, dass die Plagiats- oder Betrugsgefahr beim Portfolio als nicht sehr hoch eingeschätzt werden muss. Die Logik der Erbringung, Überprüfung und Beurteilung von Leistungen und auch die Vorstellungen, wie dabei Testgütekriterien erreicht werden können, unterscheiden sich bei der Portfolioarbeit erheblich von denen des klassischen Vorgehens. Ich will darauf etwas genauer eingehen.

Ein anderer Weg zu Gütekriterien

In ihrem viel diskutierten Artikel „Can there be validity without reliability" stellt Pamela Moss (1994) dem herkömmlichen psychometrischen Ansatz des Prüfens einen hermeneutischen gegenüber (vgl. Johnston 2002).[12] Der psychometrische Ansatz versucht eine Güte von Urteilen zu erreichen, indem in möglichst standardisierten, vom Lernprozess abgesonderten Situationen, eine Reihe von Aufgaben gestellt werden, die singulär ausgewertet und dann aggregiert und mit Werten einer Referenzgruppe (als Normen) verglichen werden können. Die Beurteilung soll am besten ohne Kenntnis der Person des Prüflings und der näheren Umstände des Lernens von verschiedenen Urteilern in gleicher Weise vorgenommen werden können und zu gleichen Urteilen führen. So wird versucht, eine objektive, zuverlässige und auch faire Beurteilung zu gewährleisten.
Anders ist es beim hermeneutischen Vorgehen: Hier wird in Analogie zum hermeneutischen Zirkel bei der Textinterpretation und der hermeneutischen Philosophie versucht, Arbeiten einzuschätzen, indem man einen Gesamteindruck an Details überprüft und so die Sicht auf die gesamte Leistung differenziert und schärft (vgl. Sacher 2009: 159). Hierbei ist es erwünscht, weitere kontextbezogene Informationen zu besitzen, und es ist jeweils günstig, wenn verschiedene Urteiler mit verschiedenen Perspektiven auf eine Arbeit und die darin enthaltene Leistung schauen und gemeinsam Schlussfolgerungen ziehen. Sogar und gerade die Sichtweise der Beurteilten kann dabei von Nutzen sein, da sie Kontextinformationen liefern können. Es ist nicht gefordert, dass das Vorgehen bei der Beurteilung einem standardisierten Algorithmus folgt, aber es soll jeweils explizit gemacht werden. Unterschiedliche Sichtweisen sind bei diesem Konzept also nicht störend, sondern gelten als produktiv, erweitern die Perspektiven und fördern den Perspektivwech-

---

11 Bei manchen Portfoliokonzepten müssen Vorformen von Arbeiten mit eingereicht werden.
12 Siehe auch die Diskussion um kommunikative Validierung (Scheele & Groeben 1977; Bohl 2006: 173; Winter 2012: 90ff.).

sel. Subjektivität des Urteilens wird als gegeben vorausgesetzt, soll aber möglichst so explizit gemacht werden, dass erkennbar wird, warum so geurteilt und gefolgert wird, damit sich andere Urteile damit besser vergleichen lassen.[13] Während beim psychometrischen Konzept Objektivität (vornehmlich verstanden als Standardisierung) als Voraussetzung für die Reliabilität (vornehmlich verstanden als Übereinstimmung zwischen Beurteilern) betrachtet wird und beide als grundlegende Voraussetzung für die Validität angesehen werden, versucht das hermeneutische Vorgehen sich allen drei Gütekriterien gemeinsam anzunähern – in einem gestreckten Prozess, der möglichst von mehreren Personen zusammen gestaltet wird. Ein solches Vorgehen passt gut zu komplexen und sprachlich ausformulierten Arbeiten und insbesondere auch zur Portfolioarbeit, in deren Kontext diese zum Teil entstanden sind (vgl. Johnston 2002). Als ein zusätzlicher Vorteil dieses Vorgehens kann gesehen werden, dass diejenigen, die das Portfolio beurteilen (einschließlich der Urheber), in der Regel auch die Entscheidungen treffen, die im Anschluss daran getroffen werden – vor allem, wenn es sich um individuelle Lernentscheidungen handelt.

In der Tradition der Arbeiten von Cronbach und Glaser (1965) zur Test-Entscheidungs-Theorie ist es üblich, die erforderliche Qualität von Urteilsprozessen nicht absolut zu betrachten, sondern wesentlich auch bezogen auf die Entscheidungen, die im Anschluss getroffen werden sollen. Im Fall der Seminarportfolios fallen viele Entscheidungen während des Lernprozesses. Es sind individuelle Lernentscheidungen, und sie werden gestützt durch die Kommunikation zwischen den Studierenden und auch mit dem Seminarleiter. Bei der Vorstellung und Besprechung von ersten Produkten und bei der Lektüre von Portfolios aus vergangenen Seminaren werden Qualitätskriterien sichtbar, die im Folgenden zum Maßstab des eigenen Arbeitens werden sollen.[14] So wird an einer gemeinsamen Sprache für Lernen und Leistung gearbeitet, indem über die Qualitäten von Arbeiten diskutiert wird und dazu Rückmeldungen gegeben werden. Dadurch ist die Qualitätsprüfung am Ende eines Seminars entlastet und in aller Regel tauchen zu diesem Zeitpunkt keine Qualitätsprobleme mehr in den Arbeiten auf. Die Leistungsprüfung bei der Portfolioarbeit kann also zu einem großen Teil als „assessment for learning" und „assessment as learning" in den Arbeitsprozess verlegt werden. An dessen Ende fungiert das Portfolio aber auch als Leistungsnachweis im Sinne eines „assessment of learning".

Bei der Bewertung von Seminarportfolios und von Studienleistungen auf der Basis von Studienportfolios sind jeweils umfangreiche und komplexe Zusammenstellungen von Arbeiten einzuschätzen. Die darin enthaltenen Dokumente

---

13 Siehe das Vorgehen in Bewertungskonferenzen (Winter 2012: 320ff.). Selbstverständlich sind Beurteilungen in Gruppen nicht notwendig sicherer als Einzelurteile: Hier ist mit sozialen Urteilsprozessen und dem Einfluss von Autorität und Macht zu rechnen.
14 Wie bedeutsam das für das Verständnis von Leistungsnormen ist, beschreibt Sadler (2002).

haben in der Regel bereits eine Rolle in Lernprozessen gespielt und sind von den Studierenden ausgewählt, zusammengestellt und kommentiert worden. Beurteiler sehen sich vor die Aufgabe gestellt, viel Material zu rezipieren, Bezüge darin herzustellen (etwa zwischen Ausarbeitungen und den darauf bezogenen Reflexionen) und abschließend zu entscheiden, ob das Portfolio als Nachweis dafür dienen kann, dass die Ziele einer Veranstaltung oder eines Studiengangs erreicht worden sind. Nach meinen eigenen langjährigen Erfahrungen mit Seminarportfolios fällt diese Entscheidung nicht schwer, obwohl die Studierenden teilweise recht Unterschiedliches gelernt haben – entsprechend ihren besonderen Vorhaben, ihrem unterschiedlichen Vorwissen und ihren pädagogischen Überzeugungen. Sie basiert einerseits auf der Überprüfung, ob alle geforderten Aufgaben bearbeitet wurden (PDF-Download unter http://www.klinkhardt.de/verlagsprogramm/1931.html) und ein intensiver Prozess der Beschäftigung damit erkennbar ist. Andererseits geht es darum zu prüfen, ob das im Seminar behandelte Wissen bei der Erstellung der Arbeiten genutzt und angewandt wird, wobei aber auch zusätzlich und eigenständig erarbeitete Kenntnisse sichtbar und anerkannt werden. Die zusätzlich zu den Arbeiten erstellten Reflexionen helfen, diese besser zu verstehen und deren Bedeutung für den persönlichen Lernprozess der Studierenden einzuschätzen. Etwas anders sieht es bei der Beurteilung von ausbildungsbegleitenden Portfolios und Prüfungsportfolios aus. Hier ist es erforderlich allgemeine Qualitäts- und/oder Kompetenzbeschreibungen zu erstellen, diese den Studierenden zu vermitteln und sie bei der Prüfung der Portfolios anzulegen. Eine mehrseitige Beurteilung ist wünschenswert, aber nicht immer zu erreichen.

Das Portfolio als Instrument der Prüfung – ein zweites Fazit

Der Einsatz von Portfolios verspricht in beiden hier angesprochenen Kontexten, nämlich Lehren und Lernen einerseits und Prüfung und Bewertung andererseits, die Möglichkeit, sinnvolle Reformen zu transportieren. Bei den Hochschulprüfungen wird es möglich, diese stärker auf das Lernen – auch das eigenständige – zu beziehen und komplexe, längerfristige Kompetenzentwicklungen abzubilden. Insbesondere scheint es interessant, die Prüfungen mittels Portfolio dafür zu öffnen, dass die Studierenden Bezüge zwischen theoretischem Wissen, professionellem Handeln, ausgearbeiteten Standards und auch ihren persönlichen Überzeugungen herstellen. Das gilt sowohl für das Veranstaltungsportfolio (im Sinne einer Modulprüfung) als auch für studienbegleitende Portfolios, auf deren Basis besondere Prüfungsportfolios zusammengestellt und entsprechende Prüfungen veranstaltet werden können. Die Logik dieser Prüfungen und auch die Art, mit der sie sich auf Gütekriterien beziehen, unterscheidet sich erheblich vom klassisch psychometrischen Paradigma – Umrisse eines hermeneutischen Ansatzes werden sichtbar.

Indem mit dem Portfolio andere, vielfältigere und längerfristige Formen der Erbringung und Bewertung von Studienleistungen möglich werden, stützt es indirekt und direkt hochschuldidaktische Arbeitsformen, die eine persönliche Beteiligung und eigenständiges Arbeiten begünstigen. Es wurde die These vertreten, dass für gelingende Portfolioarbeit eine gute Rahmung in dem Sinne erforderlich ist, dass die Studierenden sorgfältig angeleitet und beraten werden, dass Gelegenheiten zum Austausch und zur Wahrnehmung ihrer Arbeiten existieren und diese wahrgenommen und anerkannt werden: einerseits durch inhaltliche Rückmeldungen und andererseits durch die Anerkennung der Portfolios als Studienleistungen oder Prüfungen. Im dichten sozialen Kontext von Seminarportfolios scheint es unproblematisch, diese Bedingungen herzustellen. Für ausbildungsbegleitende Portfolios scheint es schwierig und eine große institutionelle Herausforderung zu sein, diese Bedingungen zu gewährleisten.

Literatur

Andexer, H., Paschon, A. & Thonhauser, J. (2001). *Erfahrungen mit Portfolio in Österreich. Salzburger Beiträge zur Erziehungswissenschaft, 5* (2), 27-40.
Andexer, H. & Thonhauser, J. (2001). Portfolio in der Lehrer/innenbildung: Begriff, Erwartungen, Erfahrungen. Antworten auf 3 Fragen. *Journal für LehrerInnenbildung, 1* (4), 53-55.
Arbeitsstelle für Hochschuldidaktik (2007). *Leistungsnachweise in modularisierten Studiengängen.* Zürich: Universität. URL: http://www.fwb.uzh.ch/services/leistungsnachweise/Dossier_LN_AfH.pdf (20.01.2013).
Behrens, M. (2001). Denkfiguren zum Portfoliosyndrom. *Journal für LehrerInnenbildung,* 1 (4), 8-16.
Bohl, T. (2006). Kernfragen der Pädagogischen Diagnostik, bezogen auf die Portfolioarbeit. In I. Brunner, T. Häcker & F. Winter (Hrsg.), *Das Handbuch Portfolioarbeit* (S. 171-178). Seelze: Kallmeyer.
Bolle, R. & Denner, L. (2007). Die Karlsruher Konzeption „Portfolio Schulpraktische Studien". In D. Flagmeyer & M. Rotermund (Hrsg.), *Mehr Praxis in der Lehrerbildung – aber wie?* (S. 61-76). Leipzig: Universitätsverlag.
Bräuer, G. (2000). *Schreiben als reflexive Praxis. Tagebuch, Arbeitsjournal, Portfolio.* Freiburg: Fillibach.
Breuer, A. C. (2009). *Das Portfolio im Unterricht. Theorie und Praxis im Spiegel des Konstruktivismus.* Münster: Waxmann.
Brouër, B. (2007). Portfolios zur Unterstützung der Selbstreflexion – Eine Untersuchung zur Arbeit mit Portfolios in der Hochschullehre. In M. Gläser-Zikuda & T. Hascher (Hrsg.), *Lernprozesse dokumentieren, reflektieren und Beurteilen* (S. 235-265). Bad Heilbrunn: Klinkhardt.
Brosziewski, A., Heid, M. & Keller, K. (2011). *Portfolioarbeit als Reflexionsmedium der Lehrerinnen- und Lehrerbildung.* Kreuzlingen: PH-Thurgau Forschungsbericht 11. URL: http://dokumente.phtg.ch/ePaper/Forschungsbericht_11/files/101.2500.1111.01_portfolio.pdf (20.01.2013).
Brüggen, S., Brosziewski, A. & Keller K. (2009). Portfolios als Medium der Selbststeuerung in der Lehrerinnen- und Lehrerbildung. *Journal für LehrerInnenbildung, 9* (2), 16-23.
Bühlow-Schramm, M. (2008). Hochschuldidaktische Prüfungskritik revisited unter Bologna-Bedingungen. In S. Dany, B. Szczyrba & J. Wildt (Hrsg.), *Prüfungen auf die Agenda! Hochschuldidaktische Perspektiven auf Reformen im Prüfungswesen* (S. 27-44). Bielefeld: W. Bertelsmann.

Cronbach, L. J. & Glaser, G. C. (1965). *Psychological tests and personnel decicions*. Urbana: University of Illinois Press.
Futter, K. (2009). Das Lehrportfolio als Dokumentationsmöglichkeit und Qualitätsnachweis in Hochschulen. *Beiträge zur Lehrerbildung*, 27 (1), 74-80.
Garner, B. (2006). Portfolios: Portraits guten Unterrichtens. Das Lehrerportfolio als Instrument professioneller Entwicklung. In I. Brunner, T. Häcker & F. Winter (Hrsg.), *Das Handbuch Portfolioarbeit* (S. 249-254). Seelze: Klett/Kallmeyer.
Groeben, N. & Scheele, B. (1977). *Argumente für eine Psychologie des reflexiven Subjekts*. Paradigmenwechsel vom behavioristischen zum epistemologischen Menschenbild. Darmstadt: Steinkopff.
Häcker, T. (2005). Portfolio in der LehrerInnenbildung – Erweiterung des Blickwinkels und Erhöhung der Tiefenschärfe. In Amt für Lehrerbildung (Hrsg.), *FIT für die Schule*. Tagungsband (S. 75-87). Frankfurt am Main: Hessisches Kultusministerium.
Häcker, T. (2007). Professionalisierung des LehrerInnenhandelns durch Professional Development Portfolios. *Erziehung und Unterricht, 157* (5-6), 382-387.
Häcker, T. (2010). Neoliberale Führungspraxis oder kooperative Lernprozessbestimmung? Portfolioarbeit im Spannungsfeld zwischen (Selbst-) Steuerung und Selbstbestimmung. In T. Bohl, K. Kansteiner-Schänzlin, M. Kleinknecht, B. Kohler & A. Nolder (Hrsg.), *Selbstbestimmung und Classroom-Management. Forschungsbefunde, Praxisbeispiele, Perspektiven* (S. 65-82). Bad Heilbrunn: Klinkhardt.
Häcker, T. & Winter, F. (2006). Portfolio – nicht um jeden Preis! Bedingungen und Voraussetzungen der Portfolioarbeit in der Lehrerbildung. In I. Brunner, T. Häcker & F. Winter (Hrsg.), *Das Handbuch Portfolioarbeit* (S. 227-233). Seelze: Klett/Kallmeyer.
Hess, K. (2003). *Lehren – zwischen Belehrung und Lernbegleitung*: Einstellungen, Umsetzungen und Wirkungen im mathematischen Anfangsunterricht. Bern: h.e.p.-Verlag.
Hauenstein, U. (2006). Die Anerkennung individueller Studienwege: „Passerellen" und „admission sur dossier". *Pädagogische Führung, 17* (4), 219-224.
Huber, L. (2008). „Kompetenzen" prüfen. In S. Dany, B. Szcyrba & J. Wildt (Hrsg.), *Prüfungen auf die Agenda! Hochschuldidaktische Perspektiven auf Reformen im Prüfungswesen* (S. 12-26). Bielefeld: W. Bertelsmann.
Jabornegg, D. (2004). *Der Portfolio-Ansatz in der Schülerbeurteilung der USA und seine Bedeutung für die Schülerbeurteilung in der neuen kaufmännischen Grundbildung* (NKG). Dissertation: St. Gallen.
Jervis, K. (2006). Standards: Wie kommt man dazu? Erfahrungen mit dem Portfoliokonzept in den USA. In I. Brunner, T. Häcker & F. Winter (Hrsg.), *Das Handbuch Portfolioarbeit* (S. 46-52). Seelze: Klett/Kallmeyer.
Johnston, B. (2002). Some basic assessment dilemmas with particular reference to portfolios. In L. Elton & B. Johnston (Eds.), *Assessment in universities: a critical review of research* (S. 35-94). Heslington (UK): LTSN Generic Centre. URL: http://eprints.soton.ac.uk/59244/1/59244.pdf (20.01.2013).
Johnstone, J. & Hascher, T. (2001). Portfolios als Instrument zur Sicherung von Qualitätsstandards. *Journal für LehrerInnenbildung, 1* (4), 34-43.
Kraler, C. (2007). Portfolioarbeit in der LehrerInnenbildung. Eine Standortbestimmung. In *Erziehung und Unterricht, 157* (5-6), 441-448.
Landwehr, N., Steiner, P. & Cueni, M. (2009). *Evaluation und Qualiätsüberprüfung des Lehrplans Pflege HF des Curriculumverbundes ABZ*. Schlussbericht. Aarau: Fachhochschule Nordwestschweiz.
Landesinstitut für Lehrerbildung und Schulentwicklung Hamburg (2010): *Das Portfolio im Referendariat. Hamburger Modell*. Hamburg: Landesinstitut. URL: http://li.hamburg.de/contentblob/2819078/data/pdf-portfolio-in-der-ausbildung.pdf (20.01.2013).
Moss, P. A. (1994). Can there be validity without reliability? *Educational Researcher, 23* (2), 5-12.

Neuweg, G. H. (2002). Lehrerhandeln und Lehrerbildung im Lichte des Konzepts des impliziten Wissens. *Zeitschrift für Pädagogik, 48* (1), 10-29.

Neuweg, G. H. (2007). Wie grau ist alle Theorie, wie grün des Lebens goldner Baum? LehrerInnenbildung im Spannungsfeld von Theorie und Praxis. *Berufs- und Wirtschaftspädagogik Online,* 12, 1-14.

Oelkers, J. & Oser, F. (2000). *Die Wirksamkeit der Lehrerbildungssysteme in der Schweiz.* Aarau: SKBF. URL: http://www.skbf-csre.ch/fileadmin/files/pdf/publikationen/ub.oelkers.pdf (20.01.2013).

Oser, F. (1997a). Standards in der Lehrerbildung. Teil I. *Beiträge zur Lehrerbildung,* 15 (1), 26–37.

Oser, F. (1997b). Standards in der Lehrerbildung. Teil II. *Beiträge zur Lehrerbildung,* 15 (2), 210-228.

Pädagogische Hochschule Zürich (2012). *Leitfaden: Das Qualifikationsverfahren.* Zürich: PHZH. URL: http://www.phzh.ch/Documents/phzh.ch/Ausbildung/Sek2/Leitfaden_Qualifikationsverfahren.pdf (20.01.2013).

Pietsch, S. (2005). Portfolio. In K.-D. Lenzen & S. Pietsch (Hrsg.), *Von H wie Hausarbeit bis P wie Portfolio.* Reihe Studium und Forschung H. 9 (S. 50-57). Kassel: university press.

von Queis, D. (2005). Die Qualität der Lehrenden. Das Portfolio als Instrument und Personalentwicklung in der Hochschule. In W. Benz, J. Kohler & K. Landfried (Hrsg.), *Handbuch Qualität in Studium und Lehre* (Abschnitt E 2.3, S. 1-22). Berlin: Raabe.

Rabenstein, K. (2007). Das Leitbild des selbstständigen Schülers. Machtpraktiken und Subjektivierungsweisen in der pädagogischen Reformsemantik. In K. Rabenstein & S. Reh (Hrsg.), *Kooperatives und selbstständiges Arbeiten von Schülern. Zur Qualitätsentwicklung von Unterricht* (S. 39-60). Wiesbaden: VS Verlag für Sozialwissenschaften.

Reis, O. (2009). Vom Reflex zur Reflexion. Prüfen und Bewerten von Prozessen reflexiven Lernens. In B. Berendt, H.-P. Voss & J. Wildt (Hrsg.), *Neues Handbuch Hochschullehre* (H 3.2, S. 1-30). Berlin: Raabe.

Reis, O. & Ruschin, S. (2008). Kompetenzorientiertes Prüfen – Baustein eines gelungenen Paradigmenwechsels. In S. Dany, B. Szczyrba & J. Wildt (Hrsg.), *Prüfungen auf die Agenda! Hochschuldidaktische Perspektiven auf Reformen im Prüfungswesen* (S. 45-57). Bielefeld: W. Bertelsmann.

Richter, A. (2006). Portfolios im universitären Kontex: wann, wo, wie? Eine andere Bewertungsgrundlage im Seminarraum. In I. Brunner, T. Häcker & F. Winter (Hrsg.), *Das Handbuch Portfolioarbeit* (S. 234-241). Seelze: Klett/Kallmeyer.

Rihm, T. (2006). Täuschen oder vertrauen? Hinweise für einen kritischen Umgang mit Portfolios. In I. Brunner, T. Häcker & F. Winter (Hrsg.), *Das Handbuch Portfolioarbeit* (S. 53-59). Seelze: Kallmeyer.

Ruf, U. (2008). Das Dialogische Lernmodell. In U. Ruf, S. Keller & F. Winter (Hrsg.), *Besser lernen im Dialog* (S. 13-23). Seelze: Klett/Kallmeyer.

Sacher, W. (2009). *Leistungen entwickeln, überprüfen und beurteilen.* Bad Heilbrunn: Klinkhardt.

Sacher, W. (2011). Durchführung der Leistungsüberprüfung und Leistungsbeurteilung. In W. Sacher & F. Winter (Hrsg.), *Diagnose und Beurteilung von Schülerleistungen* (S. 27-48). Baltmannsweiler: Schneider.

Sadler, R. D. (2002). Ah! ... so that`s 'quality'. In P. Schwartz & G. Webb (Eds.), *Assessment* (S. 130-136). London: Kogan.

Schratz, M. & Tschegg, K. (2001). Das Portfolio im Kontinuum unterschiedlicher Phasen der Lehrerbildung. *Journal für LehrerInnenbildung,* 1 (4), 17-25.

Seldin, P. (2003). *The Teaching Portfolio: A practical guide to improved performance and promotion/tenure decisions* (3rd edition). Bolton: Anker Publishing.

Sertl, M. (2006). Leistungsbeurteilung = Selektion. Soziologische Skizzen zum Wandel in den Formen der Leistungsbeurteilung. *Informationen zur Deutschdidaktik,* 30 (4), 10-18.

Szczyrba, B. (2009). „Das Auge kann sich selbst nicht sehen". Selbstevaluation mit dem Lehrportfolio. In A. von Richthofen & M. Lent (Hrsg.), *Qualitätsentwicklung in Studium und Lehre* (S. 158-169). Bielefeld: W. Bertelsmann.

Szczyrba, B. & Gotzen, S. (Hrsg.) (2012). *Das Lehrportfolio*. Münster: Lit.
Viebahn, P. (2006). Seminarportfolio und Lernbegleitung. In J. Wildt, B. Szczyrba & B. Wildt (Hrsg.), *Consulting, Coaching, Supervision. Eine Einführung in Formate und Verfahren hochschuldidaktischer Beratung* (S. 146-157). Bielefeld: W. Bertelsmann.
Viebahn, P. (2009). Ansätze zur Arbeitsentlastung für Lehrkräfte bei austauschintensiven Lehr-Lernverfahren. Das Beispiel Seminarportfolio. In B. Berendt, H.-P. Voss & J. Wildt (Hrsg.), *Neues Handbuch Hochschullehre* (Abschnitt L l.12). Berlin: Raabe.
Wex, P. (2006). Bachelor und Master. Die Grundzüge des Prüfungswesens. In B. Berendt, H.-P. Voss & J. Wildt (Hrsg.), *Neues Handbuch Hochschullehre* (Abschnitt H 1.2, S. 1-22). Berlin: Raabe.
Wex, P. (2011). Prüfungen unter den Bedingungen des Bolognaprozesses. Rechtliche, bildungspolitische und verwaltungspraktische Aspekte. In B. Berendt, H.-P. Voss & J. Wildt (Hrsg.), *Neues Handbuch Hochschullehre* (Abschnitt H 1.3, S. 1-43). Berlin: Raabe.
Wilson, S. & Rebel, K. (2001). Das Portfolio in der Hand der Lehrerinnen/Lehrer. Sein Beitrag zu einer reflektierten Praxis. *Pädagogisches Handeln*, 5 (2), 53-62.
Winter, F. (2001). Wie soll man Lehrstudenten prüfen? In J. Kiersch & H. Paschen (Hrsg.), *Alternative Konzepte für die Lehrerbildung*. Bd. 2 „Akzente" (S. 218-231). Bad Heilbrunn: Klinkhardt.
Winter, F. (2005). Portfolioarbeit in der Lehrerbildung. *Beiträge zur Lehrerbildung*, 23 (3), 334-338.
Winter, F. (2007). Fragen der Leistungsbewertung beim Lerntagebuch und Portfolio. In M. Gläser-Zikuda & T. Hascher (Hrsg.), *Lernprozesse dokumentieren, reflektieren und beurteilen* (S. 107-129). Bad Heilbrunn: Klinkhardt.
Winter, F. (für das Internationale Netzwerk Portfolioarbeit) (2007). Was gehört zu guter Portfolioarbeit? *Erziehung und Unterricht*, 157 (5-6), 372-381.
Winter, F. (2010). Perspektiven der Portfolioarbeit für die Gestaltung des schulischen Lernens. In C. Biermann & K. Volkwein (Hrsg.), *Portfolioperspektiven. Schule und Unterricht mit Portfolios gestalten* (S. 10-29). Weinheim, Basel: Beltz.
Winter, F. (2012). *Leistungsbewertung. Eine neue Lernkultur braucht einen veränderten Umgang mit den Schülerleistungen*. Baltmannsweiler: Schneider.
Winter, F. & Canonica, C. (2012). „Ich hätte nie gedacht, dass es so schwierig ist, eine wirklich offene Aufgabe zu stellen" – ein allgemeindidaktisches Seminar zum Thema Aufgaben. In S. Keller & U. Bender (Hrsg.), *Aufgabenkulturen. Fachliche Lernprozesse herausfordern, begleiten, reflektieren* (S. 244-265). Seelze: Klett/Kallmeyer.
Winter, F. & Ruf, U. (2009). An eigenen Unterrichtsprojekten gemeinsam lernen – ein Seminar mit Portfolio. *Beiträge zur Lehrerbildung*, 27 (2), 204-211.
Zimmermann, T., Hurtado, D., Berther, M. & Winter, F. (2008). Dialog mit 200 Studierenden – geht das? Blended Learning in einer Vorlesung mit hoher Teilnehmerzahl. *Das Hochschulwesen*, 56 (6), 179-185.

Das Portfolio in der Hochschulbildung | 39

Anhang: Portfoliotypen in der Hochschule

Bezeichnung(en):	Funktion im Kontext Ausbildung/Lernen:	Funktion im Kontext der Erbringung, Dokumentation, Prüfung und Zertifizierung von Leistungen:
Seminarportfolio, Veranstaltungsportfolio	• Verbesserte Möglichkeiten für differenziertes, individualisiertes und selbstbestimmtes Arbeiten • Erhöhte Anforderungen an Eigenständigkeit • Förderung von Zusammenarbeit und wechselseitiger Beratung • Anlass und Organisator zur Reflexion der eigenen Arbeit (einschließlich deren Dokumentation) • Orientierung der Arbeit an Kompetenzstandards möglich bzw. erleichtert	• Vielfalt von Leistungsnachweisen • Komplexe, differenzierte, prozesshafte und gemeinschaftliche Leistungen werden abrechenbar gemacht • Kontinuierliche Leistungserbringung – keine separate Leistungsprüfung erforderlich • Umfassende Dokumentation der Lernerfolge • Möglichkeit, die Arbeiten anderer Studierender einzusehen • Mehrseitige Beurteilung möglich (aber aufwändig)
Studienbegleitendes Portfolio	• Planungsinstrument und Organisator für das Studium oder Teile davon • Verbesserte Möglichkeit einen (dokumentbasierten) Überblick zu eigenen Studienaktivitäten in modularisierten Studiengängen zu gewinnen und zu reflektieren • Dient der Bezugnahme auf Ziele und Standards der Ausbildung • Anlass und Grundlage für Beratungen	• Dokumentbasierte Selbstprüfung wird erleichtert • Fördert die Variabilität von Leistungsarten und Leistungsnachweisen • Kann Prüfungen ersetzen und neue Prüfungsformen ermöglichen (siehe Prüfungsportfolio) • Stellt u. U. ein Zertifikat dar (siehe Bewerbungs-/Zulassungsportfolio)

Prüfungs-portfolio	• Lädt zur Selbstdefinition und Explikation von Anforderungen ein	• Kann Prüfungen ersetzen • Ermöglicht Prüfungsformen, die auf den individuellen Ausbildungsgang Bezug nehmen und Verbindungen zwischen den Ausbildungsinhalten erfragen
Bewerbungs-/ Zulassungs-portfolio (admission sur dossier)	• Regt an, eigene dokumentierte Leistungen bzw. Arbeiten im Licht der Anforderungen aufnehmender Institutionen zu betrachten und aufzubereiten	• Ermöglicht es, auch informell erworbene Qualifikationen zu dokumentieren und einzureichen • Stellt aufnehmenden Institutionen direkt dokumentierte Leistungen (und Kommentare der Bewerber dazu) zur Verfügung
Lehrportfolio Dozierende	• Regt an, Leistungen und Erfahrungen in der Lehre zu planen, zu dokumentieren, zu reflektieren und wertzuschätzen • Regt an, systematisch Lehrerfahrungen zu machen	• Stellt Belege zu Lehraktivitäten zusammen • Hilft, Stellungnahmen und Beurteilungen einzuholen • Ist Qualifikationsnachweis bei Bewerbungen

Das Portfolio in der LehrerInnenbildung – Verbreitung, Zielsetzungen, Empirie, theoretische Fundierungen

Barbara Koch-Priewe, Universität Bielefeld

Abstract
Der Beitrag liefert einen Überblick über die Verbreitung des Portfolios in der LehrerInnenbildung in Deutschland. Er gibt Auskunft über Vielfalt der Zielsetzungen, die mit dem Portfolio in der LehrerInnenbildung verbunden sind. Beispielhaft werden nationale und internationale Ergebnisse zur empirischen Erforschung des Portfolios in der LehrerInnenbildung präsentiert. Theoretische Fundierungen für die Arbeit mit Portfolios werden in den Kontext von Theorien zur Professionalisierung von Lehramtsstudierenden gestellt. Der Beitrag endet mit einem Ausblick auf zukünftige Forschungsfragen.

Schlagwörter: *Lehrerbildung, Portfolio, Neue Lernkultur, Selbstregulation, Reflexion, reflexives Schreiben, formative assessment, empirische Studien, E-Portfolio, Praktika, Lehrerprofessionsforschung*

1 Einleitung

Die Diskussion über neue Konzepte für die Ausbildung von LehrerInnen ist oft ohne expliziten Bezug zu empirischen Studien über die Wirksamkeit von LehrerInnenbildung geführt worden. Immer stärker ist jedoch zu beobachten, dass relevante Ergebnisse der Lehr-Lernforschung nicht nur in relativ gut abgesicherte Prinzipien für schulischen Unterricht münden (zur evidenzbasierten Entscheidungsfindung politisch-administrativen Handelns vgl. Dedering 2010), sondern dass – häufig auch auf der Basis von Plausibilitätsannahmen – innovative Elemente des schulischen Lehrens und Unterrichtens auch in die universitäre und nachuniversitäre Phase der LehrerInnenbildung (die erste, zweite und dritte Phase) integriert werden. Dies gilt v.a. für die Kompetenzorientierung (vgl. z.B. Weinert 2001)[1], für die Kombination aus instruktiven und konstruktiven Ansätzen in der Didaktik (vgl. Reinmann-Rothmeier & Mandl 2001) und z.B. für die Förderung von Metakognitionen und Selbststeuerung der Lernprozesse (Weinert 1982;

---

1 Konsequenterweise verlangen in der Regel die neuen Lehrerausbildungsgesetze von den Hochschulen eine Umstellung der früheren Inhaltskataloge auf Standards und Kompetenzen (KMK 2004), die die Studierenden in der ersten und zweiten Phase erwerben sollen.

Friedrich & Mandl 1997; vgl. auch Artelt & Moschner 2005). Ähnliches erlebt man nun im Hinblick auf die Einführung des Portfolios in die LehrerInnenbildung. Es gibt zwar auch im deutschsprachigen Raum einige empirische Studien über Wirkungen des Portfolios in Schulen, aber noch sind hier viele Forschungsfragen offen. Diese Einschätzung trifft in noch viel stärkerem Maße auf den Bereich der LehrerInnenbildung zu. Von daher kann man es als mutig einschätzen, dass Kultusministerien die Übertragung dieses Instruments auf die LehrerInnenbildung forcieren, ohne dass in ausreichendem Maß gesicherte Aussagen über die Wirkung dieser hochschuldidaktischen Innovation vorliegen.

2 Portfolios in der LehrerInnenbildung – ein nicht ganz neuer Trend

Etwa seit Beginn der 2000er Jahre ist das Verwenden von Portfolios im deutschsprachigen Raum in Bezug auf schulischen Unterricht ein Thema (vgl. Häcker 2006a); in den folgenden Jahren fand es Eingang in die erste und – noch stärker – die zweite Phase der LehrerInnenbildung, gelegentlich auch in die sogenannte dritte Phase, die LehrerInnenfortbildung. Besondere Aktualität gewinnt die Ausdehnung auf den Bereich der LehrerInnenbildung durch das neue Lehrerausbildungsgesetz (LABG) des Landes NRW: Ein großes Flächenland machte ab Herbst 2011 in der ersten und zweiten Phase das Portfolio für Lehramtsstudierende im Hinblick auf alle Praxisphasen (Praktika, Praxissemester und Referendariat) verbindlich und verlangt von ihnen fünf (miteinander verbundene) Portfolios. Weil damit die Portfolioarbeit in der LehrerInnenbildung an Bedeutung gewonnen hat und weil sich dieser Trend auf andere Bundesländer ausbreitet, besteht Bedarf an grundsätzlichen Klärungen; diesen dient der hier vorliegende Aufsatz. Eine hier verfolgte Fragestellung richtet sich auch auf die Frage, welchen Beitrag Portfolios in der LehrerInnenbildung zur Professionalisierung leisten (siehe v.a. Kapitel 6 und 7).

Was die im pädagogischen Raum angesiedelten Portfolios charakterisiert und wie sie zu kennzeichnen sind, variiert sehr stark. Es liegen unterschiedliche Definitionen für Portfolios vor, die im schulischen Unterricht zum Einsatz kommen. Ein Beispiel für eine in der Bundesrepublik verbreitete Ansicht fasst Portfolios folgendermaßen: Portfolios „sind Sammlungen von Dokumenten, die unter Beteiligung der Schülerinnen und Schüler zustande kommen und etwas über ihre Lernergebnisse und über Lernprozesse aussagen. Den Kern eines Portfolios bilden Originalarbeiten, die von den Schülerinnen und Schülern selbst reflektiert werden" (Winter 2007: 34). Portfolios können von einzelnen Lernern, aber auch Gruppen von Lernenden angefertigt werden; sie können in Papierform oder elektronisch abgefasst werden.

Im Unterschied dazu kann das Portfolio im Lehramtsstudium bzw. in der weiteren beruflichen Entwicklung von LehrerInnen aus einer generellen Perspektive betrachtet werden, die auch andere Berufe einschließt: Eine solche Definitionen für Portfolios, die ganz allgemein den Kontext der beruflichen Aus- und Weiterbildung betrifft, findet sich bei Neß (2010), der unterschiedliche Ausprägungen von Ansätzen einer Portfolio-Didaktik integriert: Kern des Verständnisses bilden „Kriterien, nach denen das Portfolio in der Selbstverantwortung der Anwender in einem Teil eine systematisiert angeleitete Sammlung von dokumentierten Verfahren der Selbst- und der Fremdevaluation ist, die alle individuell zu verortenden Lernprozesse des Erwerbs von Fachkompetenzen (Wissen/Fertigkeiten) und personalen Kompetenzen (Sozialkompetenz/Selbststeuerungskompetenz) in nachgewiesenen Kompetenzoutcomes kumulativ erfasst; gleichzeitig werden in einem davon getrennten Teil mit einem durch Validierungsverfahren abgesicherten Vorgehen von den Portfolioanwendern anforderungsorientierte Profilzuschnitte strukturiert, um sie für unterschiedliche Zwecke und Adressaten selektiv zugänglich zu machen" (Neß 2010: 8).

Allein die beiden Definitionen machen deutlich, welch heterogene Konzepte als Portfolio gekennzeichnet werden. Es existieren unzählige Varianten und Typen. Ein hilfreicher Überblick findet sich bei Häcker (2006a). Trotz der Vielfalt lässt sich erkennen, dass in der Regel zwischen einem Entwicklungsportfolio, einem Prüfungs- bzw. Bewertungsportfolio und einem Präsentations- bzw. Profilportfolio unterschieden wird; gelegentlich geht die Differenzierung noch weiter: Arbeitsportfolio (Working Portfolio), Entwicklungsportfolio (Process Portfolio), Präsentationsportfolio (Showcase Portfolio), Beurteilungsportfolio (Status Report/Assessment Portfolio) und Bewerbungsportfolio (Application Portfolio; Gläser-Zikuda et al. 2010: 6). Bei Bräuer (2012) finden sich unter Bezug auf angloamerikanische Literatur zwei weitere Varianten: Das Celebration Portfolio (to raise subjects) und das Interdisciplinary Unit Portfolio. Winter (in diesem Band) beschreibt unterschiedliche Typen von Portfolios an Hochschulen.

Die Unübersichtlichkeit der Portfolio-Typen ist nicht verwunderlich. Denn die pädagogische Arbeit mit Portfolios ist vor allem aus Praxiskonzepten entstanden. Häcker (2006a) beklagt in seinem Aufsatz zu Wurzeln des Portfolios zu Recht, dass hier kein theoretisch begründetes Modell vorliegt; die „Theoriearmut" des Ansatzes wird nur wenig gemildert durch Verweise auf reformpädagogisch orientierte Schulkritik („die Buchschule" sei auf Reproduktion orientiert und praktiziere eine kleinschrittige Gängelei von SchülerInnen u.a.), auf anglo-amerikanische Bewegungen wie „progressive education" sowie auf die Kritik an der Messqualität (Objektivität, Reliabilität und Validität) traditioneller Formen der Leistungsbewertung. Auch die „Schreibbewegung" (s.u.) liefert partiell theorieorientierte Hinweise zur Arbeit mit dem Portfolio (Bräuer 2007). Inzwischen liegen Ansätze zu einer „Didaktik des Portfolios" vor (Winter et al. 2008), die sich an kritisch-konstruktiver Didaktik orientieren und notwendige Weiterentwicklungen aufzeigen, die im Kontext der Portfolio-Arbeit als wichtig angesehen werden. Empfehlungen für eine durch Portfolioarbeit veränderte Hochschuldidaktik und die Modernisierung von Leistungsbewertung sowie Prüfungsformen finden sich bei Winter (in diesem Band).

3 Die Verbreitung des Portfolios in der LehrerInnenbildung in Deutschland

Sowohl in Deutschland als auch im Ausland nutzen eine Reihe von lehrerInnenausbildenden Institutionen (Hochschulen, Pädagogische Hochschulen sowie Studienseminare) und die LehrerInnenfortbildung (dritte Phase) das Instrument des Portfolios; dabei variieren sowohl die verwendeten Definitionen, die explizierten Ziele und Zwecke als auch die rechtlichen Grundlagen in vielfältiger Weise.

Dem folgenden Überblick über das Portfolio in der LehrerInnenbildung in Deutschland ist vorauszuschicken, dass die föderale Struktur der BRD den einzelnen Bundesländern eine Unabhängigkeit in ihren bildungspolitischen Entscheidungen garantiert – mit der Folge, dass es in Deutschland sehr unterschiedliche Formen der LehrerInnenausbildung gibt. Gemeinsam ist allen 16 Ländern allerdings die „Zweiphasigkeit": Eine universitäre Ausbildung (oder Ausbildung an Pädagogischen Hochschulen) ist Voraussetzung für eine zweite Phase der LehrerInnenbildung, die von einer praxisnahen und nicht universitären LehrerInnenbildungsinstitution angeboten wird (Dauer zwischen 18 und 24 Monaten). Die Studierenden erwerben dabei auch zwei unterschiedliche Examina, die nur gemeinsam zum Eintritt in den LehrerInnenberuf berechtigen. Die auf Bundesebene angesiedelte Kultusministerkonferenz (KMK) kann nur Leitlinien entwickeln, die die Bundesländer dann auf freiwilliger Basis mit eigenen Varianten umsetzen. Diese Struktur führt zu sehr unterschiedlichen Lehrerausbildungsgesetzen der Bundesländer.

Die Ländervertreter der KMK haben sich 2004 auf eine inhaltliche Neuorientierung bezüglich der LehrerInnenbildung geeinigt. Im Anschluss an den PISA-Schock von 2001 definierten sie gemeinsam Standards und Kompetenzen für die universitäre Phase („erste Phase") und für die sich anschließende Phase der praktischen Ausbildung, die außerhalb der Hochschule stattfindet („zweite Phase"). Kern sind die Kompetenzen „Unterrichten", „Erziehen", „Beurteilen" und „Innovieren". Seither akzeptieren die Bundesländer diese Orientierung, setzen sie aber nach wie vor sehr unterschiedlich um. Fand man früher in den Ausbildungsrichtlinien eher Inhaltskataloge, so steht heute die sogenannte Outcome-Orientierung im Vordergrund. Man versucht, die zu erreichenden Könnensleistungen bzw. Kompetenzen der AbsolventInnen zu beschreiben und definiert zu diesem Zweck Standards.

Die durch die föderale Struktur begünstigte Ungleichzeitigkeit zwischen den Bundesländern bedeutet auch, dass sich einige Länder inzwischen bereits intensiv auf das Portfolio-Konzept im Kontext der LehrerInnenbildung eingelassen haben, während andere noch gar nicht damit angefangen haben. An einigen Orten wird von den Novizen schon seit geraumer Zeit das Erstellen eines (elektronischen) Portfolios verlangt.

Vor allem diejenigen, die das Portfolio v.a. in seiner Funktion als Reflexionsinstrument (s.u.) verstehen, sehen hier in den KMK-Standards von 2004 eine Anschlussmöglichkeit: Das Reflektieren wird in unterschiedlichen Kompetenzbereichen erwähnt, die die KMK formuliert hat; z.B. bei Kompetenz 1: „Die Studierenden kennen die einschlägigen Bildungstheorien, verstehen bildungs- und erziehungstheoretische Ziele sowie die daraus abzuleitenden Standards und reflektieren diese kritisch"; bei Kompetenz 9: „Die Studierenden reflektieren ihre persönlichen berufsbezogenen Wertvorstellungen und Einstellungen"; bei Kompetenz 11: „Die Studierenden reflektieren den spezifischen Bildungsauftrag einzelner Schularten, Schulformen und Bildungsgänge". Hier verbergen sich faktisch Annahmen über die Professionalität von LehrerInnen und ebenso Annahmen über Professionalisierungsprozesse von Lehramtsstudierenden bzw. ReferendarInnen, auf die hier in späteren Abschnitten Bezug genommen werden wird.[2]

Auch in der LehrerInnenfortbildung wird das Portfolio mancherorts eingesetzt. Bundesländer wie Hessen propagieren ein alle drei Phasen der LehrerInnenbildung übergreifendes Portfolio. In einigen Bundesländern (Brandenburg, Hamburg, Hessen, Sachsen-Anhalt, Schleswig-Holstein und Thüringen; vgl. Weyland 2012) ist das Portfolio in der zweiten Phase schon seit einigen Jahren obligatorisch. In NRW ist (wie oben erwähnt) seit Herbst 2011 das Portfolio nicht nur in der zweiten Phase der LehrerInnenbildung, sondern auch in der ersten Phase verpflichtend gemacht worden. Niedersachsen (beginnend ab 2013 im Master) und andere Bundesländer werden folgen. Das Portfolio in NRW soll sich auf alle Praktika beziehen (das Eignungspraktikum vor Studienbeginn, das Orientierungs- und das Berufsfeldpraktikum sowie das Praxissemester) und in der praxisorientierten Ausbildung der zweiten Phase fortgeführt werden.[3] Das Portfolio

---

2 Die KMK hat im März 2013 „Empfehlungen zur Eignungsabklärung in der ersten Phase der Lehrerausbildung" beschlossen und innerhalb dieses Papiers in komprimierter Form auf das besondere Potenzial des Portfolios für den Professionalisierungsprozess von angehenden LehrerInnen hingewiesen.

3 Die Universitäten Wuppertal und Bochum haben den ministeriellen – auf das gesamte Land NRW bezogenen – Auftrag zur Evaluation des so genannten „Eignungspraktikums" erhalten, das in der Regel vor Studienbeginn absolviert werden soll. Eine Bielefelder Arbeitsgruppe hat bereits mit der Evaluation des Orientierungspraktikums an der Universität Bielefeld begonnen (siehe dazu den Beitrag von Valdorf/Rumpold/Streblow). Da in allen Praktika das Portfolio obligatorisch ist, wird damit die Implementation dieses Instruments mituntersucht.

soll gewissermaßen die Funktion einer Klammer für alle universitären und nicht universitären Praxisphasen erhalten, die von den Novizen bisher eher als unverbunden empfunden worden sind.
Die lehrerbildenden Fakultäten anderer Bundesländer haben z.T. bisher schon und auch ohne gesetzliche Vorgaben ebenfalls in der ersten Phase von den Lehramtsstudierenden ein Portfolio verlangt. Universitäre Standorte, an denen bereits seit längerem Erfahrungen mit dem Portfolio in der Lehrerbildung gemacht worden sind, sind z.B. die Universitäten Jena, die Universität Frankfurt, die Pädagogischen Hochschulen in Karlsruhe und Heidelberg sowie die Universität Rostock. Dabei ist die Vielfalt der hochschuldidaktischen Konzepte einerseits verständlich und zugleich überraschend (vgl. auch Pineker/Störtländer in diesem Band). Ausgefeilte Praxiskonzepte für die Arbeit mit dem Portfolio im Lehramtsstudium liegen u.a. an der Pädagogischen Hochschule Karlsruhe seit dem Jahr 2004 vor (vgl. Bolle 2009a, 2009b; Bolle & Denner 2004). Eine Handreichung, die vor allem auf die Verbindung zwischen Portfolio und dem reflexiven Schreiben fokussiert, wurde von Imhof et al. (2006) entwickelt. Die Erfahrungsberichte von Winter & Ruf von 2009 erläutern ebenfalls die konzeptionellen Vorstellungen von Veranstaltungen der LehrerInnenbildung, in denen das Portfolio integriert ist.[4] Als Beispiel für den Schwerpunkt „Reflexives Schreiben" sowie für den forcierten Einsatz des E-Portfolios in der ersten Phase der LehrerInnenbildung kann das Konzept der Pädagogischen Hochschule Freiburg gelten (vgl. Bräuer 2010). Seit 2011 liegen an allen Hochschulen in NRW, in denen ein Lehramtsstudium möglich ist, Konzepte für die Einbindung des Portfolios im Rahmen der Praxisstudien vor (ein Beispiel dafür findet sich unter BiSEd 2011).
Manchmal ist das Konzept in einer eigenen universitären Studienordnung verankert, manchmal wird nur ein hochschuldidaktisches Experiment in einzelnen Lehrveranstaltungen gestartet. Die längsten und reichhaltigsten Erfahrungen konnten in der zweiten Phase der Lehrerbildung gewonnen werden. Dort reichen die Kapazitäten jedoch in der Regel nicht für eine Begleitforschung, so dass hier kaum Berichte und noch seltener Daten über systematische Evaluationen etc. vorliegen. Vor allem in der zweiten Phase hat man in Hamburg bereits seit einigen Jahren Erfahrungen mit dem E-Portfolio gesammelt und dies auch publiziert (vgl. Bade in diesem Band). Eine weitere Ausnahme bilden die Forschungen von Ness (DIPF Frankfurt; siehe Beitrag in diesem Band), der sich zusätzlich auf den in Hessen vorgesehenen Einsatz des Portfolios in der sogenannten dritten Phase, der Phase der LehrerInnenfortbildung, bezieht. Angesichts des bundesweiten Trends zur stärkeren Bedeutung von Portfolios im Rahmen der LehrerInnenbildung stellt sich die Frage nach den Zielsetzungen der jeweiligen Konzepte.

---

4 Der auf das Fach Gesundheitswissenschaften bezogene Bericht von Rechenbach et al. aus 2011 liefert ein Beispiel dafür, wie außerhalb der LehrerInnenbildung, aber im Rahmen von Hochschuldidaktik mit dem Instrument des Portfolio gearbeitet werden kann.

4 Multiple Zielsetzungen für das Portfolio in der LehrerInnenbildung

Ähnlich wie im schulischen Unterricht und der Erwachsenen- bzw. Berufsbildung werden auch in der LehrerInnenbildung mit dem Einsatz von Portfolios sehr unterschiedliche Zielsetzungen verfolgt (vgl. Paulson et al. 1991). Sowohl bei SchülerInnen als auch bei Lehramtsstudierenden richten sich die Ziele v.a. auf eine veränderte Lernkultur, neue Varianten der Leistungsüberprüfung und -bewertung, auf eine gewünschte Zunahme an Selbststeuerungskompetenzen im Lernprozess und auf nachhaltig wirksame Lernprozesse bzw. eine höhere Qualität der Leistungen. Eine Besonderheit des Portfolios im Lehramtsstudium liegt darin, dass es als Instrument der Professionalisierung häufig mit Praktika in Verbindung gebracht wird und dementsprechend Zielsetzungen formuliert werden, die mit der Metapher „Integration von Theorie und Praxis" gefasst werden (vgl. Punkt 4.7).

4.1 Neue Lernkultur und Lernförderung

Vor allem im schulischen Kontext ist der Einsatz des Portfolios mit der Orientierung an einer sogenannten „Neuen Lernkultur" verbunden (vgl. Arnold & Schüßler 2008). Der Begriff geht auf Forderungen des Forums Bildung (1999) zurück, einer Arbeitsgruppe der Bund-Länder-Kommission für Bildungsplanung und Forschungsförderung: „Zusammengefasst fokussieren diese auf Aspekte der Individualisierung des Lernens, der Selbstorganisation und Verantwortungsübernahme der Lernenden und auf eine entsprechende Ausrichtung bzw. Entwicklung von Lernumgebungen und -arrangements, Lehrenden sowie Bildungseinrichtungen" (Arnold & Schüssler 2008: 277). In den Forderungen des Forums Bildung finden sich kaum explizite Hinweise auf theoretische und empirische Begründungen. Gudjons (2006) spricht von der „Neuen Unterrichtskultur" und fasst darunter „Selbstgesteuertes Lernen", „wissensbasierten Konstruktivismus" und „Situiertes und intelligentes Wissen". Bei Winter finden sich als Merkmale der Neuen Lernkultur Begriffe wie „Selbstständigkeit", „Orientierung auf die Lernprozesse", „komplexe und alltagsnahe Lernaufgaben" sowie „Demokratisierung von Schule und Unterricht". Das Portfolio wird als besonders geeignetes Instrument gesehen, viele Aspekte der Neuen Lernkultur in schulischen Unterricht zu integrieren (vgl. Bräuer 2007; Häcker 2005, 2006b; Winter 2010). Den Zusammenhang zwischen LehrerInnenbildung, Portfolio und Demokratisierung betonen v.a. Häcker & Winter 2010 sowie Schwarz & Schratz 2012. Mit dem Begriff der Neuen Lernkultur wird eine Reihe von reformpädagogischen Intentionen aufgegriffen und – unter mehr oder weniger expliziter Bezugnahme auf konstruktivistische Ansätze – weiter entwickelt.

4.2 Alternative Assessment Movement

In den USA, in Europa und auch in den deutschsprachigen Ländern wird das Portfolio häufig in Zusammenhang mit ebenfalls reformpädagogisch inspirierten Vorstellungen einer alternativen Leistungsbewertung gesehen (Alternative Assessment Movement, vgl. auch Prengel 2009; Maier 2010). Sowohl Lernende als auch Lehrende sollen dem Lernprozess mehr Aufmerksamkeit widmen (vgl. Winter 2006); die punktuelle Leistungsüberprüfung am Schluss eines Lernaktes wird kritisiert, weil auf diese Weise nur ein partieller Einblick in die Kompetenzen des Lerners und die Entstehung der Leistung gewonnen werden könnte. Winter (2007) betont zusätzlich, dass mit dem Einsatz des Portfolios die Leistungsbewertung mehrperspektivischer werden könnte. Forderungen nach Allseitigkeit im Rahmen von Allgemeinbildungsmodellen könnten sich stärker durchsetzen, wenn auch die Leistungsbewertung entsprechend konzipiert sei. Auch könnte die Aufmerksamkeit auf den Prozess der Leistungsermittlung eine zunehmende Fähigkeit zu Selbstbewertung ermöglichen. Bei Lissmann (2007) finden sich Beispiele für Beurteilungsraster, die die traditionelle Notengebung ersetzen könnten. Ein prägnantes Beispiel für Bewertungsportfolios in der LehrerInnenbildung findet sich bei Häcker & Rentsch-Häcker (2008). Die Zielsetzungen, die im Rahmen von Lehrerprofessionalisierung mit dem Portfolio verbunden sind, sind denen für SchülerInnen zum Teil sehr ähnlich; sie gehen jedoch insofern darüber hinaus, als hier potenziell alle beruflichen Kompetenzen (mit ihren vielfältigen Komponenten) eingehen können.

In der BRD sind viele rechtliche Fragen noch ungeklärt, die eine auf das Portfolio bezogene Leistungsbewertung von Studierenden mit sich bringt. Wie eng jeweils das Portfolio der Studierenden mit Bewertungen und Prüfungsleistungen verbunden ist, ist daher auch sehr unterschiedlich. In NRW hat man sich dafür entschieden, das Portfolio zwar von Lehramtsstudierenden zu verlangen, aber Bewertungsprozesse davon abzukoppeln. Im für Dritte einsehbaren Teil des Portfolios werden nur Angaben über erbrachte obligatorische Leistungsnachweise (Bescheinigungen, Credits u.a.) gesammelt. Der nicht öffentliche Teil, der weder DozentInnen noch PrüferInnen zugänglich gemacht werden muss, soll eher den Charakter eines Entwicklungsportfolios oder Working Portfolios erhalten; die Inhalte bestimmen die Studierenden selbst. Diese Variante, für die man sich aus datenschutzrechtlichen Gründen entschieden hat, birgt sicher auch eine Reihe von Gefahren. An anderen Universitäten außerhalb von NRW und auch an manchen Standorten der zweiten Phase ist das Portfolio mit einer Modul- bzw. Abschlussprüfung gekoppelt und rechtlich verankert. Auf Grund der geringen Erfahrungen mit portfoliobasierten Prüfungen in der LehrerInnenbildung ist in der BRD das allgemeine Problembewusstsein im Hinblick auf die Sicherung von Gütekriterien der Bewertung noch nicht sehr verbreitet. Dies ist in anderen Ländern anders, z.B.

an einigen Standorten in der Schweiz (vgl. Brosziewski in diesem Band) oder auch in der Türkei (vgl. Akşit & Harting in diesem Band).

4.3 Nonformales und informelles Lernen: die Perspektive der Berufsbildung
In den „Europäischen Leitlinien für eine Validierung nicht formalen und informellen Lernens" (vgl. CEDEFOP 2009) wird die Einbeziehung von nonformalem und informellem Lernen in Prozesse des formalen Lernens zunehmend stärker gewünscht. Ähnlich wie beim Europäischen Referenzrahmen für die Fremdsprachenausbildung denkt man hier an die gesamte Berufsbildung, die sich stärker einem Lernen öffnen soll, das außerhalb strukturierter und offizieller Lernangebote sowie außerhalb öffentlicher Bildungsinstitutionen entsteht und dennoch berufsrelevante Qualifikationen erbracht hat. Hierfür scheint das Portfolio ein geeignetes Instrument zu sein (vgl. dazu den Beitrag von Neß in diesem Band). Bisher nur in Ansätzen gelöste Probleme entstehen im Hinblick auf gemeinschaftlich und europaweit akzeptierte Kriterien, die Basis der Validierung im Hinblick auf Bewertungs- und Beurteilungsprozesse sein können. Aus dieser Perspektive heraus erscheint ein lebenslanges Portfolio auch für LehrerInnen sinnvoll zu sein. Allerdings ist der deutsche Lehrerinnenarbeitsmarkt vergleichsweise stark reguliert, und es bieten sich nur wenige Weiterbildungs- und Aufstiegsmöglichkeiten an, für die es sich lohnen würde, ein eigenes Berufs-Portfolio anzulegen.

4.4 Reflexives Schreiben
Das Portfolio wird häufig auch im Kontext des Reflexiven Schreibens betrachtet. Die Schreibdidaktik hat sich inzwischen recht ausdifferenziert und verweist dabei auf die auch empirisch belegten Zusammenhänge zwischen Sprechen, Schreiben und Denken. Auch hier nimmt man häufig Bezug auf sozialkonstruktivistische Ansätze (Wygotski 1977). Schreiben kann das Denken fördern und umgekehrt; diese Wechselprozesse mit Hilfe von Portfolios zu gestalten, bietet sich auch im Hinblick auf die LehrerInnenbildung an. Entsprechende Konzepte finden sich z.B. bei Imhof (2006). Bräuer (2007) konzipierte eine mit Portfolios verbundene prozessorientierte Schreibdidaktik für Lehramtsstudierende. Zentral dafür ist, dass Textprodukte als verbesserungswürdig und -fähig betrachtet werden, was für viele Studierende ein überraschendes Erlebnis darstellt. Es geht nicht nur darum, Texte zu konzipieren und zu verfassen, sondern sie durch Austausch und Reflexion zu überarbeiten und zu verbessern. Brouër (2007) arbeitete beim Portfolio mit reflexiven Schreibaufgaben für Lehramtsstudierende. Ein Beispiel für „Tiefenorientiertes Schreiben mit Prompts" findet sich bei Picard & Imhof (2010), das sich an Novizen im LehrerInnenberuf richtet. Neuere Anregungen zum Portfolio und Prinzipien der Schreibdidaktik finden sich bei Bräuer (2012) und bei Bräuer/Keller (in diesem Band).

4.5 Humanisierung der Lern- und Leistungskultur

Mit der Einführung von Portfolios ist auch die Hoffnung auf eine Humanisierung der Lernkultur – insbesondere im Bereich der Leistungserbringung und -beurteilung – verbunden. Mit der oben ausführlich wiedergegebenen Definition des Portfolio von Neß wird auch ein Spannungsverhältnis angesprochen, das sich auf den möglichen Widerspruch zwischen – auf der einen Seite – dem Portfolio als hilfreichem Instrument für die Ausweitung von klassischen Leistungsüberprüfungsformaten auf nonformale bzw. informelle Lernprozesse und ihre Produkte bezieht und – auf der andere Seite – dem Portfolio, das als Ausdruck der „Selbst-Ökonomisierung" begriffen und damit kritisch hinterfragt wird (vgl. Münte-Goussar 2010). Es wird befürchtet, dass der Zwang zur Offenlegung von persönlichen biographischen Lern(um)wegen und Reflexionen – unter den Prämissen der auf Kompetenzerwerb bezogenen externen Beurteilung – zu neuartigen Spannungen führen könnte, die vom „Vermarktungszwang" ausgehen. Gerade das Prüfungsportfolio steht besonders in der Diskussion, da die Kriterien und die Merkmale der Beurteilungsprozesse den Anforderungen an einheitliche und transparente Standards nicht immer entsprechen und die Validierungsfragen noch nicht geklärt sind. Ähnlich pointiert wie Münte-Goussar (a.a.O.) argumentiert Häcker (2007), der hier die Gefahr sieht, dass mit der Einführung des Portfolios nun sehr persönliche Aspekte des Lernprozesses (individuelle Reflexionen) so präsentiert werden müssen, dass auch sie sich als „vermarktungsfähig" erweisen. Diese auf Grundsatzfragen orientierende Kontroverse hat durchaus relevante praktische Folgen: Sollen alle persönlichen Reflexionen mit Hilfe von Indikatoren nach Reflexionsniveaus taxiert werden? Oder soll es im Portfolio bewertungsfreie Teile geben? Oder soll das Portfolio gänzlich unbewertet bleiben? Ähnliche Fragen berührt auch Hascher (2010), wenn sie an die mahnenden Worte Weinerts erinnert, der auf Grund der jeweils unterschiedlichen Motive der Lernenden eine Trennung der Phasen von Lernen und Leisten empfahl: „So werden in Leistungssituationen Fehler so gut wie möglich vermieden, während diese im Lernprozess für einen Aufbau nachhaltigen und komplexen Wissens wichtig sind" (Hascher 2010: 170). Beim Verwenden von Portfolios und auch Lerntagebüchern wird beides oft in so einer Weise vermischt, dass die diffusen Gemengelagen sowohl auf Seiten der Lernenden als auch der Beurteilenden Irritationen produzieren können (vgl. u.a. auch Brosziewski in diesem Band).

4.6 Portfolio und Neue Medien

Hier werden zwei Bereiche so kombiniert, dass je nach Gewichtung des Aspekts Ziele und Instrumente wechseln: Einmal besteht das Ziel im Anfertigen des Portfolios; es soll erleichtert werden durch Instrumente wie z.B. der elektronischen Plattform Mahara (www.mahara.de). Andererseits verfolgt man die Zielsetzung der Kompetenzerhöhung im Bereich Neue Medien; man instrumentalisiert hier das Arbeiten am (elektronischen) Portfolio, um zugleich eine höhere Fertigkeit im Umgang mit Neuen Medien zu erreichen (z.B. Himpsl-Gutermann & Groißböck in diesem Band).

4.7 Relationierung von Theorie und Praxis
Als prominentes Beispiel für Zielsetzungen, die sich auf die Förderung des Zusammenhangs von wissenschaftlichem Wissen und schulpraktischen Kompetenzen beziehen, kann die neue Ausrichtung des Lehramtsstudiums in NRW gelten. Hier sind Standards für die Arbeit mit dem Portfolio formuliert, die darauf abzielen, im Portfolio „Theorie" und „Praxis" aufeinander zu beziehen: Bereits im Orientierungspraktikum wird verlangt, dass die Studierenden über die Fähigkeit verfügen, „erste Beziehungen zwischen bildungswissenschaftlichen Theorieansätzen und konkreten pädagogischen Situationen herzustellen" (Standards für die Praxisphasen, NRW Lehramtszugangsverordnung LZV vom 18. Juni 2009, § 7). Ähnliche Zielsetzungen wurden schon seit einigen Jahren an einzelnen universitären Standorten bzw. Pädagogischen Hochschulen verfolgt (z.b. in Karlsruhe seit etwa dem Jahr 2003; vgl. Bolle & Denner 2004a, später z.b. auch in Heidelberg; vgl. Leonhard & Rihm 2011). Die mit dieser Zielsetzung verbundenen Fragen nimmt das unten folgende, eher theoretisch orientierte Kapitel 7 wieder auf.

4.8 Fazit
Wie zu sehen ist, sind die mit der Einführung des Portfolios in die LehrerInnenbildung verfolgten Zielsetzungen vielfältig und ambitioniert. Ob sich die mit dem Instrument Portfolio verbundenen hohen Erwartungen erfüllen bzw. auch nur potenziell erfüllen lassen, bedarf letztlich auch der empirischen Klärung. Manchmal entsteht der Eindruck, das Portfolio ist mit Ansprüchen überladen. Ob sich die damit verbundenen Hoffnungen erfüllen werden, hängt allerdings auch davon ab, wie sorgfältig eine Veränderung der Hochschuldidaktik konzipiert wird und ob entsprechende Ressourcen bereit stehen, die geeignet sind, eine den Zielen entsprechende Umsetzung wahrscheinlicher zu machen. Die Einführung von Portfolios in die LehrerInnenbildung muss daher kontinuierlich überprüft werden. Dabei kann an vorhandenen empirischen Untersuchungen angeknüpft werden, mit denen sich bereits einige Chancen des Konzepts, aber auch Grenzen identifizieren lassen.

5 Empirische Studien zum Portfolio in der LehrerInnenbildung

Einen generellen – auch international ausgerichteten – Überblick über empirische Studien, die sich mit Portfolios im pädagogischen Sektor befassen, geben Gläser-Zikuda et al. (2010: 33). Bei Untersuchungen im Schulbereich standen v.a. die

Fächer Geschichte (vgl. Gläser-Zikuda et al. 2006) und Physik (vgl. Gläser-Zikuda & Göhring 2007; Ziegelbauer et al. 2010) bislang im Mittelpunkt. Die Studien bezogen sich auch auf mit dem Portfolio verbundene Trainingsmaßnahmen zur Lernstrategieförderung auf Seiten der SchülerInnen, auf instruktionale Verfahren für die Umsetzung im Unterricht sowie fachspezifisch relevante Aufgabenstellungen. Darüber hinaus wurden spezifische Instrumente entwickelt, um die Selbstbeobachtung, Selbstreflexion und Selbstkontrolle auf Seiten der Lernenden anzuregen und zu fördern. Diese schlossen Beobachtungsbögen, Reflexionsbriefe, Feedbackbögen von Mitschülerinnen und Mitschülern sowie Lehrpersonen und Portfoliogespräche ein. Weitere Erfahrungen in der empirischen Analyse von Portfolios und Lerntagebüchern (vgl. Gläser-Zikuda 2001b, 2005) und Portfolios (vgl. Gläser-Zikuda & Göhring 2007) liegen vor. Dabei wurde neben statistischen Verfahren insbesondere auf die Qualitative Inhaltsanalyse zurückgegriffen (vgl. Gläser-Zikuda 2001a; Mayring & Gläser-Zikuda 2008).

Nicht nur im schulischen Bereich wurden Portfolios und Lerntagebücher bislang implementiert und evaluiert, sondern auch in der LehrerInnenbildung (vgl. Gläser-Zikuda & Hascher 2007). Die folgenden Abschnitte geben einen gerafften Überblick über empirische Untersuchungen zum Portfolio in der LehrerInnenbildung. Die komprimierte Darstellung berücksichtigt Studien, die sich explizit auf Lehramtsstudierende, auf Studien mit ReferendarInnen sowie auf Studien in der einphasigen LehrerInnenbildung (Schweiz, europäische und angloamerikanische Länder) und auf Studien zur LehrerInnenfortbildung beziehen. In allen drei Bereichen wird z.T. auch mit dem elektronischen Portfolio gearbeitet; weil dies häufiger Gegenstand von empirischen Untersuchungen war, folgt dazu das separate Kapitel 5.2.

5.1 Untersuchungen in der ersten Phase der LehrerInnenbildung

Die Fragestellungen dieser Studien nehmen z.T. die oben (in den Abschnitten in Kap. 4) erwähnten, mit dem Portfolio verbundenen Zielsetzungen auf. Die sog. Neue Lernkultur als solche birgt für empirische Studien eine zu komplexe und kaum zu operationalisierende Praxis; hierhin würden jedoch die Forschungen gehören, in denen Aspekte der Selbstständigkeit oder Selbstregulation im Vordergrund stehen (s.u.). Die Reflexionsfähigkeit im Hinblick auf die Entwicklung professioneller Kompetenz ist ebenfalls aufgegriffen und teilweise mit anderen der hier genannten Schwerpunkte kombiniert worden. Es liegen auch Untersuchungen vor, in denen das Portfolio in seiner Funktion als Prüfungsinstrument oder unter Bewertungsfragen im Mittelpunkt steht. Die Wirkungen des Reflexiven Schreibens wurden untersucht. Weitere Studien widmen sich der Frage der Akzeptanz des Portfolios in der LehrerInnenbildung und der Evaluation von Implementationsprozessen. Studien zur expliziten Einbeziehung des informellen oder nonformalen Lernens in die Portfolioarbeit liegen kaum vor. Häufig greifen

Studien mehrere Zielsetzungen auf und sind daher mehreren Schwerpunkten zuzuordnen.
Brüggen et al. (2009) untersuchten Aspekte der Selbststeuerung von Lehramtsstudierenden. Brouër & Gläser-Zikuda (2010) berichten auf Grund ihrer Studie zu selbstregulativen Fähigkeiten von Studierenden, dass die Reflexionen im Portfolio nicht die erwartete Qualität erreichen und dass der Aufwand von den Studierenden eher als zu hoch eingeschätzt wird (ähnlich vgl. Brouër 2007). In einer Nachfolgeuntersuchung wurde auch hinsichtlich der erwarteten Memorierstrategien kein signifikanter Unterschied zur Kontrollgruppe gefunden (vgl. Gläser-Zikuda et al. 2010: 165).
Leonhard (2008a, 2008b) untersuchte die professionelle Kompetenz von Lehramtsstudierenden hinsichtlich ihrer Reflexionsfähigkeit (vgl. auch Leonhard et al. 2010). Als ein wichtiges Ergebnis kann festgehalten werden, dass studentische Reflexionsphasen einen auch zeitlich passenden Rahmen brauchen und dass das Messen von Reflexionsstufen mit einigen Schwierigkeiten verbunden ist. Leonhard (in diesem Band) macht auf die Widersprüche zwischen Reflexionskompetenz, Chancen formativer Leistungsrückmeldung und offizieller Leistungsbewertung aufmerksam. Schneider und Vogel (2010) zeigen mit ihrer Evaluation studentischer Portfolios, dass die Reflexionstiefe und -breite eher zu wünschen übrig lässt. Als erfreuliche Ergänzung berichtet Vogel (2013; in diesem Band) von eher positiven Lehrevaluationen in fachdidaktisch orientierten Veranstaltungen mit Portfolios. Gläser-Zikuda et al. (2010) legen einen Schwerpunkt auf das Niveau der erreichten studentischen Selbstreflexion, bezogen auf das neu zu erwerbende Wissen. In der Studie von Brouër und Gläser-Zikuda (2010) wird deutlich, dass auch die Einführung von „Prompts" (Lernhilfen mit Fragecharakter) die Tiefe der Reflexion nicht qualitativ steigern konnte, allerdings kommt eine Studie zu Lerntagebüchern hier zu positiveren Ergebnissen (vgl. Picard & Imhof 2010). Weitere Untersuchungen beziehen sich auf separate Hochschulveranstaltungen und manche auf Kombinationen mit Schulpraktika von angehenden Lehrerinnen und Lehrern (vgl. Gläser-Zikuda 2007; Leonhard & Rihm 2011). In Hessen ist eine Fallstudie von Hertle & Sloane (2007) angesiedelt, die im Rahmen der LehrerInnenbildung an beruflichen Schulen die Arbeit mit Portfolios erforscht (vgl. auch Tetzner 2007). Vor allem Bolle et al. (2006; vgl. auch Bolle 2012; Denner 2010; Bolle & Denner in diesem Band) erwarten von dem das Praktikum begleitenden Portfolio zusätzlich zur Reflexionskompetenz Informationen über den Zuwachs hinsichtlich der auf Unterricht bezogenen Planungsfähigkeiten, auf das Gestalten von Unterricht, auf das Beobachten sowie auf die Integration der drei Seiten Subjekt, Praxis und Theorie.
In der Schweiz wurde das Portfolio im Rahmen der einphasigen LehrerInnenbildung insbesondere an Pädagogischen Hochschulen schon länger eingesetzt (vgl. Behrens 2001; Niggli 2001; Kunz Heim 2001). In empirischen Studien hat man

dort die Implementationsprozesse an unterschiedlichen Standorten untersucht (vgl. Brüggen et al. 2009) und auch hier einen Rollenkonflikt beobachtet, „der mit der Spannung des Portfolios zwischen Reflexion und Leistungsnachweis zusammenhängt" (ebd.: 22). Wenn Lehramtsstudierende also studienbegleitend ihr Portfolio fortführen sollen, um so ihre Entwicklungen und Lerngewinne zu dokumentieren, stellt sich für ihre DozentInnen zuvorderst die Frage, wie diese Prozesse von ihnen angeleitet und vor allem begleitet werden können – und jeweils abhängig vom konkreten Konzept (z.b. beim Bewertungsportfolio) auch die Frage, wie diese Prozesse einer Beurteilung unterzogen werden können, die zumeist in eine ‚Note' mündet. Für die Lehramtsstudierenden selbst sind diese Fragen ebenfalls relevant, erwartet man doch von ihnen später die gleichen Kompetenzen in Hinblick auf die Beurteilung ihrer Schülerinnen und Schüler.

Hervorzuheben ist, dass weltweit bereits vielfältige Studien zum Thema LehrerInnenprofessionalisierung und Portfolio vorliegen. Im angloamerikanischen Bereich kann man auf eine fast unüberschaubare Zahl von Berichten über Erfahrungen mit Portfolios in der LehrerInnenbildung zurückgreifen (vgl. z.b. Schram & Mills 1995); einige Studien basieren auch auf empirischen Untersuchungen qualitativer und quantitativer Art. Bei der Erforschung von Portfolios in der LehrerInnenbildung stand hier häufig ihre Rolle als Assessment-Instrument im Mittelpunkt (vgl. Arter & Spandel 1992; Barton & Collins 1997; Borko et al. 1997; Mabry 1999). In Deutschland wird dieser Bereich bisher nur selten untersucht; eine Ausnahme bietet hier die Studie von Häcker & Rentsch-Häcker (2008 und in diesem Band). In der Türkei untersuchten Bahceci und Kuru (2008) den Einfluss von Bewertungsportfolios auf die Selbstwirksamkeitseinschätzungen von Studierenden. Yanpar-Yelken (2006) ermittelte die Einstellungen von angehenden Grundschullehrerinnen und -lehrern gegenüber alternativen Bewertungsmethoden (u.a. Portfolios). Einen Überblick über weitere Studien in der Türkei zum Thema Bewertung und Portfolio findet sich bei Akşit & Harting (in diesem Band).

5.2 Studien zu E-Portfolios
Strudler und Wetzel berichten 2010 über eine aufwändige Fallstudie, die sich auf sechs universitäre Standorte in den USA bezieht. Hier wurden sowohl Lehramtsstudierende als auch DozentInnen zu ihren Erfahrungen mit E-Portfolios befragt. Die Zustimmung der Studierenden war eher gemischt; sie bemängelten u.a. technische Probleme bei der Handhabung und den hohen Zeitaufwand. Die DozentInnen präferierten bereits vor der Einführung des E-Portfolios mehrheitlich eine studierendenzentrierte LehrerInnenausbildung; sie sahen Vorteile darin, dass sich die Studierenden durch die Arbeit am E-Portfolio intensiver mit den Standards auseinandersetzten, dass deren Arbeiten leichter zu beurteilen waren und dass die Kommunikation zwischen DozentInnen und Studierenden intensiviert wurde.

Gülbahar und Köse (2006) befragten LehramtskandidatInnen nach ihrer Einschätzung von elektronischen Portfolios. Die Forschung scheint bislang eher explorativ ausgerichtet zu sein bzw. sich auf die Frage zu konzentrieren, wie Bildungsprozesse im Vergleich zu der eher traditionellen Frage nach Bildungsresultaten angemessen evaluiert werden können. In Rheinland-Pfalz wurde innerhalb der ersten Phase ein online-basiertes Lern- und Reflexionsangebot geschaffen (vgl. Arnold & Faber 2011). Auch in Österreich integrierte man bereits Anfang der 2000er Jahre das Portfolio in die LehrerInnenbildung und griff z.T. auch auf elektronische Kommunikationsmedien zurück (vgl. Schratz & Tschegg 2001; Schwarz 2001; Himpsl-Gutermann & Groißböck in diesem Band).

5.3 Studien zu Portfolios in der zweiten und dritten Phase sowie phasenübergreifende Portfolios

Neß hat 2010 einen Forschungsbericht für die zweite Phase vorgelegt, der sich auf eine Befragung von LehramtsreferendarInnen und AusbilderInnen in Hessen bezieht. Die Stichprobe war in beiden Gruppen recht klein; die Daten über die Akzeptanz des Portfolios wirken eher ernüchternd. In Hamburg wurde ein elektronisches Portfolio im der zweiten Phase der LehrerInnenbildung eingesetzt (vgl. Unruh 2011; Meyer et al. 2011). Die ReferendarInnen klagten über mangelnde Zeit für die Arbeit am Portfolio, insbesondere fehlte ihnen Zeit für die Lektüre der Portfolios der Peers. Viele waren unsicher, wie offen sie sich im Portfolio äußern durften, obwohl es nicht bewertungsrelevant war.

Im Rahmen der SINUS-Studie wurde das Portfolio als Teil eines Fortbildungsprogramms in der dritten Phase eingesetzt; die Wirkungen erforschten Stadler und Meentzen (2010). Es gab unterschiedliche Typen von Portfolios, die von den beteiligten LehrerInnengruppen erarbeitet worden sind. Portfolio-Typen, die sich zum Präsentieren und Beurteilen des Arbeitsprozesses der Gruppen eignen, wurden am häufigsten erstellt; weniger als 20% der Portfolios konnten Typen zugeordnet werden, in denen die Reflexion über den Arbeitsprozess im Vordergrund stand (vgl. Stadler & Meentzen 2010: 137). Brunner und Born (2007) berichten in ihrer Evaluationsstudie über einen erfolgreichen Einsatz von E-Portfolios in der LehrerInnenfortbildung. Auch in den internationalen Studien zu Lehrerfortbildung sind die Ergebnisse uneinheitlich: Während Poumay und Dupont (2007) in Belgien feststellen mussten, dass die TeilnehmerInnen das Portfolio in seiner Funktion als Schlussbericht ihrer Fortbildung nutzten und Reflexionsinhalte nur selten aufgenommen wurden, zeigte Jones (2010), dass in einem Weiterbildungsprogramm für inklusiv arbeitende SonderschulpädagogInnen das Portfolio von der Mehrheit der TeilnehmerInnen (N=168) positiv und als sinnvolles Reflexionsinstrument eingeschätzt wurde.

Derzeit wird in allen drei Phasen der LehrerInnenbildung in Thüringen ein Portfolioformat entwickelt, implementiert und systematisch evaluiert; ähnliches gilt für Hessen (vgl. Neß 2010). In jüngeren Arbeiten wurde ein Lehrportfolio-Konzept entwickelt, das sich an UniversitätsdozentInnen richtet; es wurde im Kontext hochschuldidaktischer Veranstaltungen implementiert und evaluiert (vgl. Fendler & Gläser-Zikuda 2011).

5.4 Fazit

Insgesamt sind die Befunde zum Portfolio in der LehrerInnenbildung sowohl im deutschsprachigen als auch im internationalen Bereich uneinheitlich; sie belegen nur zum Teil, dass sich die Erwartungen, die an die Einführung von Portfolios gerichtet waren, bisher erfüllt haben. Speziell die Forschungsbefunde zur Wirksamkeit, zu Implementationserfolgen und zur Akzeptanz des Portfolios in der LehrerInnenbildung lesen sich nicht unbedingt als Erfolgsgeschichte; v.a. im deutschsprachigen Raum zeigen einige Ergebnisse von Evaluationsstudien, dass sich die beabsichtigten positiven Wirkungen des Instruments im Rahmen der LehrerInnenaus- und fortbildung nur bedingt bestätigen lassen. Die internationalen Studien und auch die oben erwähnten Untersuchungen, die in deutschsprachigen Ländern durchgeführt worden sind, ergeben jedoch als einhelliges Resultat, „dass das bloße Erstellen eines Portfolios nicht automatisch zu einer kritisch-reflexiven Auseinandersetzung des eigenen Handelns führt" (Gläser-Zikuda et al. 2010: 17).

Als – nicht gänzlich abgesicherte – Tendenz lässt sich aus den Studien zum Portfolio in der LehrerInnenbildung erkennen, dass

- die mit dem Portfolio und der Neuen Lernkultur verbundene Erwartung einer zunehmenden Selbständigkeit bzw. Selbststeuerung der Lehramtsstudierenden durchaus zu beobachten ist,
- sich Studierende durch Portfolioarbeit stärker als bisher an den Standards der Ausbildung orientieren,
- Spannungen zwischen der Reflexionsaufforderung und formaler Leistungsbeurteilung wahrgenommen und z.T. als unangenehm empfunden werden,
- das Reflexionsniveau bei den Studierenden oft nicht so hoch ist wie erhofft,
- Studierende und DozentInnen den Aufwand der Portfolioarbeit als sehr hoch einschätzen,
- die Akzeptanz des Portfolios nicht so hoch ist wie erhofft,
- bei E-Portfolios häufig technische Probleme die Arbeit beeinträchtigen,
- berufserfahrene LehrerInnen die Reflexionsmöglichkeiten des Portfolios eher hoch einschätzen.

Die insgesamt eher ernüchternden Ergebnisse stehen in gewissem Widerspruch zur Konjunktur, die der Begriff Portfolio innerhalb des politisch-administrativen Sektors derzeit zu haben scheint. Durch die gerade verabschiedeten Lehrerbildungsgesetze wird sich jedoch eine längere Phase einer möglichen hochschuldidaktischen Konzeptentwicklung ergeben, die langfristig ggf. zu eher erfreulicheren Ergebnissen führen könnte, wenn die hier genannten kritischen Punkte bearbeitet worden sind.

6 Theoretische Begründungen für den Einsatz von Portfolio in Lernprozessen

Wie bereits erwähnt, bezeichnet Häcker (2006a) die Begründungen für den Einsatz des Portfolios in Schule und Unterricht als eher „theoriearm". Ansätze, die als wissenschaftliche Fundierung für das Instrument des Portfolios herangezogen werden, beziehen sich meist auf die Kombination von drei unterschiedlichen Modellvorstellungen; zum einen auf den am Sozialkonstruktivismus orientierten Selbstwirksamkeitsansatz (vgl. Kap. 6.1) von Bandura (1977), der auch mit Wygotski (1979) in Zusammenhang gebracht wird, zum anderen auf die Selbstbestimmungstheorie von Deci und Ryan (vgl. Kapitel 6.2) und darüber hinaus auch auf die Vorstellungen (vgl. Kap. 6.3) des self-regulated learning (vgl. Boekaerts 1997). Diese drei Ansätze passen zu schulischen Lernprozessen und zu den Zielsetzungen, die oben mit dem Begriff der Neuen Lernkultur angesprochen worden sind. Worin liegt jedoch der spezifische Unterschied zwischen dem Lernen von Lehramtsstudierenden und Lernprozessen von SchülerInnen?

6.1 Sozialkonstruktivistische Vorstellungen von Lernen

Vor allem Wygotski (1977) und die kulturhistorische Schule betonen die kognitive, kulturelle und soziale Perspektive des Lernens. Lernen ist demnach Aneignung kultureller Werkzeuge durch Ko-Konstruktion in kooperativen Lernprozessen. Der Schlüssel zum Aufbau höherer geistiger Funktionen findet sich im gemeinsamen Handeln in (kulturell) bedeutungsvollen Kontexten. Ähnlich argumentiert Bandura. Lernen wird als Ergebnis individueller Konstruktionen verstanden, die aber über das Soziale vermittelt sind. Sprache wird als zentrales, aber auch soziales Werkzeug der Steuerung von Denken und Handeln begriffen. Bedeutungen werden sozial „ausgehandelt" (Hardy et al. 2011: 821).
Bezogen auf das Portfolio im Rahmen der LehrerInnenbildung folgt daraus, dass auch das Unterrichten-Lernen als gemeinsame Sinnkonstruktion von Lernenden und DozentInnen verstanden werden muss: Das Portfolio kann als eine Basis für derartige Aushandlungsprozesse nützlich sein, weil in ihm – anfänglich – in geronnener Form die Resultate individueller Aneignungsprozesse zu finden sind. Nachdem die eigenen Bedeutungszuweisungen expliziert worden sind, kann anschließend über Vergleiche, Kommentare, Feedback an diesen Erkenntnissen gemeinschaftlich und individuell weiter gearbeitet werden. Dieser Theorieaspekt orientiert auf die Bedeutung dialogischer Prozesse zwischen den Lernenden als auch zwischen Lernenden und Lehrenden, für die das Instrument des Portfolios eine geeignete Plattform darstellen kann.

6.2 Selbstbestimmungstheorie von Deci and Ryan

Die Motivationstheorie von Deci und Ryan geht von der Prämisse aus, dass es drei psychologische Grundbedürfnisse von Menschen gibt, das Bedürfnis nach Kompetenzerleben, das Streben nach Autonomieerleben und das Bedürfnis nach sozialer Eingebundenheit. Das Kompetenzerleben kann unterstützt werden, in dem nicht pauschales Lob auf Aktivitäten des Lerners folgt, sondern indem seine Tätigkeiten in Zusammenhang mit den Zielen und Gegenständen konkret beschrieben werden. Wichtig ist, die Leistung mit den erfolgten Fähigkeiten in Beziehung zu setzen und ihnen zuzuschreiben sowie die Bedeutung der Handlung zu betonen. Im Hinblick auf Autonomieunterstützung erweist sich kleinschrittige Kontrolle als kontraproduktiv. Das Erleben von Autonomie wird eher gefördert durch eine angemessene Kombination/Balance hinsichtlich der Strukturiertheit von Aufgaben und der Möglichkeit zur Auswahl von Aufgaben sowie der Ermutigung zu Eigeninitiative. Soziale Eingebundenheit wird eher durch emotionale Anteilnahme erreicht und nicht durch an Bedingungen gekoppelte Zuneigung. Zur Anteilnahme gehören Empathie, ausreichend Zeit, Interesse an der anderen Person, Anerkennung und eine gewisse Fürsorglichkeit.

Das Portfolio erscheint hier wiederum auch in der LehrerInnenbildung als höchst geeignet, die drei o.g. Funktionen zu erfüllen, um so zu stärkerer Selbstbestimmung der Lernenden beizutragen: Die Rückmeldung kann sich auf konkrete Lernprozesse und Produkte beziehen, sie beschreiben und sich nach (gemeinsam entwickelten) Kriterien der angemessenen Zielerreichung richten. Die Lernprozesse können reflektiert und zusammen mit Dritten in unterschiedliche bedeutungsvolle Kontexte eingeordnet werden. Das Portfolio kann eine Kombination von Eigenständigkeit, von Eigeninitiative und vorgegebenen Strukturen oder hilfreichen Vorgaben wie Prompts ermöglichen. Über die jeweilige Balance können die Lernenden zusammen mit der anleitenden Person entscheiden: diese Entscheidungen gelten für eine bestimmte Zeit und sind prinzipiell auch reversibel. Durch kontinuierliche Begleitung und Beratung mit DozentInnen und Peers kann auch das Gefühl der sozialen Eingebundenheit verstärkt werden. Von daher scheint es plausibel, dass in der LehrerInnenbildung auch versucht wird, die psychologischen Grundbedürfnisse von Lernenden zu erfüllen, während sie ihr professionelles Geschäft erlernen. Für das Portfolio heißt das: Im Hinblick auf jedes der drei Grundbedürfnisse und die Förderung von Selbstbestimmung sind v.a. die dort gesammelten Dokumente (Arbeitsprodukte) und Reflexionen wichtig, die von Lernenden erstellt worden sind. Sie sind Ausgangspunkt für die weitergehende Entwicklung von Kompetenzen, von zunehmender Autonomie und für das Erfahren sozialer Eingebundenheit.

6.3 Selbstregulationstheorie von Boekaerts

Im Drei-Schichten-Modell von Boekaerts werden drei Regulationssysteme definiert, die miteinander verbunden sind. Bei dem kognitiven Regulationssystem geht es um allgemeine und bereichsspezifische Lernstrategien (Elaborations- oder Wiederholungsstrategien). Mit dem metakognitiven Regulationssystem sind metakognitive Strategien der Selbststeuerung (Planung, Überwachung) gemeint. Das motivationale Regulationssystem bezieht sich auf mögliche Strategien der Selbstmotivation. Dieser Ansatz hebt sich von anderen Motivationstheorien dadurch ab, dass er Kognitives und Motivationales systematisch verbindet und anerkennt, dass für alle drei Regulationssysteme das bereichsspezifische (Vor-)Wissen in Bezug auf die jeweiligen Inhalte äußerst wichtig ist. Das Portfolio passt hier insofern gut, als dass es die faktisch eingeschlagenen Lernstrategien dokumentiert und erkennbar macht. Durch erneute Betrachtung der bisherigen Lernprozesse und -produkte entsteht eine Art Monitoring, das nach einigen Durchläufen in explizite Planungsstrategien münden kann. Durch diese produktorientierte Selbstbeobachtung haben Strategien der Selbstmotivation einen konkreten Bezugspunkt. Auch hier kann das Portfolio in der LehrerInnenbildung ein Hilfsmittel sein, sich zunehmend selbst regulieren zu lernen, während man die professionellen Kompetenzen des Berufsstands erwirbt.

6.4 Fazit

Diese drei theoretischen Zugänge sind im Hinblick auf das Portfolio in der LehrerInnenbildung fruchtbar; sie haben bisher bereits eine Fülle von empirischen Fragestellungen evoziert. Wie oben angekündigt, sind damit jedoch die spezifischen Anforderungen, die die Ausbildung der Lehramtsstudierenden und die berufliche Weiterentwicklung von LehrerInnen betreffen, nur bedingt tangiert. Der Horizont, den diese drei theoretischen Ansätze bilden, sollte um professionsspezifische Aspekte erweitert werden.

7 Professionsspezifische theoretische Zugänge zum Portfolio in der LehrerInnenbildung

In der Qualität empirischer und theoretischer Argumentation hat sich in den letzten Jahren die LehrerInnenbildungsforschung grundlegend weiter entwickelt (vgl. Blömeke 2011; Hascher 2011). Dennoch birgt die lange Wirkungskette, die zwischen LehrerInnenbildung, dem LehrerInnenhandeln und dem Outcome auf Seiten der SchülerInnen besteht, für das Skizzieren geeigneter Forschungsprojekte einige Schwierigkeiten (vgl. Terhart 2003). Auf Grund der Komplexität und der Ansprüche an das Forschungsdesign wird daher bis heute in vielen Studien die Frage ausgeklammert, wie unterschiedliche Curricula der LehrerInnenbildung nicht nur mit jeweiligen Ergebnissen auf Seiten der Lehramtsstudierenden, sondern auch mit unterschiedlichen Leistungsniveaus bzw. schulischen Erfolgen auf Seiten der SchülerInnen zusammenhängen. Obwohl z.b. im Projekt COACTIV genau dieser Frage nach dem Zusammenhang von Kompetenzen der Lehrkräfte und den Lernfortschritten der SchülerInnen nachgegangen wurde (vgl. Baumert & Kunter 2011), geben die Ergebnisse nach wie vor wenig Informationen über die im Einzelnen stattfindenden Wirkungsmechanismen.

Im vorliegenden Kontext ist von Bedeutung, dass die in den Studien wie TEDS-M (vgl. Blömeke et al. 2008), TEDS-LT (vgl. Blömeke et al. 2011) oder COACTIV verwendeten theoretischen Grundannahmen zur Kompetenzmodellierung von Lehramtsstudierenden die Frage nach der Wirkung von in der Hochschule angeleiteten reflexiven Prozessen nur zum Teil integrieren. Daher wird hier die grundsätzliche Frage aufgeworfen, mit welchen theoretischen Konstrukten der Einsatz von – die Reflexionen möglicherweise fördernden – Portfolios in der LehrerInnenbildung begründet werden kann und auf Grund welcher theoretischer Annahmen dieses Instrument geeignet erscheint, zur Professionalisierung von JunglehrerInnen beizutragen.

7.1 Wissenspsychologische Professionsforschung und das Portfolio im Lehramtsstudium

Mancherorts sind Ergebnisse der professionsorientierten Grundlagenforschung (vgl. z.B. Koch-Priewe et al. 2004) als Argumentationsbasis für Prinzipien der Gestaltung von LehrerInnenbildung herangezogen worden (ein Beispiel dafür findet sich u.a. bei Terhart 2000). Auf Basis der dort diskutierten wissenspsychologisch orientierten Theorie zur Genese von LehrerInnenprofessionalität lässt sich die Rolle von „Reflexionen" in Lernprozessen von NovizInnen bestimmen und daraus abgeleitet auch die Funktion von Instrumenten wie dem Portfolio. Eine Verbindung zwischen der durch Portfolio-Arbeit geförderten Reflexionskompetenz zu wissenspsychologisch orientierten Novizen-Experten-Forschung könnte dadurch zustande kommen, dass in diesem Rahmen die Reflexionsfähigkeit (vgl. Shulman 1998; Schön 1983; Bromme 1992) als ein relevantes Mittel der Professionalisierung aufgefasst wird (vgl. Koch-Priewe 1997a, 1997b; Koch-Priewe & Thiele 2009; Roters 2012).

Mit ihrem professionstheoretischen Zugang zum Thema Portfolio und Reflexion von Lehramtsstudierenden beziehen sich Leonhard und Rihm (2011) auf Schöns Ansatz des reflective practitioner, auf strukturtheoretische Ansätze in der LehrerInnenbildung. Die Autoren suchen nach – auch von Dewey inspirierten – geeigneten Modellvorstellungen zur empirischen Messung von Reflexionskompetenz im Lehramtsstudium (vgl. Leonhard 2008a, 2008b). Wissenschaftliche Theorien als Inhalte von Reflexion kommen im vorgestellten Modell im Aspekt der Reflexionstiefe vor (a.a.O., 257).

Explizit unter einer theoriegeleiteten Professionalisierungsperspektive betrachten auch Bolle & Denner (2004) das Portfolio. Bolle (2012) votiert auf Grund von bildungstheoretischen Überlegungen für ein theoriegeleitetes Portfolio, das auf die Darstellung subjektiver, emotionaler Aspekte des eigenen Ausbildungsprozesses weitgehend verzichtet und so das Problem möglicher Intimitätsverletzungen und damit verbunden auch der Objektivität hinsichtlich der Beurteilungsfrage umgeht. Alle Aufgabenstellungen für das Portfolio müssen nach seiner Auffassung theoriebezogen sein. Auch die MentorInnen der Praxis müssten sich dafür interessieren, mit welchen theoretischen Grundlagen sich die Studierenden bereits beschäftigt haben und sie müssten genau hieran anknüpfen können, um dem bisherigen, hochschulbezogenen Gedankenkreis der Studierenden „Denk-,Räume' theoretischer Verknüpfungen zu eröffnen" (ebd.: 137). Er warnt zudem vor einer privatistischen Verkürzung der Sicht auf das Portfolio; dies mache das Portfolio unverbindlich (vgl. ebd.: 157). Zu dem Ansatz von Bolle gehört ein elaboriertes Portfolio-Konzept, das auf jahrelanger Erfahrung beruht und das (wie oben erwähnt) auch empirisch untersucht worden ist.

Aus wissenspsychologischer Sicht ist für den Einsatz des Portfolios ganz zentral, ob es mit dem Erwerben praktischer Handlungskompetenz gekoppelt wird. Zu diesem Punkt finden sich in der Novizen-Experten-Forschung Hinweise, die sich auf eine ausgereifte empirische Basis stützen (vgl. Koch-Priewe 2002a, 2002b, 2002c). Die Hauptthesen dieses Ansatzes können in den folgenden Punkten zusammengefasst werden:

- Im Hochschulkontext erworbenes wissenschaftliches Wissen wirkt per se in der Unterrichtspraxis nicht handlungsleitend.
- Berufspraktisch relevantes Wissen und „Können" entstehen gemeinsam, also während des praktischen Handelns und immer gleichzeitig sowie zusammen mit der Entwicklung des individuellen Könnens (dem Handeln).
- Das berufsrelevante Wissen von LehrerInnen besteht v.a. aus den eigenen Wahrnehmungsmustern.
- Dieses Lehrerwissen ist fallbezogen und im Zusammenhang mit eigenen Handlungen entstanden („Typisierung von bedeutungsvollen Aktivitätsszenarien"). Es ist als Fallwissen holistisch, abstrakt und kategorial.
- Die Wahrnehmungsmuster können zwar als Kognitionen verstanden werden, enthalten aber über den Zusammenhang zu selbst (im Handeln) erfahrener „Bedeutung" auch emotionale und motivationale Komponenten (z.B. im Hinblick auf Berufszufriedenheit etc.).
- Berufsrelevante Wahrnehmungsmuster („fallorientierte Wissensbrocken") können (v.a. bei Novizen, aber nicht nur bei ihnen) schematisch sein, d.h. Situationen im Unterricht werden routinemäßig nur einer kleinen Zahl von unterscheidbaren Fällen zugeordnet; diese Muster sind daher oft unangemessen.

- Die in der Praxis entstandenen Wahrnehmungsmuster enthalten häufig keinen Bezug zu wissenschaftlichen Theorien.
- Wissenschaftliche Theorien können die Breite der Wahrnehmungsmuster erhöhen und ein vertieftes Verständnis unterrichtlicher Situationen ermöglichen.
- Wahrnehmungsmuster können sich auf Grund der wissenschaftlich untermauerten Reflexion der vielfältigen Bedingungen verändern, unter denen diese Handlung eine von vielen möglichen adäquaten Handlungen darstellt.
- Diejenigen berufserfahrenen LehrerInnen, denen man Expertenstatus zuschreiben kann, besitzen ein außerordentlich reiches Fallwissen. Experten können leicht neue Fälle generieren.
- Diese Integration von wissenschaftlichem Wissen in Handeln gelingt nur dann, wenn sie als für das eigene Handeln bzw. im Handeln (im Können) relevant erfahren werden. Die neuen Wahrnehmungsmuster können nicht rein akademisch erworben werden; sie werden sich nur dann als handlungsleitend erweisen, wenn sie mit eigenem Können verbunden sind.
- Die Entwicklung von Wahrnehmungsmustern kann dadurch beeinflusst werden, dass eigene Handlungssituationen unmittelbar im Anschluss mit Hilfe wissenschaftlicher Kategorien reflektiert werden; diese neuen Wahrnehmungsmuster müssen erneut handelnd erprobt und als relevant zur Bewältigung von Situationen erfahren werden.
- Neues Fallwissen entsteht in solchen Erprobungs- und Reflexionszyklen.
- Durch systematische Reflexionszyklen, die mit eigenem Handeln verbunden werden, kann Fallwissen quantitativ ausgedehnt werden, die Wahrnehmungsmuster wären auch wissenschaftlich fundiert und würden in Zusammenhang mit einer größeren Zahl von Handlungsoptionen stehen.
- Das LehrerInnenhandeln würde flexibler werden, die Situationsangemessenheit wäre höher und Lehrpersonen wären in der Lage, selbständig neue Fälle zu generieren, wenn die Handlungssituation dies nötig machen würde.

Wie man sieht, ist Reflexionskompetenz kein Selbstzweck, sondern Mittel der Veränderung von Wahrnehmungsmustern. „Besonders zu Beginn, wenn Unerfahrene die Muster anderer übernehmen und verwenden, ohne daß schon eigenes Erfahrungswissen in größerem Umfang vorliegt, ist die nachträgliche Reflexion darüber entscheidend. Praktischer Handlungsvollzug und nachträgliche Reflexion sind dann zugleich Mittel der Bewältigung von Handlungsanforderungen, der Lösung von Handlungsproblemen und der Entwicklung professionellen Wissens" (Kolbe 1997: 135). Daher ist zu erwarten, dass die Professionalisierungsprozesse besser gelingen, wenn das eigene Handeln bzw. das rudimentäre Können der Anfänger selbst zum Reflexionsgegenstand wird.

Zu diesen Überlegungen passt besonders das – sich v.a. auf Schön beziehende – Konzept von Denner (2010), das auf Grund ihrer langen Erfahrungen mit Portfolioarbeit im Lehramtsstudium entstanden ist (vgl. Bolle & Denner 2004) und das die hier genannten Anforderungen gut erfüllt. Studierende werden während der Praxisphasen im Lehramtsstudium zu kollektiver Fallstudienarbeit angeregt, die in mehreren Schritten erfolgt; in Supervisionsgruppen benutzen sie Portfolio-Einträge zur Auswertung und Reflexion ihrer Wahrnehmungen, um diese Muster in Gruppengesprächen durch mehrperspektivische Betrachtungen anregen zu lassen. „Die Variationsbreite der berichteten Ideen, Gedanken und Wahrnehmungen zur übernommenen Perspektive bzw. Rolle gibt Anlässe zur Selbstreflexion" (ebd.: 113). Dabei spielen theoretische Bezüge eine wichtige Rolle. Die Studierenden können die neu gewonnenen Wahrnehmungsmuster partiell in dem eigenen bedeutungsvollen Handlungskontext erproben. „Berufliches Handeln kann nur dann dem Anspruch einer Profession genügen, wenn das durch Diagnose und Fallverstehen Wahrgenommene zum Ausgang einer Handlung wird und dieselbe eine anschließende Überprüfung erfährt" (ebd.: 109; vgl. auch den Beitrag von Bolle & Denner in diesem Band).

Ein Konzept für die kontinuierliche Relationierung von subjektiven und wissenschaftlichen Theorien und von selbst erfahrener Unterrichtspraxis (wie das gerade vorgestellte) wird v.a. bei der Gestaltung von „Praxissemestern" an den Hochschulen dringend notwendig. Es scheint sinnvoll zu sein, in die fallorientierte Arbeit von LehramtsstudentInnen die Kooperation mit berufserfahrenen LehrerInnen zu integrieren. Theoriewissen ist für die ersten Praxiserfahrungen dennoch zentral, weil es eine „Hilfestellung bietet, die Struktur der Praxis zu verstehen und das eigene Erfahrungswissen (das in bewusster, sprachlicher Form nicht existiert), reflexiv verfügbar zu machen" (Kolbe 1997: 128). Der Erwerb von Fallwissen muss also mit wissenschaftsgestützter Reflexion einhergehen, damit elaborierte Wahrnehmungsmuster entstehen können: Dies macht eine theorieorientierte Begleitung der Praxisphasen nötig. Für solche theoriegeleiteten, auf eigene Praxis in schulischen Kontexten bezogene Reflexionen wäre das Instrument des Portfolios nutzbar und würde sich gut eignen. Das Portfolio der Lehramtsstudierenden könnte dabei helfen, die kooperativ gestalteten Reflexionen so zu arrangieren, dass Theoriewissen zusammen mit praktischem Handlungswissen integriert angeeignet werden kann und sowohl in wissenschaftlich gestützte Wahrnehmungsmuster als auch erstes Können mündet, das sich insofern als entwicklungsfähig erweist, als es nicht mitgebrachte Routinen verfestigt.

7.2 Theoretische Fragestellungen für die Weiterentwicklung des Portfolios im Lehramtsstudium

In der Bundesrepublik existieren in der LehrerInnenbildung unterschiedliche Ausprägungen einer Portfolio-Didaktik. Die bisherigen Evaluationen sind von den jeweiligen Praxiskonzepten geprägt, die mancherorts ohne eine elaborierte Theorie des Portfolios in die Praxis umgesetzt wurden. Wie der vorangegangene Abschnitt zeigt, sind jedoch theoretische Konstrukte, die Basis einer Portfolio-Didaktik in der LehrerInnenbildung sein könnten, in ausgereiften Ansätzen vorhanden. Es bleiben im Hinblick auf eine Theorie der Portfolio-Didaktik einige Fragen offen, z.b. erstens Fragen nach der Rolle der subjektiven (emotionalen, motivationalen) Aspekte beim Professionserwerb; zweitens die Frage nach dem Verhältnis von Reflexion und zunehmendem Erwerb wissenschaftlichen Wissens und drittens die Frage nach dem Verhältnis von Reflexion und formaler, auf Prüfungen bezogener Leistungsbewertung.

Zu erstens: Günstig wäre es, wenn sich DozentInnen, erfahrene LehrerInnen und NovizInnen unter Bezug auf ihre Wahrnehmungsmuster und die Handlungsoptionen austauschen können und gemeinsam reflektieren, unter welchen subjektiven und theoretischen Gesichtspunkten der erlebte „Fall" bedeutungsvoll ist. Vor allem mit der subjektiven Ebene ist angesprochen, dass wissenspsychologische Begründungen für die Portfolio-Arbeit explizit mit Motivationstheorien verbunden werden müssen. Muss man dabei über die oben zitierten sozial-konstruktivistischen Ansätze hinausgehen? Winter (2009) schlägt vor, sich auf Ansätze einer tätigkeitsorientierten Didaktik zu beziehen, die in Anlehnung an die kulturhistorische Schule entstanden ist (vgl. Leontjew 1982). Denn in diesem Modell werden Motive nach Winter (ebd.) nicht nur als „Energielieferanten" betrachtet, sondern sie sind mit dem Gegenstand verknüpft. Hier müssten weitere theoretische Arbeiten angeschlossen werden, da genau dieser Punkt auch in den Werken von Giest & Lompscher (2006), die sich explizit auf die kulturhistorische Schule beziehen, nicht ausdifferenziert worden ist. Winter (2009) unterstellt, dass in den inhaltlichen „Vorkonzepten" der Lehramtsstudierenden Erkenntnismotive verborgen sein können, die sich auch ihnen selbst häufig nur im Handeln am Gegenstand offenbaren. Er fragt daher: Wie regt man die Studierenden dazu an, dass sich aus vorhandenen, unbewussten Motiven neue, anspruchsvollere Motive entwickeln, die mit professionsspezifischen Zielen verbunden sind? Wie kommt es zu einer „sinnbildenden Bedeutungsaufladung" (ebd.: 2) der Beschäftigung mit der eigenen Professionalisierung? Der Autor empfiehlt – die Didaktische Analyse Wolfgang Klafkis einbeziehend – das Lernen auch als personalisierte biographische Tätigkeit aufzufassen (z.B. mit der Frage nach der Gegenwartsbedeutung). Lehramtsstudierende sollten daher sowohl bei der Beobachtung von fremden als auch eigenem Unterricht nach ihren vorwissenschaftlichen Gedanken gefragt werden. Die Autorinnen van Es und Sherin (2002, vgl. auch Sherin & van Es 2009) bieten auf Basis ihrer empirischen Studien zur Professionalisierung von Lehramtsstudierenden eine Kategorie an, die sich in diesem Sinne auch für die Portfolio-Arbeit eignen könnte: Sie nennen das, was den Studierenden spontan im Unterricht auffällt, also Gegenstand ihrer selektiven Aufmerksamkeit wird, „Noticing". Hier gehen vermutlich die mit unbewussten Motiven verbundenen Vorkonzepte ein. Winter (2009) fordert, dass „Platz sein muss und auch Maßnahmen getroffen werden, um die dabei zutage tretenden Gedanken und Gefühle explizit und einer Besprechung zugänglich zu machen" (ebd.: 2). Diese Empfehlung deckt sich mit den o.g. sozialkonstruktivistischen Ansätzen, liegt aber theoretisch nicht ausdifferenziert genug vor. Im Unterschied dazu wird – u.a. auch von Bolle (2012) – vor privatistischen Verkürzungen durch zu starke Orientierung auf die Subjektseite gewarnt: Hier liegt also ein Forschungsbedarf vor, der auch die Frage von geeigneten theoretischen Konstrukten einschließt.

Die zweite theorieorientierte Frage zielt auf den Reflexionsbegriff von Schön (vgl. Roters 2012) und sein Verhältnis zum Wissenserwerb der NovizInnen im Lehramtsstudium. Sollte der „Reflexionsbegriff" in diesem Kontext erweitert werden? Die Reflexion ist zum einen eine recht breite und unbestimmte Kategorie, sie ist außerdem kein Selbstzweck. Im Sinne der Professionalisierung geht es um den mit Hilfe von Reflexionsprozessen erreichten Wissenszuwachs (darüber hinaus um neue Wahrnehmungsmuster und neue Handlungskompetenzen). Die oben zitierten AutorInnen van Es und Sherin (2002) bezeichnen die späteren Phasen der Verarbeitung von schulischer Praxis und die wissenschaftlich gestützte Reflexion als „knowledge based reasoning", also die Reflexion, die zeigt, dass und wie wissenschaftliches Wissen subjektiv integriert worden ist. Von den Autorinnen werden dafür Inhaltsanalysen, Niveaustufen und Codierbeispiele präsentiert, mit denen diese Stufen gemessen werden können. Hier bietet sich also ein weiteres Feld für theoretische und empirische Arbeiten im Zusammenhang mit dem Portfolio für Lehramtsstudierende an, das auch fachdidaktische Themen integriert (vgl. Roters 2012).

Ein wichtiges (auch theoretisches) Problem betrifft die Frage der Verwendung von Portfolios als Instrumente der formativen und/oder summativen Bewertung bzw. Beurteilung. Vor allem die in der Praxis häufig geäußerte Unsicherheit bezüglich der Bewertung von Portfolios verweist auf einen Forschungsbedarf, der mit den o.g. Grundsatzfragen korrespondiert. Dies betrifft zum einen die Seite der Lernenden und zwar v.a. die – in manchen Portfoliotypen gewünschte – Offenheit für das Darlegen eigener Lern(um)wege sowie auf Seiten der DozentInnen die Frage der Standards für Bewertungskriterien und ihrer Validierung. Daher sollten in Zukunft im Forschungssektor auch solche Themenstellungen stärker berücksichtigt werden, die sich auf den Zusammenhang von Portfolio-Leistungen mit Diagnose- und Beurteilungsprozessen beziehen.

8 Ausblick und Perspektiven

Im Hinblick auf Forschungsvorhaben zum Portfolio in der LehrerInnenbildung kann von einem Themenmangel nicht gesprochen werden. Es ist langfristig notwendig, die empirische Forschung systematischer als bisher mit theoretischer

Konzeptentwicklung zu verbinden. Hierbei kann es sinnvoll sein, sowohl deduktiv als auch induktiv vorzugehen, d.h. die in der Praxis entstandenen Konzepte zu prüfen und zu erforschen und gleichzeitig die theoretischen Modellierungen einer Portfolio-Didaktik in den Kontext von Professionalisierungsansätzen zu stellen. Zu untersuchen ist v.a. eine sinnvolle hochschuldidaktische Einbettung des Portfolios in Lehrveranstaltungen unter besonderer Berücksichtigung der Frage, welche Rolle Reflexionen, Gespräche, Feedback und der Austausch mit der professionellen Lerngemeinschaft spielen. Fördert das Portfolio – wie theoretisch angenommen – das Erwerben von Strategien des selbstregulierten Lernens? Welche Aspekte des Professionalisierungsprozesses von Lehramtsstudierenden eignen sich besonders für das Nutzen des Portfolios und bei welchen ist es eher verzichtbar? Welche theoretisch begründeten Kriterien werden zur Beurteilung der Qualität von Portfolios herangezogen? Wie wird Reliabilität und Validität des Verfahrens gesichert? Wie gewinnen die Beurteiler theoretisch und empirisch begründete Indikatoren für Niveaustufen? Es stellen sich darüber hinaus noch viele weitere Einzelfragen, die mit dem Instrument Portfolio verbunden sind. Was im Übrigen bisher noch wenig untersucht wurde, ist die Frage der Ressourcen und des auch quantitativen Betreuungsverhältnisses zwischen DozentInnen und Lernenden.

Wenn man die genannten Forschungsfragestellungen bündelt, zielen sie a) auf die theoretischen Annahmen für den Einsatz von Portfolios (also Professionalisierungstheorien), b) auf die theoretisch und empirisch begründeten Kriterien für die Bewertung von Portfolios im Lehramtsstudium, c) auf die Gelingensbedingungen institutioneller Implementationen und d) auf die Akzeptanz bei und Wirkungen der Portfolio-Didaktik auf Studierende(n) und DozentInnen an Hochschulen. Die Beiträge des vorliegenden Bands fungieren sowohl als ertragreiche Zwischenbilanz und als fruchtbarer Ausgangspunkt für weitere Forschungsarbeiten zum Portfolio in der LehrerInnenbildung.

Literatur

Akşit, F. & Harting, J. (2013). *Portfolio und Formative Assessment: Der Einsatz von Portfolios in der türkischen LehrerInnenausbildung*. In diesem Band.

Arbeitsstab Forum Bildung (in der Geschäftsstelle der Bund-Länder-Kommission für Bildungsplanung und Forschungsförderung) (Hrsg.) (1999). *Neue Lern- und Lehrkultur – Vorläufige Empfehlungen und Expertenbericht*. URL: http://www.blk-bonn.de/papers/forum-bildung/band10.pdf (7.9.2012).

Arnold, R. & Schüßler, I. (2008). Schule und Lernkulturen. In B. Rendtorff & S. Burckhart (Hrsg.), *Schule, Jugend und Gesellschaft – Einführung in die Pädagogik der Sekundarstufe* (S. 268-281). Stuttgart: Kohlhammer.

Arnold, R. & Faber, K. (2011). *Vernetzung schafft Perspektiven. Neue Ansätze in der Lehrerbildung*. Baltmannsweiler: Schneider Verlag Hohengehren.

Das Portfolio in der LehrerInnenbildung 67

Artelt, C. & Moschner, B. (Hrsg.) (2005). *Lernstrategien und Metakognitionen. Implikationen für Forschung und Praxis.* Münster: Waxmann.

Arter, J.A. & Spandel, V. (1992). Using portfolios of student work in instruction and assessment. *Educational measurement: Issues and Practice, 11* (1), 36-44.

Bade, P. (2013). *Das Portfolio im Hamburger Referendariat: Konzeption – Erfahrungen – Entwicklung.* In diesem Band.

Bahceci, D. & Kuru, M. (2008). The Effect Of Portfolio Assessment On University Students' Self Efficacy And Life Skills. *Ahi Evran Üniversitesi Kırşehir Eğitim Fakültesi Dergisi, 9* (1), 97-111.

Bandura, A. (1979). *Sozial-kognitive Lerntheorie.* Stuttgart: Klett-Cotta.

Barton, J. & Collins, A. (1997). *Portfolio Assessment: A Handbook for Educators.* Menlo Park: Globe Publishers.

Baumert, J. & Kunter, M. (2011). Das mathematikspezifische Wissen von Lehrkräften, kognitive Aktivierung im Unterricht und Lernfortschritte von Schülerinnen und Schülern. In M. Kunter, J. Baumert, W. Blum, U. Klusmann, S. Krauss & M. Neubrand (Hrsg.), *Professionelle Kompetenz von Lehrkräften. Ergebnisse des Forschungsprogramms COACTIV* (S. 163-192). Münster: Waxmann.

Behrens, M. (2001). Denkfiguren zum Portfolio-Syndrom. *journal für lehrerinnen- und lehrerbildung, 1* (4), 8-16.

Bielefeld School of Education (BiSEd). *Bielefelder Portfolio Praxisstudien.* URL: http://www.bised.uni-bielefeld.de/praxisstudien/praktikumsbuero/portfolio_praxisstudien/praxisstudien/bielefelder-praxis (16.8.2012).

Blömeke, S., Kaiser, G. & Lehmann, R. (Hrsg.) (2008). *Professionelle Kompetenz angehender Lehrerinnen und Lehrer. Wissen, Überzeugungen und Lerngelegenheiten deutscher Mathematik-Studierender und -referendare – Erste Ergebnisse zur Wirksamkeit der Lehrerausbildung.* Münster: Waxmann.

Blömeke, S., Bremerich-Vos, A., Haudeck, H., Kaiser, G., Lehmann, R., Nold, G., Schwippert, K. & Willenberg, H. (Hrsg.) (2011). *Messung von Lehrerkompetenzen in gering strukturierten Domänen. Testkonzeption und erste Ergebnisse zur Deutsch-, Englisch- und Mathematiklehrerausbildung sowie zum Studierverhalten angehender Lehrkräfte.* Münster: Waxmann.

Boekaerts, M. (1997). Self-regulated learning: A new concept embraced by researchers, policy makers, educators, teachers, and students. *Learning and Instruction, 7,* 161-186.

Bolle, R.: Portfolio Schulpraktische Studien. I. Grundriss. Zentrum für schulpraktische Studien. PH Karlsruhe. Graues Material. Oktober 2009a, S. 2-12

Bolle, R.: Portfolio Schulpraktische Studien. II. Weiterführende Erläuterungen, Beispiele und Literatur. PH Karlsruhe. Graues Material. Oktober 2009b, S. 3-16

Bolle, R. (2012). Portfolio und Bildung. Möglichkeiten einer akademischen Lehrerbildung. In Bolle, R. (Hrsg.), *Schulpraktische Studien 2012. Schriftenreihe der BASS* (S. 133-168). Leipzig: Leipziger Universitätsverlag.

Bolle, R. & Denner, L. (2004). Das Karlsruher Portfolio „Schulpraktische Studien". Karlsruher Pädagogische Beiträge: *Schulpraktische Studien – Impulse für eine Vermittlung zwischen Theorie und Praxis.* Bd. 67, S. 7-24

Bolle, R., Denner, L. (2013). *Das Portfolio „Schulpraktische Studien" in der Lehrerbildung – Genese, empirische Befunde und ein bildungstheoretisch fokussiertes Modell für eine theoriegeleitete Portfolioarbeit.* In diesem Band.

Bolle, R., Denner, L. & Weigand, G. (2006). Verbesserung des Kompetenzerwerbs durch reflexive Portfolioarbeit. *Pädagogische Führung, 17,* 210-212.

Borko, H., Michaelec, P., Timmons, M. & Siddle, J. (1997). Student Teaching Portfolios. A Tool for Promoting Reflective Practice. *Journal for Teacher Education, 48* (5), 345-356.

Bräuer, G. (2007). Portfolios in der Lehrerausbildung als Grundlage für eine neue Lernkultur in der Schule. In M. Gläser-Zikuda & T. Hascher (Hrsg.), *Lernprozesse dokumentieren, reflektieren und beurteilen. Lerntagebuch und Portfolio in Bildungsforschung und Bildungspraxis* (S. 45-62). Bad Heilbrunn: Klinkhardt.

Bräuer, G. (2010). Schreibprozesse begleiten. *Deutschunterricht, 63* (3), 4-10.

Bräuer, G. (2012). Rubrics als gemeinsames Denkwerkzeug: Portfolioeinführung im Spannungsfeld von Unterrichts- und Schulentwicklung. In G. Bräuer, M. Keller & F. Winter (Hrsg), *Portfolio macht Schule. Unterrichts- und Schulentwicklung mit Portfolio* (S. 188-198). Seelze-Velber: Kallmeyer/Klett.

Bräuer, G. & Keller, S. (2013). *Elektronische Portfolios als Katalysatoren für Studium und Lehre.* In diesem Band.

Bromme, R. (1992). *Der Lehrer als Experte: Zur Psychologie des professionellen Wissens.* Bern: Huber.

Brouër, B. (2007). Portfolios zur Unterstützung der Selbstreflexion – Eine Untersuchung zur Arbeit mit Portfolios in der Hochschullehre. In M. Gläser-Zikuda & T. Hascher (Hrsg.), *Lernprozesse dokumentieren, reflektieren und beurteilen. Lerntagebuch und Portfolio in Bildungsforschung und Bildungspraxis* (S. 235-265). Bad Heilbrunn: Klinkhardt.

Brouër, B., Gläser-Zikuda, M. (2010). Förderung selbstregulativer Fähigkeiten im Kontext selbstorganisierten Lernens. In J. Seifried, E. Wuttke, R. Nickolaus & P. F. E. Sloane (Hrsg.). Lehr-Lernforschung in der kaufmännischen Berufsausbildung: Ergebnisse und Gestaltungsaufgaben (S. 123-136). Stuttgart: Steiner.

Brosziewski, A. (2013). Die Zweiseitigkeit der Reflexion: Portfolios als Selbstreflexion der Lehrerinnen- und Lehrer – eine empirische Untersuchung zur Portfolioarbeit an drei Standorten. In diesem Band.

Brüggen, S., Brosziewski, A. & Keller, K. (2009). Portfolio als Medium der Selbststeuerung in der Lehrerinnen- und Lehrerbildung. *Journal für LehrerInnenbildung, 9 (2),* 16-23.

Brunner, I. & Born, J. (2007). Arbeiten mit Portfolios – Erfahrungen mit einem online-Seminar. In M. Gläser-Zikuda & T. Hascher (Hrsg.), *Lernprozesse dokumentieren, reflektieren und beurteilen. Lerntagebuch und Portfolio in Bildungsforschung und* Bildungspraxis (S. 267-293). Bad Heilbrunn: Klinkhardt.

CEDEFOP (2009). *Europäische Leitlinien für die Validierung nicht formalen und informellen Lernens.* Luxemburg. URL: http://www.cedefop.europa.eu/EN/Files/4054_de.pdf (23.8.2011).

Deci, E. L., Ryan, R. M. (1993). Die Selbstbestimmungstheorie der Motivation und ihre Bedeutung für die Pädagogik. *Zeitschrift für Pädagogik, 39* (2), 223-238.

Dedering, K. (2010). Entscheidungsfindung in Bildungspolitik und Bildungsverwaltung. In H. Altrichter & K. Maag Merki (Hrsg.), *Handbuch neue Steuerung im Schulsystem* (S. 63-80). Wiesbaden: VS Verlag für Sozialwissenschaften.

Denner, L (2010). Förderung reflexiver Komeptenzen im Lehramtsstudium durch Fall- und Portfolioarbeit. *karlsruher pädagogische beiträge, 73,* 118-132.

van Es, E. A. & Sherin, M.G. (2002). Learning to Notice: Scaffolding New Teachers's interpretations of classroom interactions. *Journal of Technology and Teacher Education, 10* (4), 571-596.

Fendler, J. & Gläser-Zikuda, M. (2011). Das Lehrportfolio – Ein Instrument zur Qualitätssicherung und -entwicklung in der Hochschullehre. *HDS Journal, 2* (1), 29-42.

Friedrich, F. G. & Mandl, H. (1997). Analyse und Förderung selbstgesteuerten Lernens. In F. E. Weinert & H. Mandl (Hrsg.), *Psychologie der Erwachsenenbildung* (S. 237-295). Göttingen: Hogrefe.

Giest, J. & Lompscher, H. (2006). *Tätigkeit – Lerntätigkeit – Lernstrategie. Die Theorie der Lerntätigkeit und ihre empirische Erforschung.* Berlin: Lehmanns Media.

Gläser-Zikuda, M. (2001a). Emotions and Learning Strategies at School – Opportunities of Qualitative Content Analysis. In M. Kiegelmann (Hrsg.), *Qualitative Research in Psychology* (S. 32-50). Schwangau: Ingeborg Huber Verlag.

Gläser-Zikuda, M. (2001b). *Wie lernen Kinder? Lerntagebücher geben Auskunft.* Lehrerhandbuch, Juni, C, 4.13, Berlin, Stuttgart: Klett – Raabe.

Gläser-Zikuda, M. (2005). Qualitative Inhaltsanalyse in der Lernstrategie- und Lernemotionsforschung. In P. Mayring & M. Gläser-Zikuda (Hrsg.), *Die Praxis der Qualitativen Inhaltsanalyse* (S. 63-83). Weinheim: Beltz.

Gläser-Zikuda, M. & Hascher, T. (2007). *Lernprozesse dokumentieren, reflektieren und beurteilen. Lerntagebuch und Portfolio in Bildungsforschung und Bildungspraxis.* Bad Heilbronn: Klinhardt.

Gläser-Zikuda, M., Göhring, A. (2007). Selbstreguliert und selbstbestimmt lernen – Portfolioarbeit im Physikunterricht. *Empirische Pädagogik, 21* (2), 174-208.

Gläser-Zikuda, M., Lindacher, T. & Fuß, S. (2006). Wirksamkeit eines Portfolios im Unterricht zur Förderung von Lernleistungen und Lernstrategien – ein quasi-experimentelle Studie. *Empirische Pädagogik, 20* (3), 229-244.

Gläser-Zikuda, M., Rohde, J., Schlomske, N. (2010). Empirische Studien zum Lerntagebuch- und Portfolio-Ansatz im Bildungskontext – ein Überblick. In M. Gläser-Zikuda (Hrsg.), *Lerntagebuch und Portfolio aus empirischer Sicht* (S. 3-31). Landau: Verlag Empirische Pädagogik.

Gläser-Zikuda, M., Voigt, C. & Rohde, J. (2010). Förderung selbstregulierten Lernens bei Lehramtsstudierenden durch portfoliobasierte Selbstreflexion. In M. Gläser-Zikuda (Hrsg.), *Lerntagebuch und Portfolio aus empirischer Sicht* (S. 142-163). Landau: Verlag Empirische Pädagogik.

Gudjons, H. (2006). Neue Unterrichtskultur – Veränderte Lehrerrolle. In H. Gudjons (Hrsg.), *Neue Unterrichtskultur – veränderte Lehrerolle* (S. 14-25). Bad Heilbrunn: Klinkhardt.

Gülbahar, Y. & Köse, F. (2006). Perceptions Of Preservice Teachers About The Use Of Electronic Portfolios For Evaluation. *Journal Of Faculty Of Educational Sciences, 39* (2), 75-93.

Häcker, T. (2005). Mit der Portfolio-Methode den Unterricht verändern. *Pädagogik, 57*, (3), 13-18.

Häcker, T. (2006 a). Ein Medium des Wandels in der Lernkultur. In I. Brunner, T. Häcker & F. Winter (Hrsg.), *Das Handbuch Portfolioarbeit. Konzepte. Anregungen. Erfahrungen aus Schule und Lehrerbildung* (S. 15-18). Seelze-Velber: Kallmeyer.

Häcker, T. (2006 b). Wurzeln der Portfolioarbeit. Woraus das Konzept erwachsen ist. In I. Brunner, T. Häcker & F. Winter (Hrsg.), *Das Handbuch Portfolioarbeit. Konzepte. Anregungen. Erfahrungen aus Schule und Lehrerbildung* (S. 27-32). Seelze-Velber: Kallmeyer.

Häcker, T. (2007). Portfolio – ein Medium im Spannungsfeld zwischen Optimierung und Humanisierung des Lernens. In M. Gläser-Zikuda & T. Hascher (Hrsg.), *Lernprozesse dokumentieren, reflektieren und beurteilen. Lerntagebuch und Portfolio in Bildungsforschung und* Bildungspraxis (S. 63-85). Bad Heilbrunn: Klinkhardt.

Häcker, T. & Rentsch, K. (2008). Bewertungsportfolios in der LehrerInnenbildung. *Journal für LehrerInnenbildung, 8* (1), 57-62.

Häcker, T. & Rentsch-Häcker, K (2013). Portfolios bewerten in der Lehrer/innenbildung? Bericht über einen frühen Praxisversuch. In diesem Band.

Häcker, T & Winter, F. (2008). Portfolio – nicht um jeden Preis! Bedingungen und Voraussetzungen der Portfolioarbeit in der Lehrerbildung. In I. Brunner, T. Häcker & F. Winter (Hrsg.), *Das Handbuch Portfolio-Arbeit* (S. 227-233). Seelze-Velber: Klett Kallmeyer.

Häcker, T. & Winter, F. (2010). Portfolios. Ein Beitrag zur Demokratisierung des Lernens und der Leistungsbeurteilung. In S.-I. Beutel & W. Beutel (Hrsg.), *Beteiligt oder bewertet?* (S. 292-309). Schwalbach: Wochenschau-Verlag.

Hardy, I., Hertel, S., Kunter, M., Klieme, E., Warwas, J., Büttner, G. & Lühken, A. (2011). Adaptive Lerngelegenheiten in der Grundschule. Merkmale, methodisch-didaktische Schwerpunktsetzungen und erforderliche Lehrerkompetenzen. *Zeitschrift für Pädagogik, 57* (6), 819-783.

Hascher, T. (2010). Lernen verstehen und begleiten – Welchen Beitrag leisten Tagebuch und Portfolio? In M. Gläser-Zikuda (Hrsg.), *Lerntagebuch und Portfolio aus empirischer Sicht* (S. 166-180). Landau: Verlag Empirische Pädagogik.

Hascher, T. (2011). Forschung zur Wirksamkeit der Lehrerbildung. In E. Terhart, H. Bennewitz & M. Rothland (Hrsg.), *Handbuch der Forschung zum Lehrerberuf* (S. 418-440). Münster: Waxmann.

Hertle, E. M. & Sloane, P. F. E. (2007). Neue Wege in der Berufsschullehrerbildung. In E. M. Hertle & P. F. E. Sloane (Hrsg.), *Portfolio – Kompetenzen – Standards. Neue Wege in der Lehrerbildung für Berufsbildende Schulen* (S. 7-28). Paderborn: Eusl Verlagsgesellschaft.

Himpsl-Gutermann, K. & Groißböck, P. (2013). E-Portfolios als Karrierebegleiter in der Schule. Vom eigenen Portfolio zur Medienbildung. In diesem Band.

Imhof, M. et al. (2006). Arbeitsanleitung zu Portfolio in den Schulpraktischen Studien. In M. Imhof (Hrsg.), *Portfolio und Reflexives Schreiben in der Lehrerausbildung* (S. 121-312). Tönning: Der Andere Verlag.

Jones, E. (2010). A professional practice: Portfolio for quality learning. *Higher education Quarterly*, *64* (3), 292-312.

KMK (2004). *Standards für die Lehrerbildung: Bildungswissenschaften*. URL: http://www.kmk.org/fileadmin/veroeffentlichungen_beschluesse/2004/2004_12_16-Standards-Lehrerbildung.pdf (30.01.2013).

Koch-Priewe, B. (1997a). Grundlegung einer Didaktik der Lehrerbildung. Der Beitrag der wissenspsychologischen Professionsforschung und der humanistischen Pädagogik. In M. Bayer, U. Carle & J. Wildt (Hrsg.), *Lehrerbildung im Brennpunkt. Strukturwandel und Innovation im europäischen Kontext* (S. 139-163). Opladen: VS Verlag für Sozialwissenschaften.

Koch-Priewe, B. (1997b). Kritisch-konstruktive Didaktik: Den Gegensatz zwischen wissenschaftlichen und subjektiven didaktischen Theorien überwinden. In W. Hendricks, B. Koch-Priewe, B. Schmitt & H. Stübig (Hrsg.), *Bildungsfragen in kritisch-konstruktiver Perspektive* (S. 156-165). Weinheim: Beltz.

Koch-Priewe, B. (2002a). Grundlagenforschung in der LehrerInnenbildung. Einführung in den Thementeil (Moderation des Thementeils). *Zeitschrift für Pädagogik, 48* (1), 1-9.

Koch-Priewe, B. (2002b). Leistung im Dialog – Bewertung, Diagnose, Förderung. In K. Becker, A. von der Groeben, K.-D. Lenzen & F. Winter (Hrsg.), Leistung sehen, fördern, werten. Bad Heilbrunn: Klinkhardt, S. 359-361.

Koch-Priewe, B. (2002c). Der routinierte Umgang mit Neuem. Wie die Professionalisierung von JunglehrerInnen gelingen kann. In S. Beetz-Rahm, L. Denner & T. Riecke-Baulecke (Hrsg.), *Jahrbuch für Lehrerforschung und Bildungsarbeit*. Bd. 3, (S. 311-324). Weinheim, München: Beltz.

Koch-Priewe, B., Kolbe, F.-U. & Wildt, J. (2004). Professionsforschung und Didaktik der LehrerInnenbildung. Einführung in den Band. In B. Koch-Priewe, F.-U. Kolbe & J. Wildt (Eds), *Grundlagenforschung und mikrodidaktische Reformansätze zur Lehrerbildung* (S. 7-21). Bad Heilbrunn: Klinkhardt.

Koch-Priewe, B. & Thiele, J. (2009). Versuch einer Systematisierung der hochschuldidaktischen Konzepte zum Forschenden Lernen. In B. Roters, R. Schneider, B. Koch-Priewe, J. Thiele & Wildt, J. (Hrsg.), *Forschendes Lernen im Lehramtsstudium. Hochschuldidaktik, Professionalisierung, Kompetenzentwicklung* (S. 271-292). Bad Heilbrunn.

Kolbe, F. (1997). Lehrerbildung ohne normative Vorgaben für das praktische Handlungswissen? Eine anglo-amerikanische Kontroverse um die Bedeutung von Unterrichtsforschung beim Aufbau professionellen Wissens. In M. Bayer, M. et al. (Hrsg.), *Brennpunkt: Lehrerbildung* (S. 121-137). Opladen: Leske und Budrich.

Kunze Heim, D. (2001). Auf dem Weg zu theoriebezogene Metakognitionen über die eigenen Unterrichtserfahrungen. *Journal für Lehrerinnen- und Lehrerbildung*, 1, 44-52.

LABG NRW (Stand 2009). URL: http://www.schulministerium.nrw.de/BP/Schulrecht/Lehrerausbildung/LABG__Fassung_12_05_2009.pdf (30.01.2013).

Leonhard, T. (2008a). *Professionalisierung in der Lehrerbildung. Eine explorative Studie zur Entwicklung professioneller Kompetenz*. Berlin: Logos.

Leonhardt, T. (2008b). Zur Entwicklung professioneller Kompetenzen in der Lehrerausbildung. Konzeption und Ergebnisse einer explorativen Falluntersuchung. *Empirische Pädagogik, 22* (3), 382-408.

Leonhard, T. (2013). Portfolioarbeit zwischen Reflexion und Leistungsbewertung. In diesem Band.

Leonhard, T., Nagel, N., Riehm, T. & Strittmatter-Haubold, V. (2010). Zur Entwicklung von Reflexionskompetenz bei Lehramtsstudierenden. In A. Gehrmann, U. Hericks & M. Lüders (Hrsg.), *Bildungsstandards und Kompetenzmodelle. Beiträge zu einer aktuellen Diskussion über Schule, Lehrerbildung und Unterricht* (S. 111-127). Bad Heilbrunn: Klinkhardt.

Leonhard, T. & Rihm, T. (2011). Erhöhung der Reflexionskompetenz durch Begleitveranstaltungen zum Schulpraktikum. *Lehrerbildung auf dem Prüfstand, 4,* 240-270.

Leontjew, A. N. (1982). *Tätigkeit, Bewusstsein, Persönlichkeit.* Köln: Pahl-Rugenstein.

Lissmann, U. (2007). Beurteilungsraster und Portfoliobeurteilung. In M. Gläser-Zikuda & T. Hascher (Hrsg.), *Lernprozesse dokumentieren, reflektieren und beurteilen. Lerntagebuch und Portfolio in Bildungsforschung und Bildungspraxis* (S. 87-108). Bad Heilbrunn: Klinkhardt.

Mabry, L. (1999). *Portfolio Plus: A Critical Guide to Alternative Assessment.* Thousand Oaks, CA: Corwin Press.

Maier, U. (2010). Formative Assessment – ein erfolgversprechendes Konzept zur Reform von Unterricht und Leistungsmessung? *Zeitschrift für Erziehungswissenschaft, 13* (2), 293-308.

Mahara: Open Source ePortfolios. URL: www.mahara.de. Berlin: eLeDia eLearning im Dialog GmbH.

Mayring, P. & Gläser-Zikuda, M. (Hrsg.) (2008). *Die Praxis der qualitativen Inhaltsanalyse.* Weinheim: Beltz.

Meyer, T., Mayrberger, K., Münte-Goussar, S. & Schwalbe, C. (2011). *Kontrolle und Selbstkontrolle. Zur Ambivalenz von E-Portfolios in Bildungsprozessen.* Wiesbaden: VS-Verlag.

Münte-Goussar, S. (2010). Ambivalente Selbst-Techniken: Portfolio, Ökonomisierung, Selbstbestimmung. In T. Meyer, K. Mayrberger, S. Münte-Goussar & C. Schwalbe (Hrsg.), *Kontrolle und Selbstkontrolle. Zur Ambivalenz von E-Portfolios in Bildungsprozessen* (S. 225-249). VS-Verlag.

Neß, H. (2010). *Professionalisierungs-Portfolio. Instrument zur Erkennung und Anerkennung von informellem, non-formalem und informellem Lernen in der Verzahnung der drei Phasen der Lehrerbildung.* Frankfurt/M: DIPF.

Neß, H. (2013). Phasenübergreifendes Professionalisierungs – Portfolio unter Einbeziehung der Validierung des informellen und nichtformalen Lernens. In diesem Band.

Niggli, A. (2001). Portfolios und der Theorie-Praxis-Bezug im Umgang mit Ausbildungsstandards. *Journal für Lehrerinnen- und Lehrerbildung, 1* (4), 26-33.

Paulson, F. L., Paulson, P. R. & Meyer, C. A. (1991). What makes a Portfolio a Portfolio? Eight thoughtful guidelines will help educators encourage self-directed learning. *Educational leadership, 48* (5), 60-63.

Picard, C. & Imhof, M. (2010). Prompts zur Anleitung tiefenorientierten Schreibens in Lerntagebüchern und Portfolios. In M. Gläser-Zikuda (Hrsg.), *Lerntagebuch und Portfolio aus empirischer Sicht* (S. 59-79). Landau: Verlag Empirische Pädagogik.

Pineker, A., Störtländer, J. C. (2013). Gestaltung von praktikumsbezogenen Reflexionsanlässen im Rahmen des „Bielefelder Portfolio Praxisstudien" – zwei hochschuldidaktische Varianten und ihre Evaluation. In diesem Band.

Poumay, M. & Dupont, C. (2007). *The Teaching portfolio as a tool for professional development in Higher Education.* Assessment design for learner responsibility 29-31 May 07, 1-8. URL: http://www.reap.ac.uk; http://orbi.ulg.ac.be/bitstream/2268/16904/1/Teaching_portfolio_for_professional_development_in_higher_education.pdf (25.8.2011).

Prengel, A. (2009). „Formative Assessment" als Re-Impuls für pädagogisch-didaktisches Handeln. In A. Prengel, S. Riegler & E. Wannak (Hrsg.), *Europäisierung der Bildung. Konsequenzen und Herausforderungen für die Grundschul*pädagogik (S. 253-257). Wiesbaden: VS Verlag.

Rechenbach, S., von Der Heyden, R., Lettau, W.-D., Nauerth, A. & Walkenhorst, U. (2011). Implementierung eines Portfolios zur Begleitung von Lernprozessen in der Hochschule. *Zeitschrift für Hochschulentwicklung, 6* (3), 270-287.

Reinmann-Rothmeier, G. & Mandl, H. (2001). Unterrichten und Lernumgebungen gestalten. In A. Krapp & B. Weidenmann (Hrsg.), *Pädagogische Psychologie. Ein Lehrbuch* (S. 601-646). Weinheim: Beltz.

Roters, B. (2012). *Professionalisierung durch Reflexion in der Lehrerbildung. Eine empirische Studie an einer deutschen und US-amerikanischen Universität.* Münster u.a.: Waxmann.

Schneider, A.-K. & Vogel, R. (2010). *Portfolioarbeit im Studium – angehende Grundschullehrerinnen und –lehrer reflektieren ihre fachspezifische Lernkompetenz im Fach Mathematik.* Frankfurt/M 2010. URL: http://www.mathematik.tu-dortmund.de/ieem/cms/media/BzMU/BzMU2010/BzMU10_SCHNEIDER_Anna-katharina_Portfolio.pdf (23.8.2011).

Schön, D. (1983). *The reflective practitioner. How professionals think in action.* NY: Basic Books.

Schram, T. & Mills, D. (1995). Using portfolios to mediate learning and inquiry among interns and Teachers. *Teacher Education, 7* (2), 71-80.

Schratz, M. & Tschegg, K. (2001). Das Portfolio im Kontinuum unterschiedlicher Phasen der Lehrerbildung. *Journal für Lehrerinnen- und Lehrerbildung, 1* (4), 17-25.

Schwarz, J. (2001). Die eigenen Stärken veröffentlichen. Portfolios als Lernstrategie und alternative Leistungsbeurteilung. *Friedrich Jahresheft XIX 2001*, 24-27.

Schwarz, J. & Schratz, M. (2012). Demokratisierung in der LehrerInnenbildung: Portfolioarbeit und ihr Potenzial. *Journal für LehrerInnenbildung, 12* (2), 41-46.

Sherin, M. G. & van Es, E. A. (2009). Effects of Video Club Participation on Teachers' Professional Vision. *Journal of teacher education, 60* (1), 20-37.

Shulman, L. (1998). Teacher portfolios: A theoretical activity. In N. Lyons (Hrsg.), *With portfolio in Hand. Validation the New teacher professionalism* (S. 23-28). NY: Teachers College Press.

Stadler, M. & Meentzen, U. (2010). Wie Lehrkräfte bei der Reflexion über ihren Unterricht unterstützt werden können. Das Fachgruppenportfolio im Programm SINUS-Transfer. In F. H. Müller, A. Eichenberger, M Lüders & J. Mayr. (Hrsg.) *Lehrerinnen und Lehrer lernen* (S. 161-173). Münster: Waxmann.

Strudler, N. & Wetzel, K. (2010). *Electronic Portfolios in Teacher Education: Issues of Sustainability.* Paper presented at the Annual Meeting of the American Educational Research Association, Denver, CO. URL: http://coe.nevada.edu/nstrudler/Strudler_Wetzel_AERA_Apr2010.pdf (25.8.2011).

Terhart, E. (Hrsg.) (2000). *Perspektiven der Lehrerbildung in Deutschland. Abschlussbericht der von der Kultusministerkonferenz eingesetzten Kommission.* Weinheim: Beltz.

Terhart, E. (2003). Wirkungen von Lehrerbildung: Perspektiven einer an Standards orientierten Evaluation. *Journal für LehrerInnenbildung, 3* (3), 8-19.

Tetzner, M. (2007). Portfolio in der Lehrerausbildung – ein Praxisbericht. E. M. Hertle & P. F. E. Sloane (Hrsg.), *Portfolio – Kompetenzen – Standards. Neue Wege in der Lehrerbildung für Berufsbildende Schulen* (S. 45-61). Paderborn: Eusl Verlagsgesellschaft.

Unruh, T. (2011). (E-)Portfolios in der Lehrerausbildung am Landesinstitut für Lehrerbildung und Schulentwicklung Hamburg. In T. Meyer, K. Mayrberger, S. Münte-Goussar & C. Schwalbe (Hrsg.), *Kontrolle und Selbstkontrolle. Zur Ambivalenz von E-Portfolios in Bildungsprozessen* (S. 115-118). Wiesbaden: VS-Verlag.

Valdorf, N., Rumpold, V. & Streblow, L. (2013). Einschätzung der Portfolioarbeit durch Lehramtsstudierende – empirische Ergebnisse einer studienverlaufsbegleitenden Befragung in Bielefeld. In diesem Band.

Vogel, R. (2013). Portfolioarbeit als Ort der Selbstreflexion im Lehramtsstudium (am Beispiel des Fachs Mathematik). In diesem Band.

Weinert, F. E. (1982). Selbstgesteuertes Lernen aus Voraussetzung, Methode und Ziel des Unterrichts. *Unterrichtswissenschaft, 10* (2), 99-110.
Weinert, F. E. (2001)(Hrsg.). *Leistungsmessungen an Schulen.* Weinheim: Beltz
Weyland, U. (2012). Expertise zu den Praxisphasen in der Lehrerbildung in den Bundesländern. (Hrsg. von: Landesinstitut für Lehrerbildung und Schulentwicklung Hamburg (LI); Prof. Dr. Josef Keuffer). Hamburg. (Download auch unter http://li.hamburg.de).
Winter, F. (2006). Es muss zueinander passen: Lernkultur – Leistungsbewertung – Prüfungen. Von „unten" und „oben" Reformen in Gang bringen. In I. Brunner, T. Häcker & F. Winter (Hrsg.), *Das Handbuch Portfolioarbeit. Konzepte. Anregungen. Erfahrungen aus Schule und Lehrerbildung* (S. 212-217). Seelze-Velber: Kallmeyer.
Winter, F. (2007). Fragen der Leistungsbewertung beim Lerntagebuch und Portfolio. In M. Gläser-Zikuda & T. Hascher (Hrsg.), *Lernprozesse dokumentieren, reflektieren und beurteilen. Lerntagebuch und Portfolio in Bildungsforschung und Bildungspraxis* (S. 111-129). Bad Heilbrunn: Klinkhardt.
Winter, F. (2009). *Notizen zu einer tätigkeitsorientierten Didaktik.* Unveröffentl. Manuskript. Zürich
Winter, F. (2010). *Leistungsbewertung. Eine neue Lernkultur braucht einen anderen Umgang mit den Schülerleistungen* (4., unveränd. Aufl.). Baltmannsweiler: Schneider Hohengehren.
Winter, F. (2013). Das Portfolio in der Hochschulbildung – Reformimpulse für Didaktik und Prüfungswesen. In diesem Band.
Winter, F. & Ruf, U. (2009). An eigenen Unterrichtsprojekten gemeinsam lernen – ein Seminar mit Portfolio. *Beiträge zur Lehrerbildung, 27* (2), 204-211.
Winter, F., Schwarz, J. & Volkwein, K. (2008). Unterricht mit Portfolio. Überlegungen zur Didaktik der Portfolioarbeit. In dies. (Hrsg.), *Portfolio im Unterricht. 13 Unterrichtseinheiten mit Portfolio* (S. 21-54). Seelze: Klett/Kallmeyer.
Wygotski, L. (1977). *Denken und Sprechen.* Fischer: Frankfurt am Main
Yanpar-Yelken, T. (2006). Elementary Classroom Teacher Candidates` Views on Social Studies Assessment of Complementary Approach. *Sosyal Bilimler Araştırmaları Dergisi, 2,* 58-75.
Ziegelbauer, S., Noack, J. & Gläser-Zikuda, M. (2010). Förderung von Lernkompetenz auf der Grundlage des Portfolioansatzes. *Zeitschrift für Didaktik der Naturwissenschaften, 16* , 355-359.
Ziegelbauer, S., Ziegelbauer, C., Limprecht, S. & Gläser-Zikuda, M. (2013). Bedingungen für gelingende Portfolioarbeit in der Lehrerbildung – empiriebasierte Entwicklung eines adaptiven Portfoliokonzepts. In diesem Band.

Das Portfolio „Schulpraktische Studien" in der Lehrerbildung – Genese, empirische Befunde und ein bildungstheoretisch fokussiertes Modell für eine theoriegeleitete Portfolioarbeit

Rainer Bolle und Liselotte Denner, Pädagogische Hochschule Karlsruhe

Abstract
Im Beitrag werden die Entwicklungsphasen der institutionell verankerten Portfolioarbeit im Kontext der Schulpraktischen Studien an der Pädagogischen Hochschule Karlsruhe nachgezeichnet. Dabei wird deutlich, dass das Anstoßen und Optimieren, das Verstetigen und Gelingen dieses Prozesses an vielfältige Bedingungen auf unterschiedlichen Ebenen gebunden ist. Zwei empirische Studien verdeutlichen Chancen und Grenzen der bisherigen Portfoliokonzeptionen und münden in ein Portfolio-Modell, das bildungstheoretisch verankert dem kontinuierlichen Aufbau einer theoriegeleiteten und systematischen Auseinandersetzung mit den wichtigsten Themen von Unterricht und Lehrerberuf verpflichtet ist.

Schlagwörter: *Lehrerbildung, Schulpraktische Studien, schulpraxisbezogene Lernfelder, Bildungstheorie, Akademisierung, Professionalisierung, theoriegeleitete reflexive Portfolioarbeit, empirische Studien*

1 Einleitung

Die Einsicht in die Bedeutung einer berufsbezogenen Reflexion im Lehramtsstudium, im Vorbereitungsdienst und Lehrerberuf hat sich in den letzten Jahren gefestigt. Die Notwendigkeit einer schriftlichen Reflexion im Rahmen der Portfolioarbeit wird zunehmend – national und international – betont.[1] Das Portfo-

---

1 Das Portfolio wird im Rahmen von einzelnen Lehrveranstaltungen oder Projekten an den Hochschulen und Universitäten eingesetzt – immer auf Initiative Lehrender, wie beispielsweise in der Schweiz (Häcker & Rentsch 2008; Kunz Heim 2001; Niggli 2001) und in Österreich (Kraler 2006, 2007) – oder auch im Rahmen der Fremdsprachenlehrerbildung. Längere Erfahrungen mit der Portfolioarbeit in der Lehrerbildung liegen in den USA (Elbow & Belanoff 1986; Tucker et al. 2003; Wetzel & Strudler 2006), in Kanada (Rebel & Wilson 2002), in der Türkei (Akşit 2012) oder auch auf Malta (Chetcuti & Grima 2008) vor. Ein phasenübergreifendes Professionalisierungs-

lio gilt als geeignetes Instrument, um theoriebezogene Metakognitionen über die eigenen Vorstellungen von Unterricht aufzubauen (vgl. Kunz Heim 2001). Noch wenig erforscht sind das Entstehen und die Akzeptanz einer verbindlichen Portfoliopraxis an den Hochschulen und Universitäten in Deutschland.

In den folgenden Abschnitten wird der institutionelle Prozess der Etablierung der Portfolioarbeit im Kontext Schulpraktischer Studien nachgezeichnet, der im Sommersemester 2004 an der Pädagogischen Hochschule Karlsruhe begonnen hat und über die Verankerung in der Studienordnung abgesichert ist. Mit den Prüfungsordnungen (2011) für das Lehramt an Grundschulen bzw. an Werkreal-, Haupt- und Realschulen wird das Portfolio „Schulpraktische Studien" für alle Pädagogischen Hochschulen Baden-Württembergs verbindlich. In diesen Prüfungsordnungen wird ausdrücklich eine theoriebezogene Reflexion der Praxis eingefordert, von der verlangt wird, dass die Arbeit an diesem Portfolio in der zweiten Phase fortzusetzen sei.[2]

Eine für alle Studierenden verbindliche Portfolioarbeit ist allerdings nur dann zu legitimieren, wenn es um eine grundlegende Veränderung der Lehrerbildung im Sinne einer Akademisierung und Professionalisierung geht. Dass ein Portfolio dafür ein hervorragendes Instrument sein kann, soll anhand der Entwicklungsphasen der reflexiven Portfolioarbeit im Folgenden skizziert werden. Für die Rekonstruktion werden die den Studierendenkohorten und ihren Betreuenden jeweils vorgelegten Leitfäden bzw. Handreichungen „Portfolio ‚Schulpraktische Studien'" (Bolle & Denner 2004a; 2004b; 2005; 2006; 2009) verwendet. Außerdem werden die Impulse aus kollegialen Gesprächen in Hochschule, Staatlichem Seminar für Didaktik und Lehrerbildung (Studienseminar) und Schule, die Ergebnisse von zwei Evaluationsstudien und die vielfältigen Beratungserfahrungen der Autoren in Praktikum, Lehrveranstaltung und Schulpraxisamt einbezogen. Der Beitrag fokussiert allerdings auch die Widerstände gegenüber einer reflexiven Portfolioarbeit. Die Wahrnehmung, Bearbeitung und Überwindung dieser Hindernisse ist unseres Erachtens eine wichtige Gelingensbedingung auf dem Weg zu einer phasenübergreifenden und theoriegeleiteten Portfolioarbeit.

Portfolio (Neß 2010) nimmt die Vorgaben des Lehrerbildungsgesetzes in Hessen auf, welches ein Portfolio für alle drei Phasen der Lehrerbildung vorsieht.

2 Zum Beispiel in der Grundschullehramtsprüfungsordnung – GPO I, § 9 Abs. 1, vom 20.05.2011: „Die Studierenden reflektieren ihre Praktika theoriegeleitet und dokumentieren sie in einem Portfolio, das auch im Vorbereitungsdienst fortgeführt wird."

Teil I: Portfoliokonzeption „Schulpraktische Studien": Genese, Entwicklung und Herausforderung

2 Entwicklung und Etablierung der Portfoliokonzeption „Schulpraktische Studien"

2.1 Impulse für eine reflexive Portfolioarbeit – oder: Ist die Zeit reif?

In Institutionen bahnen sich wie in Biographien dann Veränderungen an, wenn von innen und/oder außen Impulse kommen, die es nicht mehr erlauben, das Bisherige unverändert fortzusetzen. Mitunter ergeben sich auch mit personellen Veränderungen Möglichkeiten Neues zu denken und zu wagen – so auch in Karlsruhe. Erste begünstigende Vorbedingungen für die zu beschreibenden Veränderungen sind innerhalb der Hochschule im entschiedenen Bestreben auszumachen, die Schulpraktischen Studien zu professionalisieren. Diese werden gestützt und erweitert durch ermutigende Erfahrungen in einzelnen Praxis- und Forschungskontexten, durch kollegiale Verständigungsprozesse und fakultätsübergreifende Kooperationen, die allesamt dem Ziel einer anspruchsvollen und nachhaltigen Lehrerbildung verpflichtet sind.

Weitere Unterstützung kommt von außen. Kooperationspartner aus Schulen und Staatlichen Seminaren für Didaktik und Lehrerbildung (2. Phase) mahnen einen deutlich höheren Anspruch an die Schulpraktischen Studien an. Sie zeigen wenig Verständnis dafür, dass im Gegensatz zu anderen Hochschulen am Standort Karlsruhe Blockpraktika ohne Formen von Schriftlichkeit entsprechend der Studienordnungen aus den Jahren 1998 und 1999 erfolgreich gestaltet werden sollten. Mit der Einführung der Prüfungsordnungen im Jahr 2003 und der anschließenden Erarbeitung von Studienordnungen, die der Professionalisierung verpflichtet sind, wird die Chance für einen Paradigmenwechsel genutzt.

Die reflexive Portfolioarbeit erscheint den beiden Autoren als ein geeignetes Instrument der Unterstützung des personalen beruflichen Bildungsprozesses – im Lehramtsstudium beginnend, im Referendariat fortsetzend und im Beruf weiterführend. In Abgrenzung zum Praktikumsbericht und Praktikumstagebuch wird der Portfoliobegriff gewählt (vgl. 3.2). Er stammt ursprünglich aus dem Italienischen, kann jedoch auch aus dem Lateinischen (portare = tragen; folium = Blatt) abgeleitet werden und meint dann eine Sammlung von Blättern und Dokumenten, die man – weil sie so wichtig sind – ‚stets' mit sich herumträgt.

Was ist es nun, was sich lohnt, in den verschiedenen Phasen der Lehrerbildung „mit zu tragen", zum Anlass des Nachdenkens und der eigenen Weiterentwicklung zu machen (vgl. Bolle & Denner 2004a: 2)? Diese Fragen nimmt ein Portfolio auf, das als Entwicklungs- und Reflexionsportfolio konzipiert ist. In ihm werden die Prozesse und Produkte des Lernens und des sich Auseinandersetzens mit den verschiedenen schulpraktischen Aufgaben dokumentiert.

2.2 Etablierung der ersten Portfoliokonzeption (2004)

Die Etablierung einer für alle Lehramtsstudierenden verbindlichen Portfoliokonzeption bedarf der Berücksichtigung und des Zusammenwirkens von verschiedenen Akteuren und Kontexten. Diese werden in Abbildung 1 drei Ebenen zugeordnet.

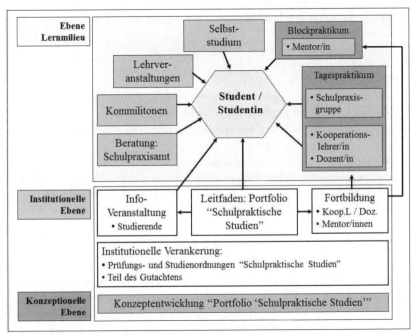

Abb. 1: Ebenen der Etablierung des Lehr-Lernsettings „Portfolioarbeit"

Konzeptionelle und institutionelle Ebene

Bei der Erarbeitung eines ersten Entwurfs einer Portfoliokonzeption wirken die beiden Autoren aus allgemeinpädagogischer und schulpädagogischer Perspektive zusammen. In die Prozesse des Auslotens der Portfolioidee, der Antizipation einer vorhandenen oder zu schaffenden Portfolioakzeptanz und der weiteren Konzeptentwicklung sind verschiedene Personen und Gremien einbezogen.

Die inhaltliche Arbeit wird mit einem Kreis interessierter Kolleginnen und Kollegen sowie dem Schulpraxisausschuss (Senatsausschuss mit der Vertretung von Lehrenden aller Fakultäten und der Studierenden) geleistet. Die Verankerung der Portfolioaufgabe in der zeitgleich zu erarbeitenden Studienordnung erfolgt in Kooperation mit dem Prorektor für Studium und Lehre, dem Schulpraxisausschuss und Senat.

Die beiden ersten Leitfäden (Bolle & Denner 2004a, 2004b) sollten den Prozess der Etablierung einer reflexiven Portfolioarbeit stützen. Sie richten sich – wie alle weiteren – einerseits an Studierende am Anfang ihrer Schulpraktischen Studien und andererseits an die Betreuenden in Schule und Hochschule. Sie müssen deshalb so gestaltet sein, dass das Vollziehen und Begleiten des Übergangs in diese spezifische Form schulpraktischen Studierens und Lernens gelingt.

Die 8-seitige *Broschüre „Portfolio ,Schulpraktische Studien'"* gliedert sich in einen *Teil A* mit den folgenden Leitfragen:
- Was ist ein Portfolio?
- Wozu dient das Portfolio?
- Was wird reflektiert?
- Wie kann ein Portfolio aufgebaut sein?

Im *Teil B* werden Anregungen zur Wahrnehmung und Reflexion von Unterricht, Schule und Lehrerberuf gegeben. Diese beziehen sich:
- auf Beobachtungen allgemeiner, spezifischer und längerfristiger Art und ihrer Reflexion
- auf hospitierten und eigenen Unterricht
- auf Anregungen zur Selbstreflexion hinsichtlich der Entwicklung von Anfangserwartungen, der praktikumsspezifischen Lernsituationen, der individuellen Entwicklung und der Erfahrungen mit einer Verbindung zwischen Wissenschaft und schulischer Praxis.

Weitere Leitfragen sollen eine abschließende „Gesamtbewertung" von Praktikum und Portfolioarbeit unterstützen.

In *hochschulöffentlichen Veranstaltungen* wird die Portfolioarbeit mit den Kolleginnen und Kollegen der Hochschule und den Betreuenden aus den Schulen intensiv, auch kontrovers diskutiert. Dabei wird deutlich, dass die Verankerung einer verpflichtenden Portfolioarbeit über die Studienordnungen hinaus auch in den Ausführungsbestimmungen des Schulpraxisamtes notwendig ist, wenn die Chance eines Beitrags zur Akademisierung der Lehrerbildung nicht verspielt werden soll. Die Sprachregelung „Das Portfolio wurde vorgelegt und eingesehen" wird in den Vordruck zur Begutachtung aufgenommen und stellt eine der Bedingungen für das Bestehen eines Praktikums dar.

In den mehrmals im Jahr stattfindenden *Fortbildungs- und Informationsveranstaltungen* für Lehrerinnen und Lehrer, die bei der schulpraktischen Qualifizierung des schulischen Nachwuchses mitwirken, werden Sinn, Zweck und Form einer reflexiven Portfolioarbeit thematisiert und diskutiert sowie Möglichkeiten der Unterstützung und Begleitung des studentischen Portfolioprozesses vorgestellt.

Dass Lehrerinnen und Lehrer von einer systematischen und längerfristig angelegten Schülerbeobachtung und deren Dokumentation in einer sachlichen, möglichst nicht wertenden Sprache profitieren, wird dabei deutlich. Insbesondere die Aufgabe, aus Beobachtungsdaten erste Fragestellungen und Hypothesen abzuleiten und mit wissenschaftlicher Literatur in Beziehung zu setzen, wird als Herausforderung nicht nur für die Studierenden, sondern auch für die eigene professionelle Weiterentwicklung erkannt. Da bei den ersten Implementationsbemühungen noch keine Erfahrungen oder beispielhaften Portfolioarbeiten als Ermutigung dienen können, gilt es die Studierenden und ihre Betreuenden auf vielfältige Weise zu motivieren, um den Übergang in eine reflexive Form der Schulpraktika zu moderieren.

Bereits ab dem zweiten Semester erweist es sich als hilfreich, wenn bei Informationsveranstaltungen für Praktikant/innen und Betreuer/innen erfahrene Studierende mitwirken. Das authentische Berichten von Erfahrungen mit der Portfolioarbeit, dem Überwinden von Hindernissen und dem Lerngewinn überzeugt mehr als die alleinigen Ausführungen von Verantwortlichen des Schulpraxisamtes. Die Möglichkeit, Einblick in eine studentische Portfolioarbeit nehmen zu können, erhöht die Motivation. Dies ist insbesondere dann der Fall, wenn Studierende in der Veranstaltung mitwirken und Rede und Antwort stehen. Als vorteilhaft erweist es sich, wenn die mitwirkenden Studierenden aus Lehrveranstaltungen bekannt sind bzw. als überzeugend wahrgenommen werden. Zudem kann im Mitwirken ein studentischer Beitrag für das Entstehen eines für die reflexive Portfolioarbeit förderlichen Lernmilieus gesehen werden.

Ebene des Lernmilieus

Die durch Studierende entstehenden sozialen Netzwerke bilden gleichzeitig wichtige Unterstützungs- und Gefährdungspotenziale für eine reflexive Portfolioarbeit. Einzelberatungen werden vom Schulpraxisamt geleistet, ebenso wie die Planung und Gestaltung von Informationsveranstaltungen für Studierende sowie von Fortbildungsveranstaltungen für die Betreuenden aus Hochschule und Schule.

Günstigerweise findet bereits am Anfang des Studiums in einer Vorlesung in Erziehungswissenschaft eine Annäherung an und eine inhaltliche Auseinandersetzung mit der Portfolioaufgabe statt. Darüber hinaus bedarf es im Verlauf des Studiums weiterer Ankerpunkte in den Bildungswissenschaften und Fachdidaktiken, um die Portfolioidee als Möglichkeit zur Verzahnung der einzelnen Bereiche des Studiums zu verstehen.

In jedem Praktikum, unabhängig davon, ob es im Gruppen- oder Tandemsetting[3] erfolgt, ist eine Verständigung über das Erarbeiten eines Portfolios zu leisten. Die größte Verantwortung liegt jedoch bei der einzelnen studentischen Person und

---

3 Die Tagespraktika finden während der Vorlesungszeit an einem Schulvormittag pro Woche im Gruppensetting (Studierende, Hochschulbetreuer/in, Kooperationslehrer/in) an Schulen statt. Sie sind organisiert als Einführungspraktikum (EFP) sowie als Tagesfachpraktikum im 1. und 2. Fach

ihrer Bereitschaft zu einem Selbststudium, das den Portfolioprozess zu befördern vermag. Treffen in den Praktika Lehrende und Studierende ohne Portfolioerfahrung oder mit ablehnender Haltung gegenüber einer solchen Aufgabe aufeinander, dann ist die Wahrscheinlichkeit hoch, dass Irritationen entstehen, wenn nicht das Lernmilieu an der Hochschule diese konstruktiv zu wenden weiß oder Interventionen auf der institutionellen Ebene erfolgen.

2.3 Optimierungsphase: Erfahrungsbasierte Impulse

Die ersten Semester Portfolio-Betreuung machen offensichtlich, dass die Einlösung eines reflexiven Anspruchs nicht ohne institutionelle „Sicherungsmaßnahmen" auskommt. Als eine solche Maßnahme ist die Verpflichtung zur Einsichtnahme der entstandenen Portfolioarbeiten am Ende des Praktikums durch die Betreuenden zu verstehen. Eine damit verbundene schriftliche oder mündliche Rückmeldung kann als eine notwendige Bedingung für eine gelingende Portfolioarbeit gelten. Zum einen hat dies mit Wertschätzung der geleisteten Arbeit zu tun, und zum anderen bieten Rückmeldungen direkte Anknüpfungspunkte zur Weiterarbeit und Weiterentwicklung für Studierende.

Die Verstetigung der Portfolioarbeit wird mit einer weiteren institutionellen Maßnahme angestrebt. In Baden-Württemberg hat der Beauftragte für Schulpraktische Studien am Ende des Studiums den erfolgreichen Abschluss der fünf Praktika und der drei schulpraxisbezogenen Lehrveranstaltungen zu bestätigen. Diese Bescheinigung ist bei der Prüfungsanmeldung vorzulegen. Mit der Einführung der Portfolioarbeit wird die Aushändigung der Bescheinigung über den erfolgreichen Abschluss der Schulpraktischen Studien an die Vorlage aller Portfolioarbeiten bzw. eines fortlaufend geführten Portfolios gebunden. Die „Vorlageszenarien" sind in Kleingruppen organisiert und mit einem Reflexionsgespräch verbunden.[4] Durch diese Form der internen Evaluation werden zwei Problembereiche sichtbar:
1. Die vorgelegten Portfolios gleichen vielfach noch eher einem Praktikumsbericht als einer reflexiven Portfolioarbeit.
2. Damit verbunden ist die Erkenntnis, dass es in den Praktikumsgruppen und -tandems an systematischer Anleitung zur Beobachtung und Reflexion sowie zu einer Theorie-Praxis-Vermittlung fehlt.

Es rückt die Frage in den Mittelpunkt, wie Studierende (und Betreuende) das systematische Beobachten und Reflektieren lernen. Erste Erfahrungen können in

---

(TFP). Zwei vierwöchige Blockpraktika (BP) finden in der vorlesungsfreien Zeit im Tandem zwischen Student/in und Mentor/in statt.

4 Im Zuge der Studierendenproteste im Herbst 2009 wird erwirkt, dass das Verfassen von Portfolioarbeiten im Kontext der Schulpraktischen Studien entsprechend der Studienordnungen zwar weiterhin zu erfolgen habe, von einer generellen Einsichtnahme im Praktikum und am Ende des Studiums jedoch ab 01.12.2009 Abstand zu nehmen sei. Einsicht und Rückmeldung habe auf ausdrücklichen Wunsch der Studierenden weiterhin zu erfolgen.

Das Portfolio „Schulpraktische Studien" in der Lehrerbildung | 81

Hochschulseminaren und Fortbildungsveranstaltungen gesammelt und durch leserfreundlich gestaltete Literatur gestützt werden (vgl. z.B. Denner 2005, 2007c, 2010b).

3 Die zweite Portfoliokonzeption (2005, 2006)

Die Weiterentwicklung der Portfoliokonzeption in den Jahren 2005 und 2006 zeigt sich nicht allein am erweiterten Umfang (von 8 auf 12 bzw. 16 Seiten) und der optimierten Gestaltung (von 1 auf 3 bzw. 6 Abbildungen/Fotos) des Leitfadens „Portfolio ‚Schulpraktische Studien'". Zentral sind die vorgenommenen inhaltlichen Präzisierungen und das Einleiten von Versuchen, die Portfolioarbeit im Allgemeinen und den Leitfaden im Besonderen deutlicher als bislang zu didaktisieren (vgl. Bolle & Denner 2005, 2006).

3.1 Neujustierung: inhaltliche Präzisierung

Abbildung 2 weist fünf Lernfelder aus, die für das Praktikum und die Portfolioarbeit als grundlegend angenommen werden. Diese sind auf eine entsprechende theoretische Fundierung in der Eingangsphase des Studiums durch die Fachwissenschaften und Fachdidaktiken, die Erziehungswissenschaft und Grundlagenwahlfächer angewiesen. Eine ausführliche Darstellung der fünf schulpraktischen Lernfelder und ihrer Realisierung in den verschiedenen schulpraktischen Lehr-Lernsettings ist an anderer Stelle geleistet (vgl. z.B. Denner 2005, 2007, 2010b, Denner i.Dr.).

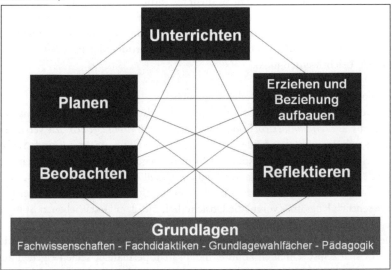

Abb. 2: Zentrale Lernfelder im Kontext schulpraktischer Studien (Bolle & Denner 2005: 2)

Die folgenden Punkte werden ebenfalls neu in die beiden Leitfäden „Portfolio ‚Schulpraktische Studien'" aufgenommen (vgl. Bolle & Denner 2005, 2006):
- Abgrenzung der Textsorte „Portfolio" vom Bericht und Tagebuch
- Ausführliche Darstellung von Ziel und Zweck der Portfolioarbeit mit Leitfragen, grundlegenden und weiterführenden Fragen
- Ausführungen zum Reflexionsportfolio: Erkenntnisgewinn, Spiegel der eigenen Kompetenzentwicklung, eigener Bildungsprozess, Umgang mit Schwierigkeiten
- Darstellung des Zweckes des Leitfadens unter Berücksichtigung des Spannungsfeldes (formale Vorgaben und Empfehlungen versus Realisierung eines individuellen Zugangs) und der Skizzierung einer möglichen Lösung
- Benennung von Anforderungen an ein Portfolio, das zu einem erfolgreichen Abschluss eines Praktikums berechtigt
- Zusammenführung und Systematisierung der Erkenntnisse aus den Praktika, Erarbeitung einer theoretisch fundierten und reflektierten Praktikumserfahrung, welche als „Kompetenzausweis" über das eigene Profil für die 2. Phase der Lehrerbildung gelten kann.

Sinn und Zweck der Portfolioarbeit wollen über den schriftlichen Leitfaden hinaus immer wieder neu kommuniziert werden – in informellen Gesprächen, in der Beratungsarbeit und schulpraktischen Betreuung in den Schulen gleichermaßen wie in spezifischen Angeboten für an der Hochschule neu beginnende Studierende und Lehrende.

Darüber hinaus wird in dieser Phase eine veränderte Sicht von Widerständen notwendig. Denn diese lassen sich nicht mehr als vorübergehende Begleiterscheinung deuten. Sie wollen vielmehr als herausfordernde Zeichen aufgenommen werden, die einer dringenden Bearbeitung bedürfen, will man die Portfolioidee nicht insgesamt gefährden. Offensichtlich wird, dass die Portfolioidee in jedem Studienjahr neu belebt werden muss.

3.2 Portfolio – kein Bericht oder Tagebuch

Die Neigung auf Seiten der Studierenden, ein „theoriegeleitetes Reflexionsportfolio" als *„Praktikumsbericht"* oder auch als *„Praktikumstagebuch"* zu verstehen, erklärt sich dadurch, dass beide Formen ihnen von früh auf vertraut sind. Sie lassen sich von daher leicht in Routinen bringen, begünstigen zügig eine beeindruckende Textproduktion und geben folglich schnell das Gefühl, etwas „geschafft" zu haben. Das ist bei einem theoriegeleiteten Portfolio radikal anders. Hier geht es wesentlich langsamer voran, die Unsicherheit mit dem Geschriebenen ist in der Regel größer, die kurzfristige Zufriedenheit mitunter geringer.

Die Vorstellung, dass man ein „theoriegeleitetes Reflexionsportfolio" in erster Linie für sich selbst schreiben könnte, indem man permanent seinen eigenen aufgabenbezogenen Horizont aufklärt und sein eigenes Verständnis theoriebezogen erweitert, kommt bei der gewohnten „Bericht-Denk- und Schreibweise" nicht so schnell in den Gesichtskreis (siehe Kap. 6 und 7).

3.3 Unterstützungssystem: Portfolioberatung

Die von Studierenden gewünschte und geforderte Unterstützung bei der Portfolioarbeit wird aufgegriffen und durch die Einstellung von studentischen Hilfskräften und einer Mitarbeiterin realisiert. Dabei wird ein Widerspruch offenkundig zwischen eingeforderter Anleitung und Beratung einerseits und der tatsächlichen Nutzung von Beratungsangeboten andererseits, denn weder die institutionell angebotene Beratung noch die Beratung durch Peers werden angenommen.

Es sind vielmehr Formen des schnellen informellen Lernens gefragt. Dies ist insofern verständlich, weil sich so der eigene Entwicklungsbedarf verbergen und umgehen lässt, wenn man sich ein Portfoliobeispiel beschafft und dieses nach eigenen Bedürfnissen zügig anpasst. Dagegen kaum genutzt wird das kommunikativ und kooperativ angelegte Angebot zur Überwindung der Schreib- und Portfoliohürden. Hier hätte eine Annäherung an die neue Textsorte „Portfolio" erfolgen und ein Hineinfinden in das Schreiben von wissenschaftlichen Texten im Allgemeinen und von Portfoliotexten im Speziellen geleistet werden können. Darüber hinaus wären das Einüben der Verschriftlichung von Beobachtungen und Reflexionen sowie das Verbinden zwischen eigener Person, erfahrener schulischer Praxis und relevanter Theoriebildung in das Zentrum der Aufmerksamkeit gerückt. Eine neue Form des Lernens wäre für Studierende möglich geworden. Die Erfahrung von Selbstwirksamkeit könnte motivieren, um sich konstruktiv auch mit anderen Hürden im Studium auseinanderzusetzen.

Die Arbeit an Lernwiderständen ist für Studierende nicht mehr zu umgehen, wenn Betreuende oder Verantwortliche im Schulpraxisamt auf Überarbeitung und Optimierung einer vorgelegten Arbeit hin zu einer reflexiven Portfolioarbeit Wert legen.

Teil II: Portfolio „Schulpraktische Studien": empirische Perspektiven

Um die studentische Sicht nicht allein durch das Deuten des Lernmilieus der Hochschule zu erfassen, sondern um deren Erfahrungen systematisch zu untersuchen, werden zwei Evaluationsstudien mittels Fragebogenerhebung durchgeführt. Die erste Studie erfolgt mit Examenskandidat/innen und wird im Kapitel 4 in Auszügen dargestellt; auf die zweite wird in Kapitel 5 mit der Befragung von Studierenden in der Studieneingangsphase eingegangen.

4 Erste Studie: Portfolioarbeit aus Sicht der Absolvent/innen

4.1 Fragestellung, Design und Stichprobe
In einer ersten Studie werden drei Kohorten von Prüfungskandidaten (n=639) nach Abschluss ihrer Schulpraktischen Studien befragt. 427 Fragebögen gehen in die Auswertung ein (Rücklauf: 67,5%). Die Studierenden geben also rückblickend Auskunft über ca. 2000 Praktika und die Bedeutung der Schulpraktischen Studien mit drei Praktikumsformaten (EFP: Einführungspraktikum, TFP: Tagesfachpraktikum, BP: Blockpraktikum) im Kontext der anderen Studienelemente.[5] Es werden Studierende mit der Verpflichtung zur Portfolioarbeit (LPO I 2003) und ohne diese Verpflichtung (LPO I 1998, 1999) untersucht.
Relevant für diesen Beitrag sind die folgenden Fragestellungen (vgl. ausführlich: Denner 2009):
- Wie wird die Qualität der Schulpraktischen Studien im Vergleich zu anderen Studienelementen bewertet?
- Wie stellt sich der beschriebene Lernzuwachs in den fünf Feldern schulpraktischer Kompetenzentwicklung (Abb. 2) unter Berücksichtigung der Portfolioarbeit dar?
- Wie wird die Portfolioarbeit akzeptiert und die Qualität der eigenen Portfolioarbeit bewertet?
- Wie werden die Anleitungs-, Unterstützungs- und Rückmeldepraxis der Betreuenden eingeschätzt?

Unterschiedshypothesen werden hinsichtlich der Variablen Prüfungsordnung (1998/1999 vs. 2003; 111 vs. 316 Studierende), Lehramt (GHS vs. RS; 304 vs. 110 Studierende)[6] und Geschlecht (weiblich: 365; männlich: 62) geprüft. Es ergeben sich keine geschlechtsspezifischen Unterschiede.

4.2 Darstellung und Diskussion der Ergebnisse
4.2.1 Qualität der Studienelemente
Die Einschätzung der Studienelemente und der Elemente der Schulpraktischen Studien erfolgt auf einer 5-stufigen Ratingskala (sehr gut, gut, befriedigend, ausreichend, sehr schlecht). In den Abbildungen 3 und 4 sind die Ergebnisse der geprüften Unterschiedshypothesen (Mann-Whitney-Test) zwischen den beiden Prüfungsordnungen (2003 – neu; 1998/1999 – alt) mit aufgenommen.

---

5 Das Studium für die Lehrämter an Grund- und Hauptschulen (GHS), Realschulen (RS) und das Europalehramt (Schwerpunkt GHS oder RS) kann sich an den Prüfungsordnungen 1998/1999 oder 2003 orientieren.

6 10 Studierende sind im Lehramt für die Sonderschule eingeschrieben; 3 Befragte machen keine Angaben.

Das Portfolio „Schulpraktische Studien" in der Lehrerbildung

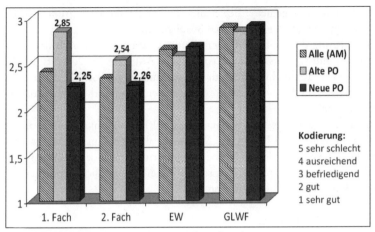

Abb. 3: Qualität der Studiensegmente aus Studierendensicht

Die fächerbezogenen Studien werden insgesamt günstiger bewertet als das Studium der Erziehungswissenschaft (EW) und der Grundlagenwahlfächer (GLWF), in dem sich psychologische, soziologische, philosophische und theologische Studieninhalte bündeln. Die deutlich verbesserte Einschätzung der Qualität des Studiums der Fächer kommt insbesondere durch Studierende der modularisierten Prüfungsordnungen (2003) zustande. Bei der Qualität des erziehungswissenschaftlichen Studiums ergeben sich hinsichtlich der Lehrämter Unterschiede: GHS-Studierende beschreiben eine höhere Qualität als RS-Studierende.

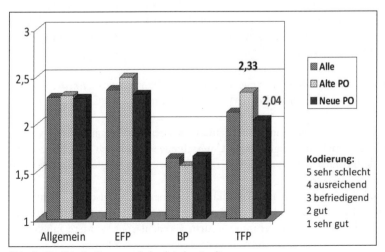

Abb. 4: Qualität der Formate schulpraktischer Studien

Abb. 4 zeigt, dass die allgemeine Bewertung der Schulpraktischen Studien deutlich günstiger ausfällt als die der anderen Studienelemente.
Die Wertschätzung des Einführungspraktikums ist im Studium nach der LPO I (2003) etwas günstiger als nach der vorherigen (AM: 2,49 vs. 2,31, ns.). Dies ist insofern bedeutsam, da hier neben der Einführung in die Portfolioarbeit auch noch der zeitgleich in dieses Praktikum verlagerte erste ausführliche Unterrichtsentwurf zu leisten ist.
Die Einschätzung des Tagesfachpraktikums (TFP) fällt signifikant besser unter den Bedingungen der LPO I 2003 aus. Weit mehr als die bislang skizzierten Veränderungen fällt die gleichbleibend hohe Wertschätzung des Blockpraktikums ins Auge (AM: 1,56 vs. 1,66, ns). Wie lässt sich diese offensichtliche Priorisierung dieses Praktikumstyps erklären (vgl. Kap. 4.2.4)?

4.2.2 Berichteter Lernzuwachs

Die Befragten schätzen den Lernzuwachs in den fünf Lernfeldern (Abb. 2) anhand einer 4-stufigen Ratingskala (1 kaum etwas – 2 etwas – 3 viel – 4 sehr viel gelernt) ein. Bringt man die Items in eine Rangreihe, dann belegen Items die ersten Ränge, die die Aufgaben der Reflexion und Unterrichtsplanung abbilden:
- Eigene Unterrichtsversuche kritisch reflektieren (AM: 3,34; SD: .685)
- Sich mit der Lehrerrolle auseinander setzen (AM: 333; SD: .649)
- Motivierende Unterrichtsideen entwickeln (AM: 3,26; SD: .718)
- Geeignete Lehr- und Lernmaterialien wählen, herstellen und einsetzen (AM: 3,21; SD: .713)
- Unterricht an den Schüler/innen orientiert planen (AM: 3,19; SD: .720)

Rechnet man über alle Items eine Faktorenanalyse, so extrahiert die Varimax-Rotation fünf Faktoren mit einer Varianzaufklärung von 55,8%, wobei vier Skalen den Anforderungen des Gütekriteriums Reliabilität genügen, wie sie an eine explorative Studie zu stellen sind.

Faktor 1: Planungs- und Gestaltungskompetenz von Unterricht entwickeln
(AM: 12,55 bzw. 3,138; 4 Items; Varianzaufklärung: 26%; Cronbachs Alpha: .758)
In den Feldern „Planen" und „Unterrichten" machen die Befragten ihren wesentlichen Lernzuwachs fest. Signifikante Unterschiede ergeben sich zwischen Studierenden der Prüfungsordnungen und der Lehrämter zugunsten der LPO 2003 und der GHS-Studierenden.
Die klassischen Aufgaben eines Praktikums an einer Pädagogischen Hochschule (Planen und Gestalten von Unterricht) werden mit der Einführung der Portfolioarbeit – anders als vielfach vermutet – nicht vernachlässigt, sondern möglicherweise durch ihre selbstreflexiven Anteile deutlicher als zuvor konturiert.

Das Portfolio „Schulpraktische Studien" in der Lehrerbildung

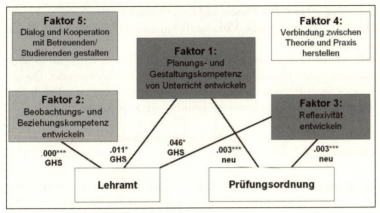

Abb. 5: Lernfelder – berichteter Lernzuwachs

Faktor 2: Beobachtungs- und Beziehungskompetenz entwickeln
(AM: 13,55 bzw. 2,710; 5 Items; Varianzaufklärung: 8,4%; Cronbachs Alpha: .705)
In diesem Faktor bündeln sich die Items zum Beobachten und zur Beziehungsgestaltung. Zwischen beiden Lernfeldern bestehen Zusammenhänge. Die Höhe der Mittelwerte liegt auf einem mittleren Niveau. Gerade hier entscheidet sich, ob jemand über die notwendigen Voraussetzungen für den Lehrerberuf verfügt. Dass dies in unterschiedlichem Maße gelingt, zeigt ein Vergleich der Lernkontexte an Grund- und Haupt- bzw. Werkrealschulen (GHS) und Realschulen (RS).
Der Lernkontext an GHS, der sich am Klassenlehrerprinzip orientiert, scheint für die Entwicklung dieser Kompetenzen günstiger zu sein als der an RS, der sich am Fachlehrerprinzip orientiert. Für Praktikant/innen bedeutet dies, dass sie an GHS (GS, HS bzw. WRS) in der Regel mit einem Mentor bzw. einer Mentorin in ein oder zwei Klassen zusammenarbeiten. Im Gegensatz dazu wird in der Regel an RS jedes der drei Studienfächer von einer anderen Lehrperson und dazu noch in unterschiedlichen Klassen betreut.

Faktor 3: Förderung der Reflexivität – Reflexivität entwickeln
(AM: 12,69 bzw. 3,171; 4 Items; Varianzaufklärung: 8,4%; Cronbachs Alpha: .705)
In diesem Faktor bündeln sich die Items, die die Entwicklung eines reflexiven Habitus im Lehramtsstudium abzubilden versuchen. Der Lernzuwachs wird auf einem guten Niveau eingeschätzt. Die Studierenden mit der Verpflichtung zur Portfolioarbeit lassen sich stärker auf diese Aufgabe ein als die anderen Studierenden.

Faktor 4: Verbindung zwischen Theorie und Praxis herstellen
(AM: 6,60 bzw. 2,199; 3 Items; Varianzaufklärung: 7,51%; Cronbachs Alpha: .598)
Der durchschnittliche Lernzuwachs wird eher gering eingeschätzt, wenn auch eine Minderheit gerade hier einen bedeutsamen Lernzuwachs empfindet. Die Ergebnisse dieser Skala machen die Aufnahme zusätzlicher Items erforderlich, ehe weitere Berechnungen angestellt werden können (vgl. Kap. 5.2.3).

Faktor 5: Dialog und Kooperation mit Betreuenden und Studierenden gestalten
(AM: 8,30 bzw. 2,767; 3 Items; Varianzaufklärung: 6,67%; Cronbachs Alpha: .669)
Dieser Faktor ist einem Betreuungskonzept geschuldet, das im Gruppensetting auf die Betreuung vor Ort durch die Hochschule setzt (Einführungs- und Tagesfachpraktika) und im Tandemsetting (Blockpraktikum) die Betreuung in die Hände der Schule gibt. Hier lassen sich keine signifikanten Unterschiede hinsichtlich Prüfungsordnung oder Lehramt feststellen.

4.2.3 Akzeptanz der Portfolioarbeit

Die Befragten akzeptieren die Portfolioarbeit, indem sie weitgehend den vier postulierten Unterschieden zugunsten der Portfolioarbeit zustimmen:
- Genaueres Nachdenken über Praktikumssituationen
- Stärkere Schulung im Beobachten
- Größerer zeitlicher Aufwand
- Transparenz der schulpraktischen Entwicklung

Studierende, die ohne Portfolioarbeit ihr Studium abschließen, sehen sich im Nachteil gegenüber ihren Kommilitonen, mit denen sie die letzten Praktika gemeinsam absolviert haben. Sie stellen fest, dass sich zwischenzeitlich die Qualität der Betreuung verbessert habe[7] und ihnen ein Portfolio als schulpraktische „Visitenkarte" im Übergang in die 2. Phase fehle.
Eine unzureichend bewertete Kompetenz zum Verfolgen von praxisgenerierten Fragestellungen im Studium verweist auf den Faktor „Verbindung zwischen Theorie und Praxis herstellen". Dieser Problembereich fordert zu einer weiteren Neujustierung der Portfoliokonzeption heraus (vgl. Kap. 5.3.3 und 6).

4.2.4 Bewertung von Mentoring und Portfolioarbeit

Bei der Bewertung von Mentoring und Portfolioarbeit geht es um die Frage, wie von den Lernvoraussetzungen, Erwartungen und Zielen der Studierenden ausgehend Formen von Anleitung, Unterstützung und Rückmeldung realisiert werden.

---

7 In manchen Gruppen bestand Portfolioverpflichtung für alle Studierende, in anderen wurden erste Erfahrungen mit der Portfolioarbeit auf freiwilliger Basis gesammelt.

Das Portfolio „Schulpraktische Studien" in der Lehrerbildung

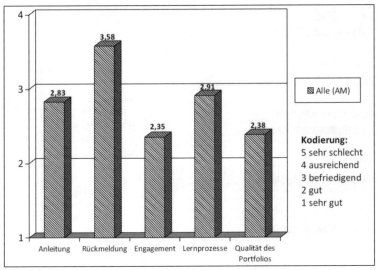

Abb. 6: Bewertung von Mentoring und Portfoliopraxis – ein Überblick

Zunächst sollen die untersuchten Aspekte im Gesamturteil betrachtet werden (Abb. 6). Dabei wird zwischen den auf die Betreuenden bezogenen Faktoren „Anleitung" und „Rückmeldung" zur Portfolioarbeit einerseits und den studentischen Faktoren „Engagement", „Lernprozess" und „Qualität der Portfolios" unterschieden. Insbesondere die Qualität der Rückmeldung stellt mit „befriedigend bis ausreichend" ein alarmierendes Urteil über die Betreuungsleistung dar. Dieses Ergebnis wirft viele Fragen auf.

Demgegenüber bewerten die Studierenden ihre eigenen Leistungen, ihr Engagement für die Portfolioarbeit und die Qualität ihrer Portfolioprodukte deutlich günstiger. Die studentischen Lernprozesse werden hier als Produkt des Zusammenspiels zwischen Lernenden, Betreuenden und Kontext im zeitlichen Kontinuum interpretiert. Deshalb ist es als konsequent zu bewerten, dass die Qualität der eigenen, durch Portfolioarbeit ausgelösten Lernprozesse deutlich zurückhaltender bewertet werden als die eingeschätzte Qualität der eigenen Portfolioarbeit und das dafür aufgebrachte Engagement.

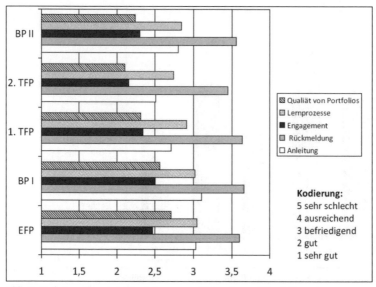

Abb. 7: Praktikumsbezogene Einschätzung von Mentoring und Portfoliopraxis

Im Folgenden werden die Qualität eines jeden Praktikums- und Portfolioprozesses und das dabei entstandene eigene Portfolioprodukt analysiert (Abb. 7). Betrachtet man das *Mentoring* praktikumsbezogen hinsichtlich der wahrgenommenen *Anleitung* zur Erarbeitung eines Portfolios (weißer Balken, jeweils unten), dann wird diese Leistung auf einem befriedigenden Niveau eingeschätzt, welches sich von einem befriedigenden Niveau im Einführungspraktikum ausgehend im ersten und zweiten Tagesfachpraktikum deutlich verbessert. Zu berücksichtigen ist allerdings, dass die eigentlichen Investitionen in die Anleitung am Anfang des Studiums erfolgen, auch das Dekodieren und Realisieren derselben die höchsten Leistungen verlangt. Das Niveau der *Rückmeldung* bleibt über alle Praktika hinweg auf einem nicht einmal befriedigenden Niveau.

Die Prüfung der Unterschiedshypothese zwischen den Lehrämtern ergibt, dass das Urteil der GHS-Studierenden um 0,4 bis 0,5 Bewertungspunkte günstiger ausfällt als das der RS-Studierenden. Die RS-Studierenden bewerten die Qualität der Anleitung zur Erarbeitung eines Portfolios auf befriedigendem mit der Tendenz zum ausreichenden Niveau – insbesondere im Blockpraktikum I! Dieses Ergebnis steht im unmittelbaren Zusammenhang mit einer eher als atomisiert zu bezeichnenden und wenig in ein kontinuierliches Mentoring investierenden Betreuungsweise an Realschulen.

Der Umfang und die Qualität der erhaltenen Rückmeldungen werden mit dem Wert 3,58 beurteilt. Dieses für beide Lehrämter geltende Ergebnis ist unbefriedigend und fordert Veränderungen ein. Die Werte der RS-Studierenden liegen generell darunter und bei den beiden Blockpraktika bei einer glatten Vier. In den Bereichen von Anleitung und Rückmeldung liegt offensichtlich ein Manko dieser Praktikumsform an Realschulen.

Dieses Ergebnis muss mit den äußerst positiven Bewertungen der Blockpraktika in Zusammenhang gebracht werden. Es ist zu fragen, ob die Erfahrung des eigenen Könnens und eine geringe Infragestellung von Arbeit und Person im Blockpraktikum zu einer positiven Einschätzung dieser Praktikumsform geführt haben. Angenehme Emotionen stellen sich möglicherweise auch deshalb ein, weil Anleitung und Unterstützung, Reflexion und Feedback nur ansatzweise erfahren und herausfordernde Lernerfahrungen gar nicht evoziert werden. Der unzureichende Kompetenzzuwachs fällt in der Regel erst dann auf, wenn dieser in den fünf Lernfeldern im jeweiligen Praktikum identifiziert werden soll. Darüber hinaus zeigt dieses Ergebnis, dass in der schulischen „Praxis" zumindest im Mittel die erforderliche Kompetenz zur Anleitung und Begleitung von Portfolioarbeit offensichtlich noch weniger entwickelt ist als im Hochschulkontext.

Das eigene *Engagement bei der Portfolioarbeit* und die *Qualität der Portfolios* werden vergleichsweise positiv bewertet. Die Qualität der Portfolios steigert sich in der Selbsteinschätzung der Befragten von AM: 2,71 im Einführungspraktikum bis zu AM: 2,10 im 2. Tagesfachpraktikum – offensichtlich haben Studierende beim 4. oder 5. Praktikum ihre Linie gefunden, die geeignet ist, die Qualität der Portfolioarbeit zu sichern. Handelt es sich hier um selbstwertdienliche Einschätzungen? Oder bilden die studentischen Urteile den Aufwand für die Erarbeitung und den Umfang der Portfolioprodukte auf dem Hintergrund individueller und situativer Möglichkeiten ab?

Über alle Praktika hinweg ist das die einhellige Meinung: „Ich habe einiges gelernt durch Portfolioarbeit." Nicht, „Ich habe viel [oder] sehr viel gelernt", lautet das Urteil bezüglich des eigenen *Lernprozesses*. Offensichtlich sind die Studierenden angesichts ihres eigenen Engagements und der jeweiligen Rahmenbedingungen damit zufrieden. Auch hier fallen die Bewertungen der GHS-Studierenden besser aus als die der RS-Studierenden. Die Differenz liegt bei etwa 0,3 Notenpunkten, bei den beiden Blockpraktika auf signifikantem Niveau (AM BP I: 2,95 vs. 3,30, AM BP II: 2,78 vs. 3,08).

Insgesamt wird die Arbeit der Betreuenden vergleichsweise kritisch beurteilt, insbesondere der nicht eingelöste, möglicherweise aber auch der nicht signalisierte oder wahrgenommene Unterstützungsbedarf. So geben 43% der Befragten beim ersten Praktikum und 23% beim letzten Praktikum an, dass sie sich mehr Unterstützung gewünscht hätten. Eine weitere Unterstützung war nur für maximal die Hälfte der Befragten nicht erforderlich. Knapp 30% lassen diese Frage unbeantwortet. Hier zeigt sich eine deutliche Diskrepanz zwischen gewünschter und erfahrener Unterstützung. Dieses Ergebnis muss jedoch auf dem Hintergrund der gewünschten und geforderten, dann aber kaum wahrgenommenen Unterstützung bei der zusätzlich institutionalisierten Portfolioberatung interpretiert werden (vgl. Kap. 3.3).

Zusammenfassend kann von einem Zusammenhang ausgegangen werden zwischen der erfolgreichen Gestaltung der studentischen Lern- und Entwicklungsaufgaben, der Investition in das Mentoring und den studentischen Lernprozessen.

4.3 Konsequenzen

Die empirischen Ergebnisse der ersten Studie machen deutlich, dass Anleitung, Unterstützung und Rückmeldung, also eine qualifizierte Betreuung, insbesondere in den ersten beiden Praktika einer erheblichen Stärkung bedarf, damit Studierende ihre „Portfoliolinie" finden, statt sich in „Portfolioabstinenz" zu üben. Dazu gehört zentral, den Schreibprozess für die neue Textsorte „Portfolio" entsprechend zu gestalten, für manche Studierende auch ein Schreibtraining vorzuhalten. Diese Veränderungen können jedoch nur unter Nutzung und Erhöhung der vorhandenen Betreuungsressourcen gelingen. Beim Einführungspraktikum fehlen diese teilweise, so dass nicht wenige Gruppen ohne Hochschulbetreuung arbeiten. Die Kooperationslehrkräfte sind dann neben ihren eigentlichen Aufgaben auch für die Einführung in die neuen Textsorten „Portfolio" und „Ausführlicher Unterrichtsentwurf" verantwortlich.[8]

Als institutionelle Maßnahme wird im Anschluss an die erste empirische Studie die Formulierung auf dem Gutachtenvordruck präzisiert. Künftig soll es nicht mehr nur um das Anfertigen und Vorlegen eines Portfolios, sondern auch um eine Rückmeldung zu demselben gehen. Diese Entscheidung wird nicht nur positiv aufgenommen, sondern führt auch zu Irritationen in der Institution.

5 Zweite Studie: Das Einführungspraktikum – ein Übergang in das schulpraktische Studieren?

5.1 Das Lehr-Lernsetting „Einführungspraktikum"

Schulpraxisbezogenes Studieren verlangt von Studierenden einen Übergang vom meist distanzierten wissenschaftlichen Lernen hin zum situativen, involvierten und beteiligten Lernen. Übergänge und Transitionen werden hier gleichermaßen als „komplexe, ineinander übergehende und sich überblendende Wandlungsprozesse bezeichnet, die sozial prozessierte, verdichtete und beschleunigte Phasen eines Lebenslaufes in sich verändernden Kontexten darstellen" (Griebel & Niesel 2003: 139). Das Einführungspraktikum ist durch das Zusammenwirken in einer Schulklasse und einer Praktikumsgruppe mit anderen Studierenden, mit Kooperationslehrkraft und Hochschullehrkraft sozial prozessiert. Den Betreuenden aus

---

8 Die Übernahme dieser zusätzlichen Aufgabe wird mit einem einstündigen Lehrauftrag honoriert.

Schule und Hochschule stellt sich die Aufgabe, die anstehenden Übergangsprozesse, u.a. auch in die reflexive Portfolioarbeit, zu moderieren und zu begleiten, während die Studierenden selbst davon betroffen, damit konfrontiert und durch die erforderlichen Wandlungsprozesse auch herausgefordert sind. In Übergängen partizipieren die Neuen an künftigen Aufgaben und Seinsformen und lernen sich auf individueller, interaktionaler und kontextueller Ebene neu zu definieren. Das Vollziehen des Übergangs in das schulpraktische Studieren ist darüber hinaus an die konkreten Aufgaben in den fünf Lernfeldern gebunden (vgl. ausführlich: Denner i.Dr.).

An „Einführungen" sind nach dem Experten-Novizen-Paradigma (vgl. z.B. Gruber & Mandl 1996; Koch-Priewe 2002) zwei Personengruppen beteiligt. Die einen haben als Kundige und Experten einen gewissen Wissens- und Erfahrungsvorsprung, welcher den anderen, die als Novizen eingeführt und begleitet werden sollen bzw. sich einführen lassen wollen, hilft, Neues zu wagen und aufzunehmen. Den Letztgenannten ist aufgetragen, sich den erforderlichen Entwicklungsaufgaben zu stellen und sich auf die erforderlichen Lern- und Reflexionsprozesse beim Übergang in ein neues Format einzulassen (zur Didaktisierung vgl. Denner 2007a).

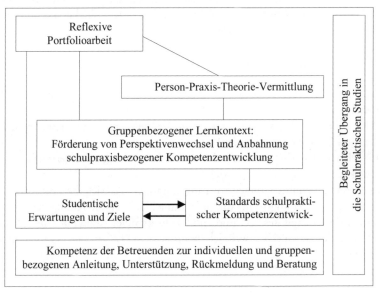

Abb. 8: Lehr-Lernsetting „Einführungspraktikum" (Denner 2010a, S. 128).

Das Einführungspraktikum richtet sich an Studierende im 2. oder 3. Semester, die ihr erziehungswissenschaftliches Grundstudium erfolgreich abgeschlossen haben. Auf dieser Grundlage bietet das Einführungspraktikum die Möglichkeit, dass Studierende einerseits ihre Studien- und Berufsentscheidung überprüfen und andererseits erste Kompetenzen in den fünf zentralen schulpraktischen Lernfeldern (Abb. 2) erwerben können. Das Erreichen des Mindestniveaus I ist notwendig, um das Praktikum erfolgreich zu absolvieren. Das Einführungspraktikum findet für die Dauer von einem Semester jeweils an einem Vormittag an einer Schule statt. Es erfolgt in der Regel im Kontext einer Gruppe mit acht Studierenden und zwei Betreuenden, einer kontinuierlich mit dieser Aufgabe betrauten Lehrperson der Schule und einer Dozentin bzw. einem Dozenten der Hochschule. Aus Kapazitätsgründen finden einige Schulpraxisgruppen ohne Hochschulbetreuung statt. Abb. 8 nimmt die wesentlichen Faktoren des Lehr-Lernsetting „Einführungspraktikum" auf, die Gegenstand der Untersuchung aus Studierendensicht sind.

5.2 Design und Fragestellung

Zwei Kohorten von Studierenden (n= 448) werden nach Abschluss des Einführungspraktikums im Frühjahr 2009 mittels Online-Fragebogen befragt (Rücklauf: n=246; 54,9%). Ein gewisser Abstand (2 bzw. 8 Monate) ist vorhanden, was bei Wirkungsstudien bedeutsam ist. Die Bewertung des Lernkontextes „Einführungspraktikum" erfolgte bei 88,2% der Befragten auf dem Erfahrungshintergrund eines zweiten Praktikums, welches als vierwöchiges Blockpraktikum in der vorlesungsfreien Zeit absolviert wird.

Drei Fragestellungen sind für diesen Beitrag relevant (vgl. ausführlich: Denner 2010a):
- Wie lassen sich die Erwartungen und der wahrgenommene Lernkontext charakterisieren?
- Wird durch das Einführungspraktikum das definierte Kompetenzniveau I in den fünf Lernbereichen erreicht?
- In welchen Bereichen und in welchem Umfang gelingen die Vermittlung zwischen Person, Praxis und Theorie?

Ausgehend von Nullhypothesen wird angenommen, dass sich die Ergebnisse hinsichtlich der „Betreuungsform" (mit oder ohne Hochschulbetreuung, n=132 bzw. n=114)[9], des „Lehramtes" (Grund- und Hauptschule, Realschule; n=158 bzw. n=88) und des Geschlechts (weiblich, männlich; n=212 bzw. n= 32) nicht unterscheiden.

---

9 Hier ist zwischen einer durch Zuteilung vorgesehenen bzw. nicht vorgesehenen (65,5 vs. 34,5%) und einer nach den Angaben der Studierenden realisierten Betreuung (regelmäßig: 53,7% vs. fehlend bzw. unregelmäßig: 46,3%) zu unterscheiden. Die letztere ist Grundlage bei der Prüfung der Unterschiedshypothesen.

5.3 Darstellung und Diskussion der Ergebnisse
5.3.1 Lernkontext
Der Lernkontext im Einführungspraktikum wird einerseits durch die studentischen Erwartungen und die jeweils realisierte Lernsituation vor Ort geprägt, andererseits durch die Nutzung der Unterstützungsangebote des Schulpraxisamtes in Form von Informationsveranstaltungen und -broschüren.

Die Abfrage der *Erwartungen* (8 Items) erfolgt hinsichtlich Umfang und Bedeutung sowie der damit verbundenen studentischen Lernbereitschaft auf einer 4-stufigen Ratingskala (3 trifft genau zu, 2 trifft weitgehend zu, 1 trifft kaum zu, 0 trifft nicht zu).

Weitgehende Zustimmung erfahren die folgenden Items zur Bedeutung von Erwartungen und zur signalisierten Lernbereitschaft:
- AM 2,11: Ich wollte herausfinden, ob dieser Beruf der richtige für mich ist.
- AM 2,09: Nur wer Erwartungen formuliert, kann am Ende seinen Lernerfolg einschätzen.
- AM 2,00: Ich wünschte mir angeleitet zu werden.
- AM 1,99: Erwartungen geben ein Ziel vor.

Bei der Prüfung der Unterschiedshypothesen zeigt sich, dass die Bedeutung von Erwartungen für die Einschätzung des Lernerfolgs am Ende des Praktikums insbesondere von Studierenden gesehen wird, deren Gruppe von der Hochschule intensiv betreut wurde (p=.024*; AM: 1,97 vs. 2,19).

Zur Beschreibung der *Lernsituation im Einführungspraktikum* werden neun Items ebenfalls auf einer 4-stufigen Ratingskala bewertet. Die Ergebnisse bewegen sich zwischen weitgehender und umfassender Zustimmung. Insbesondere die Items zur Reflexion hospitierter Stunden (AM: 2,64), zur Gleichberechtigung der Studierenden in den Gesprächen (AM: 2,60), zu einer angenehmen Atmosphäre im Praktikum (AM: 2,41) und zu einem konstruktiven Austausch über den hospitierten Unterricht (AM: 2,40) fallen mit hoher Zustimmung aus.

Der Grad, in dem die im Hörsaal durchgeführten *Pflicht-Informationsveranstaltungen* angenommen werden, gibt Auskunft darüber, welche Relevanz diesen beigemessen wird, wie die jeweiligen Lernmöglichkeiten eingeschätzt und unter Studierenden kommuniziert werden. Im Folgenden wird der Besuch von Veranstaltungen bei eindeutiger Aussage mit „ja" aufgeführt, die gewählten Optionen„weiß ich nicht mehr" oder „nein" bleiben unberücksichtigt:
- 85,1%: Portfolio I (Einführung mit Praxisbeispielen)
- 76,2%: Blockpraktikum (Inhalte, Suche eines Praktikumsplatzes)
- 55,3%: Portfolio II (Vermittlung zwischen Theorie und Praxis)
- 54,0%: Unterrichtsplanung im Einführungspraktikum

Die Portfolio-I-Veranstaltung findet eine hohe Akzeptanz. Hier werden wichtige Hilfen für die Erarbeitung des ersten Portfolios „Schulpraktische Studien" vermutet. Die Notwendigkeit, für den Vermittlungsprozess zwischen Theorie und Praxis entsprechende Anleitung zu erhalten, wird von der Hälfte der Befragten mit der Teilnahme an der entsprechenden Informationsveranstaltung unterstrichen. Dies lässt sich so interpretieren, dass Theorie und Praxis im ersten Praktikum als zwei getrennte Welten wahrgenommen werden und eine Vermittlung deshalb nicht in Erwägung gezogen wird. Es könnte jedoch auch sein, dass der Vermittlungsprozess durch die Betreuung vor Ort gut gelingt, was die weitere Datenanalyse jedoch nicht bestätigt (vgl. Kap. 5.3.3).

Die Arbeit mit dem *Leitfaden „Portfolio – Schulpraktische Studien"* und der Bekanntheitsgrad der *Standardisierung* werden in folgendem Umfang bestätigt:
- „Den Leitfaden ‚Portfolio – Schulpraktische Studien' habe ich durchgearbeitet" (ja: 79,6%, teilweise: 18,8%)
- „Mit dem Leitfaden ‚Portfolio – Schulpraktische Studien' haben wir im Einführungspraktikum gearbeitet" (ja: 19,3%; teilweise: 32,3%)
- „Der Leitfaden ‚Portfolio – Schulpraktische Studien' unterstützt meine Portfolioarbeit" (ja: 61,7%; teilweise: 30,0%)
- „Über das Kompetenzniveau, das in den Praktika zu erreichen ist, bin ich informiert" (ja: 64%; teilweise: 29%)

Die Beschäftigung mit dem Leitfaden „Portfolio – Schulpraktische Studien" erfolgt vorrangig im Eigenstudium, im Praktikum spielt er eine untergeordnete Rolle.

Günstige Ausgangsbedingungen liegen vor, wenn die studentischen Erwartungen zu inneren Zielverpflichtungen führen, ein dialogorientierter Lernkontext entsteht und Veranstaltungen und Broschüren zur Information wahrgenommen werden.

5.3.2 Realisierung der Entwicklungs- und Gestaltungsaufgaben

Die Erhebung des Zusammenspiels zwischen den Entwicklungsaufgaben der Studierenden und den Gestaltungsaufgaben der Betreuenden (vgl. Denner 2007a) erfolgt mittels einer Ja-Nein-Bewertung. Von Interesse sind im Folgenden die Ergebnisse der Prüfung von Unterschiedshypothesen zwischen intensiv und ohne bzw. nur in geringem Umfang durch die Hochschule betreuten Praktika.

(1) Planen

Die Erarbeitung einer schriftlichen Verlaufsplanung wird in den Praktika im hohen Umfang thematisiert, verlangt und kommentiert, unabhängig davon, ob diese mit oder ohne kontinuierlicher Hochschulbetreuung stattfinden. Der Nachweis über den erfolgreichen Abschluss des Einführungspraktikums ist unter anderem an die Erarbeitung von Verlaufsplanungen und eines ausführlichen Unterrichtsentwurfs gebunden. Die letztere Aufgabe wird im Gutachten bestätigt. Nur drei Viertel der Studierenden bestätigen die Erfüllung dieser Aufgabe. Unterschiede ergeben sich zugunsten der durch die Hochschule betreuten Praktika. Von den Betreuenden gehen Impulse zur Weiterentwicklung der Unterrichtsplanungen aus.

(2) Gestalten von Unterrichtsversuchen
Die ersten unterrichtlichen Erfahrungen werden als emotional dichte Situationen beschrieben. Das Bemühen um Schülerorientierung und der Einsatz vielfältiger Medien werden als bedeutsam markiert. In von der Hochschule nicht betreuten Gruppen bleibt die Gestaltung und Durchführung der ersten Unterrichtsversuche weit stärker die alleinige Angelegenheit der Studierenden als in Gruppen, die von der Hochschule mitbetreut werden.

(3) Schriftliche Reflexion von Unterrichtsversuchen
Im Bereich der schriftlichen Reflexion fällt die Anleitungs- und Unterstützungsleistung durch die Betreuenden deutlich geringer aus als in den klassischen Feldern „Planen" und „Unterrichten". Nur die Hälfte der Befragten bejaht, dass diese Aufgabe thematisiert, mit Hinweisen unterstützt oder kommentiert wurde. Auch hier macht sich eine fehlende Hochschulbetreuung bemerkbar. Da die Reflexion der eigenen Unterrichtsversuche zu den Ansprüchen gehört, die an ein Einführungspraktikum im Kontext eines wissenschaftlichen Studiums gestellt sind, liegt hier eine deutliche Schwachstelle der Praktikumsbetreuung vor.
Reflexion ist ein grundlegendes Kennzeichen Schulpraktischer Studien und der Aufbau reflexiver Kompetenzen eine Entwicklungsaufgabe von Studierenden (vgl. Denner 2010b). Auf die Anleitung von Reflexion zu verzichten hieße ein altes Konzept der Einführung in die Schulpraxis zu verfolgen. Die höchst schwierige Aufgabe des Reflektierens den Studierenden zu überlassen, bedeutet, sich der Gestaltungsaufgaben in diesem Bereich als Kooperationslehrkraft oder Hochschullehrkraft zu entledigen. Möglicherweise signalisieren diese Ergebnisse aber auch einen erforderlichen Qualifizierungsbedarf bei den Betreuenden.

(4) Beobachten
62,9% der Befragten berichten, dass ihnen im Einführungspraktikum Beobachtungsaufgaben gestellt wurden, was jedoch in Abhängigkeit von der Betreuungsform geschieht (p=.003**). Für das Lern- und Entwicklungsfeld „Beobachten" werden die wahrgenommenen Unterstützungsleistungen weitgehend zurückhaltend bewertet, was bei den Gruppen ohne intensive Hochschulbetreuung noch deutlicher ausfällt als in den anderen. Dies trifft gleichermaßen für Anleitung und Anspruch in den Lernfeldern „Allgemeines Beobachten", „Spezifisches Beobachten" und „Längerfristige Schülerbeobachtung" zu.

(5) Portfolioarbeit – Engagement und Lernzuwachs
Die Entwicklungsprozesse zur Selbstreflexion im Kontext der Portfolioarbeit erfahren deutliche Impulse durch die Betreuenden. Auch hier wird die Bedeutung der Hochschulbetreuung für die Förderung der Lernprozesse transparent. Für eine gelingende Portfolioarbeit der Studierenden sind diese auf eine professionelle und dialogorientierte Unterstützung sowie eine differenzierte Rückmeldung angewiesen. Mit dieser Aufgabe dürfen die Praxislehrkräfte offensichtlich nicht allein gelassen werden, will man das Projekt „Portfolio" und die Professionalisierung der Lehrerbildung nicht insgesamt riskieren.
Im Zusammenspiel von angebotener Anleitung, Unterstützung und Rückmeldung sowie studentischem Engagement für die Portfolioarbeit kann mit einem kontinuierlichen Kompetenzerwerb von Anfang an gerechnet werden. Das Item „Ich gab mir viel Mühe beim Schreiben" wird von 72,4% der Befragten bejaht. Der eigene Lernzuwachs durch die Portfolioarbeit wird eher kritisch eingeschätzt. Von einem Lernzuwachs durch das Portfolioschreiben berichten insbesondere Studierende in betreuten Gruppen (p=.026*).
Das Engagement für die Portfolioarbeit scheint nach der Einschätzung der Befragten in der Studieneingangsstufe höher zu sein als das von den Examenskandidat/innen berichtete Engagement (vgl. Kap. 4.2.4).

5.3.3 Vermittlung zwischen studentischer Person, Praxis und Theorie
Mit zehn Items wird versucht, Aspekte einer Vermittlung zwischen studentischer Person, schulischer Praxis und wissenschaftlicher Theorie zu erfassen. Die Ergebnisse der deskriptiven Statistik finden sich in Tabelle 1.

Tab. 1: Deskriptive Statistik auf Itemebene (AM: arithmetisches Mittel; SD: Standardabweichung; AM ohne vs. mit HB: arithmetisches Mittel ohne versus mit Hochschulbetreuung; p: Angabe des vorhandenen Signifikanzniveaus; ns: nicht signifikant)

Einschätzung auf der 4-stufigen Rating-Skala: *trifft genau zu: 3; trifft weitgehend zu: 2; trifft kaum zu: 1; trifft nicht: 0*	AM alle (SD)	AM ohne vs. mit HB	Signifikanz
(1) Mit den betreuenden Personen wurde das zugrunde liegende Fachwissen meiner zu haltenden Stunden thematisiert.	1,53 (1,002)	1,38 vs. 1,67	p=.030*
(2) Der Umgang mit den Schülerinnen und Schülern wurde unter Rückbezug auf die Inhalte von M1A (Allgemeine Pädagogik) besprochen.	0,74 (,828)	0,61 vs. 0,85	p=.019*

(3) Der Aufbau der Unterrichtsstunden wurde anhand von M1B (Schulpädagogik) reflektiert.	1,14 (,951)	1,03 vs. 1,24	ns
(4) Die betreuenden Personen stellten zwischen pädagogischer Praxis und Theorie eine gezielte Verbindung her.	1,25 (,932)	1,10 vs. 1,37	p=.024*
(5) Wir Studierenden mussten unsere Beobachtungen in bereits erworbenes Wissen einordnen.	1,38 (,921)	1,25 vs. 1,49	p=.050*
(6) Während des Praktikums kamen bei mir Fragen auf, die ich mit Lehrveranstaltungen im kommenden Semester zu beantworten versuch(t)e.	1,63 (1,022)	1,47 vs. 1,76	p=035*
(7) Im Praktikum merkte ich, dass meine Sicht der Dinge von den eigenen Schulerfahrungen geprägt ist.	1,89 (,845)	1,84 vs. 1,93	ns
(8) Ich stellte fest, dass die Beschäftigung mit pädagogischen Theorien zum Verstehen des eigenen Handelns in der Schule beiträgt (umgepolt).	1,36 (,855)	1,29 vs. 1,42	ns
(9) Ich konnte bereits erlerntes Wissen aus Lehrveranstaltungen in das Praktikum einbringen.	1,61 (,883)	1,56 vs. 1,65	ns
(10) Ich konnte in einzelnen Punkten eine Verbindung zwischen Theorie und Praxis herstellen.	1,58 (,771)	1,56 vs. 1,60	ns

Die eigene Vermittlungsarbeit wird wahrgenommen (Item 6, 7, 9, 10), wenn auch auf einem Niveau zwischen „trifft weitgehend" und „trifft kaum zu". Impulse für die Vermittlungsarbeit können in Praktikum, Informationsveranstaltung, Studium und Biographie vermutet werden.

Die vorherrschende Ansicht (Item 8), dass pädagogische Theorien wenig zum Verstehen des eigenen Handelns beitragen, ist jedoch bedenklich. Offensichtlich benötigen die angehenden Lehrkräfte deutliche und systematische Unterstützung für die eigenen Vermittlungsprozesse – in Praktikum und Studium. Darüber hinaus wären die gewählten Theorieangebote im Grundstudium auf ihre Praxisrelevanz hin zu befragen.

Die Hoffnung, dass eine Anleitung zur Vermittlung zwischen Person, Praxis und Theorie durch die Betreuenden erfolgt, wird enttäuscht (Item 1, 2, 3, 4, 5). Auch wenn diese Werte zugunsten einer intensiven Hochschulbetreuung ausfallen, so signalisieren sie deutlichen Handlungsbedarf. Es ist offensichtlich, dass die Vermittlung zwischen studentischer Person, schulischer Praxis und Theorie – von Ausnahmen abgesehen – auch im Einführungspraktikum eine Leerstelle darstellt, obwohl gerade hier der Kern der Schulpraktischen Studien vermutet wird (vgl. Oelkers 2007).

5.4 Konsequenzen

Zusammenfassend kann festgehalten werden, dass der Kompetenzerwerb in den Lernfeldern „Planen", „Unterrichten" und „Erziehen und Beziehung gestalten" durchgängig als gut bewertet werden kann. Eine stärkere Übergangsbegleitung benötigen die Studierenden jedoch im „Beobachten", „Reflektieren" und in der „Vermittlung zwischen Person, Praxis und Theorie", um auch in diesen Feldern entsprechende Kompetenzen aufbauen zu können. Dafür ist allerdings eine ausgewiesene Expertise der Praxis- und Hochschullehrkräfte erforderlich, wie sie erst noch auszubilden wäre.

Die Betreuung eines Einführungspraktikums mit den formulierten Zielen allein in die Hände von schulischen Mentor/innen zu geben, führt nur in bestimmten Fällen und Feldern zum Erfolg. Die Förderung der studentischen Lernprozesse insbesondere auch in den Feldern „Beobachten" und „Reflektieren", die wohlwollend-kritische Lektüre der studentischen Arbeiten wie Portfolio und ausführlichem Unterrichtsentwurf mit einer differenzierten Rückmeldung stellen Anforderungen inhaltlicher und zeitlicher Art dar, welche die Experten für schulisches Lehren und Lernen nicht unbedingt erfüllen können. Zusammenfassend kann festgehalten werden, dass der Delegation von Aufgaben einer akademischen Lehrerbildung an die schulische Praxis Einhalt zu gebieten ist. Vielmehr sind die erforderlichen hochschuleigenen Betreuungskapazitäten und -expertisen sicherzustellen.

5.4.1 Intervention „Dosierte Form der Hochschulbetreuung"

Institutionelle Konsequenzen aus den Ergebnissen werden dahingehend gezogen, dass die fehlende Unterstützung in von der Hochschule unbetreuten Schulpraxisgruppen wenigstens ansatzweise ausgeglichen werden soll.

Dazu wird die Konzeption einer „dosierten Form der Hochschulbetreuung" erarbeitet und für durchschnittlich 10 bis 12 unbetreute Schulpraxisgruppen über drei Semester von der Autorin erprobt. Diese Konzeption zeichnet sich durch die folgenden sechs Eckpunkte aus:
- Verringerung der Gruppengröße auf maximal sechs Studierende
- Absprachen zur Konzeption mit den Kooperationslehrkräften, die ohne Hochschulbetreuung arbeiten
- Studierende dieser Gruppen werden zusätzlich zu ihrem Praxistag in der Schule zu vier gemeinsamen Lehrveranstaltungen an die Hochschule eingeladen; thematisiert werden „von der Alltagsbeobachtung zur wissenschaftlichen Beobachtung", „von der Beobachtung über die Dokumentation zur theoriegestützten Interpretation", „Verlaufsplanung", „Ausführlicher Unterrichtsentwurf", „Reflexive Portfolioarbeit" sowie Themen der Studierenden aus den jeweiligen Praxiskontexten
- Besuch der Schulpraxisgruppen an einem Vormittag

- Kontakte mit und Beratungsangebote für Kooperationslehrer/innen und Praktikant/innen mittels Telefon, E-Mail, Sprechstunden
- Schriftliche Rückmeldung zu Unterrichtsplanungen, ausführlichen Unterrichtsentwürfen und Portfolioarbeiten auf Wunsch der Studierenden

Über die Ergebnisse der Evaluation der Intervention „dosierte Hochschulbetreuung" wird an anderer Stelle berichtet (vgl. Denner i.Dr.).

5.4.2 Erweiterung der Lernfelder für reflexive Portfolioarbeit

Die Ergebnisse der beiden Evaluationsstudien fließen in die Konzeption von zwei Lehrveranstaltungstypen ein. Diese sind fallgestützt angelegt und bieten Anlässe für eine theoriebezogene Reflexion. Die Arbeit mit vorgegebenen oder studentischen Fallbeispielen bieten vielfältige Identifikations- und Analysemöglichkeiten. Sie fördern die Empathiefähigkeit und laden ein zum Perspektivwechsel, zur Unterscheidung zwischen Selbst- und Fremdwahrnehmung sowie zur Formulierung relevanter Fragen. Theorieangebote und die Ergebnisse der Bildungsforschung bieten sich für die Erarbeitung von Klärungen und Lösungsansätzen sowie zur Erweiterung von Perspektiven an (vgl. z.B. Denner 2010b).

Begleitseminare zum Blockpraktikum stellen ein weiteres Angebot dar, das von Professionalisierungstheorien ausgehend die studentische Kompetenzentwicklung im Kontext der Schulpraktischen Studien thematisiert, insbesondere auch das Beobachten und Reflektieren. Neben konkreten Unterrichtsplanungen werden Themen der schulischen Praxis in Fallbesprechungen bearbeitet und Theoriebezüge als Lösungsangebote für offene Fragen hergestellt.

Übergänge in das schulpraktische Lernen und Studieren gelingen, wenn sich die individuellen Erwartungen und Potenziale in günstiger Weise mit den institutionellen Erwartungen und Ressourcen verbinden und die gewünschten Wandlungsprozesse zu befördern vermögen.

Um neben manch ermutigenden Ergebnissen den empirisch identifizierten Herausforderungen konsequent und konstruktiv zu begegnen und mit dem Ziel die meisten Studierenden davon zu überzeugen, dass es sich lohnt die eigene Professionalisierung bereits im ersten Praktikum in die Hand zu nehmen, wird im folgenden dritten Teil unseres Beitrags eine Portfoliokonzeption dargestellt, die mit der Metapher eines „Bildungsgangs" die Herausforderung der Portfolioarbeit präzisiert.

Teil III: Eine bildungstheoretisch fundierte Portfoliokonzeption

6 Die Rekonzeption mit klarem bildungstheoretischen Anspruch (2009)

Die im Folgenden dargestellte Konzeption verdankt ihre Entwicklung den oben in Ausschnitten dargestellten empirischen Studien zur Praxis der Portfolioarbeit und deren Wahrnehmung durch die Studierenden sowie einer Reihe von Erfahrungen aus dem Zentrum der Portfolio-Initiative an der Pädagogischen Hochschule in Karlsruhe. Letztere werden zunächst skizziert, bevor die Konzeption dargestellt wird.

6.1 Erfahrungsbasierte Impulse
Die Umgangsweisen mit der Portfolioaufgabe durch die Betreuenden und Studierenden machen eine Veränderung der bisherigen Portfoliokonzeption erforderlich. Aus den vorgelegten Dokumenten, Beratungen und Gesprächen lassen sich drei Gruppen des Umgangs eruieren:
- Eine Gruppe von Betreuenden markiert die Portfolioarbeit als *studentische Angelegenheit*, zu deren Gestaltung man den Studierenden grundsätzlich gerne freie Hand lässt und sie nicht durch Vorgaben einschränken möchte. Der intendierte Zweck der selbstständigen Auseinandersetzung wird in den Vordergrund gerückt, die Voraussetzungen der Studierenden hierzu aber oft wenig in den Blick genommen. Viele dieser auf diese Weise „betreuten" Studierenden fühlen sich allein gelassen und erledigen ihre Aufgabe dementsprechend, was angesichts der Prioritätensetzung ihrer Betreuer/innen keine weiteren Konsequenzen hat.
- Eine weitere Gruppe von Betreuenden markiert die Portfolioarbeit als *intime Angelegenheit*, die eine Einsichtnahme der Portfolios verbiete. Die Portfolios werden vorgelegt und können deshalb lediglich als „angefertigt" testiert werden.
- Neben diesen beiden zahlenmäßig dominanten Gruppen von Betreuenden lässt sich eine dritte Gruppe identifizieren, welche den Studierenden in ihrer theoriegeleiteten Auseinandersetzung mit Schule und Unterricht *kritisch-konstruktiv* zur Seite steht und ihnen zu ihren häufig zunächst zaghaften Versuchen dieser schwierigen und für alle Beteiligten zumeist ungewohnten und durchaus ‚unbequemen' Aufgabe die zielführende und zweckmäßig *angemessene Unterstützung* gewährt.[10]

---
10 Über die dritte Gruppe liegen im Unterschied zu den beiden anderen Gruppen keine Beschwerden vor. Ihre Leistungen zur Unterstützung der studentischen Professionalisierung im Sinne der Portfolio-Konzeption werden von Studierendenseite öffentlich nicht gewürdigt, allenfalls in per-

Neben diesen Erfahrungen scheint es geboten, die Zugänglichkeit des Konzepts für die Studierenden zur Bewältigung der Portfolioaufgabe durch gründliche Überarbeitung der ursprünglichen Portfoliobroschüre (vgl. Bolle & Denner 2006) zu verbessern, und die Aufgabe diesmal betont bildungstheoretisch auszulegen. Dieser Zugang soll gewährleisten dass eine bloß pragmatische Umgangsweise mit dem Portfolioauftrag zu Gunsten einer sachbezogenen und zugleich persönlichen Auseinandersetzung gelingt. Die dritte Portfoliokonzeption (2009) wird mit einer umfangreichen und zweigeteilten Portfoliobroschüre markiert. Der Leitfaden „Portfolio Schulpraktische Studien" bietet im Teil I einen so genannten „Grundriss" auf 12 Seiten (vgl. Bolle et al. 2009a) und im Teil II auf 16 Seiten „weiterführende Erläuterungen, Beispiele und Literatur" (vgl. Bolle et al. 2009b).

6.2 Sprachliche Präzisierung

Die bildungstheoretische Schärfung des Konzepts beginnt mit einer gründlichen sprachlichen Analyse und Überarbeitung des bisherigen Leitfadens zur Portfolioarbeit. Alles Mechanische und technologisch Interpretierbare sollte schon in seiner sprachlichen Form möglichst vermieden werden. So wird der Entwicklungsbegriff aufgegeben und durch den Bildungsbegriff ersetzt. Denn letzterer soll entschiedener die Vorstellung vermeiden, dass sich unter den Bedingungen permanenter Widerständigkeit, also gesellschaftlicher, institutionell-struktureller, eigener und fremder Widerstände, irgendetwas der Aufgabe Angemessenes quasi von selbst ‚entwickeln' könnte.

Bildung, auch im Sinne der klassischen Formulierung von ‚allgemeiner Kräftebildung', soll eine permanente Horizonterweiterung im Durchdringen der Zusammenhänge von ‚Welt' und ‚Leben' sein. Sie ist damit entschiedene Arbeit ‚an sich selbst' und ‚an der Welt' und schließt zum einen eine gewisse Widerständigkeit, zum anderen Resilienz ein.

Bildung ereignet sich also nicht von selbst, ist kein unwillkürlich fortlaufender, geradezu *automatischer* Prozess. Ab 2010 wird der „Prozessbegriff" (s. „Bildungsprozess") aufgegeben und durch die Vorstellung vom *„Bildungsgang"* ersetzt. Der *Bildungsgang* setzt einerseits eine permanente „Selbstbeweglichkeit" voraus, gewährt andererseits aber eine gewisse Offenheit für verschiedene Wege und beinhaltet auch ‚Umwege'. Dieses Bedeutungsfeld trifft den Bildungsbegriff realistischer und setzt Reflexion voraus, gerade wenn es darum geht, die ‚Wege' von den ‚Umwegen' zu unterscheiden und von den ‚Abwegen' abzugrenzen.

---

sönlichen Gesprächen oder am Ende des Studiums, wenn Lehrveranstaltungen zur Entwicklung pädagogischer Professionalität zu besuchen sind. Hier werden nicht wenigen Studierenden die verpassten Chancen der eigenen Professionalisierung bewusst.

6.3 Reflexive Portfolioarbeit im Spannungsfeld zwischen bildungstheoretischem Anspruch und schulischer Praxis

Wir sind zu der Überzeugung gekommen, dass die Studierenden statt fragwürdiger und theorieferner „Erfahrungskundgebungen" eine kompetente Unterstützung durch Mentor/innen brauchen, die sich selbst in der Regel von den Fesseln ihrer eigenen „Lehrer*aus*bildung" emanzipiert haben. Wer um die Schwierigkeiten theoretischer Transformation weiß, Haltung und Engagement mitbringt, der kann Studierende fördern, in absehbarer Zeit selbstständig diesen Weg gehen zu können.

Die Mentor/innen der Praxis müssten sich dafür interessieren, mit welchen theoretischen Grundlagen sich die Studierenden bereits beschäftigt haben. Sie müssten genau hier anknüpfen können, um die entsprechenden theoretischen Verbindungen und Reflexionen zu ermöglichen.

Was könnte es in der Praxis bedeuten, wenn die Studierenden sich einem Praktikum nähern, sich mit unterschiedlichen Theorien von Herbarts Theorie des „erziehenden Unterrichts" (vgl. 1997), Rousseaus Theorie des „entdeckenden Lernens" (vgl. Bolle 2012a; Rousseau [13]1998) bis hin zu neueren didaktischen Modellen, behavioristischen, konstruktivistischen und pädagogischen Lerntheorien (möglichst gründlich) auseinandergesetzt haben? Was könnte es ferner bedeuten, wenn sie allen pragmatischen Verkürzungen zum Trotz Fragen nach dem Sinn und Zweck von Unterricht überhaupt als vorrangig und Maßstab gebend für die Gestaltung von einzelnen Unterrichtsstunden verstehen können? Und was könnte es schließlich bedeuten, wenn sie hinsichtlich der bestehenden und ihrer eigenen Praxis mit Erich Weniger (1975) alle rational bestimmte Praxis als ‚geronnene Theorie' wahrnehmen können? Mentor/innen, die um diese Auseinandersetzung wüssten, könnten dazu beitragen ihre eigene Praxis und die Praxis der Studierenden in diesem Kontext zu verorten.

Erst dann ist es wahrscheinlich, dass die Studierenden nicht nur eigene und fremde Praxis differenziert wahrnehmen, *fachsprachlich* bestimmen, abgrenzen, kritisieren und ggf. korrigieren können, sondern sie könnten auch in der Lage sein, umgekehrt von der Praxis ausgehend, in *konstruktiver Absicht* kritische Rückfragen an die Theorie zu stellen und das Ganze in einem Portfolio darlegen, reflektieren und schriftlich entfalten.

6.4 Struktur des theoriegeleiteten Portfolios

Das Reflexions-Portfolio (2009) sollte alles vermeiden, was in irgendeiner Weise die theoriefreie Bearbeitungsweise auch nur in belanglosen Details zu rechtfertigen scheint. Die Beobachtungen, Eindrücke und Erfahrungen mit dem konkreten Unterricht sollten noch registriert, aber für den Portfolio-Text nur noch mittelbar bedeutsam sein. Und obwohl die Erfahrungen mit dem Anfertigen von Portfolios vor allem gezeigt haben, dass die Erstellung eines theoriegeleiteten Portfolios ohne eine qualifizierte Betreuung vollkommen unwahrscheinlich ist, darf zumindest dieser Punkt nicht aufgegeben werden. Alles in diesem Portfolio muss möglichst versachlicht werden, damit eine Einsichtnahme und theoriegestützte Begleitung jederzeit möglich bleiben.

Um aus dem „Arsenal" eigener Lebens- und Schulgeschichte allenfalls das zuzulassen, was einer wissenschaftlichen und theoriebezogenen Reflexion standhalten kann, beschäftigt sich das Portfolio nun vor allen Dingen mit zwei Leitfragen, die gewissermaßen die Gesamtthematik der Erarbeitung kennzeichnen:
- Frage 1: Was ist ein guter Unterricht?
- Frage 2: Was sind die Merkmale einer dem guten Unterricht entsprechenden guten Lehrerin/eines dem guten Unterricht entsprechenden guten Lehrers?

Diese Fragen erfordern einen nicht emotionalen, sondern der „Sache" und „Aufgabe" verpflichteten und damit akademisch-wissenschaftlichen Schreibstil.[11] Die Fragen selbst sind nicht solche, die *neben* anderen Fragen abgearbeitet werden sollten, sondern sie sollen eher einer das Ganze der Aufgabe zusammenfassenden Grundorientierung entsprechen. Vielmehr sollte jeder Aspekt von Unterricht, Didaktik, Pädagogik, Schulstruktur, Schülermilieu etc., der theoriebezogen reflektiert wird, in Beziehung zu diesen Fragen gebracht werden.

Bevor das erste Praktikum beginnt, ist es wichtig, dass das eigene theoriebezogene Vorverständnis von gutem Unterricht und einer Lehrperson, die diesen Unterricht zu verwirklichen sucht, schriftlich fixiert wird.

Das hat mindestens drei Vorteile:
- Erstens entsteht ein Bewusstsein davon, dass niemand vom Standpunkt der Theorie her betrachtet als „tabula rasa" ein Praktikum beginnt.
- Zweitens kann über die Erfahrung der Praxis eine bewusste Auseinandersetzung mit der eigenen Position stattfinden, die zum allmählichen Ausreifen dieser Position führt.
- Und drittens kann jede Veränderung des eigenen Selbstverständnisses bewusst vollzogen und wahrgenommen werden.

Mit der Klärung der eigenen Position ergeben sich Anfragen an die Praxis. Es können Fragen theoretischer und pragmatischer Art sein. Es sind in jedem Fall Fragen, die Gelegenheit bieten, ein Praktikum zum Ort „Schulpraktischer Studien" im strengen Sinne des Wortes zu machen (vgl. Bolle 2011).

---

11 Das hat in jedem Fall auch den Vorteil, dass es keine privatistischen Gründe mehr gibt, das Portfolio einer Lektüre durch Dozent/innen zu entziehen.

7 Ein bildungstheoretisches Portfolio-Modell – Die Quintessenz: eine sukzessiv entstehende, mehrfach überarbeitete eigene Theorie von Unterricht und Lehrerberuf

Die EDV-gestützte Portfolio-Arbeit bietet gute Möglichkeiten textlicher Überarbeitung. So ist daran gedacht, dass nicht zu jedem Praktikum ein neues Portfolio geschrieben wird, sondern dass der alte Text immer weiter ergänzt und überarbeitet, ggf. auch völlig neu strukturiert wird. Durch die Möglichkeit Dateinamen umzubenennen, können alte Textversionen fixiert, darüber hinaus aber alle Vorteile der Überarbeitung genutzt werden.

Die Tatsache, dass nicht ein alter Text einfach ‚ad acta' gelegt wird, sondern in die lebendige Auseinandersetzung mit neuen Eindrücken und Einsichten verknüpft wird, ermöglicht und erzwingt von Portfolio-Schreibenden ein häufiges Lesen und Hinterfragen des eigenen Textes. Das häufig Wiederholte und vielfältig Verknüpfte ist besonders leicht und schnell zu erinnern.

Bewusst gesetzte Formulierungen über einen theoretischen Zusammenhang behalten für den Schreiber/für die Schreiberin den praktischen Zusammenhang, auf den er/sie sich bezieht, im Gedächtnis, ohne dass der praktische Zusammenhang ausdrücklich erwähnt werden muss, weil die Vorstellungen miteinander verknüpft sind. Die Abhandlungen sollen sich ohnehin nicht am Detail fixieren und sich in einem „Nachkarten" des Einmaligen ergehen. Sie sollen vielmehr möglichst allgemein gehalten sein, damit sie auch für andere und zukünftige Situationen und Fälle relevant sein können.

Das Portfolio wird also vor dem ersten Praktikum begonnen, darüber hinaus sehr zeitnah in Anbindung an das einzelne Praktikum und zwischen den Praktika. Auch wenn es in diesen Durchgängen Momente geben muss, in denen das Ganze ästhetisch betrachtet vorläufig abgerundet erscheint und in diesem Stadium für ein kritisches Gegenlesen von Betreuenden geeignet ist, bleibt der Text als solcher doch nicht weniger als eine permanente „Textbaustelle".

Während im ersten Praktikum vielleicht der Zufall die Themen diktiert, die in kurzen (wissenschaftlichen) Abhandlungen Kapitel in dem Gesamtwerk zum „guten Unterricht" ergeben, erlaubt die erste Revision und Besinnung zu diesem „Stückwerk", gezielt Fragen zu stellen. Diese sind geeignet, mögliche Lücken zu schließen, so dass auch in systematischer Hinsicht zunehmend ein Ganzes entsteht. Im Laufe der Zeit entsteht auf diese Weise Schritt für Schritt ein Werk, das am ehesten mit einer wissenschaftlichen Hausarbeit im Sinne einer Staatsexamensarbeit vergleichbar ist. Ein wesentlicher Unterschied sollte sein: An einer Staatsexamensarbeit arbeitet man in der Regel drei bis sechs Monate. An dem Portfolio wie diesem arbeitet man allein im Rahmen der ersten Phase der Lehrerbildung mindestens drei Jahre. Die permanente Überarbeitung der eigenen Texte, ihre

Umstrukturierung, ggf. ihre Teilrevision sorgen für eine hohe Präsenz der eigenen Vorstellungen im Bewusstsein und für die Möglichkeit einer schnellen Assoziation bereits reflektierter Überlegungen in praktischen Handlungs- und Krisensituationen. Genau dies ist im schulischen Alltag sonst nicht möglich, weil theoretische Überlegungen traditionell an den „Ort der Hochschule" gebunden sind, mit praktischen Erfahrungen keinerlei Berührungen haben und dann, wenn schnell gehandelt werden muss, nicht zur Verfügung stehen. Stattdessen werden oft in solchen Situationen, je mehr die Beteiligten sich selbst überlassen werden, mutmaßlich „bewährte" und zum Teil „erlittene Muster" der eigenen Lebens- und Schulgeschichte wieder bemüht.

Am Ende steht dann eine selbst verfasste Unterrichtstheorie bzw. eine systematisch gegliederte Abhandlung über alles das, was im Blick auf die Frage nach „gutem Unterricht" und dem, welchen Beitrag hierzu gute Lehrerinnen bzw. Lehrer leisten können, für wichtig gehalten wird. Man kann dann davon ausgehen, dass jeder bzw. jede, der bzw. die ein solches Werk verfasst hat, über die wichtigen Probleme, die das Alltagsgeschehen im Lehrerberuf bestimmen, zumindest schon einmal theoriebezogen nachgedacht hat und mit guten Argumenten auf Anhieb seine eigene (vorläufige) Stellungnahme dazu abgeben kann.

8 Fazit: Den Paradigmenwechsel wagen

Die durch Bildungstheorie, Erfahrung und Empirie gestützten Erkenntnisse werden abschließend in der Formulierung von drei Übergängen gebündelt.

8.1 Der Übergang vom „Dienst nach Vorschrift" zum eigenen Bildungsgang

Inzwischen lassen sich die Hauptschwierigkeiten im studentischen Umgang mit dem Portfolio und Leitfaden präzisieren:

Ein wesentliches Moment im Übergang von der gymnasialen Oberstufe zur wissenschaftlichen Hochschule zeigt sich im Anspruch einer völlig neuen „Lernstruktur" in der Anbindung an Selbstverantwortung. War der Zweck des Gymnasialbesuchs nicht primär die Chance auf eine vertiefte und eigenverantwortliche Auseinandersetzung mit kulturell entscheidenden oder zumindest wichtigen Unterrichtsinhalten, sondern das formale Interesse, ein möglichst gut benotetes Abitur zu machen und wurden jene Noten in separaten Fächern erworben, kommt es jetzt eher auf eine intrinsisch motivierte, selbstständige Auseinandersetzung mit verbindlichen Inhalten an. Wurden bislang die Anforderungen der einzelnen Fächer nach einem allzu einheitlichen Muster prüfungsbezogen, notenfixiert und separat „abgearbeitet", die Inhalte selbst nur als Mittel zum Zweck betrachtet, als kurzfristig abrufbar, mittelfristig austauschbar, weil nicht mehr nachgefragt, kommt es jetzt darauf an, Inhalte aus unterschiedlichen Wissensgebieten miteinander abzugleichen und in Beziehung zueinander zu bringen. Schien es sich bisher als zielführend erwiesen zu haben, wenn das schulische Lernen in einem bestimmten Fach nicht mit den Inhalten eines anderen „belastet" wurde, so war es noch ungewohnter unterschiedliche Lernorte miteinander in Verbindung zu bringen. Was nicht ‚fürs Leben', sondern für ein bestimmtes Fach, vielleicht für einen bestimmten Lehrer an einem bestimmten Ort gelernt wird, schien nicht nur potenziell beliebig, sondern mit dem, was an anderen Orten gelernt wird, nichts zu tun zu haben.

Wer jahrelang so sozialisiert ist, kann sich die ortsübergreifende Relevanz bestimmter Inhalte kaum vorstellen, erst recht nicht, wenn er in seinen Vorurteilen von verschiedenen Autoritäten[12] auch noch ausdrücklich bestätigt wird.

Vor diesem Hintergrund erweist sich der bildungstheoretische Anspruch, die „Welt" mit dem eigenen Leben bzw. der eigenen Person sowie die Inhalte der Hochschule, ihrer Seminare bzw. Vorlesungen mit der Wirklichkeit der Schule und ihres Unterrichts in Verbindung zu bringen, eben nicht als nahe liegende Selbstverständlichkeit, sondern als etwas völlig Neues – vielfach auch als eine Zumutung!

Eine weitere Schwierigkeit kommt im Blick auf die Schulpraktischen Studien hinzu: Eine wissenschaftliche Theorie, eine pädagogische Handlungstheorie oder auch eine fachdidaktische Theorie kann ggf. einen Bezug zur Sachstruktur eines Themas aufzeigen. Aber sie kann nicht die Subjekte der Praxis kennen, die sich die Sache erschließen sollen. Das bedeutet, dass die eigentliche Transformation von Theorie erst in der Praxis selbst stattfinden kann, alle Praktiker damit zugleich Theoretiker sein müssen. Auch das ist ein bildungstheoretischer Anspruch, den insbesondere diejenigen „erfahrenen Praktiker" nicht verspüren, welche die Studierenden ausdrücklich darauf hinweisen, dass das Studium ihnen selbst für die Praxis „nichts gebracht" habe und dass man folglich nur in der Praxis und durch die Praxis selbst – möglichst durch Intuition und Erfahrung – lernen könne, was man zu ihrer ‚Bewältigung' brauche.

8.2 Der Übergang von einer fehlenden oder zufälligen zur professionellen Portfoliobetreuung

Die Analyse zeigt: Sobald die Betreuung der Portfolio-Arbeit mit „Kontrolle" konnotiert wird, ist sie oft allen Beteiligten gleichermaßen lästig. Die einen ergreifen die Chance, sie als Eingriff in die „wissenschaftliche Freiheit" und Kontaminierung studentischer Selbstverantwortung zu interpretieren, die anderen konzentrieren sich auf Kontrollierbares und unterlaufen dabei den eigentlichen Zweck. Sobald die bloße Selbstverantwortung eingefordert und die Bearbeitung des Portfolios privater Willkür überlassen wird, tritt Beliebigkeit und praktische Enthaltsamkeit an die Stelle der Zweckmäßigkeit.

---

12 Zum Beispiel: „Vergessen Sie alles, was Sie an der Uni gelernt haben! Jetzt kommt die Praxis."

Ganz analog verhält es sich mit den Mechanismen der Verarbeitung auf der Ebene der Institution. Wird eine Reform top-down eingeführt, für die ihre Mitglieder noch nicht bereit sind, wird die Reform unterlaufen. Sollte unter gleichen Bedingungen eine Reform „entwickelt" werden, dann kommt sie nicht zustande, weil jeder in eine andere Richtung „wickeln" will.

Es geht also gar nicht so sehr darum, festzustellen, ob bei einer Reform „top-down-" oder „bottum up-Modelle" geeigneter sind, sondern darum, ob die Zeit „reif" für die Veränderung ist oder nicht. Denn wenn alle Beteiligten den Blick auf die Aufgabe richten, müsste sowohl bei „top-down-" als auch „bottom-up-Verfahren" etwas sehr Ähnliches zustande kommen, – und dann ist die Zeit auch reif dafür. Die entscheidende Frage ist: Was aber ist, wenn zwar nicht die Menschen, die für die Erfüllung ihrer Aufgabe bezahlt werden wollen, wohl aber die Anforderungen der Aufgabe selbst eine Reform verlangen? – Wie kann dann der „Reife der Zeit" nachgeholfen werden?

8.3 Der Übergang zu einer *wirklich* akademischen Lehrerbildung

Die vorliegenden Analysen haben die Möglichkeiten einer reflexiven und theoriegeleiteten Portfolioarbeit benannt, aber auch die Schwierigkeiten, die entstehen, wenn man den Anspruch akademischer Lehrerbildung ernst nimmt, nicht verschwiegen. Es erscheint merkwürdig, 50 Jahre nach Gründung der Institution Pädagogische Hochschule in Baden-Württemberg die Einlösung des Anspruchs akademischer Lehrerbildung zu fordern. Doch erweist sich diese Forderung gerade bei der Arbeit mit Portfolios als überaus berechtigt. Hier zeigt sich eindrücklich, dass die Spannung zwischen einer an pragmatischer Aufgabenbewältigung orientierten *Ausbildung* und einer *akademischen Lehrer-Bildung* zugunsten der letzteren überwunden werden muss. Die Aufrechterhaltung des Bildungsanspruchs bahnt einen geeigneten Weg, dass Anspruch und Wirklichkeit akademischer Lehrerbildung zueinander finden. Mehr als ursprünglich erwartet hat sich in acht Jahren Portfolioarbeit gezeigt, wie radikal neuartig und widerständig der Versuch der Etablierung einer akademischen Lehrerbildung ist.

Literatur

Akşit, F. (2012). Portfolio in Teacher Education in Turkey – Overview and Empirical Studies. In B. Koch-Priewe & F. Akşit (Hrsg.), *Proceedings of the IPS`12 International Portfolio Symposium. April 02-04,2012* (S. 1-9). Erciyes University, Kayseri/Turkey.

Bolle, R. (2005). Unterrichtsbesprechungen im Schulpraktikum. Empfehlungen zur Gestaltung. *karlsruher pädagogische beiträge*, H. 61, 41-48.

Bolle, R. (2008). Auswirkungen des Bologna-Prozesses auf das Lehramtstudium. Bildungstheoretische Anmerkungen. In R. Bolle & M. Rotermund (Hrsg.), *Schulpraktische Studien in gestuften Studiengängen*. Schriftenreihe der BaSS (S. 39-55). Leipzig: Leipziger Universitätsverlag.

Bolle, R. (2008). Studienhaltungen. In R. Bolle & M. Rotermund (Hrsg.), *Schulpraktische Studien in gestuften Studiengängen*. Schriftenreihe der BaSS (S. 56-83). Leipzig: Leipziger Universitätsverlag.

Bolle, R. (2011). Was sind schulpraktische Studien? Bildungstheoretische Anmerkungen zu einem oft unterschätzten Begriff. In F. Hauzenberger & M. Rotermund (Hrsg.), *Schulpraxisstudien in Europa*. Schriftenreihe der BaSS (S. 150-179). Leipzig: Leipziger Universitätsverlag.

Bolle, R. (2012a). *Jean-Jacques Rousseau. Das Prinzip der Vervollkommnung des Menschen durch Eduktion und die Frage nach dem Zusammenhang von Freiheit, Glück und Identität* (3., vollst. überarb. Aufl.,). Münster u.a: Waxmann.

Bolle, R. (2012b). Portfolio und Bildung. Möglichkeiten einer akademischen Lehrerbildung. In R. Bolle (Hrsg.), *Schulpraktische Studien 2012*. Schriftenreihe der BaSS (S. 133-168). Leipzig: Leipziger Universitätsverlag.

Bolle, R. & Denner, L. (2005). Portfolio „Schulpraktische Studien". *karlsruher pädagogische beiträge*, H. 61, 25-39.

Bolle, R. & Denner, L. (2004a, 2004b, 2005, 2006). *Leitfaden „Portfolio ‚Schulpraktische Studien'"*. Pädagogische Hochschule Karlsruhe.

Bolle, R., Denner, L. & Weigand, G. (2006). Verbesserung des Kompetenzerwerbs durch reflexive Portfolioarbeit. *Pädagogische Führung*, 17, 210-212.

Bolle, R. unter Mitarbeit von M. Böschen, L. Denner, A. Messerschmidt, S. Scheef, A. Stroß & G. Weigand (2009a). *Portfolio Schulpraktische Studien. I. Grundriss*. Pädagogische Hochschule Karlsruhe.

Bolle, R. unter Mitarbeit von M. Böschen, L. Denner, A. Messerschmidt, S. Scheef, A. Stroß & G. Weigand (2009b). *Portfolio Schulpraktische Studien. II. Weiterführende Erläuterungen, Beispiele und Literatur*. Pädagogische Hochschule Karlsruhe.

Chetcuti, D. & Grima, G. (2008). *The Professional Development Portfolio: An Alternative Mode of Assessment in Teacher Education in Malta*. URL: spbea.org (03.09.2012).

Denner, L. (2005). Beobachten – Basis professionellen Lehrerhandelns. *karlsruher pädagogische beiträge*, H. 62, 49-86.

Denner, L. (2007a). Entwicklungs- und Gestaltungsaufgaben im Einführungspraktikum: Grundlagen und Verfahrensweisen. *karlsruher pädagogische beiträge*, H. 67, 63-92.

Denner, L. (2007b). Leistung im Praktikum sehen, fördern, bewerten. *karlsruher pädagogische beiträge*, H. 67, 108-138.

Denner, L. (2009). „... irgendwann hat man seine Linie gefunden." Der Portfolioansatz in der Lehrerbildung – Konzeption und Evaluation. In R. Bolle & M. Rotermund (Hrsg.), *Schulpraktische Studien in gestuften Studiengängen – Neue Wege und erste Evaluationsergebnisse*. Schriftenreihe der BaSS (S. 95-128). Leipzig: Leipziger Universitätsverlag.

Denner, L. (2010a). Schulpraktische Kompetenzentwicklung im Einführungspraktikum – eine theoretische und empirische Annäherung. In A.-K. Krueger, Y. Nakamura & M. Rotermund (Hrsg.), *Schulentwicklung und Schulpraktische Studien – Wie können Schulen und Lehrerbildung voneinander profitieren?* Schriftenreihe der BaSS (S. 125-159). Leipzig: Leipziger Universitätsverlag.

Denner, L. (2010b). Förderung reflexiver Kompetenzen im Lehramtsstudium durch Fall- und Portfolioarbeit. *karlsruher pädagogische beiträge*, H. 73, 118-132.

Denner, L. (i.Dr.). *Professionalisierungsprozesse im Kontext Schulpraktischer Studien: Grundlagen – Lehr-Lernsettings – empirische Befunde*. Baltmannsweiler: Schneider

Denner, L. & Schwenk, E. (2012). Die Brücke – Weiterführung der schulpraktischen Reflexionen im Vorbereitungsdienst. In E. Schwenk, W. Klier & J. Spanger (Hrsg.), *PrüfungsPraxis. Markierungen auf dem Weg zu kasuistischen und kompetenzorientierten mündlichen Lehramtsprüfungen. Mit Video-DVD eines 45-minütigen Kolloquiums* (S. 34-36). Baltmannsweiler: Schneider.

Elbow, P. & Belanoff, P. (1986). SUNY: Portfolio-Based Evaluation Program. In P. Conolly & T. Vilardi (Eds.), *New Methods in College Writing Programs: Theory into Practice*. New York: MLA.

Griebel, W. & Niesel, R. (2003). Die Bewältigung des Übergangs vom Kindergarten in die Grundschule. In W. E. Fthenakis (Hrsg.), *Elementarpädagogik nach PISA. Wie aus Kindertagesstätten Bildungseinrichtungen werden können* (S. 136-151). Freiburg i.Br.: Herder.

Gruber, H. & Mandl, H. (1996). Das Entstehen von Expertise. In J. Hoffmann & W. Kintsch (Hrsg.), *Lernen*. Reihe: Enzyklopädie der Psychologie. Themenbereich C: Theorie und Forschung; Serie II: Kognition, Band 7 (S. 583-615). Göttingen u.a.: Hogrefe.

Häcker, T. & Rentsch, K. (2008). Bewertungsportfolios in der LehrerInnenbildung. *journal für lehrerinnen- und lehrerbildung, 8*, 57-61.

Herbart, J. F. (1997). *Systematische Pädagogik*. Bd.1. Hrsg. von D. Benner. Weinheim, Basel: Beltz.

Koch-Priewe, B. (2002). Der routinierte Umgang mit Neuem. Wie die Professionalisierung von Junglehrern und Junglehrerinnen gelingen kann. In S. Beetz-Rahm, L. Denner & T. Riecke-Baulecke (Hrsg.), *Jahrbuch für Lehrerforschung und Bildungsarbeit*. Band 3 (S. 311-324). Weinheim, München: Juventa.

Kraler, C. (2006). Kompetenzorientierung und Portfolioarbeit als Kernaspekte des Innsbrucker Modells der Lehramtsausbildung. In A. H. Hilligus & H. D. Rinkens (Hrsg.), *Standards und Kompetenzen – neue Qualität in der Lehrerausbildung? Neue Ansätze und Erfahrungen in nationaler und internationaler Perspektive*. Paderborner Beiträge zur Unterrichtsforschung und Lehrerbildung. Bd. 11 (S. 367-375). Berlin: Lit Verlag.

Kraler, C. (2007). Portfolioarbeit in der LehrerInnenbildung. Eine Standortbestimmung. *Erziehung und Unterricht, 157*, 441-448.

Kunz Heim, D. (2001). Auf dem Weg zu theoriebezogenen Metakognitionen über die eigenen Unterrichtsverfahren. Portfolios am Didaktikum in Aarau. *journal für lehrerinnen- und lehrerbildung, 1* (4), 44-47.

Neß, H. (2010). *Professionalisierungs-Portfolio. Instrument zur phasenübergreifenden Erkennung und Anerkennung des informellen, nichtformalen und formalen Lernens in der hessischen Lehrer(innen)bildung*. Frankfurt am Main: Deutsches Institut für Internationale Pädagogische Forschung.

Niggli, A. (2001). Portfolios und der Theorie-Praxis-Bezug im Umgang mit Ausbildungsstandards. *journal für lehrerinnen- und lehrerbildung, 1* (4), 26-33.

Oelkers, J. (2007). Praxisbezug: Eine Formel ohne Gehalt? In D. Flagmeyer & M. Rotermund (Hrsg.), *Mehr Praxis in der Lehrerbildung – aber wie? Möglichkeiten zur Verbesserung und Evaluation*. Schriftenreihe der BaSS (S. 8-31). Leipzig: Leipziger Universitätsverlag.

Rebel, K. & Wilson, S. (2002). Das Portfolio in Schule und Lehrerbildung. Das europäische und kanadische Portfolio. *Fremdsprachenunterricht, 46*, 263-271.

Rousseau, J. J. (1998). *Emil oder Über die Erziehung* (13. Aufl.). Paderborn u.a.: Schöningh.

Tucker, P., Stronge, J. H., Gareis, C. R. & Beers, C. S. (2003). The Efficacy of Portfolios for Teacher Evaluation and Professional Development: Do They Make a Difference? *Educational Administration Quarterly, 39*, 572-602.

Welzer, H. (1993). *Transitionen: zur Sozialpsychologie biographischer Wandlungsprozesse*. Tübingen: edition discord.

Weniger, E. (1975). Theorie und Praxis der Erziehung (1929). In E. Weniger (Hrsg.), *Ausgewählte Schriften zur Geisteswissenschaftlichen Pädagogik* (S. 29-44). Weinheim, Basel: Beltz.

Wetzel, K. & Strudler, N. (2006). Costs and benefits of electronic portfolios in teacher education: Student voices. *Journal of Com-puting in Teacher Education, 22* (3), 69-78.

Bedingungen für gelingende Portfolioarbeit in der Lehrerinnen- und Lehrerbildung – empiriebasierte Entwicklung eines adaptiven Portfoliokonzepts

Sascha Ziegelbauer, Christine Ziegelbauer, Susi Limprecht und Michaela Gläser-Zikuda, Friedrich-Schiller-Universität Jena

Abstract
Das Portfoliokonzept hält seit einigen Jahren zunehmend Einzug in alle drei Phasen der Lehrerinnen- und Lehrerbildung in Deutschland. Hiermit sind verschiedene Ziele verbunden: Förderung von Reflexions- und Selbstregulationskompetenz, subjektorientierte und transparente Leistungsfeststellung und -bewertung sowie eine Veränderung der Lehr-Lernkultur (vgl. Häcker 2012). Allerdings unterliegt eine gelingende Portfolioarbeit verschiedenen Bedingungen; insbesondere sind die Wertschätzung eines Portfolios und die Motivation der Lernenden ein Portfolio zu führen in den Blick zu nehmen. Der vorliegende Beitrag widmet sich daher der Frage, wie ein adaptives Portfoliokonzept entwickelt werden kann, das wichtige Bedingungen auf Seiten der Lernenden für eine gelingende Implementation berücksichtigt.

Schlagwörter: *LehrerInnenbildung, Portfolio, Gelingensbedingungen, Akzeptanz*

1 Selbstreguliertes Lernen als Grundlage für die Professionalisierung von Lehrpersonen

Selbstregulation wird als eine grundlegende Fähigkeit verstanden, sich in komplexen und immer wieder ändernden Lebensumständen zurechtzufinden (vgl. Boekaerts 1999; Zimmerman 2000). Positive Effekte selbstregulierten Lernens wurden beispielsweise als Bedingung für effektive Lern- und Studienprozesse beschrieben (vgl. Schmitz & Wiese 2006). Self-monitoring, verstanden als eine systematische und zielgerichtete Beobachtung, Dokumentation und Kontrolle eigener Gedanken, Gefühle und Handlungen, wird als wesentliche Grundlage und damit Voraussetzung für einen erfolgreichen Selbstregulationsprozess angesehen. Baumeister, Heatherton und Tice (1994) schlussfolgern, dass das Fehlen adäquaten self-monitorings eine Ursache misslingender Selbstregulation ist. Den Ablauf eines selbstregulierten Lernprozesses beschreibt Zimmerman (2000) als zirkulären Prozess, der die drei Phasen (1) Planung (Präaktionale Phase), (2) Handlung (Aktionale Phase) und (3) Reflexion (Postaktionale Phase) durchläuft (vgl. Schmitz 2001). Das bedeutet, dass (1) der Lernende den aktuellen Status mit einem erwünschten Zielzustand vergleicht. Der Lernprozess wird (2) überwacht (self-monitoring). Anschließend (3) wird der veränderte Lern- bzw. Entwicklungsstand mit den im Voraus festgelegten Zielen verglichen und bewertet. Selbstregulation wird als eine erlernbare Kompetenz verstanden, die kognitive, metakognitive, motivationale und soziale Prozesse integriert (vgl. Boekaerts 1995; Gläser-Zikuda & Järvelä 2008).

Insbesondere im Kontext der Entwicklung professionellen Handelns, wie beispielsweise bei (angehenden) Lehrpersonen, spielt die Selbstregulationsfähigkeit eine wichtige Rolle (vgl. Hmelo-Silver 2004; KMK 2004). Es besteht auch für professionell Lehrende die Notwendigkeit, das eigene Handeln zu hinterfragen und zu reflektieren (vgl. Helmke 2010), insbesondere im Zusammenhang mit der Problematik, dass subjektive Theorien das Lehrerhandeln maßgeblich beeinflussen (vgl. Wahl 1981). Da subjektive Theorien dem Anspruch an Objektivität jedoch nicht standhalten können, ist es wichtig, dass entsprechende Handlungsresultate unter Berücksichtigung wissenschaftlicher Theorien reflektiert werden. Auf zwei Wissensformen von Lehrenden, und zwar implizite Unterrichtsskripts und explizites professionelles Wissen, hat Blömeke (2009) hingewiesen. Implizite Unterrichtsskripts sind „mentale Repräsentationen systematischer Handlungsabfolgen, die auf spezifische Situationen ausgerichtet und mit bestimmten Zielen versehen sind" (Blömeke 2009: 123). Handlungen, die auf implizitem Wissen basieren, laufen zum Teil automatisiert ab, und sind somit nur schwer zu reflektieren. Durch eine Differenzierung bestehenden Wissens und die Integration neuen Wissens können die impliziten Unterrichtsskripts jedoch modifiziert werden. Mittels der Reflexion des eigenen Handelns kann das implizite Wissen in explizites Wissen transformiert werden (vgl. Neuweg 2011: 465).

In der LehrerInnenbildung wurde die Bedeutung selbstregulierter Lernprozesse in den letzten Jahren vermehrt betont. So wird die Professionalisierung von Lehrenden als Bereitschaft und Fähigkeit verstanden, die eigene Persönlichkeit zu entwickeln, eigene Stärken und Schwächen zu akzeptieren, und diese entsprechend zu nutzen bzw. Schwächen zu umgehen (vgl. Mayr & Neuweg 2006). Die bewusst erlebte und reflektierte Praxis stellt somit eine Voraussetzung für Professionalisierung dar (vgl. Schön 1984). Selbstreguliertes Lernen spielt demnach auch für die professionelle Entwicklung von Lehrenden eine wesentliche Rolle (vgl. Schmitz et al. 2007).

Hinsichtlich der Unterstützung von Selbstregulationsprozessen hat das Interesse an Formaten schriftlicher Reflexion seit geraumer Zeit zugenommen (vgl. Auferkorte-Michaelis & Szczyrba 2004; Berthold et al. 2007; Gläser-Zikuda & Hascher 2007). Vor allem Lerntagebücher, Lernjournale, Lernprotokolle und Portfolios sind hier zu nennen. Während Lerntagebücher eine kontinuierliche Reflexion aus der subjektiven Perspektive unterstützen, ermöglicht das Portfolio darüber hinaus den Einbezug außenstehender Perspektiven (z.b. von Kommilitoninnen und Kommilitonen und Lernbegleitern). „Insbesondere die oft geforderte Reflexivität gegenüber der eigenen Studien- und Lehrpraxis scheint sich durch das Portfolio ausbilden zu lassen" (Häcker & Winter 2006: 227).

In Ergänzung zur Portfoliodefinition von Paulson, Paulson und Meyer (1991) könnte das Portfolio in der Lehrerbildung demnach als eine zielgerichtete und reflektierte Sammlung von eigenen Arbeiten verstanden werden, die die Entwicklung einer Lehrperson in den Kompetenzbereichen Unterrichten, Erziehen, Innovieren und Beurteilen, wie sie die Kultusministerkonferenz (2004) formuliert hat, widerspiegelt.

2 Motivation und Wertzuschreibung von Lehrpersonen als Gelingensbedingungen für Portfolioarbeit

Bislang wurden für eine Portfolioimplementation in der Lehrerbildung einerseits eher Anforderungen und Erwartungen normativer Art formuliert. Andererseits existieren an einigen Hochschulen sowie in der zweiten und dritten Phase der Lehrerbildung Vorgaben in Studienordnungen und Ausbildungs- sowie Weiterbildungsverordnungen (vgl. z.B. Thüringer Verordnung über die Ausbildung und Zweite Staatsprüfung für die Lehrämter).

Woran es allerdings mangelt, sind Erkenntnisse zu Gelingensbedingungen für Portfolioarbeit in der Lehrerbildung. Konkret fehlt es an entsprechenden empirischen Wirksamkeitsstudien der Portfolioarbeit zur Unterstützung von Selbstregulation im Lernprozess. Insbesondere ist wenig darüber bekannt, welche Rolle Motivation und Wertzuschreibung gegenüber der Portfolioarbeit spielen.

Für Selbstregulationsprozesse spielt das Erleben von Selbstbestimmung eine wichtige Rolle. Im Kontext der Selbstbestimmungstheorie der Motivation (SDT) sind die psychischen Bedürfnisse nach Selbstbestimmung, Kompetenz und sozialer Eingebundenheit wesentliche Faktoren für eine motivierte Handlung (vgl. Deci & Ryan 1980). Abhängig vom Grad der Selbstbestimmtheit einer Handlung wird die extrinsische Motivation in vier Formen unterschieden. Intrinsische Motivation beruht auf den grundlegenden psychischen Bedürfnissen nach Selbstbestimmung und Kompetenzerleben und ist geprägt von einem positiven emotionalen Erleben. Auch die extrinsische Motivation hängt von beiden Bedürfnissen ab, wird aber von Deci und Ryan (1980) um das Bedürfnis nach „sozialer Eingebundenheit" ergänzt. Diese Bedürfnisse werden in Relation zum Selbstkonzept in ihrer Qualität unterschiedlich reguliert (vgl. Deci & Ryan 1980). Als sogenannte „externale Regulation" wird eine Handlung bezeichnet, die ausgeführt wird, um eine Belohnung zu erhalten oder eine Bestrafung zu vermeiden. Mit „introjizierter Regulation" ist Verinnerlichung externaler Faktoren, ohne sich jedoch mit ihnen zu identifizieren, gemeint. Mit Hilfe der „identifizierten Regulation" werden externale Einflüsse ins Selbst integriert und als eigene Ziele akzeptiert. Dementsprechend werden den Handlungsmotiven subjektiv bedeutsame Werte zugeschrieben. Im Rahmen der „integrierten Regulation" findet nicht nur eine Identifizierung mit bestimmten Zielen und Handlungen statt, vielmehr erfolgt eine vollständige Integrierung dieser in das eigene Selbstkonzept.

Für die Implementierung eines Portfolios, will man dieses als ein individuell adaptives Instrument der Dokumentation und Reflexion der eigenen Entwicklung ansehen, sind demzufolge die dem jeweiligen Selbstkonzept der Lernenden entsprechenden Regulationsformen zu berücksichtigen. Folglich kann postuliert werden, dass das Portfolio selbst in seiner Zielsetzung, Form und Handhabung zur Befriedigung der genannten grundlegenden Bedürfnisse beitragen muss.

3 Erste empirische Studien zu Gelingensbedingungen von Portfolioarbeit

Im Folgenden präsentieren wir zwei empirische Studien, die für die Entwicklung eines Portfoliokonzepts herangezogen werden können, das motivationale und wertbezogene Gelingensbedingungen aus der Sicht von Anwenderinnen und Anwendern berücksichtigt.

3.1 Fragebogenstudie zu Gelingensbedingungen für Portfolioarbeit

Ziel einer ersten Studie war es, die vier verschiedenen Regulationsformen der Motivation und die Wertzuschreibung gegenüber einem Portfoliokonzept von Lehramtsstudierenden zu erheben, um ein adaptives Portfoliokonzept für die erste Phase der Lehrerinnen- und Lehrerbildung entwickeln zu können.
Im Rahmen des Studienmoduls L2 (Einführung in die Schulpädagogik) im Jenaer Modell der Lehrerinnen- und Lehrerbildung wurde daher im Wintersemester 2011/12 eine Fragebogenerhebung durchgeführt. An der Befragung nahmen 162 Studierende der Lehramtsstudiengänge Regelschule und Gymnasium teil (50% männlich, 50% weiblich, Altersdurchschnitt: 21,9 [SD: 3,00]). Zentrale Fragestellung der Untersuchung war, inwiefern die Studierenden, die zum Zeitpunkt der Befragung keine Erfahrung mit Portfolioarbeit hatten, zu einer solchen motiviert waren und welchen spezifischen Wert sie der Portfolioarbeit im Lehramtsstudium zuschreiben. Eingesetzt wurden adaptierte Skalen des SRQ (vgl. Ryan & Conell 1989) (Intrinsische Motivation, Bsp.: „Ich arbeite mit einem Portfolio, weil ich neue Dinge lernen möchte."; 5 Items, α = .91; Identifizierte Motivation, Bsp.: „Ich arbeite mit einem Portfolio, weil ich damit später bessere Chancen bei

meiner Bewerbung habe."; 4 Items, α = .79; Introjizierte Motivation, Bsp.: „Ich arbeite mit einem Portfolio, weil ich ein schlechtes Gewissen hätte, wenn ich es nicht tun würde."; 4 Items, α = .77; Extrinsische Motivation, Bsp.: „Ich arbeite mit einem Portfolio, weil ich es einfach muss."; 3 Items, α = .78) sowie eine Skala zur Wertzuschreibung des Portfolios (α = .89) in Anlehnung an Seidel et al. (2004). Die Items wurden alle auf einer Likert-Skala von 1 (geringe Ausprägung) bis 4 (hohe Ausprägung) eingeschätzt.

Tabelle 1: Deskriptive Ergebnisse zu Wertzuschreibung und Motivation

	Valides N	M	SD
Wertzuschreibung Portfolio	153	2.20	.72
Intrinsische Motivation	138	2.12	.72
Identifizierte Motivation	138	2.05	.76
Introjizierte Motivation	137	1.57	.64
Extrinsische Motivation	138	2.28	.97

Die unterschiedlichen Regulationsstufen der Motivation sowie die Wertzuschreibung bzgl. eines Portfolios weisen insgesamt mittlere bis niedrige Merkmalsausprägungen auf. Es lässt sich daraus die Vermutung ableiten, dass das Portfoliokonzept im Lehramtsstudium auf eine Gruppe von Anwenderinnen und Anwender trifft, die ein eher problematisches Profil in Bezug auf die Nutzung des Portfolios aufweisen. Es ist daher zu prüfen, in welcher Art und Weise sowohl die Motivation ein Portfolio zu führen, als auch die Wertzuschreibung bzgl. des Portfolios gefördert werden könnten.

Die Untersuchung kann aufgrund der Selektivität und relativ geringen Stichprobengröße selbstverständlich nur als ein erster Anhaltspunkt gewertet werden. Dennoch decken sich die Ergebnisse auch mit Rückmeldungen aus unterschiedlichsten Anwendungskontexten wie Schule, Lehrerfortbildung und Universität. Häufig wird das Portfolio als Kontroll- und Steuerungsinstrument verstanden. Ein inhaltlich subjektiver Nutzen wird von den Anwenderinnen und Anwender eher selten gesehen.

3.2 Interviewstudie zu Gelingensbedingungen für Portfolioarbeit

Ziel dieser Studie war es, aus der Sicht von Lehrerinnen und Lehrer Gelingensbedingungen für Portfolioarbeit zu identifizieren. Die Studie basiert auf drei leitfadengestützten Interviews von Lehrerinnen und Lehrer, die bereits Erfahrung mit der Konzeption und Durchführung von Portfolioarbeit im schulischen Kontext hatten und selbst dieses Thema in der Lehreraus- und -weiterbildung vermittelten. Mit Hilfe einer induktiv orientierten Qualitativen Inhaltsanalyse (vgl.

Mayring 2010) wurden Kategorien generiert, die Merkmale für das Gelingen von Portfolioarbeit im Unterricht aus Sicht von Lehrerinnen und Lehrer beschreiben (vgl. Schlenzig 2011).
Gelingende Portfolioarbeit wurde in diesem Kontext selbstreferenziell gewertet. Es war genau dann gelingende Portfolioarbeit erfüllt, wenn diese die Zielsetzungen der jeweiligen Lehrperson erfüllte. Es wurde im Vorfeld sichergestellt, dass alle Interviewpartnerinnen und -partner von einem ähnlichen Portfolioverständnis ausgingen. Tabelle 2 illustriert die ermittelten Haupt- und Unterkategorien (vgl. Schlenzig 2011: 52 ff.)

Tabelle 2: Gelingensbedingungen für Portfolioarbeit im Unterricht

Hauptkategorien	Unterkategorien
1. Öffnung des Unterrichts	Verändertes Bewertungs- und Beurteilungssystem
	Anregende Lernumgebung
	Veränderte Aufgabenkultur
	Offene Lernwege
	Reduktion der Frontalunterrichtsphasen
	Schülerorientierung
2. Organisation der Portfolioarbeit	Systematischer Aufbau des Portfolios
	Verständliche Einführung in die Portfolioarbeit
	Integration des Portfolios in das Unterrichtsgeschehen
3. Einstellung der Lehrperson	Konstruktivistisches Lern-Lehrverständnis
	Bereitschaft zur Veränderung traditioneller Unterrichtsstrukturen
	Überzeugung vom Nutzen des Portfoliokonzepts auf der Seite der Lehrperson
4. Kompetenzen von Lehrerinnen und Lehrern	Expertenwissen über das Portfolio
	Wissen über die Diagnose und Förderung individueller Lernprozesse
5. Motivation der Schüler	Kompetenzerleben
	Wertschätzung
	Autonomieerleben
	Lernförderliches Klima

Wenn auch der Fokus dieser Interviewstudie auf schulischer Portfolioarbeit lag, lassen sich die Erkenntnisse teilweise auch auf die Lehrerinnen- und Lehrerbildung übertragen. So wurden grundlegende Bedürfnisse der Lernenden, wie Kompetenz- und Autonomieerleben sowie die subjektive Wertzuschreibung als wichtige Gelingensbedingungen für Portfolioarbeit ermittelt. Des Weiteren betonten die Befragten, dass nicht nur bei der Lehrperson, sondern auch bei den Lernenden ein klares Konzeptwissen über das Portfolio und die Portfolioarbeit vorhanden sein muss, damit ein selbstregulierter Lernprozess mit Hilfe des Portfolios angestoßen und unterstützt werden kann. Auf formaler Ebene muss das Portfolio eine nachvollziehbare Struktur aufweisen, die aber abhängig von der jeweils offenen Unterrichtskonzeption adaptiv anpassungsfähig sein sollte. Das Portfolio wird von den befragten Lehrpersonen als integraler Bestandteil von Unterricht verstanden. Dass die hier ermittelten Gelingensbedingungen für Portfolioarbeit den Merkmalen von Unterrichtsqualität nach Helmke (2010) teilweise ähneln, ist somit nicht verwunderlich.

4 Ansatzpunkte für die Entwicklung eines Akzeptanzmodells im Sinne eines adaptiven Portfoliokonzepts

Auf der Grundlage der theoretischen Überlegungen im Zusammenhang mit selbstreguliertem und selbstbestimmtem Lernen sowie der Befragung von Lehramtsstudierenden und der Interviewstudie mit Lehrerinnen und Lehrer können nachfolgend dargestellte Gelingensbedingungen für Portfolioarbeit (siehe Tabelle 3) identifiziert werden.

Tabelle 3: Gelingensbedingungen für Portfolioarbeit

Gelingensbedingungen, die aus der Selbstbestimmungstheorie der Motivation abgeleitet werden können:	Gelingensbedingungen, die aus den inhaltsanalytischen Kategorien der Interviewstudie abgeleitet werden können:
Erleben von ... • Sozialer Eingebundenheit • Selbstbestimmung • Kompetenz • Positiven Emotionen • Subjektiven Wertbezügen	Erleben von ... • Selbstbestimmung • Kompetenz • subjektiver Wertzuschreibung • Wissen in der Domäne Portfolioarbeit (Klare verständliche Einführung; Nachvollziehbares Portfoliokonzept) • einer klar nachvollziehbaren Struktur des Portfolios • einer flexiblen Struktur, um das Portfolio verschiedenen Bedürfnisse anpassen zu können

Für die Beantwortung der Frage, ob und wie eine Innovation wie das Portfolio bei Anwenderinnen und Anwendern Anklang findet bzw. welche Bedingungen hier eine Rolle spielen, finden sich im Bereich der Sozialwissenschaften implizit einige Anhaltspunkte, die allerdings nicht explizit mit dem Konstrukt Akzeptanz in Verbindung gebracht wurden. Allenfalls lassen sich im Kontext von Studien zum E-Learning vereinzelt entsprechende Konzepte finden (vgl. Bürg & Mandl 2004). Der Akzeptanzbegriff kann nach Simon (2001: 87) als die „positive Annahmeentscheidung einer Innovation durch die Anwender" bezeichnet werden. Nach Müller-Böling und Müller (1986) sowie nach Kollmann (1998) sind dabei drei Formen der Akzeptanz zu unterscheiden: Einstellungs-, Verhaltens- und Nutzungsakzeptanz. Die Einstellungsakzeptanz umfasst alle subjektiven Haltungen kognitiver, wertbezogener und affektiver Art gegenüber der entsprechenden Innovation. Die Verhaltensakzeptanz zeigt sich in der beobachtbaren Nutzung, und die Nutzungsakzeptanz wird in der retrospektiven Einschätzung über den Nutzen der Innovation deutlich.

Betrachtet man die Ergebnisse der Interviewstudie, die in diesem Beitrag vorgestellt und in Tabelle 3 wiedergegeben wurden, so fällt auf, dass viele Aspekte der Gelingensbedingungen der Portfolionutzung aus Sicht der Praktikerinnen und Praktiker mit Merkmalen des Akzeptanzkonstrukts in Einklang gebracht werden können. Beispielsweise formuliert Davis (1989) zwei zentrale Merkmale, die eine hohe Akzeptabilität von Innovationen fördern: 1. Erlebte Einfachheit der Nutzung und 2. Erlebter Nutzen der Innovation.

Für den pädagogischen Kontext, hier am Beispiel der Portfolionutzung in der Lehrerinnen- und Lehrerbildung diskutiert, wird daher eine Ergänzung dieses Verständnisses um motivationale und affektive Elemente postuliert, mit dem Ziel, ein pädagogisches Akzeptanzmodell (PAM) zu entwickeln (vgl. Ziegelbauer in Vorbereitung). Neben den eher klassischen Merkmalen „Erlebte Einfachheit der Nutzung" und „Erlebter Nutzen" werden theorieorientiert auch motivationale Konstrukte, wie das Erleben von sozialer Eingebundenheit, Selbstbestimmung und Kompetenz und das emotionale Erleben der Innovation aufgenommen.

Auf dieser Grundlage wird im Sommersemester 2013 eine erneute Befragung bei Lehramtsstudierenden durchgeführt, die folgende zentrale Fragestellungen verfolgt: 1. Welche Akzeptanz genießt das Portfolio vor, während und nach der erstmaligen Nutzung in der Lehrerinnen- und Lehrerbildung bei Lehramtsstudierenden? 2. Welche Merkmale des Portfolios sind in Anlehnung an das pädagogische Akzeptanzmodell bei der Konzeption von Portfolios im Lehramtsstudium zu überarbeiten, um eine höhere Akzeptanz des Portfolios bei Lehramtsstudierenden in der Lehrerinnen- und Lehrerbildung zu fördern? Basierend auf den Ergebnissen dieser Befragung und einer Interviewstudie bei Studierenden wird ein adaptives Portfoliokonzept für das Lehramtsstudium entwickelt. Des Weiteren ist geplant, entsprechende Interventionen zur Portfolioarbeit in den verschiedenen Phasen der Lehrerinnen- und Lehrerbildung durchzuführen und den Einfluss der Akzeptanz der Anwenderinnen und Anwender zu kontrollieren, um die Qualität und Stärke von Interventionseffekten besser kontrollieren zu können.

Literatur

Auferkorte-Michaelis, N. & Szczyrba, B. (2004). Das Lehrportfolio in der Reflexions- und Schreibwerkstatt: Ein Portfolio zur Dokumentation der Lehre. In B. Behrendt, H.-P. Voss & J. Wildt (Hrsg.), *Neues Handbuch Hochschullehre* (S. 1-28). Stuttgart: Raabe.

Baumeister, R. F., Heatherton, T. F. & Tice, D. M. (1994). *Losing control: How and why people fail at self-regulation*. San Diego, CA: Academic Press.

Berthold, K., Nückles, M. & Renkl, A. (2007). Do learning protocols support learning strategies and outcomes? The role of cognitive and metacognitive prompts. *Learning & Instruction, 17* (5), 564-577.

Blömeke, S. (2009). Voraussetzungen bei der Lehrperson. In K.-H. Arnold, U. Sandfuchs & J. Wiechmann (Hrsg.), *Handbuch Unterricht* (S. 122 – 126). (2. Auflage), Bad Heilbrunn: Klinkhardt.

Boekaerts, M. (1999). Self-regulated learning: where we are today. *International Journal of Educational Research*, 31, 445-457.

Boekaerts, M. (1995). Self-regulated learning: Bridging the gap between metacognitive and metamotivation theories. *Educational Psychologist, 30* (4), 195-200.

Bürg, O. & Mandl, H. (2004). *Akzeptanz von E-Learning in Unternehmen* (Forschungsbericht Nr. 167). München: Ludwig-Maximilians-Universität, Department Psychologie, Institut für Pädagogische Psychologie.

Davis, F. D. (1989). Perceived Usefulness, Perceived Ease of Use and User Acceptance of Information Technology. *MIS Quarterly, 13* (3), 319-339.

Deci, E. L. & Ryan, R. M. (1980). Self-determination theory: When mind mediates behavior. *The journal of mind and behavior, 1* (1), 33-43.

Gläser-Zikuda, M. & Järvelä, S. (2008). Application of qualitative and quantitative methods to enrich understanding of emotional and motivational aspects of learning. *International Journal of Educational Research, 47* (2), 79-83.

Gläser-Zikuda, M. & Hascher, T. (Hrsg.) (2007). *Lernprozesse dokumentieren, reflektieren und beurteilen. Lerntagebuch & Portfolio in Bildungsforschung und Bildungspraxis*. Bad Heilbrunn: Klinkhardt.

Häcker, T. (2012). Portfolioarbeit im Kontext einer reflektierenden Lehrer/innenbildung. In R. Egger & M. Merkt (Hrsg.), *Lernwelt Universität. Die Entwicklung von Lehrkompetenz in der Hochschule*. Lernforschung, Bd. 9. (S. 263-289). Wiesbaden: VS Verlag für Sozialwissenschaften.

Häcker, T. & Winter, F. (2006). Portfolio – nicht um jeden Preis! Bedingungen und Voraussetzungen der Portfolioarbeit in der Lehrerbildung. In I. Brunner, T. Häcker & F. Winter (Hrsg.), *Das Handbuch Portfolioarbeit. Konzepte, Anregungen, Erfahrungen aus Schule und Lehrerbildung* (S. 227-233). Seelze-Velber: Kallmeyer.

Helmke, A. (2010). *Unterrichtsqualität und Lehrerprofessionalität. Diagnose, Evaluation und Verbesserung des Unterrichts*. Seelze: Klett-Kallmeyer.

Hmelo-Silver, C. E. (2004). Problem-based learning: What and how do students learn? *Educational Psychology Review, 16* (3), 235-266.

KMK (Ständige Konferenz der Kultusminister der Länder der Bundesrepublik Deutschland) (2004). *Standards für die Lehrerbildung: Bildungswissenschaften*. Beschluss der Kultusministerkonferenz vom 16.12.2004. URL: http://www.kmk.org/fileadmin/veroeffentlichungen_beschluesse/2004/2004_12_16-Standards-Lehrerbildung.pdf (10.10.2012).

Kollmann, T. (1998). *Akzeptanz innovativer Nutzungsgüter und -systeme: Konsequenzen für die Einführung von Telekommunikations- und Multimediasystemen.* Wiesbaden: Gabler.

Mayr, J. & Neuweg, G. H. (2006). Der Persönlichkeitsansatz in der Lehrer/innen/forschung. Grundsätzliche Überlegungen, exemplarische Befunde und Implikationen für die Lehrer/innen/bildung. In M. Heinrich & U. Greiner (Hrsg.), *Schauen, was 'rauskommt. Kompetenzförderung, Evaluation und Systemsteuerung im Bildungswesen* (S. 183-206). Wien: Lit.

Mayring, P. (2010). *Qualitative Inhaltsanalyse. Grundlagen und Techniken* (11. Aufl.). Weinheim: Beltz.

Müller-Böling, D. & Müller, M. (1986). *Akzeptanzfaktoren der Bürokommunikation.* München, Wien: Oldenbourg Verlag.

Neuweg, G. H. (2011). Das Wissen der Wissensvermittler. Problemstellungen, Befunde und Perspektiven der Forschung zum Lehrerwissen. In E. Terhart, H. Bennewitz & M. Rothland (Hrsg.), *Handbuch der Forschung zum Lehrerberuf* (S. 451-477). Münster: Waxmann.

Paulson, F. L., Paulson, P. R. & Meyer, C. A. (1991). What makes a portfolio a portfolio? *Educational Leadership, 48,* 60-63.

Ryan, R. & Connell, J. (1989). Perceived locus of causality and internalization: Examing reasons for acting in two domains. *Journal of Personality and Social Psychology, 57,* 749-761.

Schlenzig, A, (2011). *Gelingensbedingungen für die erfolgreiche Arbeit mit Portfolios im Unterricht.* Unveröffentlichte Magisterarbeit an der Friedrich-Schiller-Universität Jena.

Schön, D. A. (1984). *The reflective practitioner. How professionals think in action.* Perseus Books. London: Basic Books Inc.

Schmitz, B. & Wiese, B. (2006). New perspectives for the evaluation of training sessions in self-regulated learning: Time-series analyses of diary data. *Contemporary Educational Psychology, 31* (1), 64-96.

Schmitz, B. (2001). Self-Monitoring zur Unterstützung des Transfers einer Schulung in Selbstregulation für Studierende. Eine prozessanalytische Untersuchung. *Zeitschrift für Pädagogische Psychologie, 15,* 179-195.

Schmitz, B., Schmidt, M., Landmann, M. & Spiel, C. (2007). New Developments in the field of self-regulated learning. *Journal of Psychology, 215* (3), 153-156.

Seidel, T., Prenzel, M., Duit, R. & Lehrke, M. (2004). *Technischer Bericht zur Videostudie „Lehr-Lern-Prozesse im Physikunterricht".* Kiel: IPN.

Simon, B. (2001). *Wissensmedien im Bildungssektor. Eine Akzeptanzuntersuchung an Hochschulen.* Onlinedissertation. URL: http://epub.wu.ac.at/1869/ (06.11.2012).

Thüringer Verordnung über die Ausbildung und Zweite Staatsprüfung für die Lehrämter (ThürAZ-StPLVO) vom 3. September 2002 (GVBl. S. 328), zuletzt geändert durch Verordnung vom 13. Juli 2009 (GVBl. S. 631). URL: http://doku.gew-thueringen.de/GEW/FileResources.nsf/%280%29/3BD32F588C3A821AC12576250043DC74/$FILE/thuerazstplvo_2009.pdf (12.11.2012).

Wahl, D. (1981). Methoden zur Erfassung handlungssteuernder Kognitionen von Lehrern. In M. Hofer (Hrsg.), *Informationsverarbeitung und Entscheidungsverhalten von Lehrern. Beiträge zu einer Handlungstheorie des Unterrichtens* (S. 49-77). München: Urban & Schwarzenberg.

Ziegelbauer, S. (in Vorbereitung). *PAM – Pädagogisches Akzeptanzmodell. Konzeption und empirische Überprüfung.*

Zimmerman, B. J. (2000). Attaining self-regulation. A social cognitive perspektive. In M. Boekaerts, P. R. Pintrich & M. Zeidner (Hrsg.), *Handbook of self-regulation* (S. 13-39). San Diego, CA: Academic Press.

Einschätzung der Portfolioarbeit durch Lehramtsstudierende – empirische Ergebnisse einer studienverlaufsbegleitenden Befragung in Bielefeld

Lilian Streblow, Vanessa Rumpold und Nicole Valdorf, Universität Bielefeld

Abstract
In dem vorliegenden Beitrag werden erste Ergebnisse der Einschätzung der Arbeit mit dem „Bielefelder Portfolio Praxisstudien" durch die Lehramtsstudierenden vorgestellt. An der Befragung haben 290 Lehramtsstudierende teilgenommen, die zum Zeitpunkt der Befragung gerade die Orientierende Praxisstudie Bildungswissenschaften am Ende des ersten Semesters absolviert haben. Für die Befragungen zur Arbeit mit dem Bielefelder Portfolio Praxisstudien ist ein Fragebogen entwickelt worden, der verschiedene Aspekte der Portfolioarbeit thematisiert (z.B. den wahrgenommenen Nutzen der Portfolioarbeit sowie mögliche Gesprächsbedarfe). Die Daten spiegeln insgesamt eine ambivalente Haltung der Studierenden wider. So beschreiben die Studierenden ihre bisherige Arbeit mit dem Portfolio als „eher" bzw. sogar „sehr oberflächlich". Etwa die Hälfte der befragten Studierenden glaubt nicht, dass dieses Instrument ihnen helfen kann, die Entwicklung ihrer beruflichen Kompetenzen besser einzuschätzen. Sie wünschen sich aber mehr Informationen über die mit der Portfolioarbeit verknüpften Anforderungen und möchten sich vor allem auch mit Lehrenden über die Inhalte austauschen. Vor dem Hintergrund der vorliegenden ersten Befunde werden Implikationen für die universitäre Begleitung der Portfolioarbeit diskutiert.

Schlagwörter: *Portfolio Praxisstudien, Lehramtsstudium, Studierendenbefragung, Ziele der Portfolioarbeit*

Einleitung

Das neue Lehrerausbildungsgesetz für Nordrhein-Westfalen sieht ein Portfolio vor, in dem die angehenden Lehrerinnen und Lehrer ihren Lern- und Reflexionsprozess dokumentieren (vgl. Pineker & Störtländer in diesem Band). Das Portfolio ist in allen Praxiselementen vom Eignungspraktikum bis in den Vorbereitungsdienst verpflichtend und lässt sich damit als phasenübergreifendes Instrument der Professionalisierung bezeichnen. Das Eignungspraktikum wurde dabei 2010 in

Nordrhein-Westfalen als neues Element der Ausbildung von Lehrerinnen und Lehrern eingeführt.
Das zwanzigtägige Eignungspraktikum richtet sich vorrangig an zukünftige Studierende, die ein Lehramtsstudium nach dem Lehrerausbildungsgesetz vom 12. Mai 2009 an einer nordrhein-westfälischen Hochschule absolvieren wollen (vgl. Paar et al. 2010: 4). Diese erste Praxisphase wird von den Schulen verantwortet und von den Zentren für schulpraktische Lehrerausbildung begleitet (vgl. ebd.).
Das Eignungspraktikum ist die strukturierte Erstbegegnung mit dem Berufsfeld Schule (vgl. ebd.), bei dem die zukünftigen Lehrerinnen und Lehrer erste Einblicke in die Arbeitsfelder einer Lehrkraft gewinnen und dabei von erfahrenen Mentorinnen und Mentoren begleitet werden. Flankiert wird der Praxiskontakt durch ein obligatorisch zu führendes Portfolio (vgl. § 13 LZV), das im Kontext der verschiedenen Reflexionsanlässe im Eignungspraktikum thematisiert wird.
Es beinhaltet fünf Elemente, vier Selbstreflexionsbögen sowie einen Bilanzierungsbogen, die von den Studieninteressierten im Eignungspraktikum bearbeitet und im Rahmen von Reflexionsgesprächen besprochen werden. Das Portfolio Praxiselemente gliedert sich auf in einen öffentlichen Dokumentations- und einen privaten Reflexionsteil. Es wird an der Universität Bielefeld als „Portfolio Praxisstudien" weitergeführt, um die forschende Ausrichtung der sich anschließenden Praxisphasen zu unterstreichen. Dementsprechend wurde das Portfolio für den universitären Kontext modifiziert.

Das Bielefelder Portfolio Praxisstudien

Ziel des bereits erwähnten obligatorischen Portfolios ist die Dokumentation des Lern- und Reflexionsprozesses für angehende Lehrerinnen und Lehrer.
Um Empfehlungen für die Implementierung des *Bielefelder Portfolio Praxisstudien* zu erarbeiten und innerhalb der Universität zu vertreten, hat sich im Sommersemester 2010 eine hochschulinterne Arbeitsgruppe „Portfolio in der LehrerInnenbildung" zusammengeschlossen. Eine von der Arbeitsgruppe durchgeführte Tagung mit Experten für Portfolioarbeit aus dem deutschsprachigen Raum bot Impulse für die zunächst zentrale Frage, wie unter Berücksichtigung der rechtlichen Rahmenbedingungen sowie der Bielefelder Studienstruktur ein für Bielefeld spezifisches Portfoliokonzept in der LehrerInnenbildung für die universitären Praxisstudien (Orientierende Praxisstudie, Berufsfeldbezogene Praxisstudie, Praxissemester) verankert und umgesetzt werden kann. Vor dem Hintergrund der Ausbildung zukünftiger Lehrerinnen und Lehrer an der Universität Bielefeld wurden zwei Schwerpunkte – der Umgang mit Heterogenität und das forschende Lernen – bei der Formulierung von Leitlinien für die Bielefelder Portfolioarbeit als Orientierungsgrundlage herangezogen. Um eine Informationsgrundlage für alle

Beteiligten zu schaffen, wurde darüber hinaus eine Handreichung zum Bielefelder Portfolio Praxisstudien verfasst.

Die Arbeit mit dem Bielefelder Portfolio Praxisstudien soll Lehramtsstudierende dabei unterstützen, die Wahrnehmung und Nutzung von Lerngelegenheiten in den schulpraktischen Phasen – im Sinne des forschenden Lernens – theoriegeleitet zu reflektieren und ihre professionsspezifische Kompetenzentwicklung eigenverantwortlich zu steuern.

Die Struktur des Portfolios bedingt sich durch die Vorgaben im Eignungspraktikum, wurde jedoch hochschulspezifisch modifiziert. So wurde etwa der Kern der reflexiven Portfolioarbeit – die Bearbeitung der standardbezogenen Reflexionsbögen – insofern intensiviert, als dass die in Bielefeld entwickelten Reflexionsbögen weniger Formularcharakter aufweisen und mehr auf die eigenverantwortliche Herangehensweise an die Schreib- und Reflexionsaufgaben gesetzt wird. Die reflexive Portfolioarbeit erfordert von den Studierenden die Relationierung ihrer individuellen Lernentwicklung mit den in der jeweiligen Praxisstudie zu erreichenden Kompetenzen (vgl. § 7 ff. LZV), welche bildungspolitische Ausbildungsziele abbilden. Dabei beziehen die Portfolioautorinnen und -autoren subjektiv wichtige Erlebnisse und Informationen aus dem Praktikum auf ihre bislang erworbenen wissenschaftlichen Kenntnisse und ziehen Schlussfolgerungen für weitere Lernziele.

Die Reflexion stützt sich dabei auf eine begründete Auswahl an dokumentierten Materialien (z.B. Unterrichtsplanungen, Stundenpläne, Seminarmitschriften etc.), die Prozesse und Ergebnisse des Lernens belegen.

Je stärker in diesem Prozess auf die Eigenaktivität der Studierenden gesetzt wird, umso mehr wird die Notwendigkeit einer nachhaltigen Dialogkomponente ersichtlich.

Der Reflexionsteil des Portfolios ist nicht öffentlich, jedoch Grundlage für Beratungs- und Gesprächsanlässe. Dabei treffen die Studierenden eine Auswahl der Portfolioinhalte, deren Aussagegehalt und Bedeutung für ihre individuelle Kompetenzentwicklung sie in den Dialog einbringen wollen. Den Studierenden bieten sich dabei unterschiedliche Gesprächspartnerinnen und Gesprächspartner: Lehrende, Mentorinnen und Mentoren in den schulpraktischen Studien, Lehrbeauftragte der praktikumsbegleitenden Seminare sowie Peers.

Eine Einführung und Begleitung der Portfolioarbeit findet im Rahmen des Einführungsmoduls in den Bildungswissenschaften statt. Diese universitär begleitete Portfolioarbeit dient der Vor- und Nachbereitung der Orientierenden Praxisstudie (OPS), welche in der Regel nach dem ersten Semester absolviert wird und somit die erste universitäre Praxisphase ist.

Zur Sicherung der Anschlussfähigkeit des Portfolios führt die Bielefeld School of Education (BiSEd) eine studienverlaufsbegleitende Befragung der Studierenden zu ihrer Arbeit mit dem Portfolio Praxisstudien in der Universität Bielefeld durch. In den folgenden Abschnitten wird zunächst ein kurzer Überblick über das gesamte Evaluationskonzept gegeben und dann detaillierter auf die Befunde der ersten Kohorte zur Arbeit mit dem Portfolio Praxisstudien eingegangen. Die Studierenden wurden ebenfalls zu Beginn ihres Studiums zum Eignungspraktikum und der damit verknüpften Portfolioarbeit befragt. In dieser ersten Kohorte, für die das Eignungspraktikum verpflichtend war, hatten allerdings nur 69 der 287 befragten Studierenden das Eignungspraktikum bereits absolviert (24%). Von diesen 69 Studierenden gaben wiederum nur 45 an, mit dem Portfolio gearbeitet zu haben, sodass die Stichprobe sehr klein und überdies selektiv ist. Wir möchten uns daher in den folgenden Abschnitten auf die ersten Befunde zu dem „Bielefelder Portfolio Praxisstudien" beziehen.

Überblick über die studienverlaufsbegleitende Befragung

Im Zuge der Umsetzung der neuen Rahmenbedingungen und gesetzlichen Vorgaben für die Lehramtsausbildung wurde die Studienstruktur der lehramtsbezogenen Studiengänge zum Wintersemester 2011/12 erheblich verändert. Um möglichst schnell auf inhaltliche und organisatorische Schwierigkeiten reagieren zu können, führt die BiSEd (Bielefeld School of Education) eine studienverlaufsbegleitende Befragung der Lehramtsstudierenden durch. Die Befragung ist streng anonym und die Teilnahme ist freiwillig. Die verschiedenen Messzeitpunkte sind der Abbildung 1 zu entnehmen. Fragestellungen, die der Evaluation zugrunde liegen, sind beispielsweise: „Wie beurteilen die Studierenden die Einbindung der Praxisstudien in den Verlauf ihres Studiums?", „Welche Hinweise zur Optimierung ergeben sich aus der Befragung?" Oder: „Wie beurteilen die Studierenden die Arbeit mit dem Portfolio Praxisstudien – ergeben sich Hinweise für eine Verbesserung der Einlagen?"

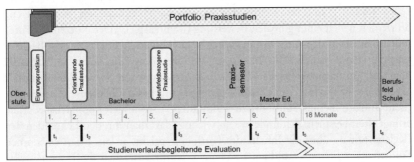

Abb. 1: Überblick über die Messzeitpunkte

Deskriptive Statistik

Im Wintersemester 2011/12 absolvierten 340 Studierende die Orientierende Praxisstudie Bildungswissenschaften. An der Evaluation nahmen 290 Studierende teil, was einem Rücklauf von 85,3 % entspricht. Wie sich die Teilnehmerinnen und Teilnehmer der Orientierenden Praxisstudie (OPS) auf die einzelnen Lehramtsstudiengänge aufteilten, ist der Tabelle 1 zu entnehmen.

Tabelle 1: Teilnehmerinnen und Teilnehmer an der OPS im Wintersemester 2011/12, getrennt nach Lehramtsstudium (von 7 Studierenden lagen keine Angaben zur Schulform vor). Anmerkungen: GymGe (Gymnasium und Gesamtschule), HRGe (Haupt-, Real- und Gesamtschule), G (Grundschule), GISP (Grundschule mit integrierter Sonderpädagogik).

		Geschlecht		
		Frauen	Männer	Gesamt
Lehramt	GymGe	65	61	126
	HRGe	27	19	46
	G	59	17	76
	GISP	28	7	35
Gesamt		179	104	283

Die Arbeit mit dem Bielefelder Portfolio Praxisstudien

Für die Begleitung der Arbeit mit dem Portfolio Praxisstudien ist an der BiSEd ein neuer umfassender Fragebogen entwickelt und mit der Arbeitsgruppe „Portfolio in der LehrerInnenbildung" abgestimmt worden. Es handelt sich um 20 Items, die auf einer 4-stufigen Skala bearbeitet werden (von „trifft nicht zu" bis „trifft zu", s. Kasten 1) und unterschiedliche Aspekte der Portfolioarbeit thematisieren. So werden neben einer globalen Bewertung (Itembeispiel: „Der Nutzen der Portfolioarbeit ist für den Aufwand zu gering.") auch Einschätzungen zu dem Begleitmaterial (Itembeispiel: „Die Inhalte der Handreichung zum Portfolio Praxisstudien sind gut nachzuvollziehen."), dem wahrgenommenen Nutzen (Itembeispiel: „Durch die Arbeit mit dem Portfolio gelingt es mir besser, theoretische und praktische Inhalte meines Studiums zu verknüpfen.") sowie den Gesprächsbedarfen erfragt (Itembeispiel: „Ich finde es sehr wichtig, dass man mit den Lehrenden der Begleitseminare über die Inhalte des Portfolios spricht."). Um die Angaben der Studierenden richtig einordnen zu können, wurde zusätzlich die Frage gestellt: „Wie intensiv haben Sie sich bisher mit den Inhalten Ihres Portfolios auseinandergesetzt?". Für diese Frage wurde ebenfalls ein 4-stufiges Antwortformat gewählt (von „sehr intensiv" bis „sehr oberflächlich").

Einschätzung der Portfolioarbeit durch Lehramtsstudierende

Kasten 1: Fragebogen „Die Arbeit mit dem Bielefelder Portfolio Praxisstudien"; Stichprobengröße, Mittelwert und Standardabweichung werden für jedes Item in Klammern angegeben.

Inwieweit stimmen Sie folgenden Aussagen zur Arbeit mit dem *Portfolio Praxisstudien* zu? (4-stufiges Antwortformat von „trifft nicht zu" bis „trifft zu".

1. Die Arbeit mit dem Portfolio hilft mir, die Entwicklung meiner beruflichen Kompetenzen besser einzuschätzen. (N = 274, M = 2.27, SD = .87)
2. Ich weiß, welche Anforderungen mit der Arbeit an dem Portfolio verbunden sind. (N = 277, M = 2.12, SD = .90)
3. Die Arbeit mit dem Portfolio unterstützt mich bei der **Dokumentation schulpraxisbezogener Erfahrungen**. (N = 269, M = 2.67, SD = .84)
4. Die Arbeit mit dem Portfolio unterstützt mich bei der **Reflexion schulpraxisbezogener Erfahrungen**. (N = 268, M = 2.63, SD = .83)
5. Die Arbeit mit dem Portfolio unterstützt mich bei der **Dokumentation theoretischer Inhalte** meines Studiums. (N = 269, M = 2.29, SD = .85)
6. Die Arbeit mit dem Portfolio unterstützt mich bei der **Reflexion theoretischer Inhalte** meines Studiums. (N = 270, M = 2.26, SD = .83)
7. Durch die Arbeit mit dem Portfolio gelingt es mir besser, **theoretische und praktische Inhalte** meines Studiums **zu verknüpfen**. (N = 266, M = 2.19, SD = .87)
8. Ich benötige weitere Informationen, was bei der Portfolioarbeit von mir erwartet wird. (N = 272, M = 3.43, SD = .87)
9. Ich arbeite gern mit dem Portfolio Praxisstudien. (N = 259, M = 1.84, SD = .77)
10. Die Arbeit mit dem Reflexionsbogen verdeutlicht mir die unterschiedlichen Anforderungen des Lehrerberufs. (N = 255, M = 2.39, SD = .84)
11. Ich möchte das Portfolio Praxisstudien auch für die Planung und Strukturierung meines Studiums nutzen. (N = 263, M = 2.00, SD = .85)
12. Ich halte die Arbeit mit dem Portfolio für ein wichtiges Element meiner Ausbildung. (N = 265, M = 2.03, SD = .85)
13. Ich finde es sehr wichtig, dass man mit seiner **Mentorin/ seinem Mentor an der Praktikumsschule** über die Inhalte des Portfolios spricht. (N = 265, M = 2.37, SD = .98)
14. Ich finde es sehr wichtig, dass man mit den **Lehrenden der Begleitseminare** über die Inhalte des Portfolios spricht. (N = 268, M = 3.13, SD = .93)
15. Ich finde es sehr wichtig, dass man mit den **Lehrenden der Einführungsseminare** über die Inhalte des Portfolios spricht. (N = 266, M = 3.19, SD = .91)
16. Der Nutzen der Portfolioarbeit ist für den Aufwand zu gering. (N = 257, M = 2.94, SD = .92)
17. Den Umfang der Handreichung zum Portfolio Praxisstudien finde ich angemessen. (N = 252, M = 2.13, SD = .86)
18. Die Inhalte der Handreichung zum Portfolio Praxisstudien sind gut nachzuvollziehen. (N = 254, M = 2.14, SD = .83)
19. Die Schreibreflexionsanregungen im Reflexionsbogen empfand ich zur Einschätzung meiner Kompetenzentwicklung als hilfreich. (N = 249, M = 2.30, SD = .85)
20. Die Handreichung zum Portfolio Praxisstudien ist hilfreich. (N = 250, M = 2.26, SD = .87)

Die Einschätzungen der Studierenden zur Arbeit mit dem Bielefelder Portfolio Praxisstudien sollen vor dem Hintergrund ihrer Erfahrungen und Eindrücke in der Orientierenden Praxisstudie diskutiert werden, daher werden im folgenden Abschnitt zunächst einige ausgewählte Befunde zur schulischen Praxisphase erläutert.

Erwartungen an die Praxisphase/ Erfahrungen im Praktikum

Die Studierenden schildern insgesamt eine hohe Zufriedenheit mit der schulischen Praxisphase. So geben 85% der Befragten an, ihre Erwartungen seien vollständig erfüllt worden. Nur drei Prozent sagen hingegen, ihre Erwartungen seien nicht oder eher nicht erfüllt worden (s. Abb. 2). Interessant ist dabei, welche konkreten Erwartungen die Studierenden an ihre Praxisphase hatten. Die Erwartungen wurden ebenfalls offen erfragt und anschließend kategorisiert (s. Abb. 3).

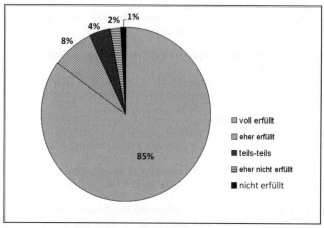

Abb. 2: „Wurden Ihre Erwartungen an die schulische Praxisphase Ihrer orientierenden Praxisstudie erfüllt?" Abgetragen sind die Antworthäufigkeiten pro Kategorie in Prozent (N = 290; offene Frage)

Es zeigte sich, dass die Studierenden vor allem Einblicke in die unterschiedlichen Aufgabenbereiche einer Lehrkraft gewinnen (53,8% der geschilderten Erwartungen) bzw. Praxiserfahrungen sammeln wollten (43,7%). Immerhin 30,1% der Äußerungen thematisierten den Wunsch, aus dem Praktikum Hinweise bezüglich der persönlichen Eignung und/oder Neigung ableiten zu können.

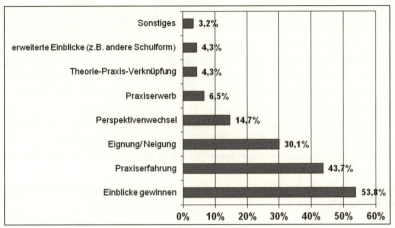

Abb. 3: „Was waren Ihre wichtigsten Erwartungen an die schulische Praxisphase Ihrer orientierenden Praxisstudie?" Abgetragen sind die Antworthäufigkeiten pro Kategorie in Prozent (N = 290; offene Frage)

Überraschend ist hingegen, dass sich nur 4,3% der Äußerungen auf Aspekte der Theorie-Praxisverknüpfung beziehen. Dies ist insofern verwunderlich, da es ein explizites Ziel der Orientierenden Praxisstudie ist, erste Verknüpfungen zwischen bildungswissenschaftlichen Theorien und pädagogischen Situationen zu gestalten. So sind in der Lehramtszugangsverordnung des Landes NRW für alle Praxisphasen Standards formuliert worden, die die Transparenz der Anforderungen an die verschiedenen Praxisphasen erhöhen soll. Die Umsetzbarkeit dieses umfangreichen Anforderungskatalogs wird von Vertreterinnen und Vertretern der Universitäten und der Schulen zum Teil sehr kritisch gesehen. Wir möchten daher prüfen, wie die Studierenden die Möglichkeiten beurteilen, die sie im Rahmen ihres Praktikums zum Erwerb dieser Fähigkeiten hatten.

Für die Orientierende Praxisstudie wurden in der LZV 2009 (§ 7) folgende Standards formuliert:
Die Absolventinnen und Absolventen der Orientierenden Praxisstudie verfügen über die Fähigkeit...
1. ... die Komplexität des schulischen Handlungsfelds aus einer professions- und systemorientierten Perspektive zu erkunden,
2. ... erste Beziehungen zwischen bildungswissenschaftlichen Theorieansätzen und konkreten pädagogischen Situationen herzustellen,
3. ... einzelne pädagogische Handlungssituationen mit zu gestalten und
4. ... Aufbau und Ausgestaltung von Studium und eigener professioneller Entwicklung reflektiert mit zu gestalten.

Da die Studierenden in der OPS vor allem eigene Unterrichtserfahrungen sammeln möchten, liegt es nahe zu vermuten, dass die Studierenden das Praktikum vor allem für die „Mitgestaltung pädagogischer Situationen" (Standard 3) nutzen konnten. Die vorliegenden Befunde stützen diese Annahme (s. Abb. 4). Etwa jeder dritte Studierende gibt hingegen an, das Praktikum sei nicht bzw. eher nicht geeignet gewesen, um die in Standard 2 und 4 beschriebenen Fähigkeiten zu erwerben.

Die Frage lautete: „Das Land NRW hat Standards für die einzelnen Praxisphasen formuliert. Uns interessiert, ob und in welchem Maße Sie in Ihrem Praktikum die in den einzelnen Standards geforderten Fähigkeiten tatsächlich erwerben konnten." Die Antwortmöglichkeiten lauteten:
„Die Absolventinnen und Absolventen der orientierenden Praxisstudien verfügen über die Fähigkeit, ..."

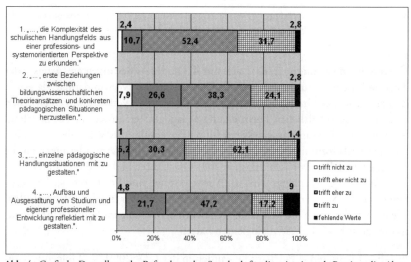

Abb. 4: Grafische Darstellung der Befunde zu den Standards für die orientierende Praxisstudie. Abgetragen sind die Antworthäufigkeiten pro Kategorie in Prozent (N = 290)

Befunde zur Arbeit mit dem Bielefelder Portfolio Praxisstudien

Die Daten spiegeln insgesamt eine überwiegend skeptische bzw. ambivalente Haltung der Studierenden zum Portfolio Praxisstudien wider (s. Abb. 5). Sie arbeiten gegenwärtig nicht gern mit dem Portfolio und etwa die Hälfte der befragten Studierenden bezweifelt, dass dieses Instrument ihnen helfen kann, „die Entwicklung ihrer beruflichen Kompetenzen besser einzuschätzen." Die Anforderungen, die mit der Portfolioarbeit verknüpft sind, empfinden die Studierenden überwiegend als unklar und sie geben an, weitere Informationen bezüglich der mit der Portfolioarbeit verknüpften Anforderungen zu benötigen (s. Abb. 5).

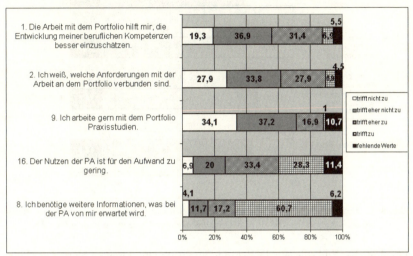

Abb. 5: Grafische Darstellung der Befunde zu allgemeinen Aspekten der Arbeit mit dem Bielefelder Portfolio Praxisstudien. Abgetragen sind die Antworthäufigkeiten pro Kategorie in Prozent (N = 290)

Die Daten zu den Begleitmaterialien zeigen ebenfalls sehr deutlich, dass die Meinungen zur Portfolioarbeit zwiegespalten sind (s. Abb. 6). Etwa die Hälfte der Studierenden fand die Handreichung nicht hilfreich, den Umfang unangemessen und die Inhalte schwer nachzuvollziehen. Es gibt allerdings auch eine Gruppe Studierender, deren Einschätzungen positiv, nämlich genau komplementär ausfallen.

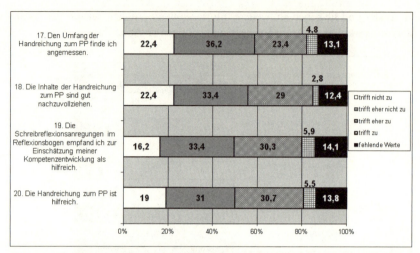

Abb. 6: Grafische Darstellung der Befunde zu dem Begleitmaterial des Bielefelder Portfolios Praxisstudien. Abgetragen sind die Antworthäufigkeiten pro Kategorie in Prozent (N = 290)

Ein ähnliches Bild spiegeln die Befunde zum wahrgenommenen Nutzen der Portfolioarbeit wider: Mehr als 60% der Befragten halten das Portfolio Praxisstudien nicht für ein wichtiges Element ihrer Ausbildung und ein ebenso großer Teil möchte es auch nicht zur Planung und Strukturierung ihres Studiums nutzen. Der überwiegende Teil der Befragten glaubt hingegen schon, dass die Arbeit mit dem Portfolio sie bei der Dokumentation und bei der Reflexion schulpraxisbezogener Erfahrungen unterstützt (s. Abb. 7).

Einschätzung der Portfolioarbeit durch Lehramtsstudierende | 133

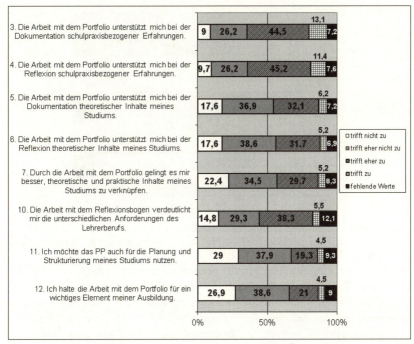

Abb. 7: Grafische Darstellung der Befunde zum wahrgenommenen Nutzen der Arbeit mit dem Bielefelder Portfolio Praxisstudien. Abgetragen sind die Antworthäufigkeiten pro Kategorie in Prozent (N = 290)

Besonders interessant sind die Angaben der Studierenden auf die Fragen, wie wichtig ihnen die Kommunikation über Inhalte des Portfolios mit unterschiedlichen Akteuren des Eingangsmoduls ist. Während über die Hälfte der Befragten es eher nicht bzw. nicht wichtig findet, sich mit Mentorinnen und Mentoren an der Praktikumsschule über Portfolioinhalte auszutauschen, halten jeweils mehr als 70% der Befragten Gespräche mit den Lehrenden der Einführungsseminare sowie der Begleitveranstaltung für bedeutsam (s. Abb. 8).

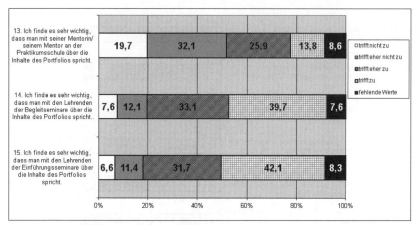

Abb. 8: Grafische Darstellung der Befunde zu möglichen gewünschten Kommunikationspartnern über Inhalte des Bielefelder Portfolios Praxisstudien. Abgetragen sind die Antworthäufigkeiten pro Kategorie in Prozent (N = 290)

Für die Einordnung der Angaben der Studierenden ist es wichtig, auch die Frage nach der Intensität der Arbeit mit dem Bielefelder Portfolio Praxisstudien zu betrachten. Nur fünf Studierende berichten von einer sehr intensiven Auseinandersetzung mit den Inhalten des Portfolios (1,7%). 43 (14,8%) schildern eine eher intensive Portfolioarbeit. 222 Studierende sagen allerdings, dass sie nur eher oberflächlich (54,1%) bzw. sehr oberflächlich (22,4%) mit dem Portfolio gearbeitet haben.

Fazit und Ausblick

Die Durchführung einer studienverlaufsbegleitenden Evaluation ermöglicht es, gleich bei der ersten Kohorte die Einbindung und Begleitung der Portfolioarbeit im Rahmen der OPS zu prüfen und gegebenenfalls zu verbessern. Die Studierenden schildern insgesamt eine hohe Zufriedenheit mit der schulischen Praxisphase. In Bezug auf die Arbeit mit dem Portfolio zeigt sich, dass die Studierenden vor allem mehr Unterstützung bei der Portfolioarbeit benötigen. Sie wünschen sich mehr Informationen über die mit der Portfolioarbeit verknüpften Anforderungen und möchten über die Portfolioinhalte mit den Lehrenden der Einführungs- und Begleitveranstaltungen sprechen.

Bei der Bewertung der Befunde darf man nicht außer Acht lassen, dass es sich bei den befragten Studierenden um die erste Kohorte handelt, für die das Portfolio ein obligatorischer Teil der Ausbildung ist. Die skeptische Haltung der Studierenden ist vor diesem Hintergrund nachzuvollziehen, da das Portfolio auf jeden Fall mit zusätzlicher Arbeit für die Studierenden verbunden ist. Positiv ist, dass schon in dieser ersten Kohorte Studierende sind, die das Instrument zumindest sinnvoll im Hinblick auf die Dokumentation und Reflexion schulpraktischer Erfahrungen finden. In dem Einführungsmodul Bildungswissenschaften ist die Betreuung der Studierenden bei der Portfolioarbeit intensiviert worden. Studentische Tutorinnen und Tutoren haben an Fortbildungen im reflexiven Schreiben teilgenommen, eine wissenschaftliche Mitarbeiterin konnte eingestellt werden, die zusätzliche Angebote zur Begleitung der Portfolioarbeit entwickelt und implementiert. Überdies hat es Austauschtreffen zwischen den Lehrenden der Einführungsseminare und der Begleitseminare gegeben, im Rahmen derer vor allem auch über verschiedene Möglichkeiten der Vorbereitung und Begleitung der Arbeit mit dem „Bielefelder Portfolio Praxisstudien" diskutiert wurde.

Literatur

LZV. Verordnung über den Zugang zum nordrhein-westfälischen Vorbereitungsdienst für Lehrämter an Schulen und Voraussetzungen bundesweiter Mobilität vom 18. Juni 2009.

Paar, S., Rumpold, V., Schöning, A., Valdorf, N., Wittgen, B., Mayr, J. & Nieskens, B. (2010). Informationen für Lehrerinnen und Lehrer der Zukunft in NRW. Begleitung und Beratung im Eignungspraktikum. Materialien für Fachleiterinnen und Fachleiter sowie für Mentorinnen und Mentoren. Erprobungsfassung 26. Juli 2010. URL: http://nrw.cctgermany.de/data/de/100727_Schulungsmaterial_Eignungspraktikum.pdf (17.05.2011).

Portfolioeinlagen für das „Bielefelder Portfolio Praxisstudien"/Orientierungspraktikum. URL: http://www.bised.uni-bielefeld.de/praxisstudien/bielefelder-praxis/Link_portfolioeinlagen/portfolioeinlagen1 (03.12.2012).

Grundlagen und Umsetzung der Portfolioarbeit in der LehrerInnenbildung an der Universität Innsbruck. Ein Resümee

Christian Kraler, Universität Innsbruck

Abstract

Im Beitrag wird basierend auf einem Kernaspekt von Portfolioarbeit in der LehrerInnenbildung, der metakognitiven Reflexion, eine Charakterisierung des Begriffs Portfolio vorgeschlagen. Der erste Abschnitt konzentriert sich auf die Diskussion wichtiger Quellen moderner Portfolioarbeit und greift dabei auf Untersuchungen von Michel Foucault zur Ästhetik der Existenz zurück. Im zweiten Teil wird dargestellt, was Portfolioarbeit in der LehrerInnenbildung leisten kann. Zentrales Ergebnis ist, dass sich die Wirkung derselben in der Regel in mehr Bereichen und Ebenen entfaltet, als dies der primäre Fokus auf das Instrument als Format für Auszubildende nahe legt. Im dritten Teil werden zentrale Befunde der Erforschung der Portfolioarbeit in Innsbruck überblicksmäßig dargestellt. Im abschließenden vierten Abschnitt werden basierend auf den Befunden und langjähriger Arbeit in dem diskutierten Anwendungsfeld Gelingensbedingungen für eine erfolgreiche Portfolioarbeit zusammengefasst.

Schlagwörter: *LehrerInnenbildung, Portfolioarbeit, metakognitive Reflexion, Professionalisierung, Gelingensbedingungen*

Tina Hascher und Michael Schratz konstatierten 2001 im Journal für LehrerInnenbildung:

„Im deutschen Sprachraum (v.a. in der Schweiz und Österreich, noch selten in Deutschland) werden gegenwärtig Portfolios an immer mehr Institutionen der LehrerInnenbildung eingeführt – mit dem Ziel, eine Brücke zwischen dem Erwerb von Wissen und Handlungskompetenzen, zwischen Theorie und Praxis am Weg der Professionalisierung von künftigen LehrerInnen zu bauen" (Schratz & Hascher 2001: 5).

Die vielfältigen Erfahrungen der letzten elf Jahre haben gezeigt, dass Portfolioarbeit auch im Bereich der LehrerInnenbildung über eine Modeerscheinung hinausgewachsen ist und sich in unterschiedlichster Weise an Universitäten, Studienseminaren und in der Weiterbildung mit allen damit verbundenen Möglichkeiten

und Problemen etabliert hat (vgl. Brunner et al. 2006; Gläser-Zikuda & Hascher 2007).
Der vorliegende Beitrag basiert auf einer inzwischen zwölfjährigen Erfahrung mit Portfolioarbeit in der LehrerInnenbildung, primär an der Universität Innsbruck (Schratz & Tschegg 2001; Schwarz 2001; Kraler 2006, 2007a, 2007b, 2008, 2009; Schwarz & Schratz 2012). Während dieser Zeit wurde das Ausbildungs- bzw. studienbegleitende Portfolio-Konzept mehrfach weiterentwickelt, aber auch vorrangig qualitativ im Hinblick auf seine Wirkung beforscht und theoretisch hinterfragt. Im Folgenden wird weniger die Darstellung eines spezifischen, lokal adaptierten Portfolioansatzes im Vordergrund stehen. Vielmehr bilden die in diesem Kontext gemachten Erfahrungen zusammen mit der inzwischen reichhaltig vorhandenen einschlägigen Portfolioliteratur den Ausgangspunkt für eine Diskussion von Aspekten dieses Instruments, die sich für den erfolgreichen Einsatz des Instruments als bedeutsam erwiesen haben.
Der Beitrag ist in drei Unterkapitel gegliedert. Im ersten und längsten Abschnitt werden grundlegende Basiskomponenten von Portfolioarbeit in der Lehrerbildung und deren ideengeschichtliche Genese, die teilweise in der Diskussion noch wenig Beachtung gefunden haben, vorgestellt und mögliche Konsequenzen diskutiert. Der zweite Abschnitt beleuchtet aus der eigenen praktischen und forschungsbasierten bzw. empirisch begründbaren Perspektive die Frage, was Portfolioarbeit in der universitären LehrerInnenbildung leisten kann. Im abschließenden Resümee werden summarisch Gelingensbedingungen dargestellt.

1 Herkunft und Grundlegendes

Der gegenwärtige Einsatz von Portfolios im Kontext der deutschsprachigen LehrerInnenbildung mag sich primär auf Einflüsse aus den USA zurückführen lassen (vgl. Arter & Spandel 1992). Für die im Vergleich zu Kontinentaleuropa frühe Etablierung von Portfolio-Konzepten im angloamerikanischen Raum spielt insbesondere die wesentlich frühere breite Institutionalisierung von Konzepten kreativen Schreibens im englischsprachigen Raum auch im akademischen Kontext eine zentrale Rolle (vgl. Elbow 1973).
Nicht vergessen werden darf jedoch, dass auch im deutschen Sprachraum zumindest seit den 70er Jahren des 20. Jahrhunderts mit „portfolioartigen Konstruktionen" experimentiert wird. Im Kontext der Verwendung von Portfoliokonzepten in der LehrerInnenbildung bzw. im Schulunterricht ist, um stellvertretend ein Beispiel zu nennen, unter anderem Rupert Vierlingers erstmals 1975 systematisch dargestelltes Konzept der „Direkten Leistungsvorlage" (DLV) als Alternative zum Ziffernnoten-System zu nennen (vgl. Schmidinger & Vierlinger 2012; Vierlinger 2011). Neben der bekannten Frage nach der Aussagekraft von Ziffernnoten

wurde mit der Direkten Leistungsvorlage ein Instrument vorgestellt, das im Kern m.E. dem entspricht, was man in der gegenwärtigen Diktion ein Entwicklungsportfolio nennen würde. Bezogen auf die LehrerInnenausbildung entspricht das der Intention, die Beurteilung von Leistungen nicht nur punktuell und summativ vorzunehmen, sondern mit Hilfe von Portfolios insbesondere formative Aspekte, wie etwa die professionsspezifische Entwicklung über den Studienverlauf hinweg, sichtbar zu machen und den Grad der Selbststeuerung beim Erwerb professionsspezifischer Kompetenzen zu erhöhen.

Ein zentrales Moment von Portfolioarbeit in der LehrerInnenbildung bezieht sich auf die Forderung nach der Reflexion der eigenen Praxis (vgl. Häcker 2007a). Von Donald Schön (1983) systematisiert, hat dieses Konzept besonders über die Aktionsforschung (vgl. Altrichter & Posch 2007) Eingang in die deutschsprachige LehrerInnenbildung gefunden. Reflexion der eigenen professionellen Praxis meint i.d.R. eine spezifische Art, nämlich metakognitive Reflexion (vgl. Kraler 2007a: 83 f.). Die Kompetenz dieser Reflexion zweiter Ordnung kann bei den VerfasserInnen von Portfolios nicht a priori vorausgesetzt werden. Vielmehr muss sie eingeübt und ganz spezifisch erlernt werden (vgl. Kraler 2007b: 444 ff.). Auch hierfür müsste das Rad nicht, wie vielfach geschehen, neu erfunden werden. Neben dem Rückgriff auf bewährte angloamerikanische Konzepte (Metcalfe & Shimamura 1994) könnte in der LehrerInnenbildung vermehrt auf das bisher noch weitgehend ungenutzte Reservoir der Schreib- und Poesietherapie zurückgegriffen werden. Etwa seit Ende der 70er Jahre des 20. Jahrhunderts wurden hierzu im deutschen Sprachraum Methoden entwickelt bzw. adaptiert, die das Erlernen metakognitiv reflektierenden Schreibens zumindest erleichtern können, wie auch systematische Versuche im Rahmen der LehrerInnenausbildung an der Universität Innsbruck gezeigt haben (vgl. von Werder 1986).

Ein differenzierter Blick auf verschiedene jüngere Wurzeln der Portfolioarbeit ist im Sinn der Identifizierung und Dokumentation unterschiedlicher Strömungen nicht nur bildungsgeschichtlich von Interesse. Vielmehr hilft er auch zu fokussieren, worum es bei Portfolioarbeit im Kern geht bzw. gehen kann. Hierzu sei im Folgenden in verkürzter Form jene Charakterisierung des Instruments Portfolio im Rahmen seines Einsatzes in der LehrerInnenbildung wiedergegeben, die vom Autor im Auftrag des Bundesarbeitskreises der Seminar- und Fachleiter/innen (BAK) erarbeitet worden ist (für Details vgl. Kraler 2007a: 81 ff., 85 ff.).

1.1 Charakterisierung von Portfolios in der LehrerInnenbildung

Mit Blick auf die seit etwa 15 Jahren beobachtbare Praxis im Bereich der LehrerInnenbildung muss vor jedem Charakterisierungsversuch betont werden, dass es „das" Portfolio nicht gibt, sondern vielmehr je nach Verwendungszweck sehr unterschiedliche Arten von Portfolios. Heute steht ein wahrer Zoo von Portfolio-Arten und Bezeichnungen zur Diskussion. Abgesehen davon ist zu beachten, dass gerade die Offenheit des Begriffs (oder Konzepts) der Gefahr von Missverständnissen Tür und Tor öffnet. Es wäre wohl in vielfacher Hinsicht günstiger, allgemein den Terminus „Portfoliokonzept" statt „Portfolio" zu verwenden (vgl. Häcker 2006: 28 ff).

Wenn in diesem Beitrag die Begriffe Konzept und Instrument im Kontext des Terminus Portfolio verwendet werden, geschieht das, um dem jeweiligen funktionellen Rahmen gerecht zu werden. „Instrument" betont Kontexte des je nach spezifischem Setting operationalisierten konkreten Verwendungsaspektes im Rahmen der LehrerInnenbildung. „Konzept" betont den abstrakteren Rahmen auch jenseits der Operationalisierung (vgl. Bräuer 2007).

Trotz inhaltlicher und konzeptioneller Unterschiede lassen sich in Bezug auf die LehrerInnenbildung gemeinsame Charakteristika angeben, die „ein" Portfolio beinhalten sollte, um der Intention des Konzepts gerecht zu werden, damit es sich nicht auf eine reine Sammelmappe von Belegstücken reduziert. Die folgende Arbeitsdefinition fasst zentrale Charakteristika zusammen (adaptiert nach Kraler 2007a):

Ein Portfolio ist die kriteriengeleitete individuelle Darstellung und schriftliche metakognitive Reflexion des Lernweges der Verfasserin/des Verfassers in Bezug auf eine professionsspezifische Frage- bzw. Problemstellung anhand von ausgewählten und kommentierten Arbeitsergebnissen verschiedenster Art.

Bei einem Lehrerbildungsportfolio ist die Reflexion des eigenen Lernweges besonders zu betonen. Zur Verdeutlichung der lernbiographischen Entwicklung sollte es ausgewählte Arbeitsergebnisse aus möglichst allen Phasen des Lernprozesses enthalten.

In Kraler (2007a) wird detailliert auf die spezifische Bedeutung der einzelnen Bestandteile dieser Charakterisierung eingegangen. Bräuer (2007), Winter (2007) und Schwarz & Schratz (2012) beispielsweise diskutieren verschiedene mit dieser und ähnlichen Charakterisierungen zusammenhängende Spannungsfelder und Potenziale, die sich für die Studien- und Unterrichtspraxis ergeben.

1.2 Reflexion

Eine zentrale Funktion von Portfoliokonzepten im Rahmen der LehrerInnenbildung ist dieser Charakterisierung zufolge, professionsspezifische metakognitive Reflexion bei den Studierenden zu fördern (vgl. Häcker 2007a: 386).

Spätestens seit den 1980er Jahren bekommen Konzepte zur reflexiven LehrerInnenbildung aus den USA kommend eine immer größere Bedeutung. Indikatoren dafür sind u.a. die steigende Zahl von Veröffentlichungen zu diesem Themenbereich wie auch die Orientierung von Lehrerbildungscurricula an verschiedenen Konzepten der Reflexion (vgl. Abels 2010: 57 ff.). Die zunehmende Bedeutung der Reflexion für den Lehrerberuf wird mit der grundsätzlichen Notwendigkeit eines reflexiven Habitus begründet. Dieser ist durch die spezifische Formatierung des Berufsfeldes bedingt, das u.a. durch die hohe berufliche Eigenverantwortung, die eigene biographische Prägung (vgl. Combe & Kolbe 2004: 834), das beachtliche Maß „an Unsteuerbarkeit, Undurchschaubarkeit, Ungewissheit und Zukunftsoffenheit" (Combe & Kolbe 2004: 835) der LehrerInnenarbeit und eine nur schwach ausgeprägte Rückmeldekultur gekennzeichnet ist. Dies alles erfordert,

> „dass das eigene Handeln in Frage gestellt, Routinen und Automatismen immer wieder einer reflexiven Prüfung, Kontrolle und Kritik unterzogen werden. Wollen Lehrpersonen in der Schule handeln und nicht nur orientierungslos (re-)agieren und damit einer unabwägbaren Praxis ausgeliefert sein, bedarf es somit eines hohen Maßes an Bewusstheit, d.h. Reflexivität über das eigene Tun" (Häcker 2007a: 384).

Damit kann das (metakognitiv) reflexive Moment bei aller Verschiedenheit unterschiedlicher Portfoliokonzepte in LehrerInnenbildung und Schule als conditio sine qua non gesehen werden. Ohne dieses würde etwa auch ein Showcase-Portfolio zu einer reinen Sammelmappe entfunktionalisiert.

Die auf eine spezifische Fragestellung bezogene professionsspezifische metakognitive Reflexion (als wesentlicher Teil eines Lehrerbildungsportfolios) kann im historischen Kontext als Spezialfall schriftlicher Reflexion gesehen werden, die sich zumindest bis zur griechischen Philosophie zurück verfolgen lässt. Γνωθι σεαυτόν – erkenne dich selbst, ist in einem Fragment von Heraklit überliefert (vgl. Schupp 2003: 107) und stand an einer Säule der Vorhalle des Apollo-Tempels in Delphi. Eine Abfolge schreibender Selbsterkenntnis mit unterschiedlichen Schwerpunkten lässt sich von Marc Aurel (Selbstbetrachtungen) über Augustinus (Bekenntnisse), Rousseau (Bekenntnisse) und die Psychoanalyse bis hin zur modernen Schreibtherapie nachvollziehen (vgl. von Werder 1985: 58 ff.).

Je nach Zugang (etymologisch oder inhaltsbezogen) wird von AutorInnen der Ursprung des Portfolio-Konzepts entweder im angloamerikanischen Raum (Bildungsbereich), in der Wirtschaft (Portfoliotheorie von Markowitz 1952) oder im künstlerischen Bereich gesehen und dann bis in die Renaissance zurückverfolgt. Bei dieser Betrachtung der Genese steht in der Regel der materielle bzw. strukturelle Aspekt „Mappe mit Belegstücken" (spezifischem Inhalt) im Vordergrund.

Bezogen auf das Reflexionsmoment liefert Michel Foucault insbesondere für die Arbeit mit Portfoliokonzepten im Bereich der LehrerInnenbildung im Sinn der oben angeführten Charakterisierung wichtige metatheoretische Hinweise. In seinem Spätwerk widmete sich Michel Foucault der „Lebenskunst" und studierte in diesem Zusammenhang Texte antiker griechischer, römischer und christlicher Philosophen. Ausgangspunkt der Lebenskunst bildet Foucault zufolge bei antiken Autoren die Sorge um sich selbst. Hierbei wird dem Prozess der Selbsterkenntnis eine zentrale Rolle zugewiesen: „Sorge um sich selbst tragen meint, sich selbst erkennen" (Foucault 2007: 296). Dafür bedarf es spezifischer Techniken, er nennt sie „Technologien des Selbst". Zu diesen zählt neben anderen das Schreiben:

„Das Selbst ist etwas, worüber man schreibt, ein Thema oder Gegenstand des Schreibens. Dies ist durchaus kein moderner Sachverhalt, der in der Reformation oder in der Romantik hervorgetreten wäre; vielmehr handelt es sich um eine der ältesten Traditionen des Westens, und sie war bereits etabliert und tief verwurzelt, als Augustinus seine Bekenntnisse zu verfassen begann" (ebd.: 198).

In sogenannten hypomnêmata notierte man

„Zitate, Auszüge aus Büchern, Exempel und Taten, die man selbst erlebt oder von denen man gelesen hatte, Reflexionen oder Gedankengänge, von denen man gehört hatte oder die einem in den Sinn gekommen waren. Sie bildeten gleichsam ein materielles Gedächtnis des Gehörten, Gelesenen, Erlebten und Gedachten, einen zur neuerlichen Lektüre und weiteren Reflexion bestimmten Schatz an Wissen und Gedanken" (ebd.: 140).

Im Prinzip handelt es sich hierbei um die frühe Form eines Entwicklungsportfolios. Foucault begründet zudem die besondere Stellung des Schreibens für die Reflexion:

„Im Akt des Schreibens gewann die Selbsterfahrung eine Intensivierung und Erweiterung. Ein neues Wahrnehmungsfeld eröffnete sich, das zuvor nicht betreten worden war" (ebd.: 198).

Das metakognitive Moment entsteht hierbei im Schreibenden selbst, als „Ergebnis der hypomnêmata, ihrer Zusammenstellung (also im Akt des Schreibens) und ihrer Konsultation, also beim Lesen und Wiederlesen" (ebd.: 144). In der antiken Tradition des Briefschreibens wird die Mitteilung der Entwicklung der eigenen Gedanken dann weiter verfeinert (vgl. ebd.: 145 ff., 298 ff.). Damit unterscheidet sich dieses Schreiben zur metakognitiven Selbstvergewisserung auch beispielsweise von den auf das eigene Leben bezogenen Reflexionen, die Montaigne in seinen Essays darstellt. Für Foucault sind die wie oben verstandenen Reflexionen „Technologien des Selbst". Foucault charakterisiert diese mit der ihm eigentümlichen allgemeinen Weise als jene,

„die es dem Einzelnen ermöglichen, aus eigener Kraft oder mit Hilfe anderer eine Reihe von Operationen an seinem Körper oder seiner Seele, seinem Denken, seinem Verhalten und seiner Existenzweise vorzunehmen, mit dem Ziel, sich so zu verändern, dass er einen gewissen Zustand des Glücks, der Reinheit, der Weisheit, der Vollkommenheit oder der Unsterblichkeit erlangt" (ebd.: 289).

Die Technologien des Selbst implizieren

„bestimmte Formen der Schulung und der Transformation, nicht nur in dem offenkundigen Sinne, dass gewisse Fertigkeiten erworben werden, sondern auch im Sinne der Aneignung von Einstellungen" (ebd.: 289).

Diese Gedanken lassen sich auf den Bereich der LehrerInnenbildung fokussieren und hier insbesondere auf Portfoliokonzepte übersetzen. Hierbei soll dieses Instrument gerade im Sinn einer Technologie des Selbst den professionsspezifischen Kompetenzerwerb hinsichtlich kritischer metakognitiver Reflexion des eigenen Denkens (subjektive Theorien) und Handelns befördern.

Im Kontext der Technologien des Selbst rekonstruiert Foucault zudem ein zentrales didaktisches Verhältnis der Schulpädagogik, relevant von der Antike bis zur Gegenwart. Die kritische Selbstprüfung, das – in heutiger Diktion und bezogen auf den LehrerInnenberuf – metakognitive Reflektieren eigenen professionsspezifischen Denkens und Handelns, erlebte spätestens seit der Zeit der Stoa einen radikalen Wandel in ihrer didaktischen Formatierung. War bisher der dialektische Dialog zwischen „Lehrer" und „Schüler" zentrales Instrument für den Lern- und Erkenntnisgewinn, so setzte nun eine Kultur des Schweigens ein. Der interaktive Dialog verschwindet.

> „In der pythagoräischen Kultur gab es eine pädagogische Regel, wonach die Schüler fünf Jahre lang zu schweigen hatten. Sie stellten keine Fragen und sprachen nicht während des Unterrichts, sondern übten sich in der Kunst des Zuhörens. Das war die positive Voraussetzung für die Aneignung der Wahrheit" (Foucault 2007: 301).

„Die Morphologie des Begriffs Zuhören" (Foucault 2007: 302) wurde prägend für das Mönchtum und die Pädagogik. Zentral für das Mönchtum war und ist Gehorsam (vgl. ebd.: 314). Dieser prägte verbunden mit dem eingeführten Primat des Zuhörens die Didaktik des Unterrichts über die gesamte Geschichte der Schule bis heute mit (vgl. etwa auch Gruschka 2002, insb. die Kapitel 4 und 10). Während bis etwa Platon Lernen zumindest bezogen auf die didaktische Formatierung aktiv und dialektisch angelegt war, verschwindet dieses Moment in den folgenden Jahrhunderten zugunsten eines primär passiv-auditiven Zugangs. Dieser prägt, u.a. trotz Aufklärung, den Regelunterricht zumindest bis weit ins 20. Jahrhundert hinein und die tertiäre Bildung – mit Blick auf den klassischen Vorlesungs- und Seminarbetrieb – in noch stärkerem Maß. Damit verbundene Konsequenzen für das Lernen und seine inhärenten Reflexionsprozesse (vgl. Holzkamps Konzept „defensiven Lernens", Holzkamp 1995: 449 ff.) bedingen gegenwärtig grundlegende Probleme, die etwa seit der Jahrtausendwende wiederum zu einem „shift from teaching to learning" führen. Insofern kann das Aufgreifen von Portfoliokonzepten im Kontext formaler Bildung auch als eine Reaktion auf die Notwendigkeit, Lernende wieder vermehrt zu aktivieren, zum Subjekt ihrer Lernprozesse zu machen (Holzkamps Grundintention), interpretiert werden.

Nicht zuletzt ist festzustellen, dass die schriftliche Fixierung eigener Gedanken eine erste Distanzierung von den eigenen Gedanken ermöglicht und diese so in ganz anderem Maß analysierbar werden als ein reiner Dialog. Erst durch den Abstand zu sich selbst kann das Wissen über die eigenen Gedanken zugänglich gemacht werden. Damit dieser zuletzt beschriebene Schritt vollzogen und die veränderte „Ich-Wahrnehmung" in das Ich integriert werden kann, bedarf es der Auseinandersetzung mit den eigenen Gedanken/der eigenen Meinung (zu einem Thema). Während das „Denken von etwas", wie Fichte es in seinem „Begriff der Wissenschaftslehre" nennt, eine Reflexion erster Stufe darstellt, findet die eigentliche Reflexion erst im Anschluss an diese statt.

> „Die eigentliche Reflexion in ihrer vollen Bedeutung entsteht jedoch erst auf der zweiten Stufe, in dem Denken jenes ersten Denkens. [...] Es ist mit anderen Worten das Denken der zweiten Stufe aus dem ersten von selbst und selbsttätig als dessen Selbsterkenntnis entsprungen. ‚Sinn, der sich selbst sieht, wird Geist'. [...] Die erkenntnistheoretisch maßgebende Form des Denkens ist also [...] nicht die Logik – vielmehr gehört diese zum Denken ersten Grades, zum stofflichen Denken" (Benjamin et al. 2007: 38f).

1.3 Ideengeschichtliche Konsequenzen für Portfolioarbeit: Dialektik und Theorie

Mit diesem Blick zurück lassen sich für eine auf metakognitive Reflexion ausgerichtete Portfolioarbeit im Allgemeinen und deren Verwendung in der LehrerInnenbildung im Besonderen zwei zentrale Notwendigkeiten ableiten:

Erstens ist *Portfolioarbeit* qua Konstruktion *dialektisch* angelegt. Das bedeutet, sie basiert über das selbstreflexive Moment, die metakognitive, problem- bzw. themenbezogene (professionsspezifische) Reflexion des eigenen Denkens und Handelns hinaus auf einem *dialogischen* Prinzip, das über den „Dialog mit sich selbst" – etwa im Unterschied zu einem privaten (Lern-)Tagebuch – entscheidend hinaus geht. Zur effektiven individuellen inhaltsbezogenen Entwicklung wird, zumindest im Ausbildungskontext, ähnlich der dialektischen vorplatonischen Philosophie formativ begleitend ein kompetenter Partner benötigt. Portfolioarbeit ist daher in mehrfacher Hinsicht kein „Selbstläufer". Sie muss (siehe auch Abschnitt 3) erlernt und eingeübt werden und benötigt den Leser bzw. die Leserin als Gegenüber.

Zweitens weisen obige Überlegungen übertragen auf die heutige Situation und bezogen auf die Portfolioarbeit im Kontext formaler Bildung auf ein grundlegendes Problem hin. Trotz der inzwischen reichhaltig vorhandenen konzeptionellen und empirischen, auch deutschsprachigen Literatur zu diesem Instrument stellt eine ausformulierte *Theorie der Portfolioarbeit* derzeit noch ein Desiderat dar. Diese müsste zumindest die unterschiedlichen Ursprünge diskutieren, konkrete Entstehungskontexte beleuchten, die verschiedenen Ausprägungen des Formats über die inzwischen reichlich vorhandenen phänomenologischen Taxonomien hinaus analysieren und den Bezug zu ähnlichen Instrumenten, Methoden u.ä. mit den Gemeinsamkeiten und Unterschieden besprechen. Zudem wäre wünschenswert, wenn die Wirksamkeit von Portfolioarbeit basierend auf empirischen Befunden

und insbesondere unter Durchführung systematischer Metastudien zu den inzwischen vorhandenen Untersuchungen kritisch diskutiert würde.
Die hier angeführte Verschränkung historischer bzw. ideengeschichtlicher Anmerkungen mit dem Portfoliokonzept ist naturgemäß auch kritisch zu interpretieren, da der historisch-kulturelle Kontext, in dem etwa von Reflexion gesprochen wurde, doch ein anderer war. Unter der Annahme jedoch, dass mit der antiken griechischen bzw. römischen Kultur die Grundpfeiler unseres europäischen Denkens und insbesondere auch didaktischer Traditionen gelegt wurden, sind diese Bemerkungen relevant. Reflexion als Technologie des Selbst beruhte in der Antike auf einem doppelt dialektischen Moment, einem der Selbstvergewisserung (gleichsam als innerer Dialog), z.B. über Schreiben, und einem des Austausches, einem äußeren Dialog.
Mit diesen beiden Bemerkungen wurden je eine praktisch bzw. methodisch-didaktisch relevante und konzeptionell-grundlagenbezogene Notwendigkeit benannt, die in der einschlägigen Literatur bisher noch unzureichend diskutiert wurden. Abgesehen davon ist es naheliegend, wie bei jedem Instrument die Frage zu stellen, was dieses in der und für die spezifischen Ausbildung leisten kann.

2 „Praxis/Umsetzung/Anwendung" – Was kann Portfolioarbeit in der LehrerInnenbildung leisten?

Diese Frage mag im ersten Moment überflüssig erscheinen, da sie etwa mit der Charakterisierung des Konzepts bereits beantwortet zu sein scheint. Portfolios sollen Lehramtsstudierende und LehrerInnen dabei unterstützen, im Sinn der beruflichen Notwendigkeit ihr professionelles Handeln und Denken kritisch zu hinterfragen und weiterzuentwickeln. Das ist u.a. auch Ziel der Aktionsforschung. Während dort jedoch der spezifische Forschungszugang mit den je eigenen Methoden und Verfahren als entwicklungsinitiierendes Moment gilt, ist der zentrale Modulator bei der Portfolioarbeit die metakognitive Reflexion.
Ein differenzierter Blick auf die Praxis der Portfolioarbeit und hierbei insbesondere auf die Phase der konkreten Implementierung dieses Instruments im Sinn einer systematischeren Einführung, die über rein lehrveranstaltungsbezogene Einzelinitiativen hinaus geht, zeigt die Komplexität des Vorhabens auf. Portfolioarbeit, ernst genommen und nicht einfach als werbewirksame bzw. zeitgeistadäquate „Methode" gesehen, wirkt sich direkt und indirekt auf wesentlich mehr Bereiche des durchführenden Systems aus. Sie folgt zwar aufgrund ihrer grundsätzlichen Konzeption formal einer zumindest ansatzweise standardisierten Umsetzungslogik. Die konkrete Implementierung hängt jedoch in der Regel stark vom spezifischen Kontext, dem institutionellen Umfeld und der Lern- und Lehrkultur vor Ort ab. Im Folgenden werden Erkenntnisse kurz kommentiert zusammengefasst,

die auf den Erfahrungen mit der Implementierung und Umsetzung des Portfolio-Konzepts in Innsbruck und der Beratung bzw. Begleitung mehrerer Institutionen bei der Einführung (Universitäten, Studienseminare, Schulen) basieren. Das in diesem Kontext zusammengetragene empirische Material (Dokumente, Interviews mit Lehrenden und Studierenden, fertige Portfolios, alles geordnet nach Institutionen und Dokumentkategorien) wird im Rahmen des Projekts „Entwicklungsaufgaben (in) der LehrerInnenbildung" (vgl. Kraler 2012a, 2012b) ausgewertet und aufgearbeitet. Die folgenden Befunde stellen zentrale Ergebnisse zur Frage der Implementierung und der Folgewirkung der Nutzung von Portfolios dar (eine systematische Darstellung der Ergebnisse ist in Vorbereitung).

2.1 Inhaltsorientierung: von der Struktur zum Inhalt

Portfolioarbeit wird in der Regel von der Institution bzw. den Lehrenden initiiert. Wie üblich bei innovativen Instrumenten, die in relativ kurzer Zeit starke Verbreitung finden, sind in der Anfangsphase Fragen der strukturellen Einbindung von zentraler Bedeutung. Insbesondere wenn ein neues Instrument über klar abgrenzbare Bereiche hinaus, z.b. eine universitäre Lehrveranstaltung oder eine Fortbildung, also themen- bzw. bereichsübergreifend, etwa lehrveranstaltungsübergreifend oder studien-/fortbildungsbegleitend eingesetzt wird, kann das erheblich in die curriculare Struktur eines Ausbildungsgangs eingreifen.

Wie bei wenigen anderen Methoden bzw. Instrumenten zeigt sich beim Portfoliokonzept, dass eine frühe und intensive Beschäftigung mit der Frage, welche curricularen Anforderungen sich für die Bearbeitung im Portfolioformat eignen, unumgänglich ist. Die strukturell passende Einbindung ist zwar entscheidend, bleibt jedoch ohne intensive Auseinandersetzung mit der inhaltlichen Komponente leer und für die VerfasserInnen zu diffus.

Vor diesem Hintergrund lassen sich insbesondere zwei Phänomene beobachten: Erstens kommt es vermehrt zu Konstellationen, in denen sich Personen bzw. Personengruppen (i.d.R. Lehrende), die bis zu diesem Zeitpunkt aus verschiedenen Gründen mit einander nur wenig direkte Berührungspunkte in ihrer Alltagsarbeit hatten, an einen Tisch setzen und primär über Inhalte diskutieren. Es kommt je nach Institution zu vermehrten inhaltsfokussierten, interdisziplinären, interfakultären u.ä. Diskussionen über Inhalte, was in unserem verwaltungstechnisch und fachlich hochstrukturierten Bildungssystem eher die Ausnahme denn die Regel darstellt. Dieser inhaltliche Austausch über die Grenzen der gewöhnlichen Zusammenarbeit (innerhalb eines Instituts, einer Fachgruppe, …) im Alltag hinweg eröffnet nicht selten völlig neue Perspektiven möglicher inhaltlicher Zusammenarbeit. Dies wiederum unterstützt gerade im Ausbildungskontext dringend nötige kohärenzstiftende Prozesse.

Unabhängig davon ist ein zweites Phänomen zu beobachten. Wenn sich Personen bzw. Institutionen auf die Arbeit mit Portfoliokonzepten einlassen, führt dies ähnlich wie bei Fragen der Formulierung von Kompetenzkatalogen zu einem Hinterfragen der curricularen Inhalte. Mehrmals war zu beobachten, dass sich Institutionen und Lehrende im Zusammenhang mit einer Portfolioimplementation teilweise sogar erstmals die Frage stellen konnten, ob spezifische curriculare Inhalte nicht zumindest überarbeitungsbedürftig seien. Das ist so zu verstehen, dass insbesondere Lehrende im Kontext der Portfolioimplementation berichten, *"endlich wieder einmal inhaltlich arbeiten zu können anstatt in immer kürzeren Abständen neue Strukturen umsetzen zu müssen"* (Zitat Studienseminarleiter).

2.2 Programm- bzw. Curriculumentwicklung

Naheliegende Konsequenz dieser Inhaltsbetonung im Kontext der Implementation ist, dass die Umsetzung von Portfoliokonzepten Programm- bzw. Curriculumentwicklungen befördert. Das mag im ersten Moment naheliegend klingen. Die nachhaltige Wirkung der Einführung eines Portfoliokonzepts auf ein existierendes Curriculum wird jedoch häufig unterschätzt. Besonders die erste Ausbildungsphase beinhaltet ein i.d.R. größeres Maß wissensbetonender Elemente (vgl. Bräuer 2007). Damit eignen sich potenziell viele Ausbildungsinhalte zur portfolioartigen Bearbeitung. Da mit Portfolioarbeit methodisch bedingt bei adäquater Umsetzung (Einführung, Betreuung, Ressourcen) nahezu automatisch eine Fokussierung einhergeht, schließt sich dem häufig ein Hinterfragen von Studieninhalten an – vorausgesetzt, dass Portfolios nicht als reines „add on" zusätzlich in die bestehende curriculare Struktur integriert werden.

Das Hinterfragen, umso mehr, falls es in einem Setting stattfindet, das verschiedene Personengruppen an einen Tisch bringt (vgl. Kap. 2.1), führt in der Folge häufig zu basalen Fragestellungen bis hin zur Frage der grundsätzlichen inhaltlichen Ausrichtung von Studienprogrammen. Das wiederum kann Anstoß geben für weiterreichende Maßnahmen zur Curriculumentwicklung. Eine Studienprogrammdirektorin meinte dazu: „ ... *so wurde aus einer anfänglichen Mücke [dem Portfoliokonzept] ein Elefant [die Adaption bzw. Reformulierung zweier Kernteile des Curriculums]*."

2.3 Ort der Integration – Kohärenzstiftung

Damit bietet die Implementationsphase für daran mitwirkende Personen(gruppen) i.d.R. auch einen synoptischen Integrationsraum, in dem Zeit zur Verfügung steht, in Wechselwirkung mit dem konkreten Instrument auch das Curriculum als Ganzes bzw. zentrale Teile davon (wieder) aus der Vogelperspektive zu betrachten. LehrerInnenbildung als Ganze gesehen ist geprägt von Heterogenität. Schon in der Ausbildung werden Studierende etwa des Gymnasiallehramts mit zwei Unterrichtsfächern, die in sich schon in zahlreiche Subdisziplinen untergliedert sind, mit deren Fachdidaktiken, mit der Schulpädagogik und mit schulpraktischen Studienanteilen konfrontiert. Alle Bereiche haben ihre je eigene Fachkultur, Forschungstradition, individuell ausgestaltete Forschungsmethoden u.v.m. Dieses „Sammelsurium" in einen professionsspezifischen Habitus zu transformieren, bleibt weitestgehend den Studierenden überlassen. Ausbildungsspezifische Orte der Integration, organisationale (Lehramtsstudierende fühlen sich häufig an einem Fachinstitut heimisch) wie curriculare (professionsspezifische fächerübergreifende Seminare) fehlen größtenteils. An Institutionen, die mit integrativen, studienbegleitenden Portfoliokonzepten arbeiten, berichten Studierende, dass sie damit zumindest ein Instrument vorfinden, in dem „ [...] ich endlich einmal versuchen kann, das alles unter eine Hut zu bringen" (Diplomandin Lehramt). Naturgemäß ist das nicht in jedem Fall gegeben. „Orte" der Integration unterstützen jedoch kohärenzstiftende Entwicklungsprozesse, was wiederum sinnstiftend wirken kann (vgl. Combe & Gebhard 2007).

2.4 Projektionsfläche

Sinn stellt sich jedoch i.d.R. nicht unmittelbar ein, sondern ist Ergebnis eines Prozesses. Portfolioarbeit als integratives, fokussierendes Moment unterstützt diesen nicht nur, sondern bietet sich Analysen zu professionsspezifischen Entwicklungsportfolios zufolge als Projektionsfläche für Ablehnungen unterschiedlichster Art seitens der VerfasserInnen an, wie folgender Interviewausschnitt zeigt.

Studierende: Ja was ein Portfolio ist, ja ich meine ich finde ich weiß immer noch nicht so ganz, irgendwie hat's ja einen Sinn, aber ob das wirklich so notwendig ist. Ich bin da noch nicht so ganz dafür, muss ich sagen.
Interviewer: Inwiefern?
Studierende: Weil es einfach, ich mein ich kann über mich selber ja, ich meine wenn ich jetzt unbedingt Lehrerin werden will, dann fange ich über mich selber reflektieren an. Da muss ich nicht unbedingt ein Portfolio darüber schreiben. Und es ist eigentlich ein Haufen Arbeit. Und, ich weiß nicht. Ich denke ja selber auch über mich nach, und dann habe ich ja selber einen Nutzen davon. Und das muss ich dann nicht unbedingt schriftlich machen.
Gerade die LehrerInnenausbildung ist immer auch mit Veränderungsprozessen und Umbruchphasen verbunden: Einstellungswechsel vom Schüler zum Lehrer, studienfachspezifische Passungsfragen, Erleben von fachlicher (In)Kompetenz, Scheitern in Unterrichtssituationen, Inkohärenzen, hoher Aufwand an Selbstorganisation (vgl. Kraler 2012a: 288 ff.; Neuß 2009). Abwehr von Neuem, da es das Altbekannte und Vertraute kritisch in Frage stellt, kann auf das Portfolio als Instrument übertragen und als Ablehnung diesem gegenüber artikuliert werden. Das zu erkennen, hat etwa für das an der Universität Innsbruck im Bereich der schulpädagogischen Ausbildung verwendete Portfoliokonzept gänzlich neue Verwendungsbereiche eröffnet und dazu geführt, dass die studierendenseitige Ablehnung nicht mehr zu einem „Stellvertreterkrieg" führte, in dem Lehrende versuchten, Studierende von dem Instrument zu überzeugen und diese es nur

noch mehr ablehnten. Ohne im Detail darauf einzugehen, stellt etwa eine frühe und gut vorbereitete Einführung der Portfolioarbeit und insbesondere eine intensive Beschäftigung mit dem Konzept der metakognitiven Reflexion und seiner Bedeutung für den LehrerInnenberuf ein dialogisches Feld für die Beschäftigung mit Ablehnungsphänomenen dar.

2.5 Selbstverantwortung/Selbststeuerung
Wenn die Implementierung gelingt und entsprechende Rahmenbedingungen geschaffen wurden, fördert und fordert Portfolioarbeit ein hohes Maß an Selbstverantwortung und Selbststeuerung (vgl. Häcker 2007b; Kraler 2009) seitens der VerfasserInnen ein.

Diese Selbstverantwortung, ganz im Sinn von Foucaults Technologien des Selbst, bewirkt jedoch auch, dass sich die Lernenden insgesamt kritischer zu curricularen Vorgaben verhalten und Inhalte hinterfragen bzw. auf ihre Sinnhaftigkeit hin in Frage stellen. Dieses Phänomen kann unter der Bedingung, dass die im vorliegenden Beitrag nicht behandelte Beurteilungsfrage (vgl. Kraler 2007a; Lissmann 2007; Winter 2007; vgl. auch die Beiträge von Häcker und Leonhard in diesem Band) instrumenten- und kontextsensitiv adäquat realisiert wird, fast durchgängig beobachtet werden. Für den daraus potenziell entstehenden fruchtbaren Diskurs zwischen Studierenden und Lehrenden erweisen sich unter anderem Diskussionen unter Lehrenden wie in Kap. 2.1 und 2.2 dargestellt als hilfreich.

2.6 Instrument der Professionalisierung
Damit bietet der Einsatz des Instruments Portfolio, sofern es dem (übergeordneten) Konzept (also der Leitidee) entsprechend umgesetzt wird (vgl. dazu Abschnitt 3) *eine* (und das ist zu betonen, da jeglicher Absolutheitsanspruch eines Instrumentes schon allein aufgrund der Heterogenität aus- und weiterbildungsspezifischer Situationen versagen muss) Möglichkeit, Professionalisierung bzw. den Erwerb und Ausbau professionsspezifischer Kompetenzen kohärenzstiftend und personalisierend zu fördern.

Hierbei bezieht sich Professionalisierung primär auf professionelles Handeln als Zielprodukt eines individuellen Entwicklungsprozesses (vgl. Reinisch 2009), der im Sinn eines wissensbasierten Handelns, etwa durch metakognitive Reflexionsprozesse wie in Abschnitt 1 dargestellt, wesentlich befördert werden kann.

3 Praxis und Empirie: Portfolioarbeit in der LehrerInnenbildung an der Universität Innsbruck und Befunde

Im Rahmen verschiedener Begleitstudien wird die Portfolioarbeit an der Universität Innsbruck seit 2005 beforscht. Der Fokus der Untersuchungen liegt beim schulpädagogischen Blickwinkel, da das studienbegleitende Portfoliokonzept über die schulpädagogischen und schulpraktischen Studienanteile implementiert ist (vgl. Kraler 2008). Die Ergebnisse der Untersuchungen können unmittelbar in den Studienbetrieb zurückgespielt werden. Dies funktioniert, da im Rahmen der letzten Curriculumreform 2000/01 (vgl. Kraler 2008: 155 ff.) die schulpädagogischen und schulpraktischen Studienanteile an der Universität Innsbruck aufeinander inhaltlich abgestimmt wurden, aufeinander aufbauen und von TeamleiterInnen koordiniert werden, die sich ihrerseits in regelmäßigen Konferenzen abstimmen.

Um die nachfolgenden Befunde besser einordnen zu können, wird zunächst das Portfoliokonzept der Universität Innsbruck in seinen Grundzügen skizziert (vgl. Tab. 1, detailliertere Beschreibungen sind u.a. in Kraler 2007b, 2008, 2009 nachzulesen).

Tab. 1: Portfoliokonzept im Lehramtsstudium an der Universität Innsbruck

Studienjahr	Lehrveranstaltung (Semesterwochenstunden)	Portfolio
1.	Studieneingangsphase (6)	Zwischenportfolio (nach dem 1. Semester)
		Step-Folio (inkl. Video)
2.	GLL (2)	GLL-Log
	BK1 (2)	BK1-Mini Portfolio
3.	Praktikumssemester (8)	Praxfolio (inkl. Video)
4./5.	Abschluss-Veranstaltung (4)	Gesamt-Portfolio (inkl. Video)

Legende: Step = Studieneingangsphase, GLL = Grundlagen des Lernens und Lehrens
Log = Logbuch, BK1 = Basiskompetenzen 1

Ziel der ersten beiden Studiensemester ist u.a., Studierende mit Portfolioarbeit und deren Kernelementen grundsätzlich vertraut zu machen. In diesen und allen nachfolgenden Semestern werden lehrveranstaltungsbezogene Portfolios erstellt, wobei spezifische Themen und Konzepte wie die Fünf Dimensionen des Lernens (vgl. Schratz & Weiser 2002) und das Domänenkonzept der Professionalität (vgl. Schratz et al. 2008), die gesamte Ausbildung hindurch als bleibende Bezugspunkte dienen. Damit wird für Studierende wie Lehrende trotz jeweils spezifi-

scher Themen in einzelnen Lehrveranstaltungen und Praktika ein „roter Faden" durchs Studium gewährleistet. Die Namen der Portfolios zu den verschiedenen Lehrveranstaltungen sind „historisch" gewachsen. Vom Typ her kann durchgängig von Entwicklungs- und Showcase-Portfolios gesprochen werden. Der Schwerpunkt liegt durchgängig beim Sammeln und begründeten Auswählen einzelner themenbezogener Belegstücke (Texte, Videoaufzeichnungen, Stundenbilder, Beobachtungsprotokolle,...) und deren metakognitiver Reflexion. Die jeweiligen Portfolios fließen im Innsbrucker Konzept durchgängig in die Beurteilung der jeweiligen Lehrveranstaltung ein (vgl. Kraler 2007a, 2008).
Das Gesamt- oder Abschlussportfolio setzt sich aus einem entwicklungsbezogenen, einem Showcase-Portfolio und einem formalen Teil (Nachweise u.ä.) zusammen. Alle drei speisen sich aus den vorangegangenen Portfolios. Der erste entwicklungsbezogene Teil beinhaltet als zentrales Element eine „Fallstudie zur eigenen professionellen Entwicklung im Studienverlauf", d.h. eine professionsspezifische metakognitive Reflexion der eigenen professionellen Entwicklung über den gesamten Studienverlauf hinweg. Grundlage hierfür bilden alle vorangegangenen lehrveranstaltungsbezogenen Portfolios.
Die im Folgenden dargestellten Befunde beziehen sich primär auf diesen Teil des Gesamtportfolios, da sich in ihm m.E. die gesamte studienbegleitende Portfolioarbeit abschließend verdichtet. Die Datenbasis hierfür bildeten 61 Portfolios. Diese wurden (und werden noch) im Rahmen eines umfassenderen Forschungsprojekts zu „Entwicklungsaufgaben (in) der LehrerInnenbildung" (vgl. Kraler 2012a) von der interinstitutionellen Arbeitsgruppe Lehrerbildungsforschung der Universität Innsbruck und der kirchlichen pädagogischen Hochschule Edith Stein als eine empirische Quelle verwendet und ausgewertet. Die Geschlechterverteilung der VerfasserInnen entspricht mit 72% weiblichen und 28% männlichen Studierenden in etwa dem universitären Durchschnitt. Naturwissenschaftliche Lehramtsstudienfächer (Physik, Biologie, Chemie, Mathematik, Informatik, tw. Geographie) wurden in der Stichprobe von 14% belegt.

Metaphern zur individuellen Entwicklung
Nahezu alle Studierenden verwenden für ihr Abschlussportfolio ein metaphorisches Titelbild. Vorherrschend ist hierbei die Weg-Metapher (knapp 50%). Etwa 15% der Studierenden behalten ihre Metapher als leitmotivisches Element über die Darstellung ihrer professionsspezifischen Entwicklung bei. Da eine systematische Metaphernanalyse noch aussteht (vgl. Kruse et al. 2011), sind in der folgenden Aufzählung die häufigsten Kategorien lediglich benannt:
• Weg (Berg, Ebene, Wege in „exotischen" Landschaften)
• Wanderung bzw. Reise
• Objekte als Symbole (Brücke, Labyrinth, Wanderkarte, Buch, Wäscheleine mit Wäsche, ...)

Grundlagen und Umsetzung der Portfolioarbeit | 151

- Drama/literarische Struktur, Theater (Bühne)
- Bildergeschichte/Fotoserie/Einzelfoto(s)
- Gesichtsemotionen
- Einbettung der Inhalte in eine „Nachrichtensendung"/Fernseh-„Dokumentation"

Ein systematischer Zusammenhang mit der Qualität der Portfolios (zur Beurteilung im Innsbrucker Konzept vgl. Kraler 2007a) konnte bisher nicht festgestellt werden. Die Aufarbeitung dieses Materials stellt im laufenden Forschungsprojekt noch ein Desiderat dar.

Inhaltliche Strukturierung
Die einzigen Vorgaben für die metakognitive Analyse der eigenen professionsspezifischen Entwicklung während der Studienzeit beziehen sich (formal) auf die ungefähre Länge (ca. 20 Seiten) und (inhaltlich) darauf, dass alle Studienanteile (Fächer, Fachdidaktiken, Schulpädagogik, Schulpraxis) insb. auch theoriebezogen (nach freier Wahl) bearbeitet werden müssen. Sowohl bei einer zufällig ausgewählten Teilstichprobe (30 Portfolios) als auch bezogen auf alle 61 analysierten Portfolios ergibt sich folgendes Bild hinsichtlich der inhaltlichen Strukturierung dieser Aufgabe durch die Studierenden (vgl. Tab. 2).

Tab. 2: Inhaltliche Strukturierung der Fallstudie

Primäre Strukturierung der Fallstudie	Prozent
Chronologisch bzw. über die Lehrveranstaltungsabfolge (s.o.)	~ 45%
Konzeptbezogen (insb. 5 Lerndimensionen, Domänenkonzept, BK2-Kernbereiche, TZI, …)	~ 35%
Studienbereiche (Fach/Fachdidaktik/Schulpädagogik/Praxis)	~ 10%
Sonstiges: u.a. - spezifische Entwicklungsmomente (z.B. Einzelkämpfer → Teamplayer) - Belegstücke - zentrale Begriffe (wie Disziplin, Konflikte, Wissen, Heterogenität, …) - persönliche besondere Momente aus der Ausbildung	~ 10%

Hierbei lassen sich folgende Tendenzen beobachten (für quantitative Angaben ist die Stichprobe noch zu gering). Chronologisch vorgehende Studierende neigen dazu, essayistisch und vorrangig biographisch zu schreiben. Eine systematische Verbindung der eigenen Entwicklung mit theoretischen Konzepten fällt häufig rudimentär aus bzw. wird nicht im Detail ausformuliert. Konzeptbezogene Darstellungen beziehen sich i.d.R. auf einen theoretischen Rahmen, der von etwa der Hälfte dieser Studierenden stark biographisch gefärbt dargestellt wird, während die andere Hälfte eine distanzierte Darstellung bevorzugt. Die Darstellung über die Studienbereiche wird vorrangig von Studierenden bestimmter naturwissenschaftlicher Fächer (Physik, Biologie, Mathematik) und von Fremdsprachenstudierenden gewählt. In dieser Gruppe wird gehäuft (ca. 30%) eine aus Sicht der VerfasserInnen fehlende Abstimmung der verschiedenen Studienanteile kritisiert. Die andere Ordnungsstrukturen wählende Studierendengruppe zeichnet sich durch ein sehr individuelles Herangehen an die Aufgabe aus, das in der Darstellung stark vom eigenen Bildungs- und Studiengang geprägt ist. Studierende dieser Gruppe setzten sich im Unterschied zu den anderen Gruppen häufiger kritisch mit der eigenen Person im Sinn von (noch) bestehenden individuellen professionsspezifischen Defiziten und Entwicklungspotenzialen auseinander.

Zentrale Themenfelder professionsspezifischer Entwicklung
Inhaltlich wurden (und werden) die Portfolios unter verschiedenen Gesichtspunkten qualitativ ausgewertet (computerunterstützt, mit Hilfe der Grounded Theory, typenbildender und anderer Verfahren). Die folgenden Entwicklungsfelder stellen eine grobe Gesamtzusammenfassung der von den Studierenden genannten rekonstruierten Themen dar:
- Biographische *Rollenklärung*: Hineinwachsen in die Rolle als Studierende/r
- *Beziehungsklärung*: Loslösung vom Elternhaus, Partnerschaft/neue Freundschaften/Erhalt, bestehender Freundschaften, studentische Lernpartnerschaften
- Umgang mit *Frustrationen und Erfahrungskrisen* bzgl. Studienorganisation und spezifischen Studieninhalten (Sinnfrage), Selbstzweifel, Scheitern
- Erfolge als Bestätigung und Motivator (insbesondere in Praktika)
- Fachliche Sozialisation (*Fachkulturen*)
- *Perspektivenwechsel*, etwa durch Auslandserfahrung (insbesondere bei sprachlichen Fächern), Praktika, …
- *Praktika* (insbesondere *länger andauernde mit selbst gehaltenen Unterrichtsreihen*)
- *Gelderwerb* (facheinschlägig, z.B. Nachhilfe bzw. fachfremd)
- Entwicklung eines (häufig noch diffusen, teilweise impliziten) *Professionsverständnis*ses

In jedem der Felder entfaltet sich bei detaillierter Analyse das professionelle Werden über die Zeit facettenreich. Der derzeit (2012/13) stattfindende Vergleich der Interviewergebnisse mit den Analysebefunden der Portfolioauswertung zeigt eine große Übereinstimmung bzgl. der von den Betroffenen als wesentlich erachteten Kategorien. Ein noch nicht systematisiertes Ergebnis ist, dass interviewte Studierende, die ein Portfolio verfasst hatten, im Vergleich zu solchen ohne Erfahrung mit Portfolioarbeit (Uni-Wechsel/Anrechnungen, alter Studienplan) im Allgemeinen differenzierter über ihr eigenes Berufsbild, ihre Kompetenzen und Entwicklungsfelder sprechen. Da als Vergleichsgruppe jedoch lediglich 12 Personen zur Verfügung standen, bedarf es noch weiterer Untersuchungen, um in diesem Zusammenhang zu verallgemeinerbaren Aussagen zu kommen.

Die Detailauswertungen zeigen, wie in Abschnitt 4 allgemein zusammengefasst wird, verschiedenste Handlungsfelder für die Weiterentwicklung der Ausbildung auf (vgl. Kap 2; Kraler 2012a, 2012b).

4 Ein Resümee – Gelingensbedingungen für nachhaltige Portfolioarbeit in der LehrerInnenbildung

Zwei Bemerkungen sind diesem Resümee voranzustellen: Portfoliokonzepte können die in Kap. 2 genannten Prozesse befördern bzw. initiieren, jedoch nur unter der Bedingung, dass sie adäquat umgesetzt werden. Vieles spricht dafür, das klassische Spannungsfeld der Lehrerprofession, gleichzeitig Lernbegleiter und Beurteiler der Lernleistung zu sein, auch und gerade da dies so professionsspezifisch charakteristisch ist, im Rahmen der Portfolioarbeit in der LehrerInnenbildung beizubehalten. Eine Verknüpfung von Portfolioarbeit etwa mit dem klassischen universitären Beurteilungskonzept, wo etwa ein Portfolio wie eine Seminararbeit beurteilt wird, widerspräche aber der Intention grundlegend und wäre damit nicht gegenstandsadäquat.

Zudem hat sich in den letzten zehn Jahren intensiver Arbeit mit Portfolios in der LehrerInnenbildung an der Universität Innsbruck gezeigt, dass dieses Instrument im Sinn der damit verbundenen Intention für etwa 10-15% der Studierenden nur bedingt geeignet zu sein scheint. Wir sehen das unter anderem daran, dass diese Studierenden in anderen wissens- wie praxisbezogenen Prüfungsbereichen (z.B. Klausuren, Seminararbeiten, Praktika und Lehrproben) gute Leistungen erbringen. Ihre studienbegleitend erstellten Portfolios fallen jedoch im Vergleich dazu von der Beurteilung her ab. Unter anderem scheint etwa jede/r fünfte bis siebte Studierende den eigenen Leistungsstand über Portfolios nur äußerst unzureichend darstellen zu können. Bei einem Teil dieser Studierenden mögen Zeitfaktoren eine Rolle spielen (der Aufwand zur Fertigstellung des Abschlussportfolios wird teilweise unterschätzt). Die Qualität der Einführung der Portfolioarbeit zu Studienbeginn scheint allenfalls bei allgemein leistungsschwächeren Studierenden eine Rolle zu spielen. Qualitativ konnte bisher beobachtet werden, dass manche „gute" Studierenden mit dem inhaltlichen Verdichten Probleme haben bzw. es ihnen besonders schwer fällt, professionstheoretische Konzepte mit eigenen, biographischen Entwicklungen in Beziehung zu bringen. Es ist uns jedoch bisher trotz verschiedener Analyseversuche nicht gelungen, eindeutige Gründe hierfür systematisch zu identifizieren.

Daraus ergeben sich automatisch zwei Fragen. Erstens: Warum genau kann ein gewisser Prozentsatz sich als sonst kompetent erweisender Studierender mit diesem Konzept seine/ihre Leistungen nur unzureichend darstellen? Und zweitens: Welche anderen Methoden/Instrumente/Verfahren o.ä. können der Intention des

Portfolioeinsatzes entsprechende Ergebnisse liefern? Damit unmittelbar verbunden ist naturgemäß die Frage, ob sich ein Portfoliokonzept als flächendeckendes Instrument eignet.

In Kap. 2 wurde unter Rückgriff auf Befunde diskutiert, was Portfolioarbeit leisten kann, wenn man von den Vorbedingungen und Grundlagen aus Kap. 1 ausgeht. Abschließend wird nun tabellarisch dargestellt, welche Faktoren im Sinn von Gelingensbedingungen zu einer erfolgreichen Umsetzung erfüllt sein sollten, damit möglichst alle Beteiligten (Lernende, Lehrende, Institution) davon profitieren können.

Erfahrungen aus portfoliobezogener Forschung und Lehre:
- Die Einführung eines Portfoliokonzepts sollte kontextsensitiv überlegt und geplant werden, ebenso wie dessen Format und seine konkrete Funktion im Curriculum
- Portfoliokonzepte sollten nicht als zusätzliches „add on" in das Curriculum „eingebaut" werden. Je besser sie inhaltlich wie strukturell vernetzt sind, umso größere Wirkung können sie entfalten
- Start im Kleinen (Sondierung über Mini-Portfolios): Kann die Institution die nötigen Rahmenbedingungen für einen Einstieg schaffen?
- Ein zusätzlicher Zeitaufwand ist v.a. in der Anfangsphase sowohl für VerfasserInnen wie für Lehrende mit einzurechnen
- Portfolioarbeit muss von allen Beteiligten (Lernenden wie Lehrenden) erlernt und entwickelt werden (2-5jährige Einstiegsphase)
- Portfolioarbeit braucht einen Einstellungswandel (Musterwechsel) in der Lern-, Lehr- und Prüfungskultur, das heißt insbesondere, dass sie dialogisch als kommunikativer Prozess angelegt ist, bei dem immer wieder wechselseitiger Austausch und Feedback über Inhalt und Stand der Arbeit stattfindet und Möglichkeiten der Weiterarbeit besprochen werden
- Portfolioarbeit benötigt aufgrund der Prozess- und Produktorientierung eine neue Beurteilungskultur (weg von rein punktuellen Leistungsanforderungen), für die entsprechende Rahmenbedingungen („kleine" Gruppen, Standards, Absprachen,...) geschaffen werden müssen
- Portfolioarbeit braucht klare Arbeitsanweisungen und Verbindlichkeiten, v. a. um Struktur und Sicherheit zu schaffen
- Für multimediales Material, wie Videos, müssen entsprechende technische Möglichkeiten (Kamera, Schnittcomputer) und Know-how zur Verfügung stehen
- Eine Evaluation des eingesetzten Portfolioformats und Abklärung der Passung zwischen Curriculum und Instrument sollte in regelmäßigen Abständen stattfinden (ca. alle drei Jahre)
- Tutorialkonzepte können für alle Phasen entlastend und bereichernd sein

- Die Frage nach analoger oder digitaler Repräsentation (ePortfolio) hängt sowohl von den technischen Gegebenheiten vor Ort als auch mehr noch von der spezifischen Intention der Nutzung ab (vgl. dazu den Beitrag von Himpsl-Gutermann & Groißböck in diesem Band)

Eine zentrale Erfahrung betrifft die lokale Komponente. Inzwischen gibt es in der Literatur unterschiedlichste elaborierte Portfoliokonzepte und Handreichungen für verschiedenste Zielgruppen (SchülerInnen, Studierende, Lehrende, Institutionen), Fächer und Kontexte. Gerade das dialogisch-dialektische Moment der Portfolioarbeit bedingt jedoch, dass erfahrungsgemäß zumindest in Teilen das eine oder andere Rad vor Ort immer wieder neu erfunden wird bzw. erfunden werden muss. Diese Rekonstruktion scheint ein zentrales Moment für einen gewinnbringenden und nachhaltigen Einsatz zu sein.

Die Pionierphase der Portfolioarbeit in der LehrerInnenbildung ist inzwischen auch bezogen auf den deutschsprachigen Raum eindeutig vorbei. Das Instrument kommt in die Pubertät. Ob es schwierig wird, einfach verschwindet oder sich einfügt, werden die kommenden Jahre zeigen.

Literatur

Abels, S. (2010). *LehrerInnen als „Reflective Practitioner". Reflexionskompetenz für einen demokratieförderlichen Naturwissenschaftsunterricht.* Wiesbaden: VS.
Altrichter, H. & Posch, P. (2007). *Lehrerinnen und Lehrer erforschen ihren Unterricht.* Bad Heilbrunn: Klinkhardt.
Arter, J. A. & Spandel, V. (1992). Using Portfolios of Student Work in Instruction and Assessment. *Education Measurement: Issues and Practice,* Spring, 36-44.
Benjamin, W., Böhme, H. & Ehrenspeck, Y. (2007). *Aura und Reflexion. Schriften zur Kunsttheorie und Ästhetik.* Frankfurt: Suhrkamp.
Bräuer, G. (2007). Portfolios in der Lehrerausbildung als Grundlage für eine neue Lernkultur in der Schule. In M. Gläser-Zikuda & T. Hascher (Hrsg.), *Lernprozesse dokumentieren, reflektieren und beurteilen* (S. 45-62). Bad Heilbrunn: Klinkhardt.
Brunner, I., Häcker, T. & Winter, F (Hrsg.) (2006). *Das Handbuch Portfolioarbeit. Konzepte, Anregungen, Erfahrungen aus Schule und Lehrerbildung.* Seelze-Velber: Kallemeyer.
Combe, A. & Kolbe, F. (2004). Lehrerprofessionalität: Wissen, Können, Handeln. In W. Helsper & J. Böhme (Hrsg.), *Handbuch der Schulforschung* (S. 833-852). Wiesbaden: VS Verlag für Sozialwissenschaften.
Combe, A. & Gebhard, U. (2007). *Sinn und Erfahrung. Zum Verständnis fachlicher Lernprozesse in der Schule.* Opladen: Budrich.
Elbow, P. (1998). *Writing without Teachers.* Oxford: OUP.
Foucault, M. (2007). Ästhetik der Existenz. Schriften zur Lebenskunst. Frankfurt a.M.: Suhrkamp.
Gruschka, A. (2002). *Didaktik. Das Kreuz mit der Vermittlung. Elf Einsprüche gegen den didaktischen Betrieb.* Wetzlar: Büchse der Pandora.

Häcker, T. (2006). Wurzeln der Portfolioarbeit. In I. Brunner, T. Häcker & F. Winter (Hrsg.), *Das Handbuch Portfolioarbeit. Konzepte, Anregungen, Erfahrungen aus Schule und Lehrerbildung* (S. 27-32). Seelze-Velber: Kallmeyer.

Häcker, T. (2007a). Professionalisierung des LehrerInnenhandelns durch Professional Development Portfolios. *Erziehung und Unterricht, 157* (5-6), 382-391.

Häcker, T. (2007b). Portfolio – ein Medium im Spannungsfeld zwischen Optimierung und Humanisierung des Lernens. In M. Gläser-Zikuda & T. Hascher (Hrsg.), *Lernprozesse dokumentieren, reflektieren und beurteilen* (S. 63-85). Bad Heilbrunn: Klinkhardt.

Hascher, T. & Schratz, M. (Hrsg.) (2001). *Portfolios in der LehrerInnenbildung*. Innsbruck: Studienverlag.

Holzkamp, K. (1995). *Lernen. Subjektwissenschaftliche Grundlegung*. Frankfurt: Campus.

Kraler, C. (2006). Kompetenzorientierung und Portfolioarbeit als Kernaspekte des Innsbruck Modells zur Lehramtsausbildung. In A. H. Hilligus & H. D. Rinkens (Hrsg.), *Standards und Kompetenzen – neue Qualität in der Lehrerausbildung* (S. 367-376). Berlin: Lit Verlag.

Kraler, C. (2007a). Beurteilen und/oder begleiten? Bedingungen, Perspektiven und Grenzen einer portfoliogestützten LehrerInnenausbildung. *Seminar – Lehrerbildung und Schule, 13* (1), 75-102.

Kraler, C. (2007b). Portfolioarbeit in der LehrerInnenbildung. Eine Standortbestimmung. *Erziehung und Unterricht, 157* (5-6), 441-448.

Kraler, C. (2008). Kompetenzorientierte Lehrerbildung und ihre Wirkung. Überlegungen zur Nachhaltigkeit in Forschung und Praxis. In C. Kraler & M. Schratz (2008) (Hrsg.), *Wissen erwerben, Kompetenzen entwickeln. Modelle zur kompetenzorientierten Lehrerbildung* (S. 151-180). Münster, New York: Waxmann.

Kraler, C. (2009). Portfolioarbeit im Spannungsfeld selbst- und fremdgesteuerten Lernens in der LehrerInnenausbildung. *Journal für LehrerInnenbildung*, 9 (2), 24-28.

Kraler, C. (2012a). Lehramtsstudierende und ihre Entwicklungsaufgaben in der universitären Ausbildungsphase. In D. Bosse, L. Criblez & T. Hascher (Hrsg.), *Reform der Lehrerbildung in Deutschland, Österreich und der Schweiz* (S. 277-298). Immenhausen: Prolog.

Kraler, C. (2012b). Entwicklungsaufgaben Lehramtsstudierender aus der Sicht von LehrerbildnerInnen. *Journal für LehrerInnenbildung, 12* (3), 31-38.

Kruse, J., Biesel, K. & Schmieder, C. (2011). *Metaphernanalyse: Ein rekonstruktiver Ansatz*. Wiesbaden: VS Verlag für Sozialwissenschaften.

Lissmann, U. (2007). Beurteilungsraster und Portfoliobeurteilung. In Gläser-Zikuda, M. & Hascher, T. (Hrsg.), *Lernprozesse dokumentieren, reflektieren und beurteilen* (S. 87-108). Bad Heilbrunn: Klinkhardt.

Metcalfe, J. & Shimamura, A. P. (1994). *Metacognition: knowing about knowing*. Cambridge, MA: MIT Press.

Neuß, N. (2009). *Biographisch bedeutsames Lernen. Empirische Studien über Lerngeschichten in der Lehrerbildung*. Opladen: Barbara Budrich.

Vierlinger, R. (2011). *Schulerfahrung & Schulreform: Stationen eines Lehrerlebens*. Innsbruck: Wagner.

Reinisch, H. (2009). „Lehrerprofessionalität" als theoretischer Term – Eine begriffssystematische Analyse. In O. Zlatkin-Troitschanskaia, K. Beck, D. Sembill, R. Nickolaus & R. Mulder (Hrsg.), *Lehrerprofessionalität. Bedingungen, Genese, Wirkungen und ihre Messung* (S. 33-44). Weinheim: Beltz.

Schmidinger, E. & Vierlinger, R. (2012). *Zeitgemäße Leistungsbeurteilung*. Wien: Jugend & Volk.

Schön, D. (1983). *The Reflective Practitioner. How Professionals Think in Action*. Basic Books.

Schupp, F. (2003). *Geschichte der Philosophie im Überblick. Band 1. Antike*. Hamburg: Meiner.

Schratz, M., Schrittesser, I., Forthuber, P., Pahr, G., Paseka, A. & Seel, A. (2008). Domänen von Lehrer/innen/professionalität. In C. Kraler & M. Schratz (Hrsg.), *Wissen erwerben, Kompetenzen entwickeln. Modelle zur kompetenzorientierten Lehrerbildung* (S. 123-138). Münster, New York: Waxmann.

Schratz, M. & Tschegg, K. (2001). Das Portfolio im Kontinuum unterschiedlicher Phasen der Lehrerbildung. *Journal für Lehrerinnen- und Lehrerbildung, 1* (4), 17-25.

Schratz, M. & Weiser, B. (2002). Dimensionen für die Entwicklung der Qualität von Unterricht. *Journal für LehrerInnenbildung, 2* (4), 36-47.

Schwarz, J. (2001). Portfolios in der LehrerInnenbildung einführen. In: *Journal für Lehrerinnen- und Lehrerbildung,* 1 (4), 56-60.

Schwarz, J. & Schratz, M. (2012). Demokratisierung in der LehrerInnenbildung. *Journal für Lehrerinnen- und Lehrerbildung, 12* (2), 41-46.

von Werder, L. (1986). *Schreib- und Poesietherapie*. München: PsychologieVerlagsUnion.

Winter, F. (2007). Fragen der Leistungsbewertung beim Lerntagebuch und Portfolio. In M. Gläser-Zikuda & T. Hascher (Hrsg.), *Lernprozesse dokumentieren, reflektieren und beurteilen* (S. 109-132). Bad Heilbrunn: Klinkhardt.

Das Portfolio im Hamburger Referendariat: Konzeption – Erfahrungen – Entwicklung

Peter Bade, Landesinstitut für Lehrerbildung und Schulentwicklung Hamburg

Abstract

Der Beitrag liefert einen komprimierten Einblick in die Arbeit und die langjährigen Erfahrungen mit dem Instrument Portfolio in der zweiten Phase der Lehrerausbildung in Hamburg. Es wird versucht, das Konzept aus verschiedenen Perspektiven zu beleuchten sowie die Erfolge und Probleme beim Einsatz eines sehr offen angelegten Reflexionsportfolios kritisch resümierend darzulegen. Im letzten Abschnitt werden künftige Entwicklungsmöglichkeiten aufgezeigt und auch in diesem Teil wird deutlich, dass eine klare Positionierung des Portfolios zwischen den Polen einer wünschenswerten individuellen, reflexiven Selbststeuerung und der institutionell verordneten und gesteuerten Portfolioarbeit mit eventuellen Bewertungsanteilen die Entwickler und Nutzer des Instruments vor große Herausforderungen stellt.

Schlagwörter: *Entwicklungsportfolio, Reflexionsportfolio, metakognitive Reflexion, Zwischenbilanzgespräch*

1 Konzeption der Portfolioarbeit

In Hamburg wird das Portfolio in der zweiten Phase der Lehrerausbildung seit dem Jahre 2008 in der jetzigen Form als Begleitinstrument verwendet. Erste Erfahrungen mit der Portfolioarbeit, die in einzelnen Seminaren gemacht wurden, gingen der heutigen Konzeption des „Hamburger Modells" und der verbindlichen Nutzung für alle Abteilungen der zweiten Phase der Lehrerausbildung voraus. In dem folgenden Auszug aus der Handreichung Portfolio (vgl. Bade et al. 2012) sollen die Art und die Funktion des verwendeten Portfolios verdeutlicht werden: „Das LIA-Portfolio[1] ist als ‚Entwicklungsportfolio' zu verstehen und wurde als Reflexionsinstrument konzipiert. Es dient als Sammelmappe für wichtige Erfahrungen und Rückmeldungen auf dem Weg in den Beruf und zugleich als Instrument für den reflexiven Rückblick auf Erreichtes und die Planung nächster Schritte und Etappen in der Ausbildungsarbeit.

---

[1] LIA: Landesinstitut für Lehrerbildung und Schulentwicklung – Abteilung Ausbildung

Als ‚Reflexionsportfolio' in der Lehrerbildung ist das LIA-Portfolio noch stärker als die schulischen Portfolios auf den eigenen Gewinn an Selbsterkenntnis ausgerichtet, denn zukünftige Lehrerinnen und Lehrer sind einerseits schon erfahrene Lernende und entwickeln sich im Referendariat weiter zu ‚Lernexperten', andererseits greifen sie in ihrer Berufstätigkeit lebenslang auf ihre Lern- und Entwicklungsressourcen zurück, die es deshalb besonders gut zu kennen gilt.

Im Mittelpunkt stehen also zwei zentrale Aspekte der Bildung von Lehrerinnen und Lehrern: Die Herausbildung eines professionellen Selbstverständnisses und die Auseinandersetzung mit Lernen und lernförderlichem Unterricht anhand der eigenen Erfahrungen, welche an den Praxisorten Schule und LIA gemacht werden.

Die Portfolioarbeit ermöglicht eine reflektierende, metakognitive und theoriegeleitete Zusammenschau und lenkt den Blick auf Kernelemente des Berufs von Lehrerinnen und Lehrern.[2] Das LIA-Portfolio integriert die bisher im Hamburger Referendariat verwendeten Instrumente und Elemente reflexiven Erfahrungslernens. Hier ist insbesondere der Reflexionszirkel als Grundfigur zu nennen (…):

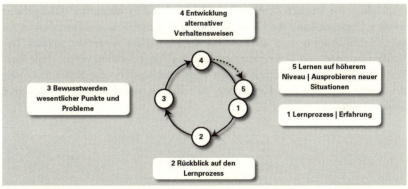

Abb. 1: Reflexionszirkel[3]

Ziele der Portfolioarbeit sind:
- sich der eigenen Lernprozesse und Kompetenzentwicklung bewusst zu werden und diese professionell zu reflektieren.
- berufliche Erfahrungen einem reflexivem kollegialen Austausch zugänglich zu machen" (vgl. Bade et al. 2012: 5 ff.)

Form und Strukturierung:
Bisher werden keine Vorgaben zur Form und Ausgestaltung des Portfolios gemacht. Die Referendarinnen und Referendare entscheiden individuell über die

---
2 Vgl. Zentrum für Lehrerbildung (ZLH): Portfolio im Kernpraktikum, Hamburg, 2011.
3 Abbildung nach: F. A. Korthagen et al. (2002). Schulwirklichkeit und Lehrerbildung. Reflexion der Lehrertätigkeit. Hamburg: EB-Verlag, S. 49.

Gestalt ihres Portfolios. Anregungen erhalten sie dabei auf dem sogenannten **Portfolio-Campus**, auf dem ältere Semester ihre Portfolios und Ausgestaltungen den neuen Semestern vorführen, erklären und für Nachfragen zur Verfügung stehen.

Nutzungs- und Nutzenvarianten:
Das Portfolio wird als „Container" für ausgewählte Texte, Tipps, Arbeitsblätter, Notizen aus Schule, Seminar oder eigener Recherche verstanden und bietet den Referendarinnen und Referendaren folgende Nutzungsvarianten:

Schatzkästchen	Ordnung und Überblick	Reflexion und Hilfe im Prozess
Sammlung der Erfolge und wichtigen Erfahrungen; auch für späteres Präsentationsportfolio nutzbar.	Zentrales Sammelinstrument für wertvolle Anregungen aus verschiedenen Erfahrungsbereichen.	Ort für einen analytischen und weiterführenden Blick auf den Prozess. Nutzung für Beratung und Kommunikation.

Verpflichtend ist die Nutzung des Portfolios in den sogenannten Zwischenbilanzgesprächen, die mit den Leitungen der Haupt- und Fachseminare durchgeführt werden. Daneben kann das Portfolio bzw. ausgewählte Teile des Portfolios in der mündlichen Prüfung oder als Basis für die Hausarbeit verwendet werden. Die Referendarinnen und Referendare entscheiden selbst darüber, welche Teile ihres Portfolios sie für die Kommunikation nutzen wollen. Um die Reflexionssphäre der Referendarinnen und Referendare zu schützen, soll das Portfolio an keiner Stelle offengelegt werden.

Das Portfolio im Hamburger Referendariat

Handlungsfelder \ Dimensionen	[I] Ich-Dimension Subjektbezug	[S] Schulpraxis-Dimension Berufsfeldbezug	[T] Theorie-Dimension Wissenschaftsbezug
Unterrichten	Welchen Anspruch habe ich an mich als Lehrperson, an die Schüler als Lernende?	Wie gestalte ich guten Unterricht für meine Lerngruppen vor dem Hintergrund der Lehr-Lern-Prozesse an meiner Schule? Woran arbeite ich?	Welche didaktischen und wissenschaftlichen Positionen leiten mich im Unterricht?
	Welche Aspekte meiner Person sind günstig für mich als Lehrperson, welche machen mir zu schaffen?	Welche Aspekte unterrichtlichen Handelns stellen für mich eine besondere Herausforderung dar?	Welches Kompetenzniveau habe ich erreicht und wie komme ich weiter?
Erziehen & beraten	Wie möchte ich die Rolle des Erziehers | Beraters ausfüllen?	Wie gestalte ich Erziehungsprozesse an meiner Ausbildungsschule? Was fordert mich dabei heraus?	Wo und wie erhalte ich welche Hilfen zur Erziehung und Beratung?
	Wer ist diesbezüglich mein Vorbild?	Welche Fälle aus der Praxis beschäftigen mich weiter?	Was sollte ich wissen und wo sind die Grenzen meiner Kompetenz?
Bewerten & beurteilen	Was fordert die Bewerterrolle von mir?	Vor welche konkreten Probleme stellt mich die Bewertungssituation und wie versuche ich ihnen zu begegnen?	Welcher Lern- und Leistungsbegriff liegt meinem Handeln zugrunde?
	Welche Rolle spielt Bewertung in meiner Biographie?	Welche Spannungsfelder schulischer Leistungsbewertung spüre ich in meiner Praxis?	Was muss | möchte ich wissen, um mich in der Bewerterrolle sicher zu fühlen?
Diagnostizieren & fördern	Wie sehe ich meine Rolle und meine Verantwortung bezüglich der individuellen Förderung von Lernenden?	Wie entwickle und gestalte ich Fördermaßnahmen und -konzepte für meine Schüler | Lerngruppen?	Welche Konzepte und Instrumente ziehe ich für Fördermaßnahmen und mein diagnostisches Handeln heran?
	Was hat das, was ich an Schülerhandeln sehe und wie ich es deute, mit meinen Wahrnehmungs- und Deutungsmustern zu tun?	Welche Haltung gegenüber Individualisierung ist an meiner Schule spürbar?	Welche persönliche Position nehme ich gegenüber Förder- und Diagnosekonzepten ein?
Schule entwickeln	Was ist meine persönliche Vision einer guten Schule?	Wie entwickelt sich meine Ausbildungsschule und was ist meine Rolle darin?	Mit welchen aktuellen Diskussionen über Schulentwicklungsprozesse und -modelle setze ich mich auseinander?
	Wie stehe ich zu Veränderungsprozessen?	Welche Kultur der Schulentwicklung herrscht an meiner Schule?	Welche Leitgedanken für Schulentwicklung bevorzuge ich?

Abb. 2: „Portfolio-Matrix" (Andresen et al. 2008: 4)

Anregungen für die Zielorientierung und Reflexion:
Zur Analyse der Praxiserfahrungen und zur Steuerung der eigenen professionellen Entwicklung stehen den Referendarinnen und Referendaren neben einem „Instrumentenkoffer"[4] zwei Instrumente zur Verfügung, die in Anlehnung an die KMK-Standards für die Lehrerbildung entwickelt wurden: Die Portfolio-Matrix

---

4 Download unter: http://li.hamburg.de/portfolio/

dient als Orientierungsrahmen für die Systematisierung und Vertiefung der Reflexion in der Portfolioarbeit (Subjekt-Praxis-Theorie-Bezug), während die Nutzung des Referenzrahmens die Zielorientierung in der Ausbildung erhöhen und Selbststeuerung und Prozessbegleitung unterstützen soll.

2 Erfahrungen mit dem „Hamburger Modell"

Das bisher am Landesinstitut in Hamburg verwendete Portfolio ist ein Entwicklungs- bzw. Reflexionsportfolio. Die Inhalte des Portfolios werden nicht bewertet. Den Referendarinnen und Referendaren ist es freigestellt, welche Inhalte sie für Beratungsgespräche oder Prüfungen nutzen wollen. Auf eine starke Vorgabe bei der Strukturierung oder eine Steuerung durch obligatorische Fragestellungen wurde bewusst verzichtet, da es sich um ein individuelles Reflexionsinstrument handelt.

Bei der relativ offenen und auf Selbststeuerung angelegten Konzeption des Portfolios gab es im Zeitverlauf stets intensive Diskussionen darüber, ob nicht ein produktorientiertes Bewertungsportfolio mit stärkeren Vorgaben die geeignetere Option für Ausbildungszwecke darstelle und zu breiterer Akzeptanz und intensiverer Nutzung führe.

Dagegen sprach, dass die Referendarinnen und Referendare dazu neigen könnten, verstärkt für Prüfungszwecke zu reflektieren und schon beim Schreiben und Sammeln an den Aspekt der Bewertung zu denken. Selbstdarstellungs- und Bewertungsaspekte im Sinne eines Showcase-Portfolios würden somit die angestrebten Effekte der Unterstützung einer „echten" individuellen Reflexion und der individuellen Steuerung und Begleitung der Entwicklung unterlaufen.

So zeigte sich bei der kollegialen Verständigung über die Art des Portfolios auch die in der Theorie beschriebene Schwierigkeit der Positionierung eines Portfolios zwischen den pädagogischen Spannungsfeldern:

Zwischen **Fremd- und Selbststeuerung** bzw. extrinsischer und intrinsischer Motivation aus der Perspektive der Referendarinnen und Referendare; aus der Perspektive der Ausbilder geht es um Funktionswidersprüche zwischen **Lernbegleitung** (Unterstützung, Beratung, Coaching) und **Beurteilung** (Diagnostizieren, Einschätzen, Bewerten).

Die bisherigen Erfahrungen mit dem Instrument Portfolio wurden in kollegialen Besprechungen, Befragungen der Fachseminarleiter, Hauptseminarleiter und Lehrertrainer und natürlich auch in Befragungen der Referendarinnen und Referendare evaluiert.

Zusammenfassend lassen sich folgende Ergebnisse und Tendenzen für die Arbeit mit dem oben beschriebenen Hamburger Modell darstellen:

Zu Beginn sollen allgemeine Wahrnehmungen zu den Effekten der Arbeit mit dem obigen Entwicklungs- und Reflexionsportfolio beschrieben werden. Ausgangspunkt ist dabei die Charakterisierung des Portfolios nach Kraler (2007: 84):

„ ... *Ein Portfolio ist* ...
... *die kriteriengeleitete individuelle Darstellung und schriftliche metakognitive Reflexion des Lernweges der Verfasserin/des Verfassers in Bezug auf eine Frage- bzw. Problemstellung anhand von ausgewählten und kommentierten Arbeitsergebnissen verschiedenster Art.* "

Kriteriengeleitete Reflexion: Diese wurde in den Portfolioauszügen, die in den Zwischenbilanzgesprächen vorgelegt wurden, erkennbar und zeigte sich an der Nutzung der Portfolio-Matrix, des Referenzrahmens oder anderer subjektiv bedeutsamer Kriterien, wie z.B. der Kriterien guten Unterrichts nach Hilbert Meyer.

Individuelle Darstellung: Gerade in diesem Bereich kam es zu sehr unterschiedlichen Darstellungen und ideenreichen, anregenden Umsetzungen durch die Offenheit bei der Ausgestaltung des Portfolios. Die persönliche Gestaltungsfreiheit unterstützte die subjektive Durchdringung des Ausbildungsauftrages, ein Portfolio zu führen.

Schriftlichkeit: Hier konnten sehr umfangreiche schriftliche Ausarbeitungen in analoger und zunehmend in vielfältiger digitaler Form beobachtet werden. Der dem Portfolio innewohnende Zwang zur Schriftlichkeit brachte gelegentlich zunächst erkennbare Widerstände mit sich: „Ich bin kein Typ, der zum Reflektieren alles aufschreiben muss". Erst im Rückblick auf dokumentierte Prozesse erkannten diese Referendarinnen und Referendare eigene Reflexionsmuster, „blinde Flecken" und zukünftige Herausforderungen. Immer wieder manifestierte sich auch ein erkennbarer Widerstand gegen die mit der Portfolioarbeit verbundene ungünstige und belastende Aufwand-Nutzen-Relation.

Metakognitive Reflexion des Lernwegs: In der Portfolioarbeit richtet sich der Blick auf den eigenen Lernprozess und eher nicht auf die Inhalte des Portfolios. Dieser Fokus wurde auch durch die Art der Portfoliogespräche unterstützt, in denen es u.a. darum ging, an welchem Punkt der Kompetenzentwicklung man zu Beginn des Referendariats gestartet ist, worin sich Fortschritte zeigen und wie nächste Schritte zum künftigen Kompetenzerwerb definiert werden können. Diese Gespräche beeinflussen wiederum die Reflexion bei der künftigen Entwicklung und die Wahrnehmung des eigenen professionellen Handelns.

Frage- bzw. Problemstellung: Hier waren, evtl. auch aufgrund der Offenheit des Konzeptes in einer äußerst komplexen Bewährungssituation, Schwierigkeiten und große Differenzen erkennbar. Vielen Referendaren fehlte bei der Vielzahl an Erfahrungen und Problemen der Praxis ein schneller und schlüssiger Zugriff auf bearbeitbare Probleme oder Leitlinien für die Arbeit mit dem Portfolio. Statt einer mühsamen Entscheidung für eine persönlich bedeutsame Auswahl an Fragen/Problemen wurde immer wieder nach engeren Leitlinien für die Arbeit mit dem Portfolio verlangt. Zugleich ermöglichte die Offenheit des Konzeptes aber erkennbar auch das Ausschöpfen des ganzen Spektrums, von der Bearbeitung individueller (scheinbar kleiner) Probleme: „Wie gestalte ich meine Arbeitsblätter besser?" bis hin zu größeren pädagogischen Fragen, wie z.B.: „Wie gelingt mir die Individualisierung des Unterrichts?" oder: „Wie gelingt Inklusion?"

Ausgewählte und kommentierte Arbeitsergebnisse verschiedener Art: Das Verständnis des Portfolios als „Container" für Arbeitsmaterialien aus der Praxis hat viel zur Akzeptanz des Portfolios beigetragen. Die Referendare produzieren oft umfangreiche Arbeitsmaterialien für ihre Lerngruppen, deren Kommentierung im Portfolio einen hohen Stellenwert hat. Wir haben sehr vielfältige, kreativ gestaltete und anregende Beispiele in den Portfolios beobachten können, bei denen die künstlerischen, medialen oder auch organisatorisch-strukturierten individuellen Begabungen deutlich zum Ausdruck kommen konnten.

Die Qualität der Kommentare und Reflexionstexte war dabei sehr divergent und viele positive Reflexionsleistungen traten erst im Gespräch über die Materialien und den Lernweg/ die Lernwege zu Tage. Dies verdeutlicht die besondere Relevanz von Kommunikationsanlässen für erfolgreiche Portfolioarbeit.

Weitere Rückmeldungen zur Portfolioarbeit aus Sicht der Seminarleitungen und der Referendarinnen und Referendare ergänzen die obigen Informationen um folgende Aspekte:

Seminarleitungen:
Das Portfolio wird von einer großen Mehrheit der Seminarleiterinnen und Seminarleiter als geeignetes und gewinnbringendes Instrument in der Lehrerausbildung wahrgenommen. Die Arbeit in den Zwischenbilanzgesprächen und in den Prüfungen wird grundsätzlich positiv beurteilt.
Es besteht der verbreitete Wunsch, mehr Zeit für individuelle Beratung zur Verfügung zu haben.
Eine gute Einführung in die Portfolioarbeit über Seminarinformationen oder auch den für alle neuen Referendarinnen und Referendare durchgeführten Portfolio-Campus hat zu einer stärkeren Nutzung und Akzeptanz des Instruments geführt.

Weitere positive und kritische Aspekte wurden bei der Auswertung einer Befragung deutlich:
- Das Instrument wurde in der Seminararbeit und als Kommunikationsinstrument in sehr unterschiedlicher Intensität genutzt bzw. in die Seminararbeit integriert. Ein gemeinsames Minimum der Nutzung des Instruments in Form von Zwischenbilanzgesprächen auf Portfoliobasis ist jedoch im Hause sichergestellt.
- Portfolios wurden über die Jahre zunehmend auf freiwilliger Basis in mündlichen Prüfungen und Hausarbeiten genutzt.[5]
- In einigen Seminaren ist Zeit für Reflexionen und Einträge ins Portfolio in die Seminarzeit integriert.

Es existieren unterschiedliche Wahrnehmungen zur Wirksamkeit und Eignung des derzeitigen Konzepts innerhalb der Seminarleiterschaft. Es besteht z.T. der Wunsch nach höherer Verbindlichkeit und stärkerer Vereinheitlichung bzw. Vorgaben von Reflexionsaspekten.

Zugleich kann festgestellt werden, dass auch die Zeit für individuelle Portfoliogespräche und Beratungen für Hauptseminarleitungen, Fachseminarleitungen und Lehrertrainern bei den schon stark gefüllten Curricula der 18-monatigen Ausbildung ein knappes Gut ist und mehrfache individuelle Portfoliogespräche zwischen denselben Personen (Ausbilder-Referendar) eher selten vorkamen.

Referendarinnen und Referendare:
Die Nutzung des Instruments spiegelt sich auch in der Ausgestaltung und dem Umfang der Portfolios wider:
In den Zwischenbilanzgesprächen wurde deutlich, dass von Seiten der Referendarinnen und Referendare das Instrument z.T. sehr intensiv genutzt wurde. Die offene Form der Gestaltung brachte eine Vielzahl sehr unterschiedlicher und äußerst kreativ gestalteter individueller Portfolios hervor, die auch den Gesprächspartnern einen guten Zugang zu den individuellen Lernwegen und eine solide Basis für die Beratung lieferten. Lernlandkarten, Nutzung von Metaphern und visuellen Symbolen oder auch digital gestaltete und vielfältig vernetzte Portfolios zeigten ein breites Spektrum individueller Zugänge zur persönlichen professionellen Entwicklung. Die archivierten Arbeitsmaterialien, Recherchen, Beobachtungen, Berichte und Reflexionstexte zeigten eine reiche Vielfalt.

Andererseits ist aus den Rückmeldungen der Referendarinnen und Referendare und aus den quantitativ und qualitativ weniger umfangreichen Portfolios zu schließen, dass ein nicht geringer Teil der Referendarinnen und Referendare das Portfolio nur sporadisch und/oder nur gezwungenermaßen verwendet. Die

---

5 Zugang zu Hausarbeiten auf Portfoliobasis: http://li.hamburg.de/portfolio/

Umfragen belegen zudem, dass eine breite Akzeptanz des Instruments unter den Referendaren bisher noch nicht erreicht wurde und die Arbeit von vielen als zusätzliche Belastung oder als Zwangsverpflichtung zu einer bestimmten Art der Reflexion empfunden wird.

Weitere Kritikpunkte an der bisherigen sehr offenen Gestaltung der Portfolioarbeit waren bislang:
* Mehrarbeit bei nicht immer klarer Nutzendefinition
* Angst vor Bewertung des Portfolios (trotz gegenteiliger Informationen)
* Fehlende Zeit für Beratung im Prozess
* Unklare Anforderungen (trotz Handreichungen und Informationsveranstaltungen)
* Unklarer Zweck, geringer erwarteter Zusatznutzen

3 Entwicklung

Im Rahmen erforderlicher Neustrukturierungen der Ausbildung, hervorgerufen durch die Bachelor-Master-Ausbildung an den Universitäten und den neu eingeführten Praxisphasen in der ersten Phase der Hamburger Lehrerbildung, wird auch über den künftigen Einsatz des Portfolios in der zweiten Phase der Lehrerausbildung neu nachgedacht.

Ein verstärkter schulischer Unterrichtseinsatz der Hamburger Referendarinnen und Referendare, eine modifizierte Prüfungsordnung und eine angestrebte stärkere Kooperation und Verzahnung der Ausbildungsphasen und Ausbildungspartner erhöhen die Bedeutung des Portfolios im Sinne einer gemeinsamen Dokumentationsgrundlage und Begleitungsbasis für unterschiedliche Ausbildungspartner.

Die Erhöhung der Unterrichtsverpflichtungen der Referendarinnen und Referendare erschwert eine komprimierte Prüfung am Ende der Ausbildung. Abgeschichtete Prüfungsteile im Ausbildungsprozess erscheinen daher sinnvoll, bei denen auch das Portfolio als Dokumentations- und Reflexionsinstrument eine Rolle spielen kann.

Komplexe Lernsituationen sollen künftig in Hamburg zum Ausbildungsprinzip und prägendem seminardidaktischen Format werden. Dies legt nahe, Bearbeitungsstrukturen im Portfolio den Bearbeitungsstrukturen von komplexen Lernsituationen anzunähern.

Ein möglichst einfacher Zugriff verschiedener Ausbildungspartner (Mentoren, Lehrertrainer, Mitreferendare, Seminarleiter verschiedener Abteilungen, etc.) macht den Einsatz einer gemeinsamen Plattform und eines gemeinsamen Formats des Portfolios zunehmend attraktiver. Hier bietet sich in Hamburg die Nutzung der Plattform SchulCommSy an.

Die Entwicklungsrichtung geht also aus pragmatischen Gesichtspunkten mit einem weinenden und einem lachendem Auge weg von dem sehr offenen Prinzip eines frei gestalteten Portfolios hin zu einem stärker vorstrukturierten digitalen Portfolio. Dabei wird darauf geachtet, dass es weiterhin nicht öffentliche Bereiche in der digitalen Struktur gibt und die Entscheidung bei den Referendaren verbleibt, welche Teile des Portfolios sie wem zugänglich machen wollen.

Das Portfolio als Reflexionsinstrument soll unbedingt beibehalten werden. Dies gilt gerade in einer stark praxisorientierten Ausbildung, um einem vordergründigen Pragmatismus nicht das Feld zu überlassen.

Im Rahmen der Neugestaltung muss ebenfalls über eine deutliche Positionierung des Portfolios als ein Beurteilungs- und/oder Beratungsinstrument nachgedacht werden und ggf. eine Trennung der Bereiche für die Nutzer klar erkennbar bleiben.

Literatur

Andresen, H., Bohls, H. & Zimmermann, H. (2008). *Handreichungen für Referendarinnen und Referendare*. Hamburg: Landesinstitut für Lehrerbildung und Schulentwicklung Hamburg.

Bade, P. et al. (2012). *Das Portfolio im Referendariat – Hamburger Modell, Handreichung für Referendarinnen und Referendare* (5. überarbeitete Auflage). URL: www.li.hamburg.de/portfolio (29.09.2012).

Blömeke, S., Reinhold, P., Tulodziecki, G. & Wildt, J. (Hrsg.) (2004). *Handbuch Lehrerbildung*. Bad Heilbrunn: Klinkhardt.

Brunner, I., Häcker, T. & Winter, F. (Hrsg.) (2006). *Portfolio – Das Handbuch*. Seelze: Friedrich-Verlag.

Combe, A. & Kolbe, F. U. (2004). Lehrerprofessionalität: Wissen, Können, Handeln. In W. Helsper & J. Böhme (Hrsg.), *Handbuch der Schulforschung* (S. 851-883). Wiesbaden: BS-Verlag.

Gläser-Zikuda, M. & Hascher, T. (2007). *Lernprozesse dokumentieren, reflektieren und beurteilen – Lerntagebuch und Portfolio in der Bildungsforschung und Bildungspraxis*. Bad Heilbrunn: Klinkhardt.

Häcker, T. (2006). *Portfolio: Ein Entwicklungsinstrument für selbstbestimmtes Lernen*. Baltmannsweiler: Schneider-Verlag Hohengehren.

Hascher, T. & Schratz, M. (2001). Portfolios in der LehrerInnenbildung. *Journal für Lehrerinnenbildung, 1* (4), 4-7.

Kraler, C. (2007). Beurteilen und/oder begleiten? Bedingungen, Perspektiven und Grenzen einer portfoliogestützten LehrerInnenausbildung. *SEMINAR: Lehrerbildung und Schule*, H. 1, 75-102.

Korthagen, F. A. et al. (2002). *Schulwirklichkeit und Lehrerbildung. Reflexion der Lehrertätigkeit*. Hamburg: EB-Verlag.

Oelkers, J. (2003). Standards in der Lehrerbildung. *Deutsche Schule*, Beiheft 7, 54-70.

Phasenübergreifendes Professionalisierungs-Portfolio unter Einbeziehung der Validierung des informellen und nichtformalen Lernens

Harry Neß, Deutsches Institut für Internationale Pädagogische Forschung Frankfurt

Abstract

Veränderte Erwartungen an und vermehrtes Wissen über das Lehrerhandeln verlangen nach einer neuen Steuerungsphilosophie der Lehrerbildung. Sie muss differenzierte Berufsbiographien im Berufszugang, das Konzept des lebenslangen Lernens sowie den Anspruch auf Selbststeuerungs- und Selbstreflexionskompetenz strukturell und curricular aufnehmen.

Um die dafür notwendige Feinsteuerung zu leisten, wurde vom Deutschen Institut für Internationale Pädagogische Forschung (DIPF) im Auftrag des Landes Hessen ein die drei Ausbildungsphasen der Lehrerbildung übergreifendes „Professionalisierungs-Portfolio" entwickelt, das alle individuell erreichten Lernergebnisse – unabhängig vom jeweiligen Lernort und den organisierten Lernzeiten – systematisiert dokumentiert und in unterschiedlichen Anforderungssituationen anerkennbar bzw. anrechenbar macht. Abgeleitet ist das Instrument aus Standards in Grundlagendokumenten, die Anwendern Orientierung geben: Der „Deutsche Qualifikationsrahmen", die „Standards für die Lehrerbildung Bildungswissenschaften" der Kultusministerkonferenz und die „Validierungsgrundsätze" der EU. Das aus der Selbst- und Fremdevaluation entstehende Kompetenzinventar wird im Prozess der „kommunikativen Validierung" zur individuellen „Reflexionsbilanz" verdichtet.

Schlagwörter: *Deutscher Qualifikationsrahmen, Hessen, informelles Lernen, KMK-Standards, Kompetenzen, Lebenslanges Lernen, Lehrer(innen), Lehrerbildung, nichtformales Lernen, Portfolio, Professionalisierung, Reflexion, Validierung*

Umsteuerung der Lehrerbildung

Das Bündel an Erwartungen an die professionalisierte Tätigkeit von Lehrern[1] ist nicht nur national, sondern auch international umfangreicher, komplexer und unübersichtlicher geworden, so dass sich 2007 die „Kommission der Europäischen

---
[1] Personen- und Funktionsbezeichnungen im Text gelten in der weiblichen und männlichen Form.

Gemeinschaften" aufgefordert sah, einen supranationalen Bericht zur „Verbesserung der Qualität der Lehrerbildung" für den Europäischen Rat und das Europäische Parlament zu verfassen. In ihm wird betont, dass sich das Lehrerhandeln in schulischen Kontexten auf eine ganze Reihe veränderter Einflussfaktoren einlassen muss: mehr autonom Lernende, einen steigenden Bedarf individuellen Lernens, die höhere Bedeutung des Erwerbs von Schlüsselkompetenzen, die Entwicklung von konstruktiven und kooperativen Lernkonzepten, eine stärkere Nutzung der einem ständigen Modernisierungsdruck unterliegenden neuen Technologien, die Einbeziehung sozial und kulturell heterogenerer Lerngruppen sowie die veränderten Aufgaben in den Bereichen des Schul- und Wissensmanagements (vgl. Kommission der Europäischen Gemeinschaft 2007: 5; OECD 2006.).

Über diese Punkte hinaus wird der Veränderungsdruck auf die Lehrerbildungssysteme aber auch durch eine Zunahme wissenschaftlicher Forschungsergebnisse über Lernen, Sozialisation, Schule etc. erhöht. Das hat zur Folge, dass Lehrer zur Erreichung ihrer Ziele in den ersten zwei Phasen der Lehrerbildung (Studium/Vorbereitungsdienst) nicht nur Kenntnisse und Fähigkeiten erwerben, sondern diese auch permanent über die gesamte dritte Phase (Fort- und Weiterbildung) ihres Berufslebens ergänzen und erneuern müssen. Eine Konzeptualisierung der Lehrerbildung verweist unter diesen Vorzeichen die unterschiedlichen Gruppen des Bildungspersonals auf ihren Subjektcharakter als „Gestalter ihrer eigenen Bildungsgänge" (Hericks 2004: 310).

Ein Großteil des lebenslangen Lernens findet bekanntermaßen bis zum 25. Lebensjahr durch Elternerziehung, in Schule, Beruf und Universität statt. Danach aber – und das ist oftmals weniger bewusst – wird das eigene „Humankapital" zum Erhalt der Kompetenzniveaus und der Beschäftigungsfähigkeit fast ausschließlich aus Prozessen des nichtformalen und informellen Lernens, also aus dem „Erwachsenenlernen" gespeist (vgl. Ederer et al. 2002: 20). Das verlangt fast zwangsläufig nach einer veränderten berufsbiographischen Steuerungslogik, die mehr Selbststeuerungs- und Selbstreflexionskompetenz impliziert. Nach ihr werden alle Lernformen des lebenslangen Lernens als gleichartig, aber nicht zwingend als gleichwertig anerkannt. „Formales Lernen" geht z.B. nach der EU-Definition von einem Lernen aus, das in einem organisierten und strukturierten Kontext (Bildungs- oder Ausbildungseinrichtung, am Arbeitsplatz) stattfindet, explizit als Lernen bezeichnet wird und in Bezug auf Lernziele, Lernzeit oder Lernförderung strukturiert ist. Formales Lernen ist aus der Sicht des Lernenden zielgerichtet und führt im Allgemeinen zur Zertifizierung.

Nichtformales Lernen bezeichnet davon abgesetzt „ein Lernen, das in planvolle Tätigkeiten eingebettet ist, die nicht explizit als Lernen bezeichnet werden (in Bezug auf Lernziele, Lernzeit oder Lernförderung), jedoch ein ausgeprägtes ‚Lernelement' beinhalten. Nicht formales Lernen ist im Allgemeinen intentional aus Sicht der Lernenden und führt normalerweise nicht zur Zertifizierung (Anmerkung:

Nicht formales Lernen wird auch als halb strukturiertes Lernen bezeichnet"; Europäische Kommission 2004: 10ff.).
Informelles Lernen ist letztlich „ein Lernen, das im Alltag, am Arbeitsplatz, im Familienkreis oder in der Freizeit stattfindet. Es ist in Bezug auf Lernziele, Lernzeit oder Lernförderung nicht organisiert oder strukturiert. Informelles Lernen ist in den meisten Fällen nicht intentional und führt normalerweise nicht zur Zertifizierung. (Anmerkung: Informelles Lernen wird auch oft als Erfahrungslernen bezeichnet)" (Europäische Kommission 2004: 10ff.).
Diese Lernbereiche gelten selbstverständlich auch für die Ausbildung der Lehrer. Für sie ist das zur Anerkennung ihrer Kompetenzen besonders deshalb wichtig, weil sie sich „im Vergleich zu anderen akademischen Berufsgruppen eher überdurchschnittlich an informeller Weiterbildung" (Heise 2007: 528) beteiligen. Ihre Inanspruchnahme von Fachliteratur, Informationsveranstaltungen, Internetnutzung, Einarbeitung am Arbeitsplatz, Qualitätszirkeln u.ä. wird flankiert durch das vergleichsweise hohe bürgerschaftliche Engagement im sozialen Umfeld (vgl. Schuchart & Weishaupt 2008; Weishaupt 2004).
Die Arbeit an einem alle drei Lehrformen einbeziehenden Portfolio entspricht somit für den Lehreraspiranten, Novizen oder Professionellen der Notwendigkeit, sich über diese Form der Kompetenzerfassung bewusst zu machen, welche persönlichen, sozialen und fachlichen Stärken er für den Beruf bereits besitzt, die auf der Basis eines validierten Status' der erreichten Profession zielgerichteter auf- und ausgebaut werden können. Das macht beim Bildungspersonal mehr Eigenverantwortung und lebenslanges Lernen erforderlich, wofür die reflektierte Biographie, d.h. die „individuelle Geschichte" des Einzelnen aufzudecken ist, die „einer eigenen Logik" in „vorgegebener Zeitstruktur" (Sackmann 2007: 50) folgt.

Projektauftrag des Landes Hessen

Das im Auftrag des Hessischen Kultusministeriums in der Zeit von 2008 bis 2010 vom DIPF entwickelte, erprobte und evaluierte Portfolio nimmt diesen Gedanken eines modifizierten Leitsystems veränderter Lehrerbildungskultur und Personalsteuerung auf (vgl. Neß 2009). Durch die über ein Portfolio verbesserte Transparenz der Lernergebnisse (Outcomes) sollen die Anwender und die Ausbilder in Schule und Universität in Entscheidungssituationen souveräner und fachlich qualifizierter handeln, z.B. in den Fällen der Berufswahlentscheidung, der Personaleinstellung, bei der Abstimmung von Zielvereinbarungen in Jahresgesprächen, der Fort- und Weiterbildungsplanung, der Funktionsstellenbesetzung, der Unterrichtsentwicklung und der Schulinspektion.
Mit dem Führen des Portfolios sollen im Professionalisierungsprozess Studenten, Quereinsteiger, Lehramtsanwärter, Lehrer und Funktionsstellenbewerber

die berufsbiografisch angeleitete Sichtweise auf die bereits erfolgten oder noch erfolgenden Lernprozesse im Beruf, in der Familie, im Ehrenamt und im sozialen Umfeld erweitern. Dafür bildet das gemeinsame Interesse aller an der Ausbildung, Beratung und Bewertung Beteiligter in der hessischen Lehrerausbildung den Rahmen: Eine theoretisch und praktisch gleichgewichtige Ausbildung und Weiterentwicklung des „reflektierenden Praktikers" für die Unterrichtstätigkeit, seine aktive Mitarbeit in der Schulgemeinde, die Übernahme funktioneller Aufgaben im Schul- und Wissensmanagement einer lernenden Organisation und die strukturelle Berücksichtigung einer institutionalisierten „Feedback-Kultur". Dem lebenslangen Lernen wird damit in allen drei Phasen der Lehrerbildung durch begleitende Beratung und Bewertung ein anerkennbarer Wert gegeben; und das eigene Profil wird für die besonderen Aufgaben des Lehrerberufs geschärft.

Herausforderung einzubeziehender Referenzinstrumente

Unter diesen Vorgaben des Erfordernisses einer systematisierten Portfolioarbeit ist die wichtigste konzeptionelle Herausforderung, nach neuen Formen der Validierung von kompetenzbasierten Lernoutcomes zu suchen, da das informelle Lernen schwer zu erkennen, noch schwerer zu messen und deshalb meist noch schwieriger zu würdigen ist. „Die Unsichtbarkeit (beeinträchtigt) die Kompetenzentwicklung auf allen Ebenen, vom Einzelnen bis zur Gesellschaft als Ganzes" (Bjørnåvold 2001: 27), stellte der europäische Bildungsexperte Bjørnåvold bereits vor über zehn Jahren fest und verwies damit auf die bis heute zu lösende Aufgabe, mit einem zur Verfügung gestellten Instrument erworbene Lernergebnisse über Standards und Kriterienkataloge systematisiert und prozessual sichtbar, validierbar und kommunizierbar zu machen.
Daraus folgt, dass der biografieorientierte Ansatz eines zu konstruierenden „Professionalisierungs-Portfolios" (P-P) zur Ermittlung von sichtbar gemachten Kompetenzen auf die Rekonstruktion, aber prospektiv auch auf die Konstruktion von Kompetenzentwicklungen zielt. Damit ist der Prozess einer individuellen Veränderung des Lehrers durch die Aneignung von Wissen und Fertigkeiten gemeint, der sich in seinem Erkenntniszuwachs aus Ergebnissen forschungsorientierter Wissenschaftlichkeit vergewissert (vgl. Neuß 2009: 28 ff.; Gudjons et al. 1994: 28). Um diesem Selbstverständnis im Projekt weiter nachzugehen, standen Fragen im Zentrum, wie neben Zertifikaten und Kreditpunkten Kompetenzen und deren Entwicklung individuell und vor allem valide erfasst werden können. Dies wurde mit der Umsetzung des hier vorzustellenden Portfolio-Konzepts versucht, in dem drei Referenzdokumente zugrunde gelegt wurden: die KMK-Lehrerbildungsstandards, der Entwurf zum Deutschen Qualifikationsrahmen (DQR) und die EU-Grundsätze zur Validierung des informellen und nichtformalen Lernens.

Die für alle drei Phasen der Lehrerbildung geltenden „KMK-Lehrerbildungsstandards" (16.12.2004) sprechen in den Fällen von einem Standard, wenn mit seiner Realisierung „pädagogische Situationen zweckmäßig und sinnvoll bearbeitet und bewältigt werden können" (Oser 2004: 193). Die Kultusministerkonferenz der Länder (KMK) geht zur Erreichung dieses Zwecks von einem kompetenzbasierten Leitbild aus, das referentiell und messbar Lehrer in die Lage versetzt, fachlich, systematisch und wissenschaftlich gestützt ihr Lehren, Lernen, Erziehen, Beraten und Beurteilen besser zu eigenen Professionalisierungsaktivitäten in Beziehung zu setzen und qualitativ über Weiterbildung weiterzuentwickeln. Die Möglichkeit der dafür erforderlichen Heranbildung von „Reflexionskompetenz" wurde deshalb von den Kultusministern als eine der zentral anzueignenden Kompetenzen innerhalb der drei Phasen der Lehrerbildung identifiziert und inhaltlich aufgefächert.

Eine darüber hinaus gehende Einbeziehung des DQR begründet Standards, die eine hohe Akzeptanz aus dem gesamten Bildungs- und Beschäftigungssystem in der Beschreibung von Kompetenzen durch die sogenannten gesellschaftlichen ‚Stakeholder' in Deutschland (Bund/Länder/Sozialparteien) haben. Über die von ihnen akzeptierte Systematik ist eine umfassende, bildungsbereichsübergreifende Einordnung von Kompetenzen möglich. Die unabhängig von festgelegten Lernorten und Lernzeiten des formalen Lernens erworbene Fertigkeiten, Qualifikationen, Kompetenzen und Wissensbestände werden in ihren Outcomes, aber auch in ihren Erwerbswegen mit vorgegebenen Deskriptoren auf acht Niveaustufen zugeordnet. Auf jeder Stufe sind die jeweiligen Fach-, personalen und Methodenkompetenzen ausgewiesen. Aus Gründen der Berücksichtigung von nur solchen Kompetenzen, die von ihrem Niveau her mit einem Hochschulzugang, einem Berufs- oder ähnlichem Abschluss vergleichbar sind, werden aus Praktikabilitätsgründen im P-P nur sechs Stufen auf die Erfordernisse von Schule, Bildung und Erziehung übersetzt.

Zur Validierung der Kompetenzerfassung im Portfolio sollten folgende im Auftrag der Europäischen Kommission (2004) ermittelten und supranational festgelegten Grundsätze zur Einführung von Validierungsverfahren berücksichtigt werden:
- Transparenz über Ziele und Zwecke
- Klarheit der Begrifflichkeit
- Datenschutz- und Verweigerungsrechte des Einzelnen
- Schutz der Privatsphäre
- Verbindung von Selbst- und Fremdevaluation der Kompetenzdokumentation
- Beratung und Unterstützung
- Bewertungs-, Anerkennungs- und Zertifizierungsverfahren der Gleichwertigkeit von Lernen
- Unparteilichkeit der Validierung
- Vertrauen und Verlässlichkeit durch standardisierte Verfahren
- Einsatz wissenschaftlicher Diagnose- und Evaluationsverfahren

Für die Interessen der Ausbildungsinstitutionen bzw. der Schulen und der Lehrkräfte eignen sich auf dem Hintergrund der drei Referenzdokumente summative und formative Verfahren der Kompetenzerkennung, Kompetenzbewertung und Kompetenzanerkennung, aus denen sich ein Kompetenzprofil anforderungs- und entwicklungsorientiert ablesen lässt (vgl. Käpplinger 2007: 26 ff.). Dass es dabei in hohem Maße der Freiwilligkeit und der Bereitschaft der Lehrer bedarf, sich im Sinne eines reflektierten Dialogs mit sich selbst und anderen in Bezug zu eigenen professionellen Kompetenzen zu setzen, ist von entscheidender Bedeutung für das Gelingen der Portfolioarbeit und der Verankerung einer für Schule erforderlichen „Feedback-Kultur".

Ein auf diesem Anspruch basierender Prozess der gemeinsamen Reflexion über die schriftlich fixierte Selbst- und Fremdbewertung von Kompetenzen im Portfolio wird hier als „kommunikative Validierung" in Entwicklungs- und Anforderungssituationen bezeichnet; ein Begriff, der aus der qualitativen Sozialforschung übernommen wurde (vgl. Neß 2011). Wichtig ist dabei die „interpersonelle Konsensbildung", d.h. die Einigung auf den „Bedeutungsgehalt des Materials" (Bortz & Döring 2006: 328), der als Ergebnis in einem Kompetenzprofil festgehalten werden kann.

Es entsteht in der Selbstverantwortung der Anwender in einem Teil des P-P eine systematisiert angeleitete Sammlung von dokumentierten Verfahren der Selbst- und Fremdevaluation, die alle individuell zu verortenden Lernprozesse des Erwerbs von Fachkompetenzen (Wissen/Fertigkeiten), personalen Kompetenzen (Sozialkompetenz/Selbststeuerungskompetenz) und Methodenkompetenzen in nachgewiesenen Kompetenzoutcomes kumulativ erfassen. Darauf folgt in einem davon getrennten Teil mit einem durch Validierungsverfahren abgesicherten Vorgehen von den Portfolioanwendern die Strukturierung anforderungsorientierter Profilzuschnitte, um sie für unterschiedliche Zwecke und Adressaten selektiv zugänglich zu machen. Ein diese Vorüberlegungen aufnehmendes und zu entwickelndes P-P der Kompetenzerkennung bzw. -anerkennung innerhalb der neuen Steuerungsphilosophie des lebenslangen Lernens gestattet „den Autoren und Betrachtern, die Lernprodukte und den Lernprozess gemeinsam in den Blick zu nehmen und zu beurteilen" (Häcker 2006: 35).

Entwicklung des Professionalisierungs-Portfolios (P-P)

Zur Entwicklung eines hessischen Portfolios in der Lehrerbildung wurde von Beginn an die Beteiligung zentraler Akteure gesucht. Dies gelang mit dem in Hessen für die zweite und dritte Phase zuständigen „Amt für Lehrerbildung" (AfL) und teilweise mit den „Zentren für Lehrerbildung" an den Universitäten. Die Situation für ein phasenübergreifendes Portfolio in der Lehrerbildung ist von der Seite der hessischen Universitäten heterogen. Sie arbeiten an fünf Standorten der ersten Phase (Darmstadt, Frankfurt, Gießen, Kassel und Marburg) mit unterschiedlicher Schwerpunktsetzung in Lehrämtern und Fächerkombinationen. Während die Mitarbeit bei der Erarbeitung eines phasenübergreifenden Portfoliokonzepts noch gegeben war, überwogen aufgrund der rechtlich gesicherten Autonomie der Universitäten und ihrer Lehrveranstaltungen die Vorbehalte gegenüber einer Erprobung des P-P-Entwurfs, so dass dieser nur in der zweiten und dritten Phase mit 67 Probanden pilotiert werden konnte.

Es gab einen Rücklauf von insgesamt 50 der 67 durch Anwender bearbeiteten Evaluationsbögen, die sich wie folgt aufschlüsseln ließen[2]:

Tab. 1: Übersicht zu einbezogenen Probanden (Anwender) nach Studienseminaren

	Studienseminar für Gymnasien Wiesbaden	Studienseminar GHRF Eschwege	Studienseminar für berufliche Schulen Wiesbaden	Σ
Anzahl Ausgabe	43	15	9	67
Anzahl Rücklauf	39	6	5	50
Weiblich	20	5	3	28
Männlich	8	1	2	11
Staatsexamen 1	28	6	1	35
Staatsexamen 2	2	0	5	7

Hauptkritikpunkte am P-P-Entwurf waren zusammen gefasst der Umfang, der damit verbundene Zeitaufwand, die Komplexität der unterschiedlichen Standards und die grundsätzliche Fragwürdigkeit der Arbeit mit Portfolios.

Nach Beendigung der Evaluation und der die Hinweise übernehmenden Überarbeitung wurde die Endfassung des P-P in der Printfassung als auch in der online zugänglichen Fassung ins Netz des ‚Bildungsservers Hessen' gestellt, um einen nutzerfreundlichen Zugang, eine Nachhaltigkeit und Verstetigung der Anwendung für die hessische Lehrerbildung zu sichern: URL: http://lakk.bildung. hessen.de/afl/pp/index.html.

---

2 An einem Studienseminar hatte der Seminarleiter ohne Rücksprache einen eigenen Fragebogen für die Anwender entwickelt. Damit wurden die getätigten Angaben der Probanden nur eingeschränkt vergleichbar und fielen für die Erhebung heraus.

Der Aufbau des Professionalisierungs-Portfolios

Die Endfassung des Professionalisierungs-Portfolios ist in drei Teile, in Prozess-, Referenz- und Profilportfolio gegliedert. Alle Bearbeitungselemente können individuell unabhängig von Zeit, Ort und Anlass zum Einsatz kommen: Sie folgen dem Prinzip der isoliert bearbeitbaren und zusammenstellbaren Bausteine, die jeweils mit Beispielen hinterlegt sind. Die unterschiedliche Provenienz der eingesetzten Standards und die Tatsache, dass Lehrerbildung sowie die Aus- und Weiterbildung in anderen gesellschaftlichen Bereichen auf der ordnungspolitischen Ebene unterschiedlichen Handlungslogiken folgt, war für die damit verbundenen Validierungsprozesse eine besondere Herausforderung. Die auf den ersten Blick als fremd empfundene systemische ‚Sperrigkeit' konnte von den Anwendern mit Hilfe der im P-P zur Verfügung gestellten Beispiele, mit zu bearbeitenden Unterstützungsinstrumenten und vorstrukturierten Transformierungsschritten in den drei Teilen der Konstruktion aufgehoben bzw. zumindest relativiert werden.

Mit dem **Prozessportfolio** kann das Lernen aus individuell zu verortenden Erfahrungsbereichen strukturiert, dokumentiert und validiert werden, die als Lernoutcomes innerhalb und außerhalb des Lehrerbildungssystems erworben wurden. Neben der Reflexion eines eigenen Entwicklungsprofils aus den unterschiedlichen Lernkontexten werden jeweils mit den drei zur Verfügung stehenden Bausteinen anforderungsorientierte Profilzuschnitte strukturiert. Sie können unterschiedlichen Adressaten selektiv zugänglich und transparent gemacht werden.

Baustein 1 – *Identifikation von Kompetenzen:* Die Anwender des P-P wählen selbstständig Aktivitätsbereiche/Tätigkeiten außerhalb des Lehrerbildungssystems aus. Dieser Einbezug außerberuflicher Tätigkeiten ist ihnen meist fremd, arbeitsaufwändig und verlangt nach Ermutigung durch einen Coach/Ausbilder, der diesen Weg begleitet, weil sonst nicht deutlich wird, dass zur Lehrerprofession auch alle Kompetenzen gehören, die außerhalb von Schulverwaltung und Unterrichtstätigkeit erworben wurden. Für die Anwender können solche Erfahrungsbereiche und dort erworbene Kompetenzen z.B. auf folgenden Feldern der eigenen Biographie liegen: bürgerschaftliches Engagement/Ehrenamt, Familie und Haushalt, Hobbys, Sport, Schule, Beruf, Wehr-, Zivil- und Freiwilligendienst und Auslandsaufenthalt.

Besonders hervorgehobene Lernerfahrungen aus dem Lernen außerhalb organisierter Lehrerbildung werden einer Selbstbewertung unterzogen, indem sie jeweils einzeln einem Kompetenzbereich zugeordnet und mit einer Niveaustufe von 1-6 bewertet werden. Für die Bewertung wird eine unterstützende Systematik herangezogen, um „Fachkompetenz" mit Wissen und Fertigkeiten, „Methodenkompetenz", „personale Kompetenz" mit Sozialkompetenzen und Selbstkompetenzen des „Deutschen Qualifikationsrahmen" zu identifizieren. Sie werden den Kompetenzbereichen der Lehrerbildungsstandards, also „Unterrichten, Erziehen, Beurteilen, Innovieren" zugeordnet.

Baustein 2 – *Festlegung des Professionalisierungsgrades*: Die dokumentierten und bewerteten Lernerfahrungen innerhalb der organisierten Lehrerbildung entwickeln sich wie alle beruflichen Fähigkeiten über mehrere Stadien und/oder Stufen hinweg. Deswegen erfolgt die Festlegung des erreichten Professionalisierungsgrades innerhalb eines längeren Prozesses, der einerseits mit der individuellen Entwicklung verzahnt sein sollte und andererseits ihm zugleich auch eine Richtung der Aus- und Weiterbildung aufzeigt. Dies bedingt ein Portfolioverständnis, von dem aus die Nutzer in regelmäßigen Zeitabständen das Instrument überarbeiten und in neuerlichen Reflexionsprozessen, wie z.b. im Jahresgespräch, ihre schriftlich fixierten Aussagen institutionalisiert neu bewerten.

Bei der Festlegung des jeweils erreichten Niveaus zu einem bestimmten berufsbiographischen Zeitpunkt im Professionalisierungsprozess konnte auf die drei bereits etablierten Definitionen des Hessischen Amtes für Lehrerbildung zurückgegriffen werden: „M= Standard in Ansätzen erreicht, R= Regelangemessene Erreichung des Standards und E= Expertenstandard". Die erreichten Standards können jeweils vom Anwender des P-P und vom Berater/Bewerter im Dialog noch weiter ausdifferenziert werden, um gemeinsam zu fixierenden Aussagen in den Reflexions- bzw. Kompetenzbilanzen zu kommen.

Baustein 3 – *Zusammenfassung in Reflexionsbilanzen:* Zur Ergänzung der beiden o.g. Bausteine stehen in Abhängigkeit vom Professionalisierungsgrad zwei unterschiedlich ausdifferenzierte „Reflexionsbilanzen" der Selbst- und Fremdbewertung zur Verfügung, aus denen nach der Bearbeitung Entwicklungsziele und Entwicklungsschritte beschrieben und zu dem ermittelten Kompetenzinventar hinzugefügt werden. Mit ihrer Bearbeitung eröffnen Anwender des P-P ein erstes entwicklungs- und/oder anforderungsorientiertes Portal ihrer Biografie, in dem sie sich Ziele setzen und festhalten, mit welchen Schritten innerhalb und außerhalb des Lehrerbildungssystems sie diese erreichen wollen.

Die aus dem Prozessportfolio ins Referenzportfolio übernommenen Dokumente des Kompetenzinventars bleiben ausschließlich in der Verantwortung und im Besitz der Anwender, sind aber zur Anerkennung und Anrechnung offen für dialogische Prozesse der kommunikativen Validierung in unterschiedlichen Bezügen der Beratung und Bewertung. Mit der Offenlegung von Teilen der eigenen Lernbiographie wird diese in der rechtlich institutionalisierten Lehrerbildung an Universitäten, Studienseminaren, Schulen, Einrichtungen der Lehrerfort- und Lehrerweiterbildung prozessual erschlossen und erhält dadurch im qualifizierten Dialog eine Anerkennung.

Das Referenzportfolio umfasst nun auch wieder drei Bausteine, die, wie in den anderen Portfolioteilen auch, im gegenseitigen Bezug und unabhängig voneinander bearbeitet werden können:

Baustein 1 – *Zertifikate und validierte Nachweise*: Die systematisierte Sammlung von Bescheinigungen mit rechtlich unterschiedlich hohem Anrechnungsgrad geben Lehrern Auskunft über das Spektrum eines Kompetenzinventars (Wissen, Know-How, Fertigkeiten, Kompetenzen), das sie im Laufe ihres Lebens durch Bildung, bei der Arbeit und in der Freizeit, in der Familie und dem sonstigen sozialen Umfeld erworben haben. Zu unterscheiden sind
- Zertifikate des formalen Lernens (z.B. Schulzeugnisse, Universitätsbescheinigungen sowie Beratungsprotokolle über Unterricht);
- Zertifikate und validierte Nachweise des nichtformalen Lernens (z.B. Trainerscheine, Teilnahmebescheinigungen an Fort- und Weiterbildung);
- validierte Nachweise des informellen Lernens (z.B. Kompetenz- und Reflexionsbilanzen);
- validierte Nachweise über alle Lernformen (z.B. Belege über die Portfolioberatung, Jahresgesprächsprotokolle, Würdigungsberichte und Zielvereinbarungen).

Baustein 2 – *Arbeitsproben*: Die unter einem Platzhalter abgelegten Arbeitsproben können von den Portfolioanwendern selbst erstellte Unterrichtsentwürfe, Lehrmaterialien, CD's, Lern- und Fotodokumentationen mit beigefügter Selbst- und Fremdevaluationen sein. Ihre Bewertung orientiert sich ähnlich wie im Prozessportfolios an den KMK-Standards für die Lehrerbildung.

Baustein 3 – *Identifikation von Managementkompetenzen:* Überfachliche Kompetenzen für Führungsaufgaben im Schulmanagement sind entsprechend des einbezogenen „Personalentwicklungs-Konzepts" des Hessischen Kultusministeriums (2006/2007) für alle Funktionen und die entsprechenden Anforderungen in den Berufsgruppen der Bildungsverwaltung sowie für Lehrkräfte, Sozialpädagogen und Erziehern von besonderer Bedeutung. Ihre Berücksichtigung ist fakultativ, denn die von der Schulverwaltung aufgeführten Kompetenzen ergänzen die KMK-Standards, sind aber nicht für alle Funktionen und Aufgabengebiete von gleich großem Wert im Prozess der Professionalisierung. Sie erhalten jedoch eine immer größere Bedeutung für Lehrkräfte unter Anforderungen der „Selbständigen Schule".

Die vom Referenzportfolio in das **Profilportfolio** übernommenen validierten und/oder zertifizierten Dokumente werden abschließend von dem Anwender nach eigener Einschätzung anforderungsorientiert zusammengestellt. Für das Lehramt im Vorbereitungsdienst, für eine ausgeschriebene Stelle mit besonderer Fächerkombination an einer Schule oder die Bewerbung auf eine Funktionsstelle kann z.B. zentral die Verwendung des „Europäischen Lebenslaufs" (CEDEFOP 2009b) unterstützend sein. Er erlaubt, alle erreichten Kompetenzen erkennbar, anerkennbar und anrechenbar darzustellen. In seine Anlage können anforderungsorientierte Teile selektiv aus dem Profilportfolio übernommen werden, die aus der Arbeit mit dem Prozess- und Referenzportfolio resultieren.

Durch Transparenz, Standards, begriffliche Einheitlichkeit, kommunikative Validierbarkeit und objektivierbare Vergleichbarkeit in der Selbst- und Fremdbewertung weisen die ausgewiesenen Kompetenzen in Zertifikaten und Bescheinigungen bereits einen hohen Qualitätsgrad für die individuelle Freiheit der biographischen Selbststeuerung und Selbstreflexion aus. Beide Eigenschaften einer erhöhten Professionalität sind allerdings im ordnungspolitischen Rahmen der hessischen Lehrerbildung – unter Einbeziehung der Fachdidaktiken und Anrechnung aller Lernoutcomes – strukturell noch weiter auszubauen und ordnungspolitisch für alle drei Phasen der Lehrerbildung gleichermaßen abzusichern.

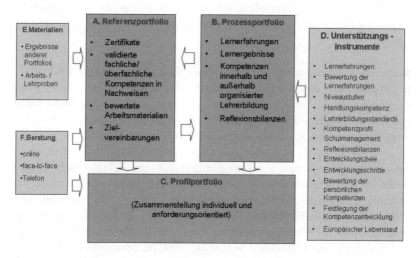

Abb. 1: Schematische Darstellung des Professionalisierungs-Portfolios

Literatur

Bjørnåvold, J. (2001). *Lernen sichtbar machen. Ermittlung, Bewertung und Anerkennung nichtformal erworbener Kompetenzen in Europa.* Luxemburg: Amt für amtliche Veröffentlichungen der Europäischen Gemeinschaften.

Bortz, J. & Döring, N. (2006). Forschungsmethoden und Evaluation für Human- und Sozialwissenschaftler (4. überarbeitete Auflage). Heidelberg: Springer.

CEDEFOP (2009a). *Europäische Leitlinien für die Validierung nicht formalen und informellen Lernens.* URL: http://www.cedefop.europa.eu/EN/Files/4054_de.pdf (21.12.2010).

CEDEFOP (2009b). URL: http://europass.cedefop.europa.eu/img/dynamic/c1345/type.FileContent.file/CVInstructions_de_DE.pdf (21.12.2010).

Deutscher Qualifikationsrahmen für lebenslanges Lernen (2011). URL: www.deutscherqualifikationsrahmen.de (28.12.2012).

Ederer, P., Schuller, P. & Willms, S. (2002). *Wie viel Bildung brauchen wir? Humankapital in Deutschland und seine Erträge.* Frankfurt am Main: Alfred Herrhausen Gesellschaft für internationalen Dialog.

Europäische Kommission, Generaldirektion Bildung und Kultur (2004). *Gemeinsame Europäische Grundsätze für die Validierung des nicht formalen und des informellen Lernens.* Brüssel.

Gudjons, H., Pieper, M. & Wagener, B. (1994). *Auf meinen Spuren. Das Entdecken der eigenen Lebensgeschichte* (3. Auflage). Hamburg: Bergmann und Helbig.

Häcker, T. (2006). Vielfalt der Portfoliobegriffe. In I. Brunner, T. Häcker & F. Winter (Hrsg.), *Das Handbuch Portfolioarbeit* (S. 33-39). Seelze-Velbe: Kallmeyer.

Heise, M. (2007). Professionelles Lernen jenseits von Fortbildungsmaßnahmen. *Zeitschrift für Erziehungswissenschaft, 10* (4), 513-531.

HKM (Hessisches Kultusministerium) (2006/2007). *Personalentwicklungs-Konzept* (Manuskript). Jugenheim/Frankfurt am Main.

HKM (Hessisches Kultusministerium) (2007). *Jahresgespräche – Handreichung für Bildungsverwaltung und Schulen.* Wiesbaden.

Hericks, U. (2004). Verzahnung der Phasen der Lehrerbildung. In S. Blömeke, P. Reinhold, G. Tulodziecki & J. Wildt (Hrsg), *Handbuch Lehrerbildung* (S. 301-311). Bad Heilbrunn: Klinkhardt.

Käpplinger, B. (2007). *Abschlüsse und Zertifikate in der Weiterbildung.* Bielefeld: Humboldt-Universitätsverlag.

KMK (Sekretariat der Ständigen Konferenz der Kultusminister der Länder in der Bundesrepublik der Länder) (2004). *Standards für die Lehrerbildung: Bildungswissenschaften. Beschluss v. 16.12.2004.* URL: http://www.kmk.org/doc/beschl/standards_lehrerbildung.pdf (12.11.2012).

Kommission der Europäischen Gemeinschaften (2007). *Mitteilung der Kommission an den Rat und das Europäische Parlament – Verbesserung der Qualität der Lehrerbildung.* Brüssel.

Neß, H. (2009). Portfolioarbeit zur Anerkennung informell erworbener Kompetenzen in der Lehrerbildung. *Bildungsforschung, 6* (1). URL: http://www.bildungsforschung.org/Archiv/2009-01/Portfolio/ (15.5.2009).

Neß, H. (2011). *Stellungnahme zum Konzept „Einbeziehung nicht-formal und informell erworbener Kompetenzen in den DQR/BMBF/KMK/17.5.2011"*, Berlin 27.6. 2011. URL: www.deutscherqualifikationsrahmen.de (28.12.2012).

Neuß, N.(2009). *Biographisch bedeutsames Lernen. Empirische Studien über Lerngeschichten in der Lehrerbildung.* Opladen, Farmington Hills: Budrich.

OECD (Organisation für wirtschaftliche Zusammenarbeit und Entwicklung) (2006). *Stärkere Professionalisierung des Lehrerberufs.* Paris.

Oser, F. (2004). Standardbasierte Evaluation der Lehrerbildung. In S. Blömeke, P. Reinhold, G. Tulodziecki & J. Wildt (Hrsg), *Handbuch Lehrerbildung* (S. 184-206). Bad Heilbrunn: Klinkhardt.

Sackmann, R. (2007). *Lebenslaufanalyse und Biografieforschung.* Wiesbaden: VS Verlag.

Schuchart, C. & Weishaupt, H. (2008). Lehrerinnen und Lehrer in der Gesellschaft: Empirische Hinweise zum öffentlichen Engagement. *Empirische Pädagogik, 22* (4), 516-536.

Weishaupt, H. (2003). Zum gesellschaftlichen Engagement von Lehrern. In H. Döbert, B. von Kopp, R. Martini & M. Weiß (Hrsg.), *Bildung vor neuen Herausforderungen* (S. 220-230). Neuwied: Luchterhand.

Portfolioarbeit zwischen Reflexion und Leistungsbewertung. Empirische Befunde zur Messbarkeit von Reflexionskompetenz

Tobias Leonhard, Johannes Gutenberg-Universität Mainz

Abstract
Portfolioarbeit in der Lehrerbildung steht häufig im Spannungsfeld einerseits studentische Reflexionen fördern zu wollen, zugleich aber Gegenstand der Leistungsbewertung zu sein. Der Beitrag untersucht dieses Spannungsfeld aus analytischer Perspektive. Zunächst werden die Interessenlagen der beteiligten Akteure rekonstruiert, um im zweiten Teil deren Passung zu vier Modellen der Portfolioarbeit zwischen Reflexion und Leistungsbewertung zu prüfen. Der dritte Teil berichtet von einem Forschungsvorhaben, das mittelfristig geeignet erscheint, die Qualität und Entwicklung studentischer Reflexionskompetenz zu erfassen.

Schlagwörter: *Portfolio, Lehrerbildung, Reflexionskompetenz, Leistungsbewertung, Kompetenzmodell*

Einleitung

Portfolioarbeit hält in zunehmendem Maße in der Lehrerbildung Einzug (vgl. Gläser-Zikuda & Hascher 2007; Kraler 2007), denn mit dem Einsatz von Portfolios ist eine Vielzahl unterschiedlicher Erwartungen verbunden: So soll dem Lernprozess mehr Aufmerksamkeit geschenkt werden, anstatt nur die Produkte desselben in den Blick zu nehmen; Lehramtsstudierende sollen selbstgesteuerter und bewusster ihr Studium betreiben (vgl. Brüggen, Brosziewski & Keller 2009; Gläser-Zikuda et al. 2010); das Instrument soll neue Wege einer „humaneren" Praxis der Lernstandsrückmeldung und Leistungsbewertung auch für komplexere Fähigkeiten und Fertigkeiten aufzeigen (vgl. Mabry 1999; Häcker & Rentsch 2008); und nicht zuletzt werden Portfolios immer dann ins Spiel gebracht, wenn es darum geht, die studentische Reflexivität bezogen auf das eigene Lernen sowie das Lehren zu fördern (vgl. Borko et al. 1997; Gläser-Zikuda et al. 2010).

Obwohl aber Portfolioarbeit seit Jahrzehnten praktiziert und zum Teil auch beforscht wird, ist bisher weitgehend unklar, unter welchen Bedingungen das Portfoliokonzept bzw. der konkrete Einsatz des Portfolios die zahlreichen Erwartungen auch zu erfüllen vermag. Dass diese Erwartungen bei den unterschiedlichen Akteuren keineswegs einheitlich sind, wird im ersten Teil des Beitrags aufgezeigt. Aufgrund dieser Analyse entwickle ich im zweiten Teil ein heuristisches Modell, anhand dessen die Frage der Förderung von Reflexionskompetenz im Spannungsfeld der Leistungsbewertung erörtert wird. Anschließend stelle ich im dritten Teil einen Versuch vor, dem Defizit an ausgearbeiteten Kompetenzmodellen und verlässlichen Verfahren zur Messung studentischer Reflexionskompetenz abzuhelfen. Die Entwicklung eines Assessment-Instruments und eines Kompetenzmodells sollte die Voraussetzungen dafür schaffen, konkrete Hilfestellung für vorwiegend informelle Rückmeldungen zum Stand der Kompetenzentwicklung der Lerner geben zu können bzw. eine valide Prüfung der Reflexionskompetenz als „Schlüsselkompetenz" professionellen Handelns (vgl. Combe & Kolbe 2004) durchführen zu können.

1 Interessenlage der Beteiligten an der Implementierung von Portfolioarbeit

Die Frage nach der Interessenlage der Beteiligten an der Einführung von Portfolioarbeit ist deshalb so bedeutsam, weil dabei nicht nur die Studierenden und Lehrenden der LehrerInnenbildung, sondern auch die bildungspolitischen Akteure als „stakeholder" auftreten.[1] Da Differenzen in den Zielen und Interessen zwischen diesen drei Anspruchsgruppen bedeutsame Folgen für die Gestaltung von Portfolioarbeit in der Lehrerbildung haben, lohnt ein Blick auf diese Differenzen. Betrachtet man die Bildungspolitik der letzten 15 Jahre, so lässt sich unabhängig von einer föderalen Vielfalt feststellen, dass der Trend zu einer evidenzbasierten (sog. „Neuen") Steuerung des Bildungswesens mit der Einführung von Strukturen der Rechenschaftslegung zumindest in Deutschland bisher ungebrochen erscheint (vgl. Altricher & Maag Merki 2010). Katalysiert durch die internationalen Schulleistungsvergleichsstudien rückten in Folge der fragwürdigen Schülerleistungen auch die Leistungen der Lehrerbildung in den Blick. In einem politischen Diskurs, der durch Fragen nach Effektivität und Effizienz fundiert ist, bekommen die Interessen in Bezug auf die Lehrerbildung eine spezifische Gestalt. Ein Phänomen, das dieser Orientierung entstammt, ist der Wunsch möglichst früh zu vermeiden, dass „die Falschen" den Lehrberuf ergreifen. Aus diesem Grund stehen Verfahren der Eignungsprüfung hoch im Kurs. In Baden-Württemberg wurde z.B. ein verpflichtender Online-Eignungstest eingeführt (http://www.bw-cct.de/), auch wenn nur die Teilnahme daran und nicht die Ergebnisse desselben nachge-

---

[1] Auf lange Sicht sind die Schüler der zukünftigen Lehrkräfte auch als „stakeholder" zu nennen, aufgrund der anzunehmenden Länge der Wirkungskette bleiben deren Interessen hier jedoch außen vor.

wiesen werden müssen. Im selben Kontext wurde das erste Praktikum im Rahmen des Lehramtsstudiums an den Pädagogischen Hochschulen auch explizit als *Orientierungs-* und erst in zweiter Linie als *Einführungs*-Praktikum bestimmt.[2] Ein zweites Phänomen vor dem Hintergrund eines Paradigmas „Neuer Steuerung" ist der Trend zu Standardisierung und formaler Zertifizierung, der mit dem Bedarf an Kompetenzmodellen und Testinstrumenten eng verbunden ist (vgl. z.B. KMK 2004). Die verbindliche Einführung von Portfolios in der Lehrerbildung ist vor diesem Hintergrund zu betrachten und offenbart spezifische Interessen, die als Kompetenz- und „Fitness"-Nachweis, als Beleg dafür, die richtige Person für die Tätigkeit und damit ein gutes Investment in das Bildungssystem zu sein, beschrieben werden können. Oder pointiert: Das Portfolio wird aus bildungspolitischer Perspektive *als spezifischer Beitrag für Selektionsentscheidungen* betrachtet.[3]

Ich betone diese Position, weil es naiv erscheint, die Fragen der Gestaltung von Portfolioarbeit unabhängig von der politischen Interessenlage zu betrachten. Mit der verbindlichen Einführung von phasenübergreifenden Portfolios in der Lehrerbildung (vgl. dazu den Beitrag von Neß in diesem Band) etablieren die politischen Akteure eine Struktur der Rechenschaftslegung, ohne jedoch selbst so evidenzbasiert zu handeln, wie es derzeit von staatlichen Bildungsinstitutionen eingefordert wird (vgl. Dedering 2010).

Betrachtet man die Interessen der Lehrenden in der Lehrerbildung, ist von mehreren Perspektiven auszugehen. Abgesehen von Positionen, die Portfolioarbeit ablehnen, kann ein Spektrum beschrieben werden, das sich zwischen dem Ansinnen, intensive und subjektiv bedeutsame Lernprozesse und Entwicklungen anzuregen und zu unterstützen, und dem Wunsch nach umfassenden und längerfristigen Einblicken in die Kompetenzentwicklung der Studierenden auch zu Zwecken formaler Leistungsbewertung bewegt. Um dies prägnant zusammenzuführen, kennzeichne ich die mit der Einführung von Portfolios verbundenen Interessen der Lehrerbildnerinnen und -bildner als solche nach *intensiver Auseinandersetzung und umfassender Einblicknahme* in die Prozesse.[4]

Die Lehramtsstudierenden stellen die dritte Akteursgruppe dar. Auch wenn sie nur in den seltensten Fällen gefragt werden dürften, stellen sie die Anspruchsgruppe dar, auf die mit Einführung von Portfolioarbeit die meiste Arbeit zu-

---

2 Auch Nordrhein-Westfalen hat ein „Eignungspraktikum" mit verpflichtender „Eignungsberatung" eingeführt (vgl. Ministerium für Schule und Weiterbildung des Landes Nordrhein-Westfalen 2012).
3 In Nordrhein-Westfalen beschreibt die relevante Verordnung die Aufgabe des Portfolios damit, den „systematischen Aufbau berufsbezogener Kompetenzen (...)[sowie] die Ausbildung als zusammenhängenden berufsbiographischen Prozess" zu dokumentieren (vgl. Ministerium für Schule und Weiterbildung des Landes Nordrhein-Westfalen 2009).
4 Studierendenportfolios als Forschungsinstrumente einzusetzen, um z.B. studentische Überzeugungen oder Lernprozesse zu rekonstruieren, hat sich als komplexes, aber lohnenswertes Unterfangen erwiesen (vgl. Eysel 2006; Leonhard 2008a; 2008b; Heinzel & Brencher 2008) und stellt eine mögliche weitere Interessenlage aus Sicht der Lehrerbildung dar.

kommt. Auch sind sie diejenigen, die die Portfolioarbeit vor die substanziellsten und formal bedeutsamsten Herausforderungen stellt, was durchaus auch krisenhafte Züge annehmen kann.

Obwohl ich die Studierenden nicht nach ihren portfoliobezogenen Interessen gefragt habe, kann ich diese aus vier Semestern seminarbezogener Portfolioarbeit und einem Forschungsprojekt rekonstruieren, in dem Portfolioarbeit und individuelle Unterstützung durch Coaching die professionelle Entwicklung von Lehramtsstudierenden fördern sollten (vgl. Leonhard 2008a, 2008b). Aufgrund fehlender Vorerfahrung mit diesem Instrument (bisher hatte ich noch keine Studierenden, die bereits in der Schule mit Portfolios gearbeitet haben) gibt es ein erhebliches Bedürfnis nach Information, Transparenz und Sicherheit bezüglich Fragen nach der Strukturierung („Wie macht man..."), der Leistungsbewertung und – sofern persönliche Reflexionen erwartet werden – auch der Privatsphäre. Da in der bisherigen Portfolioarbeit regelmäßig der Bedarf an transparenten Erwartungen, hilfreicher Unterstützung, klaren Bewertungskriterien sowie nach Grenzen externen Zugriffs artikuliert wurde, kennzeichne ich das Interesse der Studierenden als Interesse an einer *fairen und leistbaren Aufgabe*.

Stellt man dies nun dem Interesse an einem *spezifischen Beitrag für Selektionsentscheidungen* aus politischer Sicht und dem Interesse an *intensiver Auseinandersetzung und umfassender Einblicknahme* gegenüber, wird deutlich, dass die konkrete Gestaltung von Portfolioarbeit in der Lehrerbildung sorgfältiger Überlegung bedarf. Als mögliche Hilfestellung betrachte ich im folgenden Abschnitt die Frage, wie der Anspruch bedeutsamer Reflexion und der Einsatz des Portfolios als Instrument der Leistungsbewertung zueinander passen.

2 Individuelle Reflexion und Leistungsbewertung in der Portfolioarbeit

Betrachtet man die beiden Aspekte, die im Zusammenhang mit Portfolioarbeit immer wieder thematisiert werden, kann man eine Matrix definieren, die zwei Dimensionen unterscheidet und damit analytische Klarheit in die Vielfalt der Modelle und Konzepte von Portfolioarbeit bringen kann.

In der ersten Dimension unterscheide ich, ob ein Portfolio als Instrument der Leistungsbewertung eingesetzt wird, das zu formal relevanten Konsequenzen führt, oder ob es als Entwicklungsinstrument Verwendung findet, das individuelle Entwicklung fördern und zeigen soll, dem aber keine formale Bedeutung in Bezug auf Bewertungs- und Auswahlverfahren zukommt. In der zweiten Dimension unterscheide ich zwischen Portfolios, die schriftlich fixierte individuelle Reflexionen enthalten und solchen, die keine expliziten Reflexionsanteile enthalten. Die Kombination dieser beiden Dimensionen ergibt in der folgenden Tabelle vier

„paradigmatische" Modelle von Portfolioarbeit im Kontext der Lehrerbildung, die im Folgenden in ihren spezifischen Herausforderungen skizziert werden.

Tab. 1: Modelle der Portfolioarbeit

	mit formalen Konsequenzen	ohne formale Konsequenzen
mit expliziter Reflexion	A	B
ohne explizite Reflexion	C	D

Modell A mit Reflexionen und formalen Konsequenzen
Ohne Zweifel stellt dieses Modell das anspruchsvollste Portfoliokonzept dar. Weil dieses Modell die bildungspolitischen Interessen ebenso zu bedienen scheint wie die der Lehrerbildnerinnen und -bildner, fokussiere ich die Betrachtung dieses Modells aus Sicht der betroffenen Studierenden.

Für Studierende, die z.T. gerade erst ein paar Monate zuvor die Schule verlassen haben, ist es bereits ein höchst anspruchsvolles Unterfangen, über die eigene Person, ihre biographische Gewordenheit, die eigenen Überzeugungen und den individuellen Stand professionellen Wissens und Könnens nachzudenken. Die extern, also z.B. durch eine Prüfungsordnung formulierte Anforderung, eben dies zu tun, verbunden mit der impliziten Erwartung, von Beginn an einen Prozess kontinuierlicher (berufs-) biographischer „Selbstoptimierung" zu gestalten[5], kann ohne Zweifel als Überforderung gekennzeichnet werden. Dass diese anspruchsvollen Denkbewegungen dann auch noch zum Gegenstand der Leistungsbewertung gemacht werden, setzt dem Unterfangen Portfolio dann sprichwörtlich die „Krone" auf. Die Erwartung, dass Lehramtsstudierende unter diesen Bedingungen in einen Modus ehrlicher und „bildender" Auseinandersetzung mit den externen Anforderungen und den eigenen Ressourcen kommen, scheint unrealistisch.

Dabei bin ich weit davon entfernt, Studierende für aus solchen Anforderungen resultierende strategische Orientierungen oder „impression management" (Zeichner & Tabachnick 1981: 8) zu kritisieren. Auch wenn die Reflexionen, die in Portfolios unter diesen Bedingungen entstehen, in erster Linie soziale Erwünschtheiten abbilden und sich die Visualisierung individueller Lernprozesse zumeist als kontinuierlich aufsteigende Linie zeigen dürfte, möchte ich den Fokus auf die Krisen richten, in die Studierende durch Modell A gestürzt werden können.

Als in gewöhnlichem Maß nicht perfekte Person und Rollenträger nicht nur zu Beginn eines berufsbiographischen Prozesses[6] ist es höchst wahrscheinlich, dass

---

5 Vergleiche dazu auch Fußnote 3.
6 Der gängige Begriff der „Entwicklung" wird von Pörksen als „Plastikwort" identifiziert (vgl. Pörksen 2011) und daher an dieser Stelle vermieden.

man jegliches Zeichen von Unwissen und Schwäche zu verbergen sucht, wenn formale Konsequenzen und Nachteile zu befürchten sind. Unter diesen Bedingungen kultivieren wir Bewältigungsstrategien, wie sie Holzkamp mit „defensivem Lernen" und dem „Vortäuschen von Lernen" beschrieben hat (vgl. 1995). Denn sogar wenn das Lernsubjekt versucht, die Situation mittels eben defensivem Lernen zu bewältigen, ist das Hauptmotiv das der Vermeidung negativer Konsequenzen und eben nicht die Herstellung „bildender Ich-Welt-Bezüge". Der Effekt eines solchen heimlichen Lehrplans ist in zweifacher Hinsicht kritisch zu betrachten, da unter solchen Bedingungen substanzielles studentisches Lernen kaum zu erwarten ist und zugleich die Gefahr besteht, dass die zukünftigen Lehrkräfte diese Praxis in ihren eigenen Unterricht mitnehmen.

Damit stellt sich die Frage, ob im Modell A die Gestaltung einer *fairen und leistbaren Aufgabe* für die Studierenden überhaupt möglich ist.

Ich schlage zwei Konzepte vor, um zumindest die Chancen für eine solche faire Aufgabe entscheidend zu erhöhen. Zum einen das Konzept des „formative assessment" (vgl. Angelo & Cross 1993; OECD 2004), und zum anderen die Idee, Lernsituationen und Leistungssituation konsequent voneinander zu trennen (vgl. Weinert 2001a; Hascher 2010). Während summative Leistungsbewertung auf Punkte oder Noten und damit auf formale Konsequenzen abzielt, dient formative Leistungsrückmeldung ausschließlich der Rückmeldung individueller Lernstände. Im Modell A kann (konsequente) formative Leistungsrückmeldung positive Wirkung zeigen, weil die Lehramtsstudierenden keine Konsequenzen zu befürchten haben, und die Rückmeldung gleichzeitig Orientierung über die Lernanforderungen gibt. Nur die letzte Fassung des Portfolios, das Endprodukt wird dann der formalen Bewertung zugeführt. Das Konzept formativer Leistungsrückmeldung korrespondiert mit der Empfehlung Weinerts, Lern- und Leistungssituationen konsequent voneinander zu trennen (vgl. Weinert 2001; Leonhard 2011). Diese Forderung ist bei traditionell lernproduktbezogenen Verfahren der Leistungsbewertung wie Klausuren oder Hausarbeiten in der Lehrerbildung plausibel, scheint aber gerade beim Portfolio auf den ersten Blick widersinnig, weil ein Portfolio doch gerade Einblicke in den Lernprozess, Einsichten in komplexe Lernaktivitäten, Zwischenergebnisse und eben auch individuelle gedankliche Auseinandersetzungen zulässt, dokumentiert und damit einer Bewertung erst zugänglich macht. Die zentrale Frage dabei ist aber, ob Lehrerbildnerinnen und -bildner den Lern*prozess* tatsächlich bewerten müssen. Die eigene Portfoliopraxis, deren Verlauf und Wirkungen evaluiert und deren Ergebnisse mit Studierenden diskutiert wurden, zeigt, dass die durch Portfolioarbeit möglichen *Einblicke* in individuelle studentische Lernprozesse in einer Atmosphäre des Vertrauens und gemeinsamen Lernens für die Akteure der Lehrerbildung ausreichen, um z.B. bei kritischen Entwicklungen im studentischen Lernen hilfreich eingreifen zu können. Die Bewertung kann sich dann ausschließlich auf das Endprodukt beziehen.

In unseren Kontexten hat sich darüber hinaus gezeigt, dass Studierende in der Portfolioarbeit, in der Lern- und Leistungssituation konsequent getrennt wurde, ernsthaft und persönlich involviert an ihren Prozessen gearbeitet haben. Diese Arbeit wurde zudem öfter als subjektiv gewinnbringend zurückgemeldet. Es zeigen sich dafür eine Reihe von Bedingungen erfolgreicher Portfolioarbeit (vgl. auch Häcker & Rentsch in diesem Band):

- Aushandlung und Vereinbarung klarer Bewertungsmaßstäbe für das Endprodukt am Beginn des Prozesses
- Intensive Unterstützung besonders zu Beginn der Arbeit und bei Fragen der Reflexion („Wie schreibe ich eine Reflexion?")
- Hinreichende Zeitfenster für Peer-Rückmeldungen zu je individuellen Strategien, Lösungsideen und Zwischenergebnissen
- Individuelle und detaillierte Rückmeldung für jede/n Studierende/n während und nach dem (Teil-) Lernprozess
- Bewusste und transparente Gestaltung der zwei Rollen „Lernberater" und „Leistungsbewerter"

Auch unter diesen Bedingungen blieb Portfolioarbeit für die Studierenden eine große Herausforderung in Bezug auf den Arbeitsaufwand, die erforderliche Kontinuität der Auseinandersetzung und die intellektuellen Anforderungen. Der Befund, dass die Perspektive der Leistungsbewertung für einige Studierende die Verbindlichkeit zur Auseinandersetzung erhöht und „hilft", Phasen der Belastung und Krise zu bewältigen, kann die folgenden drei Schwächen im Modell nicht kompensieren:

- Das Risiko strategisch-defensiver Arbeit von Seiten der Studierenden bleibt bestehen. Insbesondere Reflexionen laufen Gefahr, eher das abzubilden, was Studierende als wünschenswerte Aussagen guter Lehramtsstudierender annehmen, als dass sie Einblicke darin geben, worüber sie tatsächlich nachdenken.
- Es gibt bisher weder empirisch geprüfte Kompetenzmodelle noch valide Instrumente für die innerhalb der Portfolioarbeit relevanten komplexen Kompetenzen. Die Modelle, die in bisherigen Versuchen zur Messung der Reflexionskompetenz verwendet wurden (vgl. z.B. Eysel 2006; Leonhard 2008a, 2008b; Heinzel & Brencher 2008), mögen für informelle Rückmeldung geeignet sein, weil sie eine grobe Orientierung bieten. Ein in Ansätzen rechtssicheres Verfahren zur Bewertung von Reflexionskompetenz scheint aber bisher nicht in Sicht. Dieses Defizit steigert sich im Übrigen, je offener Portfolioarbeit in Form und inhaltlicher Gestaltung gehalten wird. Eine kriterienbezogene Bewertung wird umso schwieriger, je größer der (aus inhaltlicher Sicht ja durchaus wünschenswerte) Gestaltungsspielraum für die Studierenden ist.
- Die obige Beschreibung der Bedingungen macht deutlich, dass auch die Frage nach Ressourcen berechtigt ist. Nicht nur in Modell A bedeutet das, ggf. auch

auf Portfolioarbeit bewusst zu verzichten, wenn absehbar ist, dass nicht genügend Ressourcen für die erforderliche Unterstützung und individuelle Rückmeldung zur Verfügung stehen, um mit den Studierenden zu einer *fairen und leistbaren Vereinbarung* zu kommen.

Modell B mit Reflexion, aber ohne formale Konsequenzen
Das zweite Modell könnte als Traummodell der Lehrerbildnerinnen und -bildner bezeichnet werden, denen es in erster Linie darum geht, studentisches Lernen und Reflexion in der Lehrerbildung zu fördern. In Modell B scheint es möglich, die studentische Auseinandersetzung mit Professionswissen und den eigenen Erfahrungen ihrer Schulbiographie wie der schulpraktischen Studien „auf Augenhöhe" zu unterstützen, und das ohne die Last fortlaufender oder zumindest abschließender Bewertung.

Auch in diesem Modell stellt sich aber die Frage nach geeigneten Instrumenten und Kompetenzmodellen für Evaluation und Rückmeldung der studentischen Lernprozesse. Besonders in Bezug auf die Idee formativer Leistungsrückmeldung sind Modelle für die einzelnen Dimensionen der Portfolioarbeit erforderlich, um präzise feststellen zu können, an welchen Aspekten Studierende intensiver arbeiten müssen oder wo sie z.B. noch zu alltagstheoretisch argumentieren.

Während dieses Modell die Interessen der Lehrerbildnerinnen und -bildner vermutlich gut abbildet, dürften den bildungspolitischen Akteuren die Selektionsperspektiven für die Auswahl geeigneter Kandidatinnen und Kandidaten für den Lehrberuf fehlen. Die Akzeptanz der Studierenden wiederum wird davon abhängen, ob sie die Arbeit am Portfolio als subjektiv bedeutungsvoll und gewinnbringend erleben. Im Zuge des Bologna-Prozesses ist allerdings Skepsis angebracht, ob es den Lehrerbildnerinnen und -bildnern gelingen kann, eng durch Modulhandbücher und -prüfungen geführte Studierende davon zu überzeugen, dass es sich auch und gerade jenseits formaler Anforderungen lohnt, sich der Herausforderung Portfolioarbeit intensiv und langfristig zu widmen.

Modell C ohne Reflexion, aber mit formalen Konsequenzen
Das dritte Modell ist dahingehend interessant, weil es gute Chancen bietet, den an Prüfungen zu stellenden rechtlichen Anforderungen zu genügen. Abhängig vom jeweiligen Gegenstand scheint es gut möglich transparente Bewertungskriterien zu definieren. Mit diesem Modell ließe sich m.E. eine Lehrveranstaltung zur „Einführung in die Erziehungswissenschaft" mit einer Art „Leseportfolio" begleiten. Anhand einer Reihe von Texten zu zentralen erziehungswissenschaftlichen Konzepten wäre es Ziel der Veranstaltung diese Texte zu lesen, zu verstehen und mit einander in Beziehung zu setzen. Eine weitere Frage könnte sein, welche Anforderungen sich für die zukünftige Arbeit als Lehrkraft aus diesen Texten ergeben. In jedem Fall wäre es möglich zu bewerten, ob die Texte verstanden wurden,

ob Querverbindungen hergestellt wurden, inwieweit diese tragfähig erscheinen etc. Mit Modell C lassen sich die Interessen der Lehrerbildnerinnen und -bildner nach *intensiver Auseinandersetzung* und die der Bildungspolitik nach einem *Beitrag für Selektionsentscheidungen* in Einklang bringen. Echte Unterstützung, klare Bewertungskriterien und regelmäßige Anlässe formativer Leistungsrückmeldung lassen dieses Modell auch aus Sicht der Studierenden als *faire und leistbare Aufgabe* erscheinen.

Modell D ohne Reflexion und ohne formale Konsequenzen
Das vierte Modell kann sehr kurz charakterisiert werden, denn die Hauptfrage, die sich hier stellt, ist, wie ein Portfolio in diesem Rahmen zu legitimieren ist. Es sind Situationen vorstellbar, in denen Lehramtsstudierende anderen ihre professionelle Entwicklung dadurch transparent machen, dass sie die besten Produkte eines gewissen Zeitraums vorstellen. Dieses Modell wird als „showcase portfolio" bezeichnet (vgl. z.B. Gläser-Zikuda 2010). Auch wenn man die Frage stellen kann, ob sich die professionelle Kompetenz angehender Lehrkräfte *tragfähig* in ähnlich demonstrativer Qualität darstellen lässt, wie das im Portfolio eines Künstlers der Fall sein mag, könnte es eine interessante Idee sein, das Portfolio freiwillig zum Gegenstand mündlicher Prüfungen zu machen, wo es nicht Gegenstand der Bewertung wird, wohl aber eine Gesprächsgrundlage darstellen kann.

3 Vom Versuch, Reflexionskompetenz und deren Entwicklung zu messen

Aus Sicht des Autors ist Portfolioarbeit prädestiniert, die Entwicklung professioneller Reflexionskompetenz zu unterstützen. Ob es aber gelingt, dieses Potential zu nutzen bzw. auf welchem Wege das besonders gut gelingt, lässt sich erst dann empirisch beantworten, wenn es Wege gibt, Reflexionskompetenz und deren Entwicklung zu messen.

Um herauszufinden, welche Form der Praktikumsbegleitung besser geeignet ist, studentische Reflexion zu fördern, haben wir ein Evaluationsprojekt mit 164 Lehramtsstudierenden durchgeführt (vgl. Leonhard et al. 2010; Leonhard & Rihm 2011). In einem quasi-experimentellen Design wurde versucht, die Entwicklung studentischer Reflexionskompetenz bei zwei Gruppen mit je unterschiedlichem Treatment und einer Vergleichsgruppe zu messen. Das Treatment unterschied sich durch die Dauer und Intensität der Unterstützung sowie durch den Einsatz von Portfolioarbeit in der einen Gruppe. Die Prämisse einer medium-scale-Untersuchung führte zur Entscheidung, einen Test zu entwickeln, in dem Studierende schriftliche Reflexionen zu drei Fallvignetten erstellen. Diese Vignetten hatten dilemmatischen Charakter (vgl. Larrivee 2010) und waren zweimal schriftlich als kurze Fallbeschreibungen und einmal bildlich über zwei Fotografien repräsentiert. Die drei Vignetten bezogen sich auf die Kompetenzbereiche Unterrichten, Erziehen und Bewerten der Standards für die Lehrerbildung Bildungswissenschaften (vgl. KMK 2004).

Auf Basis der Fallvignetten waren die Studierenden aufgefordert, ihre Wahrnehmung zur Situation sowie ihre Ideen, mit diesen Situationen umzugehen, ohne weitere Hilfsmittel schriftlich festzuhalten. Dieses Vorgehen zielt tatsächlich auf eine Kompetenzmessung, denn die Grundannahme ist, dass die Studierenden nur das spontan generieren können, worüber sie in ihrem Wissens- und Überzeugungssystem aktiv verfügen.

Während sich das Instrument als geeignet erwies, studentische Reflexionen zu evozieren und wir zugleich zumindest zum ersten Messzeitpunkt ein hohes Commitment feststellen konnten, erwies sich die Frage der Modellierung von Reflexionskompetenz als ausgesprochen herausfordernd. Wir starteten mit einem theoretischen Modell, bestehend aus den zwei Dimensionen der Reflexionstiefe und der Reflexionsbreite (siehe Abbildung 1), und zwar in Anlehnung an ein in der Frage der Messung von Reflexionskompetenz weit verbreitetes Modell von Hatton und Smith (vgl. 1995).

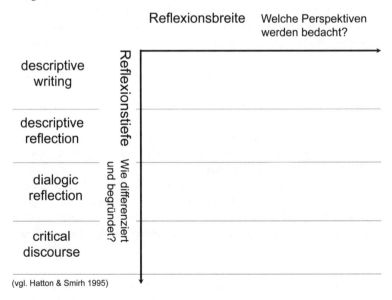

Abb. 1: Reflexionsmodell

Mit einer Reihe der gewonnenen studentischen Reflexionen wurde versucht, das Ausgangsmodell auf induktivem Weg empirisch zu verfeinern. In der Dimension der Reflexionsbreite gelang es, ein Modell zu entwickeln, mit dem sich die empirische Komplexität des kompletten Datensatzes befriedigend und für Zwecke der Kompetenzmessung in geeignetem Maße abbilden ließ (vgl. Leonhard & Rihm 2011). Die Dimension der Reflexionstiefe erwies sich jedoch als deutlich komplexer. Obwohl wir innerhalb dieser Dimension sieben Stufen und die Bereiche „Situationswahrnehmung und Darstellung von Handlungsoptionen" trennten, gelang es bisher nicht, ein Modell zu generieren, mit dem sich alle drei Kompetenzbereiche (Unterrichten, Erziehen, Bewerten) gemeinsam befriedigend abbilden lassen. Dies jedoch wäre die Voraussetzung, um mittels Rating-Verfahren einem Datensatz präzise ein bestimmtes Level an Reflexionskompetenz zuordnen zu können. Insbesondere die Reflexionstiefe erwies sich durch verschiedene Phänomene während der Auswertung als multi-dimensionales Konstrukt, das sowohl in seinen Teildimensionen als auch in deren Abstufungen weiterer Forschung bedarf.

Abgesehen von derlei Friktionen wurde in diesem Projekt jedoch deutlich, dass die Messung von Reflexions*kompetenz* konstitutiv an die *Bereitschaft* der Studierenden zur Reflexion gebunden ist[7], denn zum zweiten Messzeitpunkt des Evaluationsprojektes, der am Ende des Semesters in den Prüfungszeitraum fiel, ging der Umfang und die Qualität der studentischen Reflexionen im Mittel signifikant zurück.

Daraus ergeben sich zwei Schlussfolgerungen für die Messung von Reflexionskompetenz wie für die Entwicklung derselben mittels Portfolioarbeit: Gründliche und subjektiv sinnvolle Reflexion erfordert eine bestimmte Geisteshaltung bei den Studierenden und damit eine institutionelle Rahmung, die diese Geisteshaltung ermöglicht. Ich bin zuversichtlich, dass dies im Kontext formativer Leistungsrückmeldung zu gestalten ist, aber auch sicher, dass es in Leistungssituationen mit formalen Konsequenzen nicht gelingt.

Die zweite Schlussfolgerung ist, dass der hier skizzierte Versuch, Reflexionskompetenz zu messen, aus Sicht der aktuellen bildungspolitischen Interessenlage enttäuschend ist. Darüber hinaus aber erscheint es aussichtsreich, den Ansatz weiterzuentwickeln, da am Ende die Möglichkeit stehen könnte, detaillierte

---

7 Dies verweist auf die Konzeptualisierung des Kompetenzbegriffs. In Übereinstimmung mit dem DFG-Schwerpunktprogramm 1293 (vgl. Klieme & Leutner 2006) wurden Kompetenzen in diesem Forschungsprojekt als „domänenspezifische kognitive Leistungsdispositionen" verstanden und damit analytisch von motivationalen und volitionalen Bereitschaften getrennt, wie sie Weinert (vgl. 2001b) in den Kompetenzbergriff integriert. Diese Trennung (vgl. dazu die Argumentation von Hartig 2008) hat sich zumindest in Bezug auf das hier thematische Konstrukt der Reflexionskompetenz als nicht tragfähig erwiesen.

Rückmeldungen zu formulieren, die die systematische Entwicklung von Reflexionskompetenz im Lehramtsstudium unterstützen kann.

Literatur

Altrichter, H. & Maag Merki, K. (Hrsg.) (2010). *Handbuch neue Steuerung im Schulsystem*. Wiesbaden: VS Verlag für Sozialwissenschaften.

Angelo, T. A. & Cross, K. P. (1993). *Classroom Assessment Techniques*. San Francisco: Jossey-Bass.

Borko, H., Michalee, P., Timmons, M. & Siddle, J. (1997). Student Teaching Portfolios. A Tool for Promoting Reflective Practice. *Journal for Teacher Education, 48*, 345-356.

Brouër, B., & Gläser-Zikuda, M. (2010). Förderung selbstregulativer Fähigkeiten im Kontext selbstorganisierten Lernens. In J. Seifried, E. Wuttke, R. Nickolaus & P.F.E. Sloane (Hrsg.), *Lehr-Lernforschung in der kaufmännischen Berufsbildung. Ergebnisse und Gestaltungsaufgaben* (S. 123-136). Stuttgart: Steiner.

Brüggen, S., Broszewski, A. & Keller, K. (2009). Portfolio als Medium der Selbststeuerung in der Lehrerinnen-und Lehrerbildung. *Journal für Lehrerinnen- und Lehrerbildung, 9*, 16-23.

Combe, A. & Kolbe, F.-U. (2004). Lehrerprofessionalität: Wissen, Können, Handeln. In W. Helsper & J. Böhme (Hrsg.), *Handbuch der Schulforschung* (S. 833-852). Wiesbaden: VS Verlag für Sozialwissenschaften.

Dedering, K. (2010). Entscheidungsfindung in Bildungspolitik und Bildungsverwaltung. In H. Altrichter & K. Maag Merki (Hrsg.), *Handbuch neue Steuerung im Schulsystem* (S. 63-80). Wiesbaden: VS Verlag für Sozialwissenschaften.

Eysel, C. (2006). *Interdisziplinäres Lehren und Lernen in der Lehrerbildung. Eine empirische Studie zum Kompetenzerwerb in einer komplexen Lernumgebung*. Berlin: Logos.

Gläser-Zikuda, M. & Hascher, T. (Hrsg.) (2007). *Lernprozesse dokumentieren, reflektieren und beurteilen. Lerntagebuch & Portfolio in Bildungsforschung und Bildungspraxis*. Bad Heilbrunn: Klinkhardt.

Gläser-Zikuda, M., Voigt, C. & Rohde, J. (2010). Förderung selbstregulierten Lernens bei Lehramtsstudierenden durch portfoliobasierte Selbstreflexion. In M. Gläser-Zikuda (Hrsg.), *Lerntagebuch und Portfolio aus empirischer Sicht* (S. 142-163). Landau: Verlag Empirische Pädagogik.

Hascher, T. (2010). Lernen verstehen und begleiten. Welchen Beitrag leisten Tagebuch und Portfolio? In M. Gläser-Zikuda (Hrsg.), *Lerntagebuch und Portfolio aus empirischer Sicht* (S. 166-180). Landau: Verlag Empirische Pädagogik.

Häcker, T. & Lissmann, U. (2007). Möglichkeiten und Spannungsfelder der Portfolioarbeit – Perspektiven für Forschung und Praxis. *Empirische Pädagogik, 21*, 209-239.

Häcker, T. & Rentsch, K (2008). Bewertungsportfolios in der Lehrerbildung. *Journal für Lehrerinnen und Lehrerbildung, 1*, 57-62.

Hartig, J. (2008). Kompetenzen als Ergebnisse von Bildungsprozessen. In Bundesministerium für Bildung und Forschung (Hrsg.), Bildungsforschung Band 26: *Kompetenzerfassung in pädagogischen Handlungsfeldern. Theorien, Konzepte und Methoden* (S. 15-25). Berlin.

Hatton, N. & Smith, D. (1995). Reflection in teacher education: Towards definition and implementation. *Teaching and Teacher Education, 11*, 33-49.

Heinzel, F. & Brencher, G. (2008). Reflexion von Studierenden zum Thema Veränderte Kindheit im Rahmen von Lerntagebüchern. In A. Hartinger, R. Bauer & R. Hitzler (Hrsg.), *Veränderte Kindheit. Konsequenzen für die Lehrerbildung* (S. 33-48). Bad Heilbrunn: Klinkhardt.

Holzkamp, K. (1995). *Lernen. Subjektwissenschaftliche Grundlegung*. Frankfurt a.M.: Campus.

Klieme, E. & Leutner, D. (2006). Kompetenzmodelle zur Erfassung individueller Lernergebnisse und zur Bilanzierung von Bildungsprozessen. *Zeitschrift für Erziehungswissenschaft, 52*, 876–903.

Korthagen, F. A. J. (2010). Teacher Reflection. What It Is and What it Does. In E.G. Pultorak (Hrsg.), *The Purposes, Practice, and Professionalism of Teacher Reflectivity. Insights for Twenty-First-Century Teachers and Students* (S. 377-401). Lanham, Maryland: Rowman & Littlefield Education.

Kraler, C. (2007). Portfolioarbeit in der LehrerInnenbildung. *Erziehung & Unterricht, 157*, 441-448.

Kultusministerkonferenz (2004). *Standards für die Lehrerbildung: Bildungswissenschaften. Beschluss der Kultusministerkonferenz vom 16.12.2004.* Bonn: Sekretariat der ständigen Konferenz der Kultusminister der Länder in der Bundesrepublik Deutschland.

Larrivee, B. (2010). What we Know and Don't Know about Teacher Reflection. In E. G. Pultorak (Hrsg.), *The Purposes, Practice, and Professionalism of Teacher Reflectivity. Insights for Twenty-First-Century Teachers and Students* (S. 137-161). Lanham, Maryland: Rowman & Littlefield Education.

Leonhard, T. (2008a). *Professionalisierung in der Lehrerbildung. Eine explorative Studie zur Entwicklung professioneller Kompetenz in der Lehrerstausbildung.* Berlin: Logos.

Leonhard, T. (2008b). Zur Entwicklung professioneller Kompetenzen in der Lehrererstausbildung. Konzeption und Ergebnisse einer explorativen Fallstudienuntersuchung. *Empirische Pädagogik, 22*, 382-408.

Leonhard, T. (2011). Leistungsfortschritt von Schulklassen begleiten. *Schule NRW, 69*, 344-346.

Leonhard, T., Nagel, N., Rihm, T. & Strittmatter-Haubold, V. (2010). Zur Entwicklung von Reflexionskompetenz bei Lehramtsstudierenden. In A. Gehrmann, U. Hericks & M. Lüders (Hrsg.), *Bildungsstandards und Kompetenzmodelle. Beiträge zu einer aktuellen Diskussion über Schule, Lehrerbildung und Unterricht* (S. 111-127). Bad Heilbrunn: Klinkhardt.

Leonhard, T. & Rihm, T. (2011). Erhöhung der Reflexionskompetenz durch Begleitveranstaltungen zum Schulpraktikum? – Konzeption und Ergebnisse eines Pilotprojekts mit Lehramtsstudierenden. *Lehrerbildung auf dem Prüfstand, 4*, 240-270.

Mabry, L. (1999). *Portfolio Plus: A Critical Guide to Alternative Assessment.* Thousand Oaks, CA: Sage.

Ministerium für Schule und Weiterbildung des Landes Nordrhein-Westfalen (Hrsg.) (2009). *Verordnung über den Zugang zum nordrhein-westfälischen Vorbereitungsdienst für Lehrämter an Schulen und Voraussetzungen bundesweiter Mobilität (Lehramtszugangsverordnung – LZV) vom 18. Juni 2009.*

Ministerium für Schule und Weiterbildung des Landes Nordrhein-Westfalen (Hrsg.) (2012). *Gesetz über die Ausbildung für Lehrämter an öffentlichen Schulen (Lehrerausbildungsgesetz – LABG) in der Fassung vom 01.07.2012.*

OECD (2004). *Formative assessment: improving learning in secondary classrooms.* Paris.

Pörksen, U. (2011). *Plastikwörter. Die Sprache einer internationalen Diktatur.* Stuttgart: Klett-Cotta.

Weinert, F. E. (2001a). *Leistungsmessungen an Schulen.* Weinheim: Beltz.

Weinert, F. E. (2001b). Concept of Competence: A Conceptual Clarification. In: D. S. Rychen & L. H. Salganik (Hrsg.), *Defining and Selecting Key Competencies* (S. 45-65). Seattle u.a.: Hogrefe und Huber.

Zeichner, K. M. & Tabachnick, R. B. (1981). Are the Effects of University Teacher Education 'Washed Out' by School Experience? *Journal for Teacher Education, 32*, 7-11.

Gestaltung von praktikumsbezogenen Reflexionsanlässen im Rahmen des „Bielefelder Portfolio Praxisstudien": Zwei hochschuldidaktische Varianten und ihre Evaluation

Anna Pineker und Jan Christoph Störtländer, Universität Bielefeld
unter Mitarbeit von Frauke Raddy und Nina Timmer

Abstract
Seit einigen Jahren wird in der LehrerInnenausbildung in Deutschland vermehrt mit dem Portfolio gearbeitet. Auch das neue Lehrerausbildungsgesetz für NRW von 2009 sieht ein Portfolio vor, in dem die Studierenden ihren Lernprozess dokumentieren und reflektieren. Das Portfolio ist verpflichtend für alle Praxisphasen im Studium und im Vorbereitungsdienst. In dem Beitrag werden zwei hochschuldidaktische Varianten zur Initiierung von Reflexions- und Kommunikationsprozessen im Rahmen der Portfolioarbeit an der Universität Bielefeld vorgestellt.

Schlagwörter: *Portfolio, Kommunikation, Reflexion, Evaluation, Lehrerbildung*

1 Einleitung

Das neue Lehrerausbildungsgesetz in Nordrhein Westfalen macht ein Portfolio verpflichtend, in dem alle Praxiselemente der Lehrerausbildung dokumentiert werden (vgl. LABG, § 12 (1)). Es soll damit die Ausbildung als zusammenhängenden berufsbiografischen Prozess unterstützen (vgl. LZV, § 13).
Im zweiten Abschnitt dieses Beitrags werden die Kernaspekte des „Bielefelder Portfolio Praxisstudien" vorgestellt. Anschließend werden zwei hochschuldidaktische Varianten zur Initiierung von Reflexions- und Kommunikationsprozessen im Rahmen der Portfolioarbeit an der Universität Bielefeld detailliert beschrieben und Evaluationsdaten zu diesen Varianten präsentiert. Die Kommunikations- und Reflexionskonzepte sind obligatorischer Bestandteil der Einführungsseminare im neuen Studiengang Bildungswissenschaften, die erstmalig im WS 2011/12 stattfanden. Im dritten Kapitel referiert Anna Pineker ihr Konzept des Peer Learnings als erste Variante zur Förderung der Reflexionskompetenzen. Dem folgt im vierten Kapitel die Darstellung des elektronischen Reflexionsverfahrens von Jan Christoph Störtländer. Abschließend werden im fünften Kapitel die beiden Reflexionsvarianten zusammenfassend betrachtet und Konsequenzen für die Implementierung des „Bielefelder Portfolio Praxisstudien" herausgearbeitet.

2 Informationen zum „Bielefelder Portfolio Praxisstudien"

Studierende, die ein Studium nach dem nordrhein-westfälischen Lehrerausbildungsgesetz (LABG) vom 12. Mai 2009 beginnen, sind verpflichtet, ein ausbildungsbegleitendes Portfolio zu führen, welches den systematischen Aufbau berufsbezogener Kompetenzen v.a. während der Praxisphasen dokumentiert (vgl. LABG 2009, § 12 (1)). Eine vom Ministerium eingerichtete Arbeitsgruppe mit VertreterInnen der Hochschulen, der Schulen und des Ministeriums hat unter Berücksichtigung der Anforderung, dass unterschiedliche Praxiselemente, die in unterschiedlichen Zuständigkeiten liegen, durch ein Portfolio verbunden werden sollen, Empfehlungen entwickelt (vgl. Arbeitsstand der gemischten Arbeitsgruppe „Portfolio Praxiselemente" vom 30.06. 2010). Ungeachtet der verbindlichen Regelungen für das Portfolio im Eignungspraktikum (vgl. Erlass zum Eignungspraktikum vom 15.04.2010) lassen die Empfehlungen der Arbeitsgruppe Spielräume für standortspezifische Gestaltungen der weiteren, von der Hochschule verantworteten Praxisphasen. Darauf basierend und auf Grundlage einer Expertentagung im Dezember 2010 formulierte die an der Universität Bielefeld gebildete Arbeitsgruppe „Portfolio in der LehrerInnenbildung" Empfehlungen zur standortspezifischen Umsetzung des Portfoliokonzepts und entwickelte Materialien für Studierende und Lehrende.

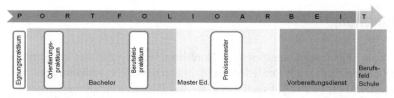

Abb. 1: Praxisphasen in der Lehrerausbildung

Das Portfolio wird in der Regel ab Beginn des Eignungspraktikums bis zum Ende des Vorbereitungsdienstes geführt und soll eine phasenübergreifende Lehrerausbildung unterstützen. Darüber hinaus können die Studierenden ihr Portfolio auch im weiteren Berufsleben nutzen, wenn sie z.B. mit Hilfe dieses Reflexionsinstruments Bilanz ziehen und ihre berufliche Weiterentwicklung planen wollen. Bezugspunkt des Portfolios stellen die in der Lehramtszugangsverordnung (LZV) formulierten Standards (LZV 2009, §§ 7-10) dar, die von den Studierenden in den jeweiligen Praxisphasen zu erreichen sind. Demnach sollen die Absolventinnen und Absolventen des Orientierungspraktikums über folgende Fähigkeiten verfügen:
1. die Komplexität des schulischen Handlungsfelds aus einer professions- und systemorientierten Perspektive erkunden,

2. erste Beziehungen zwischen bildungswissenschaftlichen Theorieansätzen und konkreten pädagogischen Situationen herstellen,
3. einzelne pädagogische Handlungssituationen mit gestalten und
4. Aufbau und Ausgestaltung von Studium und eigener professioneller Entwicklung reflektiert mit gestalten.

2.1 Portfoliokonzept und Zielsetzung

Ein Portfolio ist eine zielgerichtete Sammlung von Arbeiten verschiedenster Art, in welcher die individuellen Bemühungen, Fortschritte und Leistungen der Autorin bzw. des Autors in verschiedenen Kontexten und über einen längeren Zeitraum dokumentiert und reflektiert werden (vgl. Paulson et al. 1991: 60). „In einem Portfolio wird argumentiert, hervorgehoben und prognostiziert. Es werden wesentliche Lernschritte, Erfolge und Misserfolge illustriert und analysiert" (Pädagogische Hochschule Zürich 2007: 13). Bräuer (2008: 11) definiert das Portfolio treffenderweise wie folgt: „Das Portfolio ist ein Schaufenster von Prozessen und Produkten, deren Kontexte und Begründungen dem Verursacher vertraut sind, die auf der Grundlage eigener und fremder Standards evaluiert und auf allgemein verständliche Weise präsentiert werden können." Im „Bielefelder Portfolio Praxisstudien" geht es daher um eine umfassende und zusammenhängende Dokumentation und theoriegeleitete Reflexion der Erfahrungen aus konkreten praktischen Anforderungssituationen. In den aufeinander aufbauenden Praxisphasen entwickeln die Studierenden ihr Portfolio sukzessive weiter und stellen dabei einen inhaltlichen Bezug zu vorherigen und nachfolgenden Praxisphasen sowie zu theoretischen Teilen der Ausbildung her. So steht nicht nur das Lernprodukt, sondern der gesamte individuelle, berufsbiographische Entwicklungsprozess im Fokus der Portfolioarbeit. Wichtig ist, dass die Studierenden lernen, ihr Handeln vor, während und nach den Praxisstudien im Blick auf die anzustrebenden Standards und ihre individuellen Lernziele zu evaluieren und zu reflektieren.

Aus der Schreibforschung ist bekannt, dass der Prozess des Schreibens das Reflexionsvermögen der Lernenden fördert (vgl. Bräuer 2000) und ein intensives Nachdenken über bestimmte Fragestellungen veranlasst. Die schriftliche Reflexion führt zu einer vertieften Auseinandersetzung mit dem eigenen Entwicklungsprozess, was förderlich für den Aufbau von Wissen über den eigenen Lernweg ist. Da dies jedoch gerade für Studienanfänger keineswegs eine triviale Anforderung darstellt, wurde von der Arbeitsgruppe „Portfolio in der LehrerInnenbildung" ein Reflexions- und Bilanzierungsbogen (vgl. Arbeitsgruppe Portfolio in der LehrerInnenbildung 2011) entwickelt, der den Studierenden vielfältige Anregungen und Möglichkeiten zur Reflexion bietet, zugleich aber große Autonomiespielräume bei der Wahl der Leitfragen und Schreibaufträge lässt.

Die Bearbeitung des Reflexions- und Bilanzierungsbogens dient zur Vorbereitung auf den im Rahmen des Einführungsseminars verpflichtenden Reflexions- und

Kommunikationsanlass. Die Veröffentlichung des Reflexions- und Bilanzierungsbogens ist den Studierenden freigestellt, wodurch ihre Reflexionssphäre geschützt werden soll. Ein zentrales Merkmal des „Bielefelder Portfolio Praxisstudien" ist, dass dieses zwar verbindlich angefertigt werden muss, aber kein Prüfungsinstrument darstellt. Damit fokussiert das Konzept klar die Entwicklungsdimension und nicht die der Bewertung (vgl. die Beiträge von Häcker & Rentsch sowie Leonhard in diesem Band).

2.2 Bestandteile
Im Rahmen der Portfolioarbeit sollen die Studierenden ihre professionsspezifische Kompetenzentwicklung anhand ausgewählter Dokumente und unter Bezugnahme der vier Standards verdeutlichen. Neben den üblichen Bestandteilen (Inhaltsverzeichnis, Einleitung etc.) gliedert sich der Hauptteil des Portfolios in vier Kernelemente, nämlich den Dokumentations- und Reflexionsteil, die jeweils wieder in einen obligatorischen und fakultativen Bereich aufgeteilt sind. Im obligatorischen Dokumententeil werden z.b. formale Nachweise über die absolvierten Praxisstudien gesammelt, die am Ende des Studiums vorgelegt werden müssen. Im fakultativen Dokumententeil befinden sich selbst ausgewählte Dokumente, deren Auswahl bezogen auf die zu erreichenden Standards begründet werden muss. Der gesamte Dokumententeil ist öffentlich und für Andere einsehbar. Im Gegensatz dazu stellt der Reflexionsteil einen geschützten Raum für die Studierenden dar. Zwar sind sie verpflichtet im Rahmen des Reflexionsteils den Reflexions- und Bilanzierungsbogen zu bearbeiten. Welche Teile sie davon in den jeweiligen Reflexionssitzungen präsentieren wollen, ist ihnen jedoch selbst überlassen. Des Weiteren können im fakultativen Reflexionsteil private Dokumente, wie z.b. Tagebucheinträge oder persönliche Notizen, gesammelt werden.

2.3 „Obligatorische Reflexionsanlässe"
Die Arbeit mit dem „Bielefelder Portfolio Praxisstudien" macht Kommunikations- bzw. Reflexionsanlässe während des Orientierungspraktikums – im Folgenden Praktikum genannt – oder im Anschluss daran obligatorisch. Diese können durch Lehrende der Einführungsseminare oder der Begleitseminare, durch die MentorInnen der jeweiligen Schulen oder durch TutorInnen der Einführungsseminare organisiert werden. Möglich sind Einzelgespräche, Peer-Feedback-Methoden, Gruppenberatungen, onlinegestützte Austauschmöglichkeiten usw. Die Methoden zur Begleitung der Portfolioarbeit und zur Initiierung von Kommunikations- und Reflexionsanlässen variieren je nach Einführungsseminar und sind abhängig von der Schwerpunktsetzung der DozentInnen. Zwei solcher hochschuldidaktischer Konzepte zur Initiierung von Kommunikations- und Reflexionsprozessen, werden im Folgenden detailliert vorgestellt und vor dem Hintergrund der erhobenen Evaluationsdaten diskutiert. Sie sind als Werkstattberichte zu verstehen, in

denen konzeptionelle Schwerpunkte in Beziehung zu empirischem Wissen über die Wirkung der Konzepte auf die Studierenden gesetzt werden.

3 Variante 1: Reflexive Praxis durch tätigkeitsorientierte Interaktion unter Peers

In diesem Kapitel wird eine Variante für einen Kommunikations- bzw. Reflexionsanlass vorgestellt, die im Rahmen des Einführungsseminars „Erste Schritte in den LehrerInnenberuf" von Anna Pineker entwickelt und im Anschluss an das Praktikum durchgeführt wurde. Die konzeptionelle Gestaltung der Abschlusssitzung lässt sich dem Peer Learning-Konzept zuordnen. Von den insgesamt 27 TeilnehmerInnen des Einführungsseminars nahmen nur 13 Studierende an der Reflexionssitzung teil. Dies lässt sich damit erklären, dass das Praktikum nicht direkt im Anschluss an das Einführungsseminar absolviert werden muss. Des Weiteren waren sieben Studierende an dem Termin zeitlich verhindert, so dass zwei Gruppenreflexionssitzungen zu einem späteren Zeitpunkt angeboten wurden. Die Zielsetzung des Reflexions- bzw. Kommunikationsanlasses wird im folgenden Abschnitt erläutert. Anschließend wird die methodische Gestaltung der Sitzung detailliert beschrieben, bevor im dritten Abschnitt die von den Studierenden erstellten Poster bezogen auf die vier zu erreichenden Standards miteinander verglichen und die Evaluationsergebnisse aus einer kurzen schriftlichen Befragung der Studierenden erläutert werden. Zum Schluss werden Verlauf und Ergebnisse abschließend bilanziert und Konsequenzen für die weiteren Implementierungsschritte speziell auf Seminarebene herausgearbeitet.

3.1 Zielsetzung

Ziel der abschließenden Reflexionssitzung war, dass die Studierenden Kompetenzen im Bereich der reflexiven Praxis erwerben. Bräuer (2007: 48) versteht unter reflexiver Praxis „das eigene Lernen so zu reflektieren, dass es individuelles Denken und Handeln verändert." Als aufeinander aufbauende Tätigkeitsbereiche nennt er zunächst das *Dokumentieren und Beschreiben*, wobei die Studierenden während ihres Studiums und insbesondere der Praxisphasen Belege aus ihrem Arbeitsprozess sammeln und diese beschreiben. Erst beim anschließenden *Analysieren und Interpretieren* wird den Lernenden die besondere Bedeutsamkeit des Erlebten bewusst und sie sind in der Lage neue Erkenntnisse mit bereits vorhandenen Wissensstrukturen zu verknüpfen. Die letzte Tätigkeitsabfolge stellt das *Vergleichen und Evaluieren* dar (vgl. Bräuer 2007: 49 f.). Die Studierenden vergleichen das Gelernte mit ihren eigenen Zielen und den vier vom Ministerium vorgegebenen Standards, die ihnen eine Orientierungsgrundlage bieten können, ihre aktuelle Leistungsfähigkeit in einen ausbildungsorientierten Kontext einzuordnen, neue

Ziele abzustecken und die nächsten Schritte zu planen. Erst im didaktisch arrangierten Zusammenspiel der hier vorgestellten Tätigkeiten werden Kompetenzen für eine wirksame reflexive Praxis erworben (vgl. ebd.). Durch ein interaktives und kommunikatives Lernarrangement sollen die Studierenden in der Reflexionssitzung bei der Entwicklung reflexiver Praxis unterstützt werden.

Dabei kann davon ausgegangen werden, dass die Studierenden im Vorfeld zur Vorbereitung auf die Reflexionssitzung (durch die Bearbeitung des Reflexions- und Bilanzierungsbogens während des Praktikums) den ersten Tätigkeitsbereich – *Dokumentieren und Beschreiben* – durchschritten und die zweite Ebene – *Analysieren und Interpretieren* – zumindest in Ansätzen erreicht haben, so dass der Fokus der Reflexionssitzung vor allem auf die dritte Reflexionsebene – *Vergleichen und Evaluieren* – gerichtet wurde.

In der Reflexionssitzung hatten die Studierenden die Gelegenheit, sich über die im Praktikum gesammelten Erfahrungen, Dokumente und Schwierigkeiten in Bezug auf die Portfolioarbeit auszutauschen und die Auswahl ihrer Dokumente auf die jeweiligen Standards bezogen zu diskutieren. Die Materialiensammlung kann vielfältige Arten von Dokumenten umfassen, so sind beispielsweise Aufgabenblätter, Beobachtungsbögen, Essays, Textzusammenfassungen, Tagebucheinträge, Fotos, Audioaufnahmen etc. denkbar. Dadurch können sich die Studierenden mit dem jeweiligen Standard individuell, kreativ und künstlerisch auseinandersetzen und so ihren Lernprozess auf ihre eigene Art und Weise sichtbar machen.

3.2 Methodische Gestaltung und Ablauf der Sitzung

Die dreistündige Reflexionssitzung lässt sich in drei Phasen einteilen, die im Folgenden separat voneinander vorgestellt werden: Interviewgespräch, Erstellung und Präsentation eines Posters und Evaluationsfragen. Als unterstützendes Medium wurde eine Powerpoint Präsentation eingesetzt.

3.2.1 Interviewgespräch

Zu Beginn der Sitzung erhielten die Studierenden den Auftrag, Vierergruppen zu bilden und mit jedem Gruppenmitglied ein Interviewgespräch zu führen, wobei die Rollen des Interviewers und des Interviewten nach jeweils 7 Minuten (durch ein Zeichen der Dozentin) wechselten. Das Hauptziel dieser Phase war, dass die Studierenden sich über ihre Erfahrungen aus der Praxisphase austauschen und die für sie wichtigsten Erkenntnisse daraus ziehen. Der im Folgenden dargestellte Interviewleitfaden diente lediglich als Anregung zur Gesprächsführung. Die Interviewer konnten die für sie interessanten Fragen auswählen und diese auch durch weitere gezielte Nachfragen ergänzen. Das Gespräch fand in einer angenehmen Atmosphäre statt und sollte das Vertrauensverhältnis der Studierenden innerhalb einer Gruppe stärken.

Interviewleitfragen

Gestaltung von praktikumsbezogenen Reflexionsanlässen | 199

1. *Stellen Sie kurz die Schule vor, an der Sie Ihr Praktikum absolviert haben! Was ist das Besondere an der Schule?*
2. *Welche bedeutsamen Erfahrungen haben Sie im Praktikum gemacht?*
3. *Welche Situationen haben Sie besonders überrascht?*
4. *Konnten Sie einige theoretische Aspekte in der Praxis wiedererkennen? Wenn ja, welche?*
5. *Welche Kompetenzen konnten Sie in Ihrem Praktikum weiterentwickeln?*
6. *In welchen Kompetenzbereichen in Bezug auf den Lehrberuf sehen Sie Ihre Stärken und Schwächen?*
7. *Inwiefern haben Sie Ihre zu Anfang gesetzten Ziele an das Orientierungspraktikum erreicht?*
8. *Welche aus der Praxiserfahrung resultierenden neuen Ziele haben Sie für Ihr weiteres Studium und die nächsten Praxisphasen?*

3.2.2 Erstellung und Präsentation eines Posters

Den Kern der Reflexionssitzung stellte die zweite Phase dar, in der die Studierenden in der zuvor gebildeten Vierergruppe ein Poster erstellten. Dabei sprachen sie über ihre während des Seminars und des Praktikums gesammelten Dokumente und deren Auswahl in Bezug auf die jeweiligen Standards. In einem gemeinsamen Austauschprozess, in dem vor allem die kommunikativen, argumentativen und sozialen Kompetenzen gefördert werden sollten, einigten sich die Studierenden auf bestimmte Dokumente/Belege, die ihnen am geeignetsten erschienen, um das Erreichen der vier für das Praktikum geforderten Standards zu verdeutlichen. Die ausgewählten Belege wurden kreativ in ein Poster integriert und kommentiert. Aufgrund der relativ kleinen Gruppengröße konnte jede Gruppe ihr Poster im Plenum präsentieren und diskutieren.

3.2.3 Anonyme Stellungnahme zu Evaluationsfragen und abschließende Diskussion

In der dritten und letzten Phase der Sitzung erhielten die Studierenden Evaluationsfragen, die schriftlich und anonym beantwortet wurden. Die Auswertung der Fragen sollte Konsequenzen für eine verbesserte Implementierung des „Bielefelder Portfolio Praxisstudien" aufzeigen.

Evaluationsfragen
1. *Mit welchem Adjektiv würden Sie die Portfolioarbeit für sich persönlich beschreiben? (Emotionale Äußerung)*
2. *Welche Arten von Dokumenten/Materialien haben Sie während Ihres Orientierungspraktikums gesammelt? Welche haben Sie davon in Bezug auf die Standards ausgewählt und in den fakultativen Teil des Portfolios geheftet?*
3. *Was hat Ihnen die Portfolioarbeit persönlich gebracht?*

4. *An welcher Stelle gab es für Sie im Praktikum oder bei der Portfolioarbeit die größten Schwierigkeiten? Welche Unterstützungsangebote hätten Sie sich dabei gewünscht?*
5. *Was sollte bei der Implementierung des „Bielefelder Portfolio Praxisstudien" das nächste Mal anders bzw. besser laufen?*
6. *Wie bewerten Sie die Gestaltung des Reflexionsanlasses?*

Anschließend erfolgt eine offene Diskussion im Plenum zur Frage:
Was kann im Bezug auf die Organisation des Einführungsseminars, des Begleitseminars und des Orientierungspraktikums Ihrer Meinung nach verbessert werden?
Aufgrund der angenehmen Atmosphäre im Seminar haben viele Studierenden ihre schriftlichen Äußerungen zu den Evaluationsfragen auch im Plenum vorgetragen und erläutert.

3.3 Evaluationsergebnisse
Im Folgenden werden die in der zweiten Phase erstellten Poster der drei StudentInnengruppen vor dem Hintergrund der zu erreichenden vier Standards diskutiert. Anschließend werden die Ergebnisse aus der anonymen Befragung vorgestellt und daraus resultierend weitere Implementierungsschritte herausgearbeitet.

3.3.1 Vergleich der erstellten Poster
Bei der Betrachtung der drei Gruppenposter fällt auf, dass alle Gruppen die gesammelten Dokumente klar einem Kompetenzstandard zugeordnet haben, so dass ein Vergleich der Ausführungen bezogen auf die Standards möglich ist.

Standard 1: Wahrnehmung des komplexen Handlungsfelds Schule
In allen drei Postern einigten sich die Studierenden zur Erfüllung des ersten Standards auf das Leitbild der Schule. Bei dem Poster der Gruppe eins wurden zusätzlich die Akteure, mit denen Lehrpersonen agieren, eindrucksvoll herausgearbeitet. Dazu gehören neben SchülerInnen und KollegInnen auch Eltern. Des Weiteren hielt die Gruppe es für wichtig, dass das Lehrerhandeln zum Leitbild der Schule passt. In dem zweiten Poster wurde das Leitbild der Schule mit der Neuen Theorie der Schule von Fend, die im Rahmen des Einführungsseminars thematisiert wurde, in Verbindung gebracht (Überschrift: „Funktion von Schule"). Außerdem machte die Gruppe zwei durch die Frage unter dem Leitkonzept „Schulische Realität?" ihren Zweifel bezüglich der Realisierung des Schulkonzepts deutlich.

Standard 2: Theorie-Praxis Verknüpfung
Bei diesem Standard wählten die drei Gruppen sehr unterschiedliche Dokumente aus. Während in dem ersten Beispiel ein Beobachtungsbogen zur Fehlerkorrektur im Englischunterricht deduktiv erarbeitet und induktiv modifiziert wurde, führte

die Gruppe zwei ein Arbeitsblatt an, in dem die sprachlichen Schwierigkeiten von Schülern farblich markiert wurden. Im Rahmen des Einführungsseminars wurde sowohl die Erstellung von Beobachtungsbögen und deren Erprobung bezogen auf Unterrichtsvideos als auch Sprachförderung im Fachunterricht thematisiert. Bei der Einführung des Arbeitsblattes erklärte der Student den Schülern an der Tafel mit Hilfe eines Beispielsatzes die (für ihn überraschend) unbekannten Begriffe wie „Landeanflug" oder „Provision".

Die Gruppe drei wählte kein konkretes Dokument aus, stellte aber einen Bezug zwischen den im Seminar besprochenen Antinomien des Lehrerhandelns nach Helsper und den erlebten Situationen im Unterrichtsalltag dar. Dabei identifizierten sie die Antinomie zwischen der Vermittlung von viel Faktenwissen und dem Einsatz vielfältiger Unterrichtsmethoden. Demnach müssen LehrerInnen in einer begrenzten Zeit ihren SchülerInnen viel Faktenwissen „vermitteln" und dabei effektive Methoden einsetzen wie Referate, die gleichzeitig im Vergleich zum Frontalunterricht zeitaufwändig sind. Als Dokumente nannte die Gruppe Unterrichtsbeobachtungen und das im Rahmen des Einführungsseminars erstellte Exzerpt zum Text von Helsper.

Standard 3: Einzelne pädagogische Situationen mitgestalten
Auch bei diesem Standard zeichnet sich ein differenziertes Bild in Bezug auf die Dokumentenauswahl ab. Während Gruppe eins ein selbst erstelltes Arbeitsblatt zur Enzymhemmung und ein Diktat in der Grundschule auswählte, entschied sich Gruppe zwei für ein bereits ausgearbeitetes Arbeitsblatt, welches einer der Studenten im Erdkundeunterricht einer siebten Hauptschulklasse eingeführt und besprochen hatte. Bei der Präsentation des Posters schilderte der Studierende sein Problem, die SchülerInnen zur Bearbeitung dieses Arbeitsblattes zu motivieren. Die Gruppe drei wählte als Dokument ein Planungskonzept zur Einführung von verschiedenen Zahlenarten im Mathematikunterricht.

Standard 4: Aufbau und Ausgestaltung von Studium und eigener professioneller Entwicklung
Hier ist besonders auffällig, dass jede Gruppe auf dem Poster eine andere Überschrift formulierte und auch in Bezug auf die Dokumentation sehr unterschiedlich vorging. Gruppe eins formulierte für Standard vier den Titel „Weiterführende Kompetenzentwicklung", wobei sich die Studierenden auf Aspekte, die sie für ihre Kompetenzentwicklung als wichtig einschätzen und mit denen sie sich in Zukunft mehr beschäftigen möchten, benannten. Folgende Begriffe wurden auf dem Poster angeführt: „Unterrichtsstruktur", „Aufgabenvielfalt des Lehrers wahrnehmen", „Praxis- und Planungsphase in Eigenverantwortung realisieren", „Stimmvolumen (am Stimmvolumen arbeiten)". Des Weiteren führte ein Student

bezogen auf Standard vier ein Planungskonzept für eine von ihm geplante Unterrichtsstunde mit einigen Verbesserungsvorschlägen einer Lehrkraft an.

Die Gruppe zwei wählte für den vierten Standard die Überschrift „Lehrerkompetenzen" und benannte Eigenschaften und Fähigkeiten, die Lehrpersonen in Hauptschulen auf jeden Fall besitzen sollten, die aber die Studierenden während ihres Praktikums teilweise nicht beobachten konnten: „Konsequenz, Autorität, Selbstbewusstsein und Souveränität, Respekt und Fairness".

Gruppe drei entschied sich für den Titel „Reflexion der eigenen professionellen Entwicklung" und wählte als Dokument ein Feedback einer Lehrkraft (Fremdbewertung) zum Verhalten eines Studierenden. Des Weiteren verwies die Gruppe auf ein im Rahmen des Einführungsseminars entstandenes Essay zur Lehrerpersönlichkeit.

3.3.2 Ergebnisse aus der anonymen Befragung und der Plenumsdiskussion

Die Ergebnisse aus der schriftlichen, anonymen Befragung der Studierenden und der anschließenden offenen Diskussion verdeutlichen, dass die Akzeptanz des Portfolios bei den Studierenden relativ gering ist. Nur eine von dreizehn StudentInnen bewertete die Portfolioarbeit als hilfreich („zeitintensiv, aber sinnvoll, um Praktikum zu reflektieren"). Die anderen Studierenden wählten in diesem Zusammenhang negativ behaftete Adjektive und Nomen („sinnlos", „Zeitverschwendung" etc.). Besonders die vier ministeriell vorgegebenen Standards wurden stark kritisiert. Die Studierenden wünschten sich eine gemeinsame Erarbeitung der Standards („individuelle Standards") und keine externen Vorgaben. Des Weiteren blieb für sie die Unterscheidung zwischen Praktikumsbericht und Portfolio unklar. Auf Seiten der Institution sollte darüber nachgedacht werden, ob ein Nebeneinander zweier Instrumente zur Praktikumsbegleitung sinnvoll ist. Ein Grund für die höhere Wertschätzung des Praktikumsberichts ist sicherlich die Tatsache, dass dieser im Gegensatz zum Portfolio bewertet wird.

Vielfach wurde seitens der Studierenden der Wunsch nach einem Beispielportfolio geäußert, wobei auf Nachfrage niemand sein Portfolio für die folgenden Jahrgänge zur Verfügung stellen wollte. Auch wenn das Portfolio bewertungsfrei ist, scheint der Beurteilungsgedanke bei den Studierenden einen großen Stellenwert zu haben. Weiterhin wurde die hohe Arbeitsbelastung durch das Portfolio, den Praktikumsbericht, das Begleitseminar und die Klausuren in den jeweiligen Unterrichtsfächern beklagt. Ein weiteres Ergebnis aus der anonymen Befragung war, dass die Studierenden für ihr Portfolio sehr vielfältige Dokumente gesammelt haben. Genannt wurden z.B. Aufgabenzettel, Unterrichtsentwürfe, Beobachtungsbögen, Übungsblätter, Unterrichtsmaterial, Arbeitsblätter, Schulregeln, Tafelbilder, Gedichte, Lieder etc.

Die didaktische Gestaltung der Reflexionssitzung bewerteten die Studierenden überwiegend positiv. In vielen der folgenden schriftlichen Kommentare wird deutlich, dass zwar das Portfolio abgelehnt wird, jedoch Reflexionsmöglichkeiten gewünscht werden: *"Interessant, da die Erfahrungen jedes Praktikanten in die Plakat-Arbeit geflossen sind." "Die Gestaltung des Reflexionsanlasses war gut und effektiv." "Hilfreich, nur sehr zeitintensiv, da viele Klausuren noch anstehen." "Positiv, so hört und lernt man auch aus Erfahrungen anderer, abwechslungsreiche Gestaltung."*

3.4 Abschließende Bemerkungen

In der Rückschau kann die Gestaltung der Reflexionssitzung sowohl aus Sicht der Studierenden als auch der Dozentin positiv bewertet werden. Die Studierenden gestalteten ihre Poster sehr kreativ und eindrucksvoll und setzten sich mit den Standards auseinander. Die relativ kleine Gruppengröße erlaubte eine kurze Präsentation und Würdigung jedes einzelnen Posters im Plenum. Die Studierenden waren in der Lage, Bezüge zwischen den praktischen Erfahrungen und den im Rahmen des Einführungsseminars besprochenen erziehungswissenschaftlichen Theorien herzustellen. Wünschenswert wäre in diesem Zusammenhang ein Einblick in die schriftlichen Reflexionen der Studierenden oder zumindest in einzelne Ausschnitte davon, um Aussagen über deren Qualität machen zu können. Denkbar wäre ein Austausch der schriftlichen Reflexionen unter Peers und ein gegenseitiges schriftliches oder mündliches Feedback. Dieser Aspekt kann als Modifikationspunkt in die Gestaltung der nächsten Reflexionssitzungen einfließen. Damit die Studierenden ihr eigenes Reflexionsniveau bzw. das ihrer Kommilitonen besser einschätzen können, werden im nächsten Durchlauf des Einführungsseminars die Reflexionsmodelle von Hatton & Smith (1995) und von Gibbs (vgl. Hilzensauer 2008) erarbeitet und die drei Tätigkeitsfelder reflexiver Praxis nach Bräuer (2008) stärker in den Fokus gestellt.

Als problematisch bei der Gestaltung der Reflexionssitzung stellte sich die Terminfindung heraus, da zwischen dem Abschluss des Praktikums und dem Semesterbeginn nur ein sehr kleines Zeitfenster zur Verfügung stand und die Studierenden parallel Klausuren schrieben. Für die Studierenden, die an dem Reflexionstermin nicht teilnehmen konnten, mussten zusätzliche Sitzungen organisiert werden.

Trotz der Tatsache, dass die hier vorgestellte Reflexionssitzung von den Studierenden überwiegend positiv bewertet wurde, verdeutlichen sowohl die Evaluationsergebnisse der Bielefeld School of Education (vgl. dazu den Beitrag von Streblow et al. in diesem Band) als auch die kurze schriftliche Befragung der Studierenden im Rahmen des hier beschriebenen Einführungsseminars eine relativ geringe Akzeptanz des Portfolios. Das Portfolio, welches hauptsächlich als Medium der Reflexion verstanden wird, erfüllt das ihm zugesprochene Potential an der Universität Bielefeld derzeit nur unzureichend. Nach Brosziewski (2011: 25 f.) ist Reflexion konstitutiv mit Ungewissheit verbunden, so dass die lehrerausbildenden Institutionen zur Förderung von Reflexion selbst Strukturen bereitstellen müssen, um die Ungewissheit kommunikativ bearbeiten zu können. Auf die derzeitige

Situation in Bielefeld bezogen bedeutet dies, dass den Studierenden und auch den Lehrenden mehr Kommunikationsmöglichkeiten bereitgestellt werden müssen. Auf Seminarebene sind weitere, gezieltere Unterstützungsangebote zur Reflexion notwendig; das Befassen mit Theorien sollte z.B. in konkrete Schreib- und Beobachtungsaufträge für das Praktikum münden.

4 Variante 2: Reflexive Praxis durch online-vermittelte Interaktion unter Peers

4.1 Zielsetzung

Dass ein Portfolio „nur so gut [ist], wie die Gespräche, die darüber geführt werden" (vgl. Born 2004) ist im vorherigen Kapitel als Evaluationsergebnis thematisch geworden. Im Folgenden wird ein online-vermittelter Kommunikations- und Reflexionsanlass vorgestellt, der in dieser Form im Wintersemester 2011/12 im Rahmen des ersten Jahrgangs des Einführungsseminars Bildungswissenschaften von Jan Christoph Störtländer an der Universität Bielefeld durchgeführt worden ist. Ziel dieses Angebotes ist es, den Studierenden einen Anlass zu bieten, bei dem sie Erfahrungen ihres Praktikums darstellen, sie reflektieren und mit anderen Studierenden sowie mit dem Dozenten in einen Dialog über das Praktikum treten, um Rückmeldungen, Anregungen und alternative Sichtweisen auf ihre Tätigkeiten zu erhalten.

Es werden zunächst die technischen Voraussetzungen dargelegt; sodann wird die Aufgabenstellung vorgestellt. Es folgt eine Übersicht über die Studierendenaktivitäten und erste explorativ gewonnene Erkenntnisse aus einer inhaltsanalytischen Evaluation der studentischen Reflexionskompetenz. Abschließend werden Vor- und Nachteile des Verfahrens diskutiert.

4.2 Methodische Gestaltung

4.2.1 Technische Voraussetzungen

Obwohl es sich bei dem Bielefelder Portfolio Praxisstudien um ein ‚Pen-and-Paper Portfolio' und nicht um ein E-Portfolio handelt, spielt die elektronisch gestützte Lehre an der Universität Bielefeld eine wesentliche Rolle. Als zentrale Plattform kommt das Stud.IP-System (Akronym für „Studienbegleitender Internetsupport von Präsenzlehre", http://www.Stud.IP.de/) zum Einsatz, das an zahlreichen anderen Universitäten ebenfalls genutzt wird. Das Stud.IP-System erlaubt Lehrenden und Studierenden, virtuelle Lern- und Seminarumgebungen einzurichten, in denen unter anderem Dokumente hinterlegt, Umfragen und Tests durchgeführt, Termine koordiniert, Foren genutzt und, für weitergehende Anforderungen, eine Reihe von zusätzlichen Lernmodulen eingesetzt werden können, die sich für die

Portfolioarbeit eignen (vgl. auch Kammerl 2011). In dem hier beschriebenen Fall sind lediglich das Forum und die Dokumentenablage genutzt worden, da sich deren Benutzung als am leichtesten handhabbar für alle Beteiligten erwiesen hat.

4.2.2 Aufgabenstellung und Reflexionsverfahren

Das Reflexionsverfahren besteht aus folgenden vier Aufgaben:
1. Jede/r Studierende veröffentlicht ein während des Praktikums eingegangenes Dokument aus dem Dokumententeil des Portfolios.
2. Jede/r Studierende begründet die Auswahl des eigenen Dokuments in Beziehung auf mindestens einen der vier Standards, die durch die Praxisstudie und die Portfolioarbeit erreicht werden sollen (mindestens ca. 300 Wörter).
3. Jede/r Studierende kommentiert die begründete Auswahl zweier KommilitonInnen (jeweils mindestens ca. 200 Wörter). Mögliche Leitfragen können sein:
4. Wie beschreibe ich dieses Dokument und welche Bedeutung hat es für mich?
5. Für wie plausibel halte ich die Begründung hinsichtlich des Standards und würde diese Begründung auch für mich gelten?
6. Wie habe ich diesen Standard entwickelt und wie würde ich ihn anhand des Dokumentes weiterentwickeln?
7. Der Dozent sichtet die Dokumente und Diskussionsverläufe und gibt eine fallbezogene Rückmeldung.

Ebenfalls im Stud.IP hinterlegt ist eine vom Dozenten und den Tutorinnen verfasste Beispiellösung aller vier Aufgaben, an denen sich die Studierenden orientieren können. Als Bearbeitungsfrist sind zwei Wochen nach Abschluss der Praxisphase angesetzt worden.

Aus reflexionstheoretischer Sicht (vgl. hier exemplarisch Hatton & Smith 1995; vgl. auch Leonhard in diesem Band) zielt die zweite Aufgabe (im Folgenden „Initialstatement" genannt) mindestens auf ein *deskriptives Reflexionsniveau* ab, bei dem über eine Beschreibung eines Sachverhaltes hinaus eine rationale Begründung und/oder mehrere Perspektiven eingebracht werden müssen (vgl. Hatton & Smith: 48). Die dritte Aufgabe soll mindestens eine *dialogische Reflexion* stimulieren, bei der die Güte von Begründungen, alternative Erklärungen und Hypothesen in Betracht gezogen werden müssen (vgl. ebd.: 48 f). Wünschenswert wäre ebenfalls eine Auseinandersetzung mit der Praxisphase und der Arbeit der KommilitonInnen auf einem *kritischen Reflexionsniveau* gewesen, welches weitergehende soziale, politische und historische Positionen über die Bedingtheit der fraglichen Sachverhalte einschließt (vgl. ebd.: 49). Bei der Offenheit der Aufgabenstellung hinsichtlich der Auswahl der Dokumente und Schilderungen ist es jedoch nicht möglich gewesen, einen entsprechenden Impuls zu setzen. Die Frage nach „Bedeutung" in der dritten Aufgabe zielte auf einen kritisch-konstruktiven

Diskurs über divergierende formale und materiale Bildungsmomente (vgl. Klafki 1991), wie er auch im Seminar an verschiedenen Stellen thematisiert worden war. Die Rückmeldung durch den Dozenten diente nicht nur der Wertschätzung und Würdigung der Einlassung der Studierenden auf eine zumeist unbekannte Anforderung, sondern sollte den Horizont der kritischen Reflexion erweitern helfen.

4.3 Evaluationsergebnisse

4.3.1 Übersicht der Studierendenaktivitäten

Bei dem Praktikum handelt es sich um ein allgemeindidaktisches bzw. schulpädagogisches, in dem von den Studierenden nicht verlangt werden kann, dass sie längere Abschnitte selbstständig unterrichten, wiewohl das Interesse der Studierenden daran hoch ist, weil sie sich in ihrem angestrebten Beruf ausprobieren und erste Erfahrungen mit dem ‚Kerngeschäft' der LehrerInnentätigkeit, dem Unterricht, sammeln wollen (vgl. Arnold et al. 2011: 62). Es ist in diesem Zusammenhang zu bedauern und möglicherweise auch kontraproduktiv für ihre Professionalisierung (vgl. ebd.: 74), dass sich das Praktikum für zahlreiche Studierende in umfänglicher Unterrichtstätigkeit bis hin zu zweiwöchigem Vertretungsunterricht erschöpft hat. Über diese Tendenzen geben auch die Studierendenaktivitäten im Reflexionsanlass Auskunft.

Von 36 Studierenden des Einführungsseminars haben 23 an dem Praktikum teilgenommen. Diese Studierenden haben Dokumente aus ihrem Portfolio ausgewählt, sie im Stud.IP präsentiert und diskutiert. Unter den 23 Dokumenten der Initialstatements (Aufgaben 1 und 2, siehe oben) finden sich allein acht Unterrichtsplanungen und elf Arbeitsblätter. Eine vorläufige Analyse der Unterrichtsplanungen nach den beiden ‚großen' didaktischen Planungs- bzw. Analysemodellen (vgl. Arnold & Koch-Priewe 2010) zeigt, dass die Studierenden einen Schwerpunkt auf methodische Aspekte, den Stundenverlauf und mögliche Disziplinprobleme legen, Fragen nach Bildungsin- oder -gehalten oder der Interdependenz verschiedener Planungsaspekte jedoch so gut wie gar nicht gestellt werden. Dies bestätigt sich auch in einer ersten Durchsicht der Erläuterungen zu den Dokumenten. Neben diesen Dokumenten finden sich drei Unterrichtsbeobachtungen, von denen lediglich eine kriteriengeleitet ist, sowie das Gesprächsprotokoll eines Elterngesprächs.

Ein korrespondierendes Bild ergibt sich bei der Sichtung der Standards, auf die die Studierenden in den Initialstatements und Kommentare explizit Bezug genommen haben:

Tab. 1: Thematisierte Standards

Standard	Studierende	Dozentrückmeldung
1. Komplexität des schulischen Handlungsfeldes	6	12
2. Theorie-Praxis-Bezug	8	3
3. Pädagogische Handlungssituationen	13	7
4. Weitere Professionalisierung	1	10

Hier überwiegt ebenfalls die Gestaltung von pädagogischen Handlungssituationen, d.h. in den meisten Fällen die Beschreibung eigenen Unterrichts. Im Gegensatz zu den Evaluationsergebnissen der Bielefeld School of Education (vgl. Streblow et al. in diesem Band), in denen die Studierenden angeben, der Bezug zwischen Theorie und Praxis sei als Ausbildungsstandard wenig verfolgt worden, stellen immerhin acht Studierende explizit eine Verbindung her, indem sie Seminarliteratur nutzen, um Erfahrungen zu reflektieren. Die Komplexität des schulischen Handlungsfeldes wird meist mit Bezug auf den (eigenen) Unterricht thematisiert, die weitere Professionalisierung wird nur einmal ausdrücklich erwähnt. Die letzte Spalte der obigen Tabelle verdeutlicht, dass die Stellungnahmen des Dozenten darauf abzielten auch die weniger thematisierten Standards in den Blick der Studierenden zu bringen.

4.3.2 Qualitative Inhaltsanalyse ausgewählter Initialstatements

Nina Timmer (2012) untersucht in einer von den AutorInnen angeleiteten Masterarbeit (Master of Education/Lehramt Grund-, Haupt-, Realschule) die Reflexionstiefe der vier Initialstatements, welche sich explizit auf den ersten Standard (Komplexität des schulischen Handlungsfeldes) beziehen. Dabei setzt sie eine skalierend-strukturierende Inhaltsanalyse ein, deren Einschätzungsdimensionen und Ausprägungen dem Reflexionsmodell von Hatton und Smith entsprechen (vgl. ebd. Kapitel 3). Ein aufwändigerer Zugriff, wie etwa bei Leonhard und Rihm (vgl. v.a. 2011: 254 ff.), war in diesem Rahmen nicht möglich, wenn auch einige der dort skizzierten Probleme auf diese Arbeit zutreffen, z.B. „die Distinktionskriterien zwischen den Stufen eindeutig festzulegen" (ebd.: 256; vgl. Timmer 2012: 29). Dennoch kommt die Arbeit zu Ergebnissen, die Hinweise für die weitere Gestaltung des beschriebenen Reflexionsanlasses liefern. Erstens sind die Initialstatements der Studierenden überwiegend auf der Ebene des deskriptiven Schreibens (17 Fundstellen, die nach Hatton und Smith noch keine Reflexion darstellen) und der deskriptiven Reflexion (12 Fundstellen) zu verorten. Lediglich dreimal konnte eine dialogische Reflexion identifiziert werden, und nur eine Studentin erreicht ein kritisches Reflexionsniveau. Zweitens ist bei genauerer Betrachtung der

Initialstatements festzustellen, dass sie zu Beginn zwischen deskriptivem Schreiben und deskriptiver Reflexion changieren – die Studierenden scheinen sich die fragliche Situation zunächst noch mal vor Augen zu führen und einzuschätzen; in den wenigen Fällen der dialogischen und kritischen Reflexion gehen sie dann darüber hinaus. Hier müsste man den Studierenden in Zukunft durch theoretische Arbeit und praktische Übungen verdeutlichen, dass eine über die Deskription hinausgehende Auseinandersetzung die Chance bietet, sich selbst, die Situation und die theoretischen ‚Denkwerkzeuge' besser kennenzulernen. Hinsichtlich der Beispiellösung schlägt Timmer vor, keinen vom Dozenten konstruierten Fall zu verwenden, sondern eine gelungene studentische Reflexion anzubieten (vgl. ebd. 31), was in den zukünftigen Einführungsseminaren auch geschehen soll.

Insgesamt stehen durch das hier vorgestellte Reflexionsverfahren eine Menge digital aufbereiteter Daten zur Verfügung. Es wäre durchaus wünschenswert – und sicher auch aufschlussreich – wenn das Interesse an und die Ressourcen für eine umfänglichere empirische Analyse dieses Materials vorhanden wären, um ein genaueres Bild der Studierendentätigkeiten zu gewinnen.

4.4 Abschließende Bemerkungen

Nach dem ersten Durchlauf des Reflexionsverfahrens haben sich bereits eine Reihe von Vor- und Nachteilen gezeigt, die im Folgenden dargestellt werden sollen: Von den Studierenden ist positiv aufgenommen worden, dass das Onlineverfahren ihnen räumliche und zeitliche Freiheiten erlaubt. Zieht man in Betracht, dass sie zum Teil erhebliche Distanzen zu den Praktikumsschulen zurückzulegen haben und darüber hinaus an den obligatorischen Begleitseminaren teilnehmen müssen, ist es eine Erleichterung, wenn man die im Stud.IP gestellten Aufgaben im Rahmen des zur Verfügung stehenden Zeitfensters von zu Hause aus und dann, wann man möchte, erledigen kann. Auf Dozentenseite ergeben sich dieselben räumlichen und zeitlichen Vorteile, darüber hinaus ermöglicht das Verfahren eine prozessbegleitende Betreuung der Studierenden sowie einen guten Überblick über ihre Aktivitäten und Lernfortschritte. Wie sich aus Gesprächen mit den Studierenden ergeben hat, ist die zeitnahe Würdigung ihrer Praxiserfahrung in diesem Zusammenhang ebenfalls positiv aufgenommen worden – es kommt hier zusätzlich zu einer Vernetzung zwischen akademischen und schulischen Ausbildungsanteilen. Außerdem kommt das Verfahren der Lebenswelt der Studierenden insofern entgegen, als dass der Aufenthalt und die Arbeit in virtuellen Umgebungen für sie häufig ein gewohnter Vorgang ist.

Neben diesen Vorteilen zeichnet sich eine Reihe von Nachteilen bzw. Einschränkungen ab. Erstens sei hier auf die technischen Gegebenheiten verwiesen, mit denen sich alle Beteiligten vertraut machen müssen. Gerade DozentInnen und TutorInnen müssen hierbei kurzfristig für Rückfragen zur Verfügung stehen. Zweitens wird die Re-Integration der online verfassten Reflexionstexte in das

‚Pen-and-Paper-Portfolio' häufig als Rückschritt aufgefasst. Im Bielefelder Konzept bleibt vorerst nichts anderes übrig, als die Diskursverläufe auszudrucken und entsprechend im Portfolio abzulegen. Drittens nimmt das Verfassen der Dozentenfeedbacks verhältnismäßig viel Zeit in Anspruch. Für ein Feedback zu einem Initialstatement und zwei weiterführenden Studierendenkommentaren werden in der Regel ca. 20 Minuten benötigt; es hat jedoch inhaltlich und vom Umfang her wesentlich komplexere Diskursverläufe gegeben (z.B. acht Beiträge zu einem Initialstatement), zu denen eine Rückmeldung zu geben ca. 45-60 Minuten dauert. Insgesamt sind 23 Diskursverläufe vom Dozenten kommentiert worden, was ca. 14 Stunden beansprucht hat – es ist zu überlegen, ob und wie dieser zeitliche Umfang mit dem zur Verfügung stehenden Lehrdeputat (2 SWS) des Einführungsseminars vereinbar ist.

5 Fazit

In diesem Artikel wurde das Konzept des „Bielefelder Portfolio Praxisstudien" beschrieben und zwei Varianten für die Anregung von Reflexions- und Kommunikationsanlässen vorgestellt, die Studierende in der ersten Praxisphase mithilfe des Portfolios aufgreifen sollen. Das Konzept bewegt sich in der konstitutiven Spannung zwischen formaler Vorgabe, die im Bielefelder Konzept mit der verbindlichen Einführung des Instruments Portfolio und darauf bezogenen Standards ein vergleichsweise hohes Ausmaß annimmt, und dem Anspruch, Lehrerbildung als individuellen Bildungs- und Professionalisierungsprozess zu gestalten. Teile der ersten Bielefelder Kohorte in den reformierten Lehramtsstudiengängen (zwei von insgesamt elf parallelen Einführungsseminaren) wurden mit den oben dargestellten Konzepten in ihrem Reflexionsprozess unterstützt. Aus den oben referierten Evaluationsdaten ergeben sich sowohl Hinweise für die Begleitung von Portfolioarbeit allgemein als auch für das Bielefelder Modell im Besonderen, die in einem iterativen Prozess sowohl beforscht als auch zur Weiterentwicklung genutzt werden sollten.

Die Gesamtbilanz über die zwei Zugänge hinweg verdeutlicht, dass bei den Studierenden in den ersten Semestern ein hoher Kommunikationsbedarf über das Praktikum besteht und dass sich beide Verfahren als angemessene Formate für entsprechende Reflexionsprozesse anbieten. Zahlreiche Reflexionen zeigen, dass die Studierenden sich mit ihren Ausbildungsstandards befasst und an deren Entwicklung gearbeitet haben.

Allerdings verweisen die Evaluationsergebnisse auch formatübergreifend darauf, dass erhebliche Unsicherheiten über den Portfolioeinsatz und ihm gegenüber eine nachvollziehbare Skepsis bestehen. Einige Studierende wünschen sich mehr Informationen, Beispieldokumente und Begleitung bzw. Anleitung, andere beschreiben das Portfolio als Instrument, mit dem sie zwar pflichtgemäß, aber nicht aus subjektiven Motiven heraus arbeiten. Die konkreten Anregungen und Wünsche integrieren die VerfasserInnen zurzeit in die Konzeption der Einführungs- und Begleitseminare. Die Reaktionen der Studierenden müssen aber auch in einem emotionalen Kontext interpretiert werden, denn sie erleben Portfolioarbeit möglicherweise als Überforderung (vgl. Beitrag von Felix Winter in diesem Band). Dann wären ihre Äußerungen auch als eine Selbstbehauptung angesichts von Ungewissheit und Zumutung zu verstehen und zu „bearbeiten". Aus institutioneller Sicht erweisen sich drei Aspekte als schwierig:

- Eine kontinuierliche Begleitung der Portfolioarbeit durch den gesamten Studienverlauf kann zurzeit organisatorisch nicht gewährleistet werden, obgleich die Daten diesbezüglich einen überaus großen Bedarf sichtbar machen.
- Die Doppelstruktur mit dem prüfungsrelevanten Praxisbericht und dem nicht bewertungsrelevanten Portfolio führt zu berechtigten Nachfragen nach dem Sinn und fördert strategische Orientierung der Studierenden, die die inhaltliche Perspektive eines bildungsbiographischen Prozesses konterkariert.
- Die Portfolioarbeit bildet sich bisher nicht in zertifizierungsrelevanten Leistungspunkten ab. Dass Studierende unter diesen Bedingungen andere Prioritäten setzen, erscheint nachvollziehbar.

Wie in den Ausführungen von Kraler (vgl. Beitrag in diesem Band) deutlich wird, sollten Portfoliokonzepte nicht zusätzlich in das bestehende Curriculum eingebaut werden, ohne dieses dementsprechend zu modifizieren. An der Universität Bielefeld fanden mit dem neuen Lehrerausbildungsgesetz mehrere Reformen gleichzeitig statt, so dass sowohl ein neues Curriculum als auch das „Bielefelder Portfolio Praxisstudien" parallel zueinander eingeführt wurden. Es bleibt zu hoffen, dass im Laufe des Implementierungsprozesses eine stärkere inhaltliche und strukturelle Vernetzung zwischen Portfolio und Curriculum realisiert werden kann.

Wenn die Einführung einer Portfoliokultur ca. zehn Jahre dauert (Winter 2010), dann steht die Universität Bielefeld (mit der gleichzeitigen Einführung neuer Lehramtsstudiengänge) am Anfang dieses Prozesses, und es besteht berechtigte Hoffnung auf Veränderung. Es sollte also weiterhin aktiv an der Implementierung und Etablierung dieses Instrumentes gearbeitet werden; hier ergibt sich eine „Zweiseitigkeit", wie sie auch Brosziewski (in diesem Band) anspricht, da nicht nur die Studierenden, sondern auch die Lehrenden und die beteiligten Einrichtungen der Universität als lernende Institution Erfahrungen mit der Portfolioarbeit und ihrem Einsatz sammeln sowie die Ergebnisse weiterführender Evaluation dieser Arbeit in ihre Ausbildungsteile integrieren müssen.

7 Literaturverzeichnis

Arbeitsstand der gemischten Arbeitsgruppe "Portfolio Praxiselemente" vom 30.06.2010. URL: http://www.isl.uni-wuppertal.de/lehrerbildung09/p_pics/ArbeitsstandAGPortfolio300610.pdf (19.03.2011).

Arbeitsgruppe Portfolio in der LehrerInnenbildung (2011). *Einführender Text in die Portfolioarbeit in der orientierenden Praxisstudie.* URL: http://www.bised.uni-bielefeld.de/praxisstudien/bielefelder-praxis/Link_portfolioeinlagen/portfolioeinlagen1 (26.09.2012).

Arnold, K-H., Hascher, T., Messner, R., Niggli, A., Patry, J.-L. & Rahm, S. (2011). *Empowerment durch Schulpraktika. Perspektiven wechseln in der Lehrerbildung.* Bad Heilbrunn: Klinkhardt.

Arnold, K.-H. & Priewe, B. (2010). Traditionen der Unterrichtsplanung in Deutschland. *Bildung und Erziehung, 63* (4), 401-416.

Born, J. (17.06.2004). *Portfolio: Was ist das eigentlich? 5 Fragen an Dr. Ilse Brunner.* URL: http://alt.rpi-virtuell.net/workspace/users/191/Materialien/div/Portfolio.pdf (17.09.2012).

Bräuer, G. (2000). *Schreiben als reflexive Praxis: Tagebuch, Arbeitsjournal, Portfolio.* Freiburg im Breisgau: Fillibach Verlag.

Bräuer, G. (2007). Portfolios in der Lehrerausbildung als Grundlage für eine neue Lernkultur in der Schule. In M. Gläser-Zikuda & T. Hascher (Hrsg.), *Lernprozesse dokumentieren, reflektieren und beurteilen. Lerntagebuch und Portfolio in Bildungsforschung und Bildungspraxis* (S. 46-62). Bad Heilbrunn: Klinkhardt.

Bräuer, G. (2008). Reflexive Praxis – bildungspolitischer Papiertiger, Zankapfel im Berufsfeld oder didaktische Herausforderung? In U. Stadler-Altmann, H.-J. Schindele & A. Schraut (Hrsg.), *Neue Lernkultur – neue Leistungskultur* (S. 90-107). Bad Heilbrunn: Klinkhardt.

Brosziewski, A., Heid, M. & Keller, K. (2011). *Portfolioarbeit als Reflexionsmedium der Lehrerinnen- und Lehrerbildung. Befunde einer qualitativen Studie und eine reflexionstheoretische Verortung.* Forschungsbericht 11, Pädagogische Hochschule Thurgau. Lehre, Weiterbildung, Forschung. URL: http://dokumente.phtg.ch/ePaper/Forschungsbericht_11/files/101.2500.1111.01_portfolio.pdf (18.07.2012).

Hatton, N. & Smith, D. (1995). Reflection in teacher education: towards definition and implementation. *Teaching and Teacher Education, 11* (1), 33-49.

Hilzensauer, W. (2008). *Theoretische Zugänge und Methoden zur Reflexion des Lernens. Ein Diskussionsbeitrag.* URL: http://bildungsforschung.org/index.php/bildungsforschung/article/view/77/80 (16.05.2012).

Kammerl, R. (2011). Integrierte E-Portfoliofunktionen im Stud.IP. Das Projekt „InteLeC – Integrierter eLearning Campus". In T. Meyer, K. Mayrberger, S. Münte-Goussar & C. Schwalbe (Hrsg), *Kontrolle und Selbstkontrolle. Zur Ambivalenz von E-Portfolios in Bildungsprozessen* (S. 145-149). Wiesbaden: VS Verlag für Sozialwissenschaften.

Klafki, W. (1991). *Neue Studien zur Bildungstheorie und Didaktik. Zeitgemäße Allgemeinbildung und kritisch-konstruktive Didaktik.* Weinheim: Beltz.

Leonhard, T. & Rihm, T. (2011). Erhöhung der Reflexionskompetenz durch Begleitveranstaltungen zum Schulpraktikum? – Konzeption und Ergebnisse eines Pilotprojekts mit Lehramtsstudierenden. *Lehrerbildung auf dem Prüfstand, 4* (2), 240-270.

Pädagogische Hochschule Zürich (2007). *Leitfaden zur Portfolioarbeit und zur Erstellung des Präsentationsportfolios.* URL: http://stud.phzh.ch/webautor-data/209/leitfaden-zur-portfolioarbeit-und-zur-erstellung-des-praesen-2.pdf (02.03.2011).

Paulson, F. L., Paulson, P. R. & Meyer, C. A. (1991). What Makes a Portfolio a Portfolio? Eight thoughtful guidelines will help educators encourage self-directed learning. *Educational Leadership, 48* (5), 60-63.

Timmer, N. (2012). *Empirische Untersuchung zur Reflexionstiefe von studentischen Reflexionen im Rahmen des „Bielefelder Portfolio Praxisstudien".* Bielefeld: Unveröffentlichte Masterarbeit GHR.

Winter, F. (2010). Perspektiven der Portfolioarbeit in der Lehrerbildung. Vortrag auf der Bielefelder ExpertInnentagung „Portfolio in der Lehrerbildung" am 03.12.2010.

Die Zweiseitigkeit der Reflexion: Portfolios als Selbstreflexion der Lehrerinnen- und Lehrerbildung – Eine empirische Untersuchung zur Portfolioarbeit an drei Standorten

Achim Brosziewski, Pädagogischen Hochschule Thurgau

Abstract
Wenn im Kontext des Portfolios in der Lehrerinnen- und Lehrerbildung (LLB) von „Reflexion" gesprochen wird, ist in aller Regel nur an (mögliche) Reflexionen der Studierenden respektive der sich weiterbildenden Lehrpersonen gedacht. Nachfolgend werden die wichtigsten Befunde eines Forschungsprojektes[1] vorgestellt, die dazu auffordern, diese Einseitigkeit zu überwinden. Portfolios sind in jedem Fall Produkte einer kollektiven Autorenschaft, in die auch Reflexionsleistungen der aus- und weiterbildenden Institutionen eingehen. Aus der Verschränkung beider Reflexionen – jener der Individuen und jener der Organisationen – resultieren sowohl die Potentiale des Portfolios als auch die typischen Schwierigkeiten ihrer Realisierung.

Schlagwörter: *Aus- und Weiterbildung im Lehrberuf, Institutionalisierung von Portfolios, kulturelle Themen, Fallstudien, Selbstreflexion*

1 Kontext, Methodik und Zielsetzung des Forschungsprojekts

Vom Frühjahr 2009 bis ins Frühjahr 2011 konnte die Arbeit mit dem Medium des Portfolios an drei Pädagogischen Hochschulen relativ intensiv beobachtet und dokumentiert werden. Die eingesetzte Forschungsmethodik umfasste offene, problemzentrierte Interviews, Dokumentenanalysen, Gruppeninterviews sowie vereinzelte Beobachtungen in Sitzungen, Seminaren, Kursen und Auswertungsbesprechungen. Einbezogen waren Studierende, Dozierende, Mentorinnen und Mentoren, Portfolioverantwortliche der Hochschulen, Kursleitende und prak-

---

[1] Finanziert wurde das Projekt vom Schweizerischen Nationalfonds und vom Dachverband Schweizer Lehrerinnen und Lehrer (LCH). Grosse inhaltliche Unterstützung erhielten wir vom LCH, von den beteiligten Pädagogischen Hochschulen, Expertinnen und Experten der Portfolioarbeit in der LLB, Studierenden und Lehrpersonen in der Weiterbildung. Der ausführliche Bericht (Brosziewski et al. 2011) ist online verfügbar unter http://www.phtg.ch/forschung/publikationen/forschungsberichte/.

tizierende Lehrpersonen in der Weiterbildung sowie Expertinnen und Experten des Portfolioinstrumentariums. Die Interviews wurden verschriftet und zusammen mit den Dokumenten und Feldnotizen einer Analyse nach den Verfahren der ethnographischen Semantik unterzogen (vgl. Maeder & Brosziewski 1997; Maeder & Brosziewski 2007). Diese den Sprachwissenschaften entlehnte Analysetechnik zielt im Kern darauf ab, die *Beziehungsnetzwerke von sprachlichen Ausdrücken* nachzuzeichnen, die im beobachteten Feld selbst verwendet werden. In aller Kürze lässt sich die Struktur dieses Verfahrens so kennzeichnen: Man fragt nicht etwa nach Definitionen von Worten oder zusammengesetzten Ausdrücken, sondern man fragt danach, mit welchen *anderen* Ausdrücken ein Ausdruck in Verbindung gebracht wird und welche *Art* von Verbindung jeweils hergestellt wird. Über ein mehrstufiges Verdichtungsverfahren gelangt man zu einem Bedeutungsnetz von zentralen, das heißt immer wiederkehrenden Ausdrucksrelationen, die als *kulturelle Themen* bezeichnet werden.[2] Das Ziel der empirischen Arbeiten war, die kulturellen Themen der Portfolioarbeit an den untersuchten Hochschulen zu identifizieren und durch ihre Gemeinsamkeiten und Unterschiede die drei Fälle von Portfolioarbeit zu charakterisieren.

Zunächst werden die kulturellen Themen vorgestellt, die für die Behandlung des Portfolios in den *Bildungsorganisationen* kennzeichnend sind. Während in der Weiterbildung das Thema eines „Marktes" prägend wirkt (Kap. 2), steht für die Ausbildung das Thema „Prüfung" im Vordergrund (Kap. 3). Anschließend wenden wir uns den kulturellen Themen der *Portfolioautorinnen und -autoren* zu, zunächst jenen in der Ausbildung (Kap. 4), dann jenen der Weiterbildung (Kap. 5). Der Beitrag schließt mit einer theoretischen Bestimmung des Verhältnisses von Reflexion und Ungewissheit, die erlaubt, Portfolios als Medien der Selbstreflexion der LLB zu verstehen (Kap. 6).

2 Kontexte und kulturelle Themen des Portfolios in der Weiterbildung: der „staatliche Markt" der Lehrerinnen- und Lehrerweiterbildung[3]

Im semantischen Feld der Weiterbildung begegnet man Formen, die sich am prägnantesten als eine „Orientierung am Markt" zusammenfassen lassen. Dieser Markt erfordert eine doppelte Rücksicht: eine Rücksicht auf den Bedarf und die Bedürfnisse seiner „Kundinnen" und „Kunden" einerseits sowie eine Rücksicht

---

2 Die ethnographische Semantik definiert ein kulturelles Thema als „any principle recurrent in a number of domains, tacit or explicit, and serving as a relationship among subsystems of cultural meaning" (Spradley 1980: 141).
3 Dieser Abschnitt behandelt nur die beiden Schweizer Fälle, da es an der bundesdeutschen PH kein Portfoliokonzept für die Weiterbildung gab.

auf die *staatlichen Strukturen* der Lehrerweiterbildung anderseits, was sowohl die Finanzierung der Weiterbildungen als auch die Rekrutierung von Teilnehmerinnen einschließt. Weiterbildung gehört zum Berufsauftrag von Lehrerinnen und Lehrern. Die „Kunden" *müssen* für sie ein gewisses Zeitbudget aufbringen und erfahren auch immer mehr Vorgaben, was die Themen, Inhalte und Formen ihrer Weiterbildungen anbelangt. Wir haben es in diesem Sinne mit einem „staatlichen Markt" zu tun, der in seiner Gesamtheit auch einen Gegenstand von *politischen Aushandlungen* zwischen staatlichen Instanzen einerseits und berufsständischen Interessenvertretungen andererseits bildet. Wie sieht es unter solchen Bedingungen mit der Chance aus, ein Medium zu institutionalisieren, das auf die Steigerung von berufsbezogenen Reflexionen abzielt?

Der staatliche Kontext zeigt sich im Fall A besonders deutlich. Hier wurde eine Weiterbildung zum Instrument „Portfolio" eine Zeit lang in das *Pflichtprogramm* der Lehrerinnen und Lehrer eines Kantons integriert. Die primären Adressaten der Weiterbildungseinheiten bildeten zunächst Schulleiterinnen und Schulleiter. Vorgesehen war eine weitere Verbreitung zu den Lehrerinnen und Lehrern, teils durch direkte Fortbildungen, teils durch Vermittlung der Schulleitungen. Die Schwierigkeiten der Weiterbildung lagen nicht so sehr in der Konzeption des Instrumentes und in der Entwicklung einer passenden Didaktik, sondern – bedingt durch die verpflichtende Anlage – eher in der Motivation der Teilnehmerinnen und Teilnehmer. Seitens der Adressaten wurde der Aspekt der „Selbstdarstellung" in den Vordergrund gerückt und eine Verknüpfung mit Formen der Reflexion und Ansprüchen an Professionalisierung erwies sich als schwierig.

Im Fall B gab es keine bildungspolitische „Rückendeckung" für Portfolioangebote. Im Gegenteil: Es wurde von Signalen berichtet, dass der Begriff „Portfolio" politisch eher unerwünscht sei. Das Medium Portfolio erhielt hier den Titel „Persönliches Kompetenzmanagement". Die Namensgebung und auch die Strukturierung des Weiterbildungsprodukts orientierten sich an einer Vorlage, die im weiteren Kontext der beruflichen Weiterbildung bereits von anderen Instanzen vorentwickelt war: am Konzept „CH-Q" (diese Vorlage wurde auch im Fall A benutzt). Die „Gesellschaft CH-Q Schweizerisches Qualifikationsprogramm zur Berufslaufbahn" wird unterstützt vom Bundesamt für Berufsbildung und Technologie (BBT), dem Staatssekretariat für Wirtschaft (SECO) und zahlreichen weiteren Institutionen. Sie hat das Konzept des „Kompetenzmanagements" in der beruflichen Weiterbildung entwickelt, bildet auf der Grundlage ihrer eigenen Systematik Anwender und Fachleute aus, führt Beratungen und Projekte durch und vergibt mittlerweile ein eigenes Zertifikat „CH-Q", das für die Qualitätssicherung im Bereich beruflicher Weiterbildung einstehen soll (http://www.ch-q.ch).

Die Problematik der an CH-Q angelehnten Weiterbildungsportfolios und ihrer Reflexionspotentiale liegt in der Frage, inwieweit in diesem *allgemeinen* Konzept zur beruflichen Weiterbildung die *Spezifik* des Lehrberufs zur Geltung kommen soll und kommen kann. Diese Frage beschäftigt nicht nur den Analytiker. Sie berührt in zweierlei Hinsichten auch die konzeptionelle *Gestaltung* des Portfolios/ Kompetenzmanagements. *Zum ersten* betrifft sie das Verhältnis zwischen Ausbildungsportfolios und Weiterbildungsportfolios. Die Relevanz der pädagogischen Besonderheiten entscheidet mit darüber, wie eng die beiden Bildungsbereiche durch die Portfolioarbeit aneinander gekoppelt werden können respektive wie weit sie voneinander entfernt werden. Das allgemeine Kompetenzmanagement ist eindeutig *laufbahnorientiert*. Es dient der individuellen Bestimmung eines persönlichen Lernbedarfs im Schnittfeld von Berufsbiographie einerseits und organisationsbezogener Positionierung des Individuums andererseits. Alle Reflexionsarbeiten gehen von der Laufbahn aus und sind auf die noch offenen Gestaltungsmöglichkeiten der Berufslaufbahn (inklusive selbst gewählter oder auferlegter Unterbrechungen wie Mutterschaft, Militärdienst, Arbeitslosigkeit etc.) hin ausgerichtet. Solch eine Bestimmungsarbeit eint alle Berufe.

Die *Sonderthematiken* des Lehrberufs, das Lehren sowie der pädagogische Umgang mit Schülerinnen, Schülern und Eltern, sind durch die Laufbahnorientierung alleine nicht gegeben. Zwar tauchen neben anderen Kompetenzen natürlich auch Lehr- und Erziehungskompetenzen auf. Aber sie dominieren weder die Struktur des Portfoliokonzepts noch werden die entsprechenden Kompetenzen konzeptionell so durchgeformt, wie es beispielsweise in den Ausbildungsstandards der Pädagogischen Hochschulen geschieht. Eine Schwierigkeit, Aus- und Weiterbildungsportfolios der LLB zu integrieren, um eine berufsphasenübergreifende Reflexion zu strukturieren, liegt mithin im Problem, eine allgemein laufbahnorientierte Weiterbildung von der Weiterbildung genuin pädagogischer Aspekte zu unterscheiden.

Zum zweiten wird die Frage nach dem berufsspezifischen Gehalt des Kompetenzmanagements auch im Blick auf die Adressaten der Weiterbildung relevant. Dort, wo die Portfolioarbeit nicht als verpflichtend eingeführt ist, sondern in der normalen Konkurrenz zu allen anderen Weiterbildungsangeboten steht, muss sie sowohl ihre Eigenheit als auch ihre Attraktivität darstellen können. Ausgehend von den kulturellen Themen, die sich bei den von uns befragten Adressatinnen und Adressaten identifizieren lassen, ist es eher die Reflexion auf die persönliche Berufs- und Laufbahnperspektive als die Reflexion auf die Spezifik der Lehrtätigkeit, die zur Teilnahme motiviert. Die Ansprüche der „Nachfrage"-Seite formen das Portfoliokonzept mithin mehr in Richtung Biographiearbeit als in Richtung Professionsreflexion.

3 Kontexte und kulturelle Themen des Portfolios in der Ausbildung: Beurteilung und Prüfung in der Lehrerinnen- und Lehrerbildung

Was der „staatliche Markt" für die Weiterbildungsportfolios bedeutet, bedeutet das Thema der *Prüfung* für die Portfolios der Ausbildungen. In allen der von uns untersuchten drei Fälle ist die Erstellung eines Portfolios mit dem Prüfungskomplex der jeweiligen Hochschule verknüpft. Eine gänzlich prüfungsunabhängige Variante kommt nicht vor – und uns ist auch jenseits des eigenen Samples kein solcher Fall bekannt. Doch ist die Varianz bereits unserer drei Fälle sehr groß, wie *intensiv* die Portfolioarbeit in das jeweilige Prüfungssystem eingebunden ist. Wir haben einen Fall, den (deutschen) Fall C, in dem die Erstellung eines Portfolios von den Studierenden selbst als ein *mögliches* Element ihres Qualifikationsprozesses gewählt werden *kann*: als Alternative zu einem anderen, nur mündlich geprüftem erziehungswissenschaftlichen Prüfungsthema. Dafür werden Portfoliokurse angeboten. Die Studierenden sollen dort lernen, in Bezug auf eigene Unterrichtserfahrungen eine *Forschungsfrage* zu formulieren, die mit Hilfe des Portfolios zu beantworten ist. Den Gegenpol bildet Fall B. Die Erstellung und Präsentation eines Portfolios sind verbindliche Elemente der berufsqualifizierenden Abschlussprüfung. Die Portfolioinhalte sollen sich auf alle Standards beziehen, die für die Ausbildung an der PH als Kompetenzziele gesetzt sind. Schließlich soll die gesamte Studiendauer den Referenzrahmen der im Portfolio darzustellenden Lern- und Entwicklungsprozesse bilden. Im Ideal beginnt die Portfolioarbeit also mit Studienbeginn, deckt alle Kernbereiche dessen ab, was im Lehrerbild der PH einen kompetenten Lehrer, eine kompetente Lehrerin ausmacht, wird in dieser Umfassendheit individuell reflektiert und im Rahmen der Abschlussprüfung einsichtig dargestellt. Hier wird die gesamte Komplexität des Lehrberufs, soweit die Ausbildung sie vorwegnehmen kann, als Reflexionsgegenstand an die Studierenden „weitergereicht".

Gesehen von der Einbettung in das Gesamtstudium her steht der Fall A zwischen den beiden Polen Fall B und Fall C. Einerseits ist die Portfolioarbeit obligatorisch, andererseits bezieht sie sich nicht auf das gesamte Curriculum und auch nicht auf die Gesamtdauer der Studienzeit. Die Portfolioarbeit ist als Begleitinstrumentarium der *berufspraktischen Ausbildungsmodule* konzipiert. Die Portfoliobewertung qualifiziert zur Teilnahme an einem Abschlusskolloquium und hat keine direkten Einflüsse auf die Gesamtbewertung des Studiums. Die Studierenden wählen mindestens drei Themen, vorzugsweise solche aus ihrem Praktikumskontext. Die Reflexionsanforderung ist eine doppelte. Zum einen sind eigene Lernerfahrungen mit dem „Schule Halten" als *Prozesse* wiederzugeben, die auch von anderen Beobachtern, den Praktikumsbegleitern, moderiert und gegebenenfalls korrigiert werden. Zum anderen müssen die Praktikumsthemen von den Studierenden selbst mit den ihnen geeignet erscheinenden Studienthemen in Verbindung gebracht werden. Die berüchtigte Theorie-Praxis-Distanz ist mithin von den Studierenden selbst zu überbrücken – das Portfolio wird hier zum Mittel der Ausbildung, sie dabei zu beobachten.

4 Kulturelle Themen der Portfolioautoren und -autorinnen 1: Studierende in der Ausbildung

In der Auswertung der Gruppendiskussionen und der Aufzeichnungen aus Feldaufenthalten sind für die Studierenden drei Hauptthemen zu identifizieren, die im Folgenden eingehender beschrieben werden: Handlungsunsicherheit, Themenwahl und die persönliche Identifikation mit „ihrem" Portfolio.

Handlungsunsicherheit: Das Thema der Handlungsunsicherheit bezieht sich auf die *Aufgabe*, die im Auftrag liegt, ein Portfolio zu erstellen. Es ist evident und bestätigt sich durchweg in jeder Empirie, dass die Definition des Portfolios als „Dokumentation und Reflexion eigener Lernprozesse" nicht direkt operationalisierbar ist. Sie beschreibt einen Rahmen, gibt aber keinerlei Handlungsanleitungen. Sowohl für die Studierenden in den Ausbildungen als auch für die Berufspraktiker in den Weiterbildungen liegt in der Aufgabenfindung ein zentrales Problem der Portfolioarbeit, wie wir in allen Gruppendiskussionen feststellen konnten. Die *Strategien* des Umgangs mit der Handlungsunsicherheit unterscheiden sich je nach Fallkontext teilweise sehr stark. Im Ausbildungskontext von Fall A (Portfolio als Element der berufspraktischen Einheiten) wird der Abbau von Unsicherheiten vornehmlich bei den praktikumsbegleitenden *Dozierenden* sowie bei *Mitstudierenden* gesucht, die ihre Portfolios zeitgleich erstellen und ihre Beiträge im Hochschul-Intranet wechselseitig vorstellen und diskutieren. Eine weitere Rolle kann der Praxislehrkraft zukommen, in deren Schulklasse die Praxiseinheiten absolviert werden. In unseren Gruppendiskussionen wurden alle drei Rollenkontakte als vornehmlich hilfreich und produktiv dargestellt. In ihnen könnten Ideen gewonnen oder bereits vorhandene Pläne korrigiert werden. Im Ausbildungskontext von Fall B (Portfolio bezogen auf die Gesamtausbildung) liegen die Verhältnisse deutlich anders. Zum einen übernehmen die Portfolioarbeiten *vorangegangener* Semester eine größere Orientierungsfunktion als im Fall A. Fertige und als „gut" bewertete Portfolios gewinnen Vorbildcharakter für die eigenen Arbeiten. Zum anderen erscheint den Studierenden die Beratungsfunktion der portfoliobegleitenden Dozierenden *ambivalent*. Pro Studierendenjahrgang sind verschiedene Dozierende im Einsatz – und innerhalb des Jahrgangs wird registriert, dass die Dozierenden unterschiedlich stark strukturieren und auch unterschiedlich ausdifferenzierte Bewertungsvorgaben liefern. Hinzu kommt, dass im Fall B die Beratungs- und die Bewertungsfunktion der Portfolios institutionell *getrennt* wurde. Dies soll die Objektivität der Bewertungen erhöhen, verstärkt aber als ungewollter Nebeneffekt die Unsicherheit der Studierenden darüber, nach welchen Kriterien eine Aufgabenlösung als gelungen beurteilt werden wird. Diese Unsicherheit fließt in das Rollenverhältnis Studierende/Beratende ein und kann auf dieser Ebene allein nicht befriedigend aufgelöst werden. Längerfristig führte diese Problematik dazu, dass eine Arbeitsgruppe an der PH ein feinteiliges Kriterienraster entwickelte, nach dem die Studierendenportfolios zu bewerten sind. Die Kriterien werden den Studierenden vorgestellt und erläutert. Doch da es sich bei Kriterien um *Beurteilungs*dimensionen handelt, enthalten auch sie *keine Anleitungen*, was zu tun ist. So bleiben im Fall B die vorangegangenen Studierendengenerationen, ihre Empfehlungen und ihre Produkte die wichtigsten Quellen, um die Handlungsunsicherheiten abzubauen.

Im Ausbildungskontext des Falles C (Portfolio als Medium zur Entwicklung einer praxisbezogenen Forschungsfrage) bilden das Begleitseminar, die jeweilige Dozentin sowie das Studium von Literatur die Orientierungsressourcen. Die Handlungsanleitungen werden mithin innerhalb eines workshopartigen Settings gewonnen. Dazu gehört auch, dass sogar die Beurteilungskriterien, nach denen ein Portfolio bewertet werden soll, mit den Studierenden diskutiert und von ihnen mitbestimmt werden können. Diese Einbettung erübrigt es, nach jahrgangsübergreifenden „Modellportfolios" oder auch nach einem generell gültigen Kriterienraster zu suchen. Die Anleitungen dazu, wie eigene Praxiserfahrungen beforscht werden können, werden durch den Workshop am Einzelfall entwickelt. Die Handlungsunsicherheiten konzentrieren sich auf die Frage, wie Erfahrungen zu vertexten sind, wie subjektiv Erlebtes als objektiv geltend dargestellt werden kann.

Themenwahl: Neben der mit der Aufgabenstellung verbundenen Handlungsunsicherheit ist die Auswahl eines oder mehrerer Themen für die Portfolioarbeit ein zentrales kulturelles Thema, das in den Gesprächen mit Studierenden auf vielfältige Art artikuliert wird. Das Spektrum möglicher Vorgaben ist schon in unserem kleinen Fallsample sehr groß. Es reicht von einem regelrechten Katalog von zehn Themen (den „Standardfeldern" in unserem Fall B), die vollumfänglich abzudecken sind, über eine Auswahl von drei aus sieben Themen (sechs vorgeschlagene, eines frei bestimmbar; Fall A) bis hin zu den Offenheiten, eine eigene Forschungsfrage zu entwickeln (Fall C). In den Fällen A und C werden die Themen vornehmlich in den Bereichen der persönlichen Erfahrungen gesucht, die in Praxisepisoden der Ausbildung gemacht wurden oder werden. Im Fall B erschwert die große Anzahl der einzureichenden Themen solch eine personennahe Bestimmung. Die Studierenden orientieren sich vornehmlich anhand von Dokumenten zu themenbezogenen Lehrveranstaltungen (Seminarunterlagen, Literaturlisten usw.) und wiederum an den erfolgreichen Vorbildern vorangegangener Semester.

Identifikation mit dem eigenen Portfolio: Ein Portfolio soll seinem Anspruch nach einen individuellen Lern- und Entwicklungsprozess auf eine persönliche Art und Weise dokumentieren. Die Person des Autors oder der Autorinnen ist dabei *doppelt* herausgefordert, gewissermaßen als Figur *und* als Erzähler seiner Geschichten. In diesem zweifachen Sinne geht es bei Portfolios – wie verschieden sie in ihren Kontexten, in ihren Themen und ihren Gestalten sind – immer auch um *Selbstzeugnisse*.[4] Es überrascht deshalb nicht, dass die Frage des individuellen Bezugs und der persönlichen Identifikation für die Adressatinnen und Adressaten der Portfolioarbeit eine zentrale Rolle spielt. Innerhalb der Ausbildung kann der individuelle Bezug kaum bis gar nicht auf die Frage reduziert werden: „Was nützt mir das?", denn die in der Nutzenkalkulation vorausgesetzte Autonomie ist wegen der Prüfungs- und Qualifikationsbedingungen gar nicht gegeben. Vielmehr gehört es zu den pädagogisch-didaktischen Prozessen *innerhalb* der Portfolioarbeit, ihre Potentiale für eine individuell nutzbare Produktivität zu erkennen und positiv zu bewerten. Einfach gesagt: Man muss es tun – und es gehört schon zum bewertungsrelevanten „Stil" der Arbeit darzustellen, dass man das, was man muss, auch für sich nutzen kann. Die eigentlichen Probleme für die Studierenden (und folgend auch für die Begleitpersonen) liegen darin, dass sie in *beiden* Funktionen, als Figur wie als Autor, *positiv* in Erscheinung treten müssen, um in den Bewertungsprozessen ein vorzeigbares Selbst- und Fremdbild erreichen zu können. Als *Figur* müssen sie ein *Lernen* zeigen, also einen *gelungenen* Übergang von einem Nichtkönnen zu einem Können, zumindest zu einem Besserkönnen als zuvor. Diese Einschränkung wirkt scharf darauf zurück, welche Themen überhaupt für die *zeitlichen Abgrenzungen* der Berichtsperiode in Frage kommen. Je nach Kontext muss in drei Monaten oder in drei Jahren etwas Darstellenswertes gelernt worden sein. Als *Autor* müssen sie das dargestellte Lernen *positiv einordnen* können, zum Beispiel als Einübung in ein anerkanntes didaktisches oder pädagogisches Konzept oder als eigenes Bildungserleben, das künftig weitere Lernchancen eröffnet.

Dieser Zwang zur doppelten Positivwertung – des persönlichen Lernens und seiner pädagogischen Bedeutung – erschwert den Umgang mit negativen Lernerfahrungen und mit Zweifeln an ihrer pädagogisch-didaktisch-persönlichen Relevanz. Eine umfangreiche Forschung und Diskussion über Identität[5] hat gezeigt (was jede klassische Bildungstheorie längst wusste, siehe nur Mollenhauer 2008), dass gerade negative Erlebnisse (Enttäuschungen mit der Umwelt und mit sich selbst) die Identität am intensivsten prägen und in der Lebensbewältigung am stärksten

---

4 Von daher können Portfolios auch als Exemplare von „Biographiegeneratoren" angesehen und analysiert werden, so in Heid 2011 mit einem Begriff von Alois Hahn.
5 im Anschluss an Erikson 1983; Krappmann 1973 und andere; vgl. auch Hahn 1987 und Luhmann & Schorr 1982.

herausfordern.[6] Vor diesem Hintergrund werden die distanzierenden Äußerungen der Studierenden zum individuellen Engagement in der Portfolioarbeit erklärlich – ebenso wie die Enttäuschungen seitens der Portfolioleser im Hinblick auf die Individualität, Kreativität und Authentizität der meisten Portfolioprodukte. Studierende bevorzugen eine individuelle Distanz. Sie suchen, bei sich selbst und mit Hilfe Anderer, nach Positivem, das sich positiv einordnen lässt. Es gibt gelungene und gelingende Ausnahmen; Arbeiten, in denen auch Negatives (Nichtkönnen oder Fehler werden eingeräumt) und Zweifel am pädagogisch Wichtigen und Richtigen des eigenen Lernprozesses dargestellt und erst auf einer zweiten Ebene, jener der Argumentation, aufgelöst werden. Solche Arbeiten realisieren die Erwartungen an Authentizität *und* zugleich an Reflexivität auf mustergültige Art und Weise – aber sie bleiben eben eher die Ausnahme und bergen in sich das Risiko, selber zur Kopiervorlage für spätere Qualifikationsarbeiten genommen zu werden.

5 Kulturelle Themen der Portfolioautoren und -autorinnen 2: Lehrpersonen in der Weiterbildung

Bei den Teilnehmerinnen und Teilnehmern der Portfolioarbeit in der Weiterbildung findet sich ein dominantes kulturelles Thema: die *Formulierung* von Kompetenzen und ihre *Zuordnung zur eigenen Person*. Die Aufgabenstellungen, die mit der Ordnungsstruktur des persönlichen Kompetenzmanagements gegeben sind, fordern immer wieder und unter verschiedenen Aspekten zur Kompetenzbeschreibung auf – dies wird von den Teilnehmerinnen und Teilnehmern regelmäßig als anspruchsvoll und schwierig bezeichnet. Der Hauptgrund dafür ist, dass der Kompetenzbegriff im Weiterbildungsportfolio sehr weit und offen definiert wird: er wird sowohl *inhaltsoffen* als auch *wertungsoffen* gehandhabt. Die Teilnehmerinnen und Teilnehmer sollen *selber* bestimmen (im Rekurs auf *eigene* Erfahrungen und auf *eigene* Erwartungen), welche Kompetenzen sie behandeln wollen und wie sie deren Bedeutung für ihr berufliches Handeln einschätzen – ein starker Kontrast zum Kompetenzbegriff der Ausbildung, der durch Kompetenz*standards* und eine verbindliche Vorstellung von Qualitätsniveaus geprägt wird. Die Kompetenzbeschreibungen sind für die Teilnehmerinnen und Teilnehmer somit zunächst und vor allem *Bestimmungsarbeiten* in einem Dreieck von Kontexten der Kompetenz (berufliche, andere soziale und private Kontexte), vom Wert der Kompetenz und von Zurechnung der Kompetenz auf die eigene Person.

In diesem Schnittfeld zeigt sich ein zur Ausbildung recht ähnliches Problem der Identifikation mit der Portfolioarbeit. Es wird von den Befragten zumeist mit dem Ausdruck der *Selbstdarstellung* bezeichnet – ein Ausdruck, mit dem zahlrei-

---

6 Für den Fall der Lehrerinnen- und Lehreridentität siehe bspw. Larcher Klee 2005. Benner (2003) entwickelt sogar eine eigene Lerntheorie aus der „Erfahrung von Negativität".

che Ambivalenzen gebündelt werden. Deren Kern liegt in der Frage, *für wen* die Kompetenzbeschreibungen denn produziert werden sollen: für sich selbst oder für andere? Die Bestimmung der Kompetenzkomponenten (Kontext, Wert und Selbstzurechnung) wird vor allem im Hinblick auf diese Grundfrage geleitet. In der Weiterbildung, zumindest im von uns untersuchten Sample, wird eine starke Präferenz für die Selbstadressierung der Portfolioarbeit geäußert. Sie motiviert sowohl zur Teilnahme als auch zu den geforderten Bestimmungsleistungen. Die Sammlung, Ordnung und Sichtung persönlicher Kompetenzen soll zu persönlichen Klärungen verhelfen. Ein Ausdruck, der öfter genannt wird, ist der der „Standortbestimmung", wobei sich „Standort" nicht nur und nicht ausschließlich auf die momentane Position in der beruflichen Karriere beschränkt. An dieser Stelle rückt das persönliche Kompetenzmanagement in den Kontext der Biographiearbeit ein.

Den Kontrast dazu bildet die Adressierung an *andere* Beobachter. Im Angebot der Portfolioarbeit wird auch die Funktion vertreten, es für Bewerbungen oder Personalgespräche mit Schulleitungen zu nutzen. In diesem Zusammenhang erhält der Ausdruck „Selbstdarstellung" seine bekannten *negativen* Konnotationen: dass es „nur" um Selbstdarstellungen ginge (im Gegensatz zu authentischen Darstellungen); dass man gezwungen sei, die positiven Seiten hervorzuheben und die negativen abzublenden; dass man sich „verkaufen" müsse. Unter dem Aspekt der Fremdadressierung erscheint das persönliche Kompetenzmanagement dann nicht als Biographiearbeit, sondern als individuelle Einübung in das Format des *Personalmanagements*, das mit den neuen Formen der „Bildungssteuerung" vermehrt und verstärkt Einzug in die Schulorganisation gehalten hat. Dieser Verwendung der Portfolioarbeit stehen die Teilnehmerinnen und Teilnehmer eher skeptisch bis ablehnend gegenüber. Sie bevorzugen den Typus der Biographiearbeit. Symptomatisch dafür ist, dass die seitens der Anbieter gegebene Möglichkeit, sich die Teilnahme am Kompetenzmanagement formell zertifizieren zu lassen, kaum bis gar nicht beansprucht wird.

6 Portfolios als Reflexionsmedium der Lehrerinnen- und Lehrerbildung

Die von uns beobachteten Fälle zeigen, wie die Potentiale des Portfolios unter verschiedenen Bedingungen der Aus- und Weiterbildung aufgenommen werden und wie die Bearbeitung der anfallenden Ungewissheiten kommunikativ strukturiert und verteilt wird. Jedes konkrete Portfolio, das in der Ausbildung und Weiterbildung von Lehrerinnen und Lehrern angelegt, geschrieben und präsentiert wird, ist das Produkt einer berufsbiographischen Auseinandersetzung mit den Ansprüchen, die die LLB an sich selbst anlegt und im jeweils konkreten

Kontext mit ihren Adressaten realisieren will. Die kulturellen Themen, die wir nachzeichnen konnten, halten die anfallenden Erfahrungen fest, insbesondere das Thema der persönlichen *Identifikation* auf Seiten der Adressaten und das Thema der *Bewertung* auf Seiten der Institutionen. Die kulturellen Themen zeigen auch auf, welche Grenzen der pädagogischen Reflexion in der berufsbiographischen Arbeit von Lehrerinnen und Lehrern gesetzt sind[7] und dass jede *Steigerung* von Reflexionsansprüchen nur unter vermehrtem Einsatz einer Begleitkommunikation realisiert werden kann, die die speziellen Ungewissheiten der LLB auffangen und pädagogisch produktiv wenden kann.

Der Befund symptomatischer Ungewissheiten ist der Literatur, die sich in Erfahrungsberichten und mittels empirischer Erhebungen mit dem Portfoliogebrauch in der LLB beschäftigt, nicht neu. Doch sie reagiert darauf bislang nur mit Empfehlungen, solchen Ungewissheiten durch mehr Transparenz Abhilfe zu schaffen, insbesondere durch Explikation der Zwecksetzungen und der Bewertungskriterien (siehe hierzu insbesondere die Arbeiten von Harm Tillema und Kari Smith 2007, mit weiteren Angaben). Angesichts der Stabilität und Universalität des Phänomens sehen wir jedoch zumindest zusätzlich den Bedarf, die anfallenden Ungewissheiten *theoretisch* präziser zu verorten. Dafür haben wir einen ersten Vorschlag entwickelt, der an dieser Stelle nur knapp referiert werden kann (ausführlich siehe Brosziewski et al. 2011: 25-36). Im Kern besteht er darin, *berufsbezogene* Reflexion nicht als einen Akt individuellen Denkens aufzufassen, sondern als einen bestimmten Typus professioneller Kommunikation, der von allen Beteiligten nicht nur symptomatisch, sondern *systematisch* die Artikulation von Ungewissheiten einfordert. Die dargestellten kulturellen Themen der Adressaten wie der Institutionen lassen sich diesem Konzept sehr gut zuordnen.

Einer soziologischen Anregung folgend, können alle Kommunikationsprozesse als reflexiv begriffen werden, in denen ein spezifischer Basisprozess auf sich selbst angewendet wird.[8] „Metakommunikation" wäre als Kommunikation über Kommunikation ein Beispiel und zugleich der allgemeinste Fall von kommunikativer Reflexivität. Der Kreditmechanismus der Geldwirtschaft wäre ein bereichsspezifisches Beispiel. Hier wird Geld eingesetzt, um Geld zu erhalten, und es bildet sich ein geldspezifischer Preis: der Zins. Kennzeichnend für die genannten und alle weiteren Fälle kommunikativer Reflexivität ist, dass sie die Ungewissheiten, die in ihrem spezifischen Basisprozess liegen, aufnehmen und auf ein abstrakteres Niveau anheben; dass sie die Ungewissheiten also *steigern*, mit dem Ziel, *anspruchsvollere* Konstellationen möglich zu machen. Kommunikation über Kommunikation

---

7 Grenzen der Handlungssicherheit, der Themenfindung, der Identifikation auf Seiten der Autorinnen und Autoren; Grenzen der Beratung, der Regulierung, der Kompetenzdefinition und der Bewertbarkeit auf Seiten der Institutionen.
8 Für soziale Systeme allgemein Luhmann 1984: 611 ff.; für das Erziehungssystem Luhmann & Schorr 1988; für die Lehrerbildung Luhmann & Schorr 1976.

steigert die Möglichkeiten der Selbststeuerung von Kommunikation und steigert zugleich die Ungewissheiten, die auch schon in „einfachen" Kommunikationsprozessen liegen, namentlich die Ungewissheiten über Irrtümer, Täuschungen, Vieldeutigkeiten, Widersprüche und Konfliktpotentiale, die in jeder Zeichenverwendung angelegt sind. Kredit und Zins verarbeiten die Ungewissheiten „einfacher" Transaktionen (wäre das Geld in anderen Verwendungen nicht mehr wert?) auf einer höheren Stufe der Aggregation, die ermöglicht, komplexe Investitions- und Konsumpläne aufzustellen. Solche Zusammenhänge von Reflexion, Ungewissheit und Aggregation lassen sich auch für die LLB rekonstruieren. Und erst diese Konstellation kann erklären, warum der Begriff der Reflexion trotz (oder gerade wegen) seiner schwierigen Definition und trotz aller Enttäuschungserfahrungen in fast allen Portfoliobeschreibungen einen so hohen Stellenwert einnimmt.

Der reflexive Mechanismus der LLB besteht in der *Lehre des Lehrens*. Auch dessen basale Ungewissheiten lassen sich bereichsspezifisch erfassen. Die Ungewissheiten des Basisprozesses entstammen der Frage nach den *Wirkungen des Lehrens*. Die umfangreiche empirische Erforschung zur Effektivität des Lehrens konnte diese Ungewissheiten nicht beseitigen. Sie hat sie lediglich auf ein höheres Aggregationsniveau verschoben, hauptsächlich mit den Mitteln der Wahrscheinlichkeitstheorie, die jedem statistischen Zugriff zugrunde liegt. Zweifellos wissen die Praxis wie die Wissenschaft, *dass* das Lehren Effekte hat. Anlässlich von Lehre wird vieles gelernt und vieles nicht gelernt. Doch sowohl der Praxis als auch der Wissenschaft fehlt ein Wissen über *Punkt-für-Punkt-Entsprechungen* von Lehrhandlungen einerseits und Lern- und Motivationseffekten andererseits. Aufgrund von Praxiserfahrungen oder von Wahrscheinlichkeitsüberlegungen oder aus einer Kombination von beidem kann man zwar *Erwartungen* darüber bilden, was die Lernenden in bestimmten Lehrarrangements gelernt haben *sollten*. Doch ob sie das Gesollte auch beherrschen, muss fallweise immer nachgeprüft werden, einerseits durch Prüfungen im eigentlichen Sinne, andererseits durch die Behandlung von „weiterführenden" Stoffen, die auf zuvor Gelerntem aufbauen und es dadurch der diagnostisch-prüfenden Beobachtung zugänglich machen. Prüfen und Weitermachen können nicht durch (wissenschaftliches) Wahrscheinlichkeitswissen ersetzt werden. Beides symbolisiert und regeneriert die Ungewissheiten, die der Lehrprozess mit sich bringt.

Auch die Lehre des Lehrens kann die Ungewissheiten der Lehrwirkungen nicht beseitigen. Sie kann sie nur thematisieren. Sie kann nur vermitteln, dass solche Ungewissheiten systematisch zum Professionshandeln gehören und dass es möglich bleibt, sich trotz prinzipieller Ungewissheit an den Erfolgen des Handelns zu orientieren. Das Portfolio in all seinen unterschiedlichen Ausprägungen ist ein Medium, das eine speziell auf diese Gegebenheiten bezogene Kommunikation ermöglicht, erfordert und strukturiert. In diesem Sinne kann es als ein Kommunikationsmedium der Reflexion verstanden werden. Wie viel „Nachdenklichkeit" in die konkreten Einzelportfolios eingeht, wird nicht durch die Kopfinterna und rhetorischen Fähigkeiten der Studierenden oder der Lehrpersonen individuell entschieden, sondern auch und auf lange Frist mehr noch durch die Konzepte und Kriterien, die durch die Institutionen der LLB und ihre Vermittler in den Kommunikationsprozess eingegeben werden. Breite und Tiefe der Themen einerseits, Anspruchshöhe und Explizitheit der Kriterien andererseits variieren stark, wie jede (vergleichende) Empirie zeigt. Doch wie bei Metakommunikation, wie beim Kreditmechanismus und wie bei allen anderen reflexiven Kommunikationsmedien wirken die Ungewissheiten des Basisprozesses in den Reflexionsprozess der LLB hinein und infizieren somit auch sein Medium Portfolio. Auch die Lehre des Lehrens kann keine Gewissheit über ihre eigene Effektivität erlangen.[9] Sie kann nicht wissen, ob die Vermittlung von Ungewissheitstoleranz bei Erhalt der Erfolgsmotivation gelingt und welche *Eigenbeiträge* sie ihren eigenen Lehrleistungen zurechnen kann. Das Medium Portfolio birgt somit auch das Potential für die LLB, *sich selbst* zu beobachten und zu reflektieren. Ob, in welchem Umfang und mit welchen Konsequenzen dieses Potential in den Organisationen der LLB auch zur Geltung kommt, ist ein Fragenkreis, der weiterer Forschung bedarf. Dabei wäre das Risiko mit zu erforschen, dass die Ungewissheitsmomente der Selbstreflexion institutionell externalisiert werden, einerseits in eine wissenschaftliche Begleitforschung mit typischerweise vagen organisatorischen Rückwirkungen, andererseits in „rein persönliche" Probleme des Verfassens und Betreuens von Einzelportfolios.

Literatur

Benner, D. (2003). Kritik und Negativität. Ein Versuch zur Pluralisierung von Kritik in Erziehung, Pädagogik und Erziehungswissenschaft. In D. Benner, M. Borrelli, F. Heyting & C. Winch (Hrsg.), *Kritik in der Pädagogik* (S. 96-110). Weinheim: Beltz.

Brosziewski, A., Heid, M. & Keller, K. (2011). *Portfolioarbeit als Reflexionsmedium der Lehrerinnen- und Lehrerbildung – Befunde einer qualitativen Studie und eine reflexionstheoretische Verortung*. Forschungsbericht Nr. 11. Kreuzlingen: Pädagogische Hochschule Thurgau.

Erikson, E. H. (1983). *Identität und Lebenszyklus*. Frankfurt am Main: Suhrkamp.

Heid, M. (2011). Arbeit am pädagogischen Selbst – das Portfolio-Konzept in der Lehrerinnen- und Lehrerbildung. *BIOS. Zeitschrift für Biographieforschung, Oral History und Lebensverlaufsanalysen, 24* (1), 98-118.

---

9 Die zuvor genannten Schwierigkeiten von wissenschaftlichen „Beweisen" für Effektivität potenzieren sich auf der Reflexivebene der LLB dermaßen, dass ein groß angelegter wissenschaftlicher Versuch über „Die Wirksamkeit der Lehrerbildungssysteme in der Schweiz" (Oelkers & Oser 2000; Oser & Oelkers 2001) auf Effekterhebungen und deren statistische Kontrolle schon in seiner Anlage verzichten und diese durch *Expertenaussagen über Wirkungen* ersetzen musste (Oelkers & Oser 2000: 6-7). Mit anderen Worten gründet das Wissen über LLB-Wirkungen auf einer Rollenautorität, die innerhalb des Systems der LLB selber erzeugt wird.

Krappmann, L. (1973). *Soziologische Dimensionen der Identität. Strukturelle Bedingungen für die Teilnahme an Interaktionsprozessen.* Stuttgart: Klett-Cotta.

Larcher Klee, S. (2005). *Einstieg in den Lehrberuf. Untersuchungen zur Identitätsentwicklung von Lehrerinnen und Lehrern im ersten Berufsjahr.* Bern: Haupt.

Luhmann, N. (1984). *Soziale Systeme. Grundriß einer allgemeinen Theorie.* Frankfurt am Main: Suhrkamp.

Luhmann, N. & Schorr, K. E. (1976). Ausbildung für Professionen. Überlegungen zum Curriculum für Lehrerausbildung. In H.-D. Haller & D. Lenzen (Hrsg.), *Lehrjahre in der Bildungsreform. Resignation oder Rekonstruktion* (S. 247-277). Stuttgart: Klett.

Luhmann, N. & Schorr, K. E. (1982). Personale Identität und Möglichkeiten der Erziehung. In N. Luhmann & K. E. Schorr (Hrsg.), *Zwischen Technologie und Selbstreferenz. Fragen an die Pädagogik* (S. 224-261). Frankfurt am Main: Suhrkamp.

Luhmann, N. & Schorr, K. E. (1988). *Reflexionsprobleme im Erziehungssystem (1979).* Frankfurt am Main: Suhrkamp.

Maeder, C. & Brosziewski, A. (1997). Ethnographische Semantik. Ein Weg zum Verstehen von Zugehörigkeit. In R. Hitzler & A. Honer (Hrsg.), *Sozialwissenschaftliche Hermeneutik* (S. 335-362). Opladen: Leske + Budrich.

Maeder, C. & Brosziewski, A. (2007). Kognitive Anthropologie: Vom Wort über das Wissen zur Mitgliedschaft in einer Kultur. In R. Schützeichel (Hrsg.), *Handbuch Wissenssoziologie und Wissensforschung* (S. 268-275). Konstanz: UVK.

Mollenhauer, K. (2008). *Vergessene Zusammenhänge. Über Kultur und Erziehung.* Weinheim: Juventa.

Oelkers, J. & Oser, F. (2000). *Die Wirksamkeit der Lehrerbildungssysteme in der Schweiz. Umsetzungsbericht, Nationales Forschungsprogramm 33 "Wirksamkeit unserer Bildungssysteme".* Bern und Aarau: Schweizerische Koordinationsstelle für Bildungsforschung (SKBF).

Oser, F. & Oelkers, J. (Hrsg.) (2001). *Die Wirksamkeit der Lehrerbildungssysteme. Von der Allrounderbildung zur Ausbildung professioneller Standards.* Zürich: Rüegger.

Spradley, J. P. (1980). *Participant Observation.* New York: Holt, Rinehart and Winston.

Tillema, H. & Smith, K. (2007). Portfolio appraisal: In search of criteria. *Teaching and Teacher education, 24*(4), 442-456.

Portfolioarbeit als Ort der Selbstreflexion im Lehramtsstudium (am Beispiel des Faches Mathematik)

Rose Vogel, Goethe-Universität Frankfurt/Main

Abstract
Mit der in diesem Artikel beschriebenen Portfolioarbeit soll gezeigt werden, wie mathematikdidaktisches professionelles Handeln zukünftiger Lehrpersonen angebahnt werden kann. Auf der Grundlage eines im Projekt „eLearning basiertes Portfolio" (kurz „elPort"[1]) an der Goethe-Universität Frankfurt/Main entwickelten hochschuldidaktischen Modells werden sogenannte „Reflexionselemente" entworfen, entlang derer die Reflexionsarbeit der Studierenden in Lehrveranstaltungen angeregt und begleitet wird. Die Arbeit mit dem hochschuldidaktischen Modell „Lernen mit Portfolio" sowie zwei ausgewählte Beispiele von Lehr-Lern-Einheiten zeigen die Portfolioarbeit im mathematischen Hauptstudium des Grundschullehramtsstudiengangs an der Goethe-Universität Frankfurt/Main.

Schlagwörter: *Hochschuldidaktik, Reflexion mathematischen und mathematikdidaktischen Lernens, fachdidaktische Handlungskompetenz*

1 Einführung

Professionelles Handeln von Lehrpersonen wird charakterisiert als ein situations- und aufgabenangemessenes Handeln, das alle Akteure im Prozess des Handelns berücksichtigt und so als kongruentes Zusammenspiel von Person und Situation erscheint. Auf der Grundlage dieses Zusammenspiels kann ein verantwortungsvoller Handlungsvollzug erreicht werden (vgl. Vogel 2006: 192). Was bedeutet dies nun für professionelles Handeln von Lehrpersonen? Fachliches, fachdidaktisches, methodisch-didaktisches sowie pädagogisches Wissen müssen im Sinne von „Professionswissen" (vgl. Baumert & Kunter 2006) auf die konkrete Unterrichtssituation hin fokussiert und in adäquates Unterrichtshandeln umgesetzt werden. Wie können zukünftige Lehrkräfte in der Ausbildung auf diese situativen Anforderungen

---

1 Das Projekt „eLearning basiertes Portfolio" (kurz „eLPort") ist ein Projekt im Rahmen des Förderprogramms der Goethe-Universität Frankfurt am Main zur Verbesserung der Lehre. Projektverantwortliche: Prof. Dr. Rose Vogel und Prof. Dr. Götz Krummheuer, wissenschaftliche Mitarbeiter bis 1/2011: Anna-Katharina Schneider; bis 07/2011: Johannes Will. Wissenschaftliche und studentische Mitarbeit 2012: Dietmar Neumann und Lisa Bock.

vorbereitet werden? Im Projekt „eLearning basiertes Portfolio" (kurz „eLPort"[1]) wird durch die hier entwickelte Portfolioarbeit ein möglicher Weg beschrieben. Die Auseinandersetzung mit den eigenen mathematischen Lernprozessen wird hierbei als Voraussetzung dafür betrachtet, dass die angehenden Grundschullehrerinnen und -lehrer mathematisches Lernen in der Schule in seiner Komplexität begleiten und die mathematischen Potentiale der Kinder kreativ fördern können (vgl. Vogel & Schneider 2010).

2 Portfolioarbeit im Mathematikstudium der Grundschullehrerausbildung – Hintergrund und Zielsetzung

Die hier vorgestellte Art der Portfolioarbeit wurde im Projekt „elPort" konzeptioniert. Zielsetzung dieser Portfolioarbeit ist die Unterstützung vernetzten und nachhaltigen Lernens von Studierenden des Faches Mathematik im Rahmen des Studiengangs für das Grundschullehramt. Ausgangspunkt für das Portfoliokonzept ist die Idee, Portfolioarbeit zu einem integrativen Bestandteil der gemeinsamen Arbeit von Lehrperson und Studierenden zu machen (vgl. auch Häcker & Seemann 2012: 29). Sie soll sich am Lernprozess der Lehramtsstudierenden und an den institutionellen Rahmenbedingungen orientieren. Dazu gehören u.a. die Veranstaltungskonzeption, die Ziele und didaktischen Potentiale der Lehrperson, die Lernvoraussetzungen der Studierenden, Ziele der Studierenden für bestimmte Teile ihres Studiums und curriculare Rahmenbedingungen.

Neben den typischen Portfolio-Tätigkeiten des Sammelns, Sortierens, Auswählens und Bewertens steht die Reflexion im Zentrum jeder Portfolioarbeit. „Die Handlungen, die reflektiert werden, werden mit anderen Aspekten der Erfahrung in Beziehung gesetzt, um sie entweder abzuändern oder anzupassen" (Vogel & Schneider 2010: 234; vgl. auch Schön 1988; Loughran 2002). Reflexionsprozesse von Lehramtsstudierenden knüpfen natürlich an anderen Handlungsstrukturen an als die von Lehrerinnen und Lehrern, die in der Unterrichtspraxis verantwortlich tätig sind. Gegenstände der Reflexion sind bei den Lehramtsstudierenden beispielsweise die eigenen Lernhandlungen und Lernerfahrungen in mathematischen und mathematikdidaktischen Lernprozessen (vgl. Schneider & Vogel 2010) sowie erste Aktivitäten in der Gestaltung von mathematischen Lernumgebungen für Kinder und deren Erprobung.

Insgesamt wird in dieser Art der Portfolioarbeit ein „reflexiver Portfolio-Einsatz für den erfahrungsgeleiteten Professionalisierungsprozess" (Gläser-Zikuda et al. 2010: 11) favorisiert. Werden reflexive Handlungs- und Denkprozesse als Kristallisationsorte für die Entwicklung professioneller Handlungskompetenz betrachtet, kann Portfolioarbeit diese Entwicklung unterstützen.

3 Nutzung des hochschuldidaktischen Modells „Lernen mit Portfolio" für die Gestaltung der Portfolioarbeit

Im Projekt „eLPort" wurde ein hochschuldidaktisches Modell „Lernen mit Portfolio" entwickelt (vgl. Vogel & Schneider 2012: 137 ff.), das einerseits erlaubt bestehende Lehrveranstaltungen zu analysieren, aber auch neue zu gestalten. Im Modell ist der Ausgangspunkt für die hier beschriebene Portfolioarbeit die konkrete Lehrveranstaltung, die von der Lehrperson gestaltet wird und die die Lernhandlungen der Studierenden rahmt. Sie zeichnet sich durch konzeptionelle Lehr-Lern-Einheiten aus, die von der Lehrperson unter hochschuldidaktischen Gesichtspunkten ausgewählt und gestaltet werden. Diese Lehr-Lern-Einheiten sollen hier nach bestimmten Gesichtspunkten beschrieben werden. Dabei wird ihr Potential für die konkrete Portfolioarbeit durch die Identifikation von Orten der Reflexion herausgearbeitet.

3.1 Das hochschuldidaktischen Modells „Lernen mit Portfolio"

Das hochschuldidaktische Modell „Lernen mit Portfolio" nimmt v.a. zwei Dimensionen studentischen Lernens in den Blick (vgl. Vogel & Schneider 2012: 138; siehe Abb. 1): Die Dimension der Veranstaltungskonzeption und die Dimension der studentischen Lernprozesse. In der von diesen beiden Dimensionen aufgespannten Ebene lassen sich Orte identifizieren, an denen Reflexionsprozesse der Studierenden im Rahmen der Portfolioarbeit angeregt und begleitet werden können. In Vogel & Schneider (2012: 138 f.) wird das Modell „Lernen mit Portfolio" strukturell ausführlich beschrieben. Im vorliegenden Beitrag steht die Nutzung des Modells im Vordergrund.

Dimension der Veranstaltungskonzeption
In dieser Dimension kommt die Perspektive der Lehrperson zum Ausdruck. Dabei wird die Wahl des Veranstaltungsformats, z.B. Vorlesung mit Übungen oder Seminar, beeinflusst durch institutionelle und curriculare Rahmenbedingungen. Die jeweilige Ausgestaltung der konkreten Veranstaltung hingegen wird hauptsächlich durch die Ziele, die getroffene, meist exemplarische thematische Auswahl und die hochschuldidaktischen Kompetenzen der Lehrperson bestimmt. In der Veranstaltungsplanung werden Lehr-Lern-Einheiten erkennbar, die mit Hilfe „Didaktischer Design Pattern" (vgl. Vogel & Wippermann 2005) beschrieben werden können. Die Arbeit mit einem solchen Beschreibungsraster unterstützt in besonderer Weise die Wissensrepräsentation hochschuldidaktischen Expertenwissens (vgl. ebd.: 40 ff.).

Portfolioarbeit als Ort der Selbstreflexion

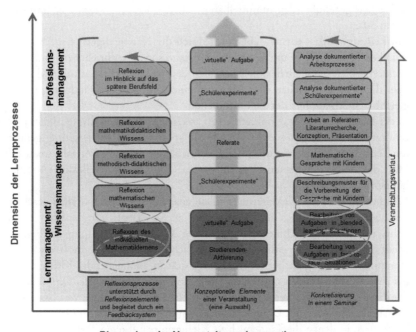

Abb. 1: Hochschuldidaktisches Modell „Lernen mit Portfolio" am Beispiel eines Seminars im Hauptstudium des Grundschullehramtsstudiengangs an der Goethe-Universität Frankfurt/Main (Basiskonzeption der Grafik von Anna-Katharina Schneider)

Gleichzeitig liefert eine solche einheitliche Beschreibung von Lehr-Lern-Einheiten sowohl eine gute Basis für die Identifikation von Anknüpfungspunkten für die konkrete Portfolioarbeit, als auch Hinweise, wo und wie Reflexionsprozesse der Studierenden angeregt und unterstützt werden können (vgl. Abb. 1). Damit steht die Komponente der „konzeptionellen Elemente" (Lehr-Lern-Einheiten) und die Komponente der „Reflexionsprozesse", angeleitet durch sogenannte „Reflexionselemente", mit dieser Dimension in engem Zusammenhang (vgl. auch Vogel & Schneider 2012: 138).

Die Reflexionselemente liefern meist Anregungen in Form von Fragen beziehungsweise Impulsen, eigene Lernprozesse oder -produkte zu reflektieren, die in der Lehr-Lern-Einheit entstanden sind. Reflektieren kann hier im Sinne eines In-Beziehung-Setzen von Erfahrungen, Wissensbeständen und emotionalen Befindlichkeiten verstanden werden.

„Reflexion als rückbezügliches, selbstbezügliches Denken beinhaltet immer eine Distanzierung, eine Brechung der Unmittelbarkeit, einen Abstand, eine relati-

ve Freiheit gegenüber den unmittelbaren Lebensvollzügen"(Häcker & Seemann 2012: 30).
Ein Reflexionsanlass entsteht aber auch durch die Notwendigkeit des Abwägens zwischen beobachtetem und erlebtem Istzustand sowie beschriebenem und angedachtem Sollzustand. Reflexion kann auch der expliziten Erkenntnisgewinnung über die Wirkung eigenen Handelns und einer möglichen Veränderung in vergleichbaren Situationen der Zukunft dienen.
In der Komponente der „Konkretisierung in einer Lehrveranstaltung" dieser konzeptionellen Dimension werden die für die konkrete Lehrveranstaltung genutzten Lehr-Lern-Einheiten ausführlich beschrieben und für die Portfolioarbeit mit Hilfe der „Reflexionselemente" so aufbereitet, dass Orte der Reflexion entstehen können.
Gleichzeitig wird für die Veranstaltung ein adäquates Feedback-System beschrieben, das sowohl Feedback der Peergroup wie auch Feedback von Experten (durch LehrerInnen in der Schule oder durch die Veranstaltungsleitung) einbezieht. Meist wird in den Veranstaltungen des Faches Mathematik im Grundschullehramtsstudiengang an der Goethe-Universität in Tandems oder Kleingruppen bis zu vier Studierenden gearbeitet. Diese Konstellation dient als Keimzelle des Feedback-Systems. Im Verlauf der Veranstaltung werden in den Veranstaltungsformaten „Vorlesung mit Übungen" oder „Seminar" immer wieder Gelegenheiten geschaffen, in denen die Tandems bzw. Kleingruppen ihren Stand der Auseinandersetzung mit einem Thema einer größeren Gruppe vorstellen und dort diskutieren können. Vor allem in Seminaren werden von der Seminarleitung Zeitfenster angeboten, in denen die Tandems oder Kleingruppen Gelegenheit haben, untereinander, mit der Seminargruppe oder mit der Seminarleitung, Zwischenergebnisse zu diskutieren. Das Feedback erfolgt mündlich oder schriftlich. Ein solches Feedback-System begleitet das gemeinsame reflexive Arbeiten im Seminar und unterstützt die Arbeit an Portfolioprodukten, die in einem Leistungsportfolio zur Bewertung zusammengestellt werden.

Dimension der studentischen Lernprozesse
Die studentischen Lernprozesse werden im vorliegenden Modell auf drei Ebenen beschrieben: der Ebene des Lernmanagements, der Ebene des Wissensmanagements und der Ebene des Professionsmanagements (vgl. Vogel & Schneider 2012: 137 ff.; vgl. Abb. 1). Die Unterscheidung dieser drei Ebenen wurde vorgenommen, da es insbesondere für Lehramtsstudierende bedeutsam ist auf allen drei genannten Ebenen reflexive Prozesse zu durchlaufen, um so professionsbezogene mathematische und mathematikdidaktische Handlungskompetenz zu entwickeln (vgl. ebd.: 138).
Die Ebene des *Lernmanagements* fokussiert auf das mathematische und mathematikdidaktische Lernen von Studierenden. Das Nachdenken über das eigene ma-

thematische Lernen hat gerade für Studierende, die Mathematik studieren *müssen*, eine besondere Bedeutung (die Studienordnung für das Grundschullehramt sieht im Bundesland Hessen vor, dass alle zukünftigen Grundschullehrerinnen und -lehrer das Fach Mathematik in einem Umfang von 32 CPs ohne fachspezifische schulpraktische Studien studieren). So muss es Anlässe geben, über das eigene Scheitern wie auch über Lernerfolge in Rahmen mathematischer Aktivitäten nachzudenken. Dies kann als substantielle Voraussetzung betrachtet werden, später auch Kinder in ihrem mathematischen Lernprozess begleiten zu können. Mathematikdidaktisches Lernen schafft erste Begegnungen mit der Wissenschaftsdisziplin der Mathematikdidaktik und damit mit einem Wissensgebiet, das nicht zum schulischen Curriculum zählt. Häufig wird der Blick auf dieses Wissensgebiet dadurch verstellt, dass Lehramtsstudierende der Meinung sind, dass es hier ausschließlich um den Aufbau unterrichtsmethodischen Wissens geht. Der Begriff des Managements wurde auf dieser Ebene deswegen gewählt, da es hier um den Umgang mit speziellen individuellen Lernhandlungen geht, die reflektiert, vernetzt und weiterentwickelt werden sollen.

Auf der Ebene des *Wissensmanagements* steht die Vernetzung der von Reinmann-Rothmeier & Mandl (2000) beschriebenen „Prozesskategorien des Wissensmanagements", also der Wissenskommunikation, Wissensrepräsentation, Wissensnutzung und Wissensgenerierung im Vordergrund (vgl. Vogel & Schneider 2012: 139). Die verschiedenen Lehr-Lern-Einheiten betonen in ihren Anforderungen entweder schwerpunktmäßig eine dieser Prozesskategorien oder zeichnen sich dadurch aus, dass in der Bearbeitung des Arbeitsauftrags, z.B. der Vorbereitung und Durchführung eines Referats, die Vernetzung dieser Prozesskategorien nötig wird. Zu der Ebene des *Professionsmanagements* werden konzeptionelle Elemente gezählt, die in ihrer Bearbeitung die Studierenden dazu anregen, einen Bezug zu ihrem zukünftigen Berufsfeld herzustellen. Diese Ebene ist in der Phase des Studiums sicher weniger ausdifferenziert als in der Phase des Vorbereitungsdienstes oder in der Phase der Lehrerfortbildung. Die Lernprozesse hier sind geprägt durch den Anwendungsbezug und durch Fallarbeit. Die Vernetzung zwischen mathematischem und mathematikdidaktischem Wissen und dem zukünftigen unterrichtlichen Handeln stehen im Vordergrund.

3.2 Portfolioarbeit – konkret

Die im Projekt „elPort" entwickelte Portfolioarbeit basiert wie viele andere Portfoliokonzepte auf der Verschränkung von drei Portfoliotypen: Arbeits- und Entwicklungsportfolio, Leistungsportfolio und Präsentationsportfolio (vgl. Vogel & Schneider 2012: 134). Die Portfolioarbeit selbst lässt sich als ein mehrstufiger Prozess beschreiben (vgl. ebd.: 135). Ausgangspunkt sind die Dokumentensammlungen, die in jeder Lehrveranstaltung spontan entstehen. Aus diesen Sammlungen werden im Verlauf der Portfolioarbeit gezielt Artefakte ausgewählt und so aufbereitet, dass sie im weiteren Verlauf der Portfolioarbeit – auch über die Veranstaltung hinaus – genutzt werden können. Auf allen Stufen der Portfolioarbeit können „Reflexionselemente" zur Unterstützung und Anregung der Auswahl sowie als Anregung für die Reflexionsprozesse den Studierenden zur Verfügung gestellt werden.

Die Abb. 1 zeigt das hochschuldidaktische Modell „Lernen mit Portfolio", und zwar ausdifferenziert im Hinblick auf das Veranstaltungsformat „Seminar". Wenn das Veranstaltungsformat hingegen „Vorlesung mit Übungen" hieße, würden andere „konzeptionelle Elemente" wie auch Reflexionsprozesse vorgesehen werden (vgl. Vogel & Schneider 2010: 235).

Die konkrete Portfolioarbeit wird initiiert bzw. gerahmt durch die hochschuldidaktischen Lehr-Lern-Einheiten (vgl. Spalte in der Mitte von Abb. 1). Diese „konzeptionellen Elemente" werden über den Gesamtverlauf der Lehrveranstaltung angeordnet, können sich wiederholen oder werden einmalig eingesetzt. Dies kann von Lehrveranstaltung zu Lehrveranstaltung unterschiedlich sein und orientiert sich an den jeweiligen Zielsetzungen der Lehrperson für die Lehrveranstaltung. Die konkrete Ausprägung der „konzeptionellen Elemente", d.h. die Lehr- und Lernhandlungen der Akteure, ist situativ und von der Lerngruppe (Größe und Voraussetzungen der Lernenden) und äußeren Rahmenbedingungen (Zeit und räumliche Verhältnisse) abhängig. In der Abb. 1 sind die Lehr- und Lernhandlungen in der Komponente „Konkretisierung in einem Seminar" sowie die Reflexionsprozesse auf einem mittleren Abstraktionsniveau beschrieben. Auf die Beschreibung konkreter Reflexionselemente wurde in der Abb. 1 verzichtet. Die Spiralen sollen zeigen, dass sich die stattfindenden Lehr- und Lernhandlungen sowie die Reflexionsprozesse weiterentwickeln, d.h. sie werden zwar wiederholt, aber die Intensität oder die Art der Vernetzung kann sich verändern.

In der Abb.1 wird außerdem deutlich, dass gleiche „konzeptionelle Elemente" für verschiedene Ebenen des studentischen Lernprozesses genutzt werden können. Angeregt durch einen Arbeitsauftrag in der Lehr-Lern-Einheit „Studierenden-Aktivierung" (vgl. Vogel & Schneider 2012: 140) wählen Studierende für die Bewältigung mathematischer Aufträge Lernstrategien aus, die sie für diese Situation als geeignet einschätzen. So werden manche der Studierenden Fachliteratur für den Lösungsprozess nutzen und andere die Ressourcen der Gruppe, indem sie Mitstudierende befragen. So kann die Bearbeitung von Arbeitsaufträgen in „face-to-face"-Situationen in Gruppen, Tandems oder allein zunächst im Bereich des *Lernmanagements* angesiedelt werden.

Sollen die Ergebnisse dokumentiert, archiviert und für spätere Lehr-Lern-Prozesse im Seminar zur Verfügung gestellt werden, sind die Lernhandlungen eher dem Bereich des *Wissensmanagements* zuzuordnen. Werden die entstandenen Produkte

für Reflexionsprozesse im Hinblick auf das Berufsfeld einer Lehrperson genutzt, wird die Ebene des *Professionsmanagements* angesprochen.
Die Analyse der Lehrveranstaltungen mit Hilfe des hier knapp skizzierten hochschuldidaktischen Modells „Lernen mit Portfolio" zeigt, dass manche der Lehr-Lern-Einheiten sich für Lernprozesse der Studierenden auf allen drei Ebenen eignen können, es aber auch Lehr-Lern-Einheiten gibt, die nur auf einer der o.g. drei Lernprozess-Ebenen ihre Stärken haben.
In der Abbildung wird auch deutlich, dass gerade die Ebenen des Lern- und Wissensmanagements nicht immer zu trennen sind. Dies kann vom Veranstaltungsformat abhängen, z.B. Vorlesung mit Übung oder Seminar. Es spielt sicher aber auch eine Rolle, ob die Veranstaltung im Grund- oder Hauptstudium verortet ist.

4 Portfolioarbeit als Ort von Reflexionsprozessen – Beispiele

An zwei ausgewählten Beispielen aus dem Lehrveranstaltungsformat „Seminar" wird im Folgenden die im Projekt „eLPort" entwickelte Portfolioarbeit als Ort von Reflexionsprozessen verdeutlicht. Die Beispiele stammen aus dem Hauptstudium des Grundschullehramtsstudiums im Fach Mathematik an der Goethe-Universität, Frankfurt/Main.

Beispiel 1 – „virtuelle Aufgabe"
In dieser Lehr-Lern-Einheit erhalten die Studierenden einen Arbeitsauftrag, der in kleineren Gruppen oder allein bearbeitet werden soll. Der Ort, an dem diese Aufgabe bearbeitet wird, ist frei zu wählen und ist nicht an den Seminarraum gebunden. Es kann auch ein virtueller Ort generiert werden, z.B. in Form eines Chats. Absprachen innerhalb der Arbeitsgruppen werden per E-mail oder in Arbeitsbereichen der genutzten Lernplattform getroffen.
Der Arbeitsauftrag kann entweder mathematische Lernprozesse initiieren (vgl. virtuelle Aufgabe 1) oder mathematikdidaktisches Wissen aktivieren, das auf eine konkrete Lernsituation bezogen werden soll (vgl. virtuelle Aufgabe 2). Die Arbeitsprodukte können als Reflexionsanlass in der Seminargruppe oder in Kleingruppen genutzt werden (vgl. virtuelle Aufgabe 1). Der Arbeitsauftrag selbst, wie z.B. bei der *virtuellen Aufgabe 2,* kann aber auch bereits Reflexionsanlässe beinhalten und damit im Arbeitsprodukt Hinweise auf mathematikdidaktische Handlungskompetenzen der Studierenden geben (vgl. Vogel 2012).
Diese Lehr-Lern-Einheit kann sich auf alle drei o.g. Ebenen des studentischen Lernprozesses beziehen. Es ist abhängig von dem jeweils gewählten Arbeitsauftrag. Auch die initiierten Reflexionsprozesse lassen sich je nach Arbeitsauftrag auf eine der drei Ebenen beziehen.

Virtuelle Aufgabe 1
Ein Stadtplan von New York muss 14-mal gefaltet werden, damit er in eine Jackentasche passt. Welchen Flächeninhalt hat die Karte?

Virtuelle Aufgabe 2
1. Gehen Sie auf Motivsuche:
Machen Sie ein Foto einer Alltagssituation/eines Alltagsgegenstands, das genutzt werden kann, um einen mathematischen Auseinandersetzungsprozess bei Lernenden anzuregen! Das Foto kann einen Gegenstand oder auch eine Situation z.B. mit Personen zeigen. Seien Sie kreativ!
2. Beschreiben Sie Ihr Foto und zu Ihrem Foto den mathematik**didaktischen** Gehalt. Die folgenden Fragen können Ihnen dabei helfen:
   - Wie kann das Foto zur Inszenierung einer mathematischen Auseinandersetzung genutzt werden? Wie würden Sie es als Lehrkraft im Mathematikunterricht einsetzen?
   - Welchen mathematischen Lernanlass bietet das Foto?
   - Welche Unterstützung bei mathematischen Lernprozessen kann das Foto eröffnen?
   - Bietet der mit dem Foto verbundene mathematische Lernanlass eine multimodale Auseinandersetzung? Wenn ja, welche wäre denkbar?

Beispiel 2 – Planung, Konzeption und Durchführung von „Schülerexperimenten"
In dieser Lehr-Lern-Einheit bereiten die Studierenden in Tandems ein „Schülerexperiment" vor. Unter einem „Schülerexperiment" wird hier eine Lernsituation für Kinder verstanden, die nicht mit Kindern einer ganzen Klasse durchgeführt wird, sondern mit einem Kindertandem außerhalb des Klassenzimmers, aber in der Schule. Hierzu werden mathematische Gesprächssituationen mit mathematischen Aufträgen für die Kinder geplant und vorbereitet. Die Planung wird in Form eines einheitlichen Beschreibungsmusters dokumentiert (vgl. Vogel 2011). Die Durchführung der mathematischen Gespräche mit den Kindertandems wird videografiert und liefert so Datenmaterial für Analysen der Lernprozesse der Kinder entlang spezieller Forschungsfragen, die von den Studierenden im Anschluss erstellt werden. Die Dokumentation der Vorbereitung und das Video selbst kann für einen angeleiteten Reflexionsprozess genutzt werden. Hier soll eine kritische Auseinandersetzung mit möglichen Knackpunkten der Planung und Durchführung angeregt werden. Die Lehr-Lern-Einheit bezieht sich schwerpunktmäßig auf studentische Lernprozesse der Ebene des *„Wissensmanagements"* und des *„Professionsmanagements"*. Der initiierte Reflexionsprozess bezieht sich ebenfalls auf diese Ebenen.

5 Erfahrungen und Ausblick

Die regelmäßig von der Universität durchgeführten Lehrevaluationen zeigen in den Seminaren, in denen die Portfolioarbeit eingeführt ist, durchgehend sehr positive Bewertungen. Eine systematische Evaluation dieser Art der Portfolioarbeit steht noch aus. Hierzu werden derzeit Reflexionsprodukte der konkreten Portfolioarbeit qualitativ ausgewertet (vgl. Mayring 2007; Vogel 2012). Zusätzlich wird ein Inventar zur Erfassung der mathematischen Reflexionskompetenz von Lehramtsstudierenden aktuell entwickelt und erprobt.

Danksagung

An dieser Stelle sei den wissenschaftlichen Mitarbeiterinnen und Mitarbeitern des Projekts "eLPort" für die konstruktive, kreative und intensive Mitarbeit und Diskussion in den verschiedenen Phasen des Projekts gedankt. Diese sind Melanie Huth, Claudia Schmitz, Diana Renna, Anna-Katharina Schneider, Johannes Will, Dietmar Neumann und Lisa Bock.

Literatur

Baumert, J. & Kunter, M. (2006). Stichwort: Professionelle Handlungskompetenz von Lehrkräften. *Zeitschrift für Erziehungswissenschaften, 9*, 469-520.

Gläser-Zikuda, M., Rohde, J. & Schlomske, N. (2010). Empirische Studien zum Lerntagebuch- und Portfolio-Ansatz im Bildungskontext – ein Überblick. In M. Gläser-Zikuda (Hrsg.), *Lerntagebuch und Portfolio aus empirischer Sicht*. Erziehungswissenschaft, Band 27 (S. 3-34). Landau: Verlag Emirische Pädagogik.

Häcker, T. & Seemann, J. (2012). Portfolioarbeit – eine Einübung aller Beteiligter in kritische Reflexion. *Computer + Unterricht*, Nr. 86, 28-31.

Loughran, J.J. (2002). Effective Reflective Practice in Search of Meaning in Learning about Teaching. *Journal of Teacher Education, 53* (1), 33-43.

Mayring, P. (2007). *Qualitative Inhaltsanalyse* (9. Auflage). Weinheim: Beltz.

Reinmann-Rothmeier, G. & Mandl, H. (2000*). Individuelles Wissensmanagement. Strategien für den persönlichen Umfang mit Information und Wissen am Arbeitsplatz.* Bern: Huber.

Schneider, A.-K. & Vogel, R. (2010). Portfolioarbeit im Studium - angehende Grundschullehrerinnen und -lehrer reflektieren ihre fachspezifische Lernkompetenz im Fach Mathematik. In A. Lindmeier & S. Ufer (Hrsg.), *Beiträge zum Mathematikunterricht* (S. 759-762). Münster: WTM-Verlag.

Schön, D. A. (1988). Coaching Reflective Teaching. In P. P. Grimmet & G. L. Erickson (Ed.), *Reflection in Teacher Education* (S. 19-30). New York: Teachers College Press.

Vogel, R. (2006). Mathematische Kompetenzen entwickeln – Konsequenzen für die Gestaltung von Lehr- und Lernprozessen in der Grundschule. In R. Hinz & T. Pütz (Hrsg.), *Professionelles Handeln in der Grundschule* (S. 190-195). Baltmannsweiler: Schneider.

Vogel, R. (2011). „Muster erkennen" – eine mehrperspektivische Annäherung. In R. Haug & L. Holzäpfel (Hrsg.), *Beiträge zum Mathematikunterricht* (S. 859-862). Münster: WTM-Verlag.

Vogel, R. (2012). Mathematisches und mathematikdidaktisches (Handlungs-) Wissen in inszenierten Bildern des Alltags zum Ausdruck gebracht. In M. Ludwig & M. Kleine (Hrsg.), *Beiträge zum Mathematikunterricht* (S. 905-908). Münster: WTM-Verlag.

Vogel, R. & Schneider, A.-K. (2010). Portfolio – ein Weg zu einer kompetenzorientierten Grundschullehrer und -lehrerinnenausbildung im Fach Mathematik. In K.-H. Arnold, K. Hauenschild, B. Schmidt & B. Ziegenmeyer (Hrsg.), *Zwischen Fachdidaktik und Stufendidaktik. Perspektiven für die Grundschulpädagogik* (S. 233-236). Wiesbaden: VS Verlag für Sozialwissenschaften.

Vogel, R. & Schneider, A.-K. (2012). Portfolioarbeit angehender Grundschullehrerinnen und -lehrer im Fach Mathematik. In M. Zimmermann, C. Bescherer & C. Spannagel (Hrsg.), *Mathematik lehren in der Hochschule – Didaktische Innovationen für Vorkurse, Übungen und Vorlesungen* (S. 133-142). Hildesheim: Franzbecker.

Vogel, R. & Wippermann, S. (2005). Transferstrategien im Projekt VIB – Didaktische Design Patterns zur Dokumentation der Projektergebnisse. In C. Bescherer (Hrsg.), *Einfluss der neuen Medien auf die Fachdidaktik* (S. 39-60). Baltmannsweiler: Schneider Verlag.

Portfolios bewerten in der LehrerInnenbildung? Bericht über einen frühen Praxisversuch[1]

Thomas Häcker, Universität Rostock, und
Katja Rentsch, Pädagogisches Kolleg Rostock (PKR)

> „Given the tension between validity and reliability –
> the trade-off between getting good pictures of what we are
> trying to test and good agreement among interpreters
> of those pictures – it makes most sense to put our chips
> on validity and allow reliability to suffer"
> (Elbow 1991: xiii)

Abstract
Portfolios haben in der Praxis der Beurteilung von Lernleistungen einen hohen formativ-diagnostischen Nutzen: Sie eignen sich dazu, die Leistungsbeurteilung in den Dienst des Lernens zu stellen. Doch auch ihr summativ-bilanzierender Einsatz etwa im Rahmen von Fachprüfungen in der LehrerInnenbildung kann als Ansatzpunkt dazu genutzt werden, die Partizipation und Autonomie der Lernenden in der Prüfung, sowie die Transparenz der Anforderungen und Beurteilungskriterien für alle Beteiligten zu erhöhen und so einige Qualitätsmerkmale von Prüfungsszenarien weiterzuentwickeln.

Schlagwörter: *Portfolio, Leistungsbeurteilung, formativ-diagnostische Beurteilung, summativ-bilanzierende Beurteilung, Lehrerbildung*

Leistungsbeurteilung im Dienst des Lernens

Als Portfolios im Bildungsbereich in den 1980er Jahren aufkommen, steht dies international übereinstimmend im Zusammenhang mit der Suche nach Alternativen zu konventionellen Formen der Leistungsbeurteilung. Die Art, wie bei konventionellen, standardisierten Leistungsüberprüfungen das Lernen in (Aus-)Bildungsinstitutionen definiert und quantifiziert wird, wurde als künstlich, übervereinfachend und nicht im Einklang mit übergeordneten Bildungszielen empfunden. Mit dem Portfolio wurde dem traditionellen Vorgehen sowohl ein *Medi-*

---
[1] Eine Kurzfassung dieses Beitrags erschien 2008 im *journal für lehrerinnen- und lehrerbildung,* 8 (1), S. 57-62.

um als auch eine *Lernumgebung* gegenüber gestellt, das bzw. die es ermöglichte, viel von der Komplexität des Lernens – seinen Prozess- und Produktaspekten – zu sichern und einer bewertenden Analyse zugänglich zu machen (vgl. Paulson & Paulson 1994). Portfolios, so wurde von Anfang an betont, fördern Reflexionen, die den Lernenden helfen, das eigene Lernen besser zu verstehen. Sie lieferten ein umfassendes Bild von der Arbeit der Lernenden und gestatteten es so, individuelle Entwicklungen über längere Zeiträume wahrzunehmen, zu dokumentieren, zu fördern bzw. selbst zu steuern. Portfolios könnten vielfältige Fähigkeiten sichtbar machen, die im Rahmen konventioneller Formen der Überprüfung von Lernleistungen nicht erkennbar würden, vor allem aber würden die Lernenden bei der Arbeit mit Portfolios aktiv an der Steuerung und Beurteilung des eigenen Lernens und seiner Ergebnisse beteiligt. Der üblichen *Beurteilung des Gelernten* (Assessment *of* Learning) wurde mit dem Portfolio eine *Beurteilung im Dienste des Lernens* (Assessment *for* Learning) gegenübergestellt, die Informationen *für* die Lernenden liefert und nicht vorwiegend über sie. Befürworter/innen sahen und sehen entsprechend im Portfolio eine Chance für eine Reform der Leistungsbewertung (vgl. etwa Winter 2006b). Bildungsinstitutionen sollten von den ‚unzumutbaren' Anforderungen des Berechtigungswesens, Abschlussprüfungen durchführen und Zugangsberechtigungen verteilen zu müssen, dadurch entlastet werden, dass die Absolvent/innen sich künftig mit Portfolios (d.h. direkten Leistungsvorlagen) bei den aufnehmenden Institutionen und Organisationen bewerben können (vgl. Vierlinger 1999; Winter 2006a).

Das Dilemma der Portfoliobewertung

In der LehrerInnenbildungung im anglo-amerikanischen und franko-kanadischen Raum wurden Portfolios bereits sehr früh aufgegriffen und von Anfang an zur formativen wie auch zur summativen Leistungsbeurteilung eingesetzt (vgl. Häcker 2001). Während immer unstrittig war, dass Portfolios hervorragend zur Stärkung des Lernens durch formative Leistungsbeurteilung und zur Darstellung und Verbesserung eigener Leistungen geeignet sind, blieb ihr Einsatz zur summativen und vergleichenden Leistungsbewertung insbesondere bei weitreichenden, gewichtigen Entscheidungen (so genannten high-stakes-decisions), bei denen es z.B. um Berechtigungen, Befugnisse, Einstellungsentscheidungen, Lizensierungen, Zertifizierungen usw. geht, immer umstritten (vgl. Wilkerson & Lang 2003). Portfolios im Berechtigungswesen und bei Anstellungsentscheidungen heranzuziehen, wie dies z.B. im Bildungsbereich in den USA längst schon im großen Stil üblich ist (vgl. Salzman et al. 2002), sei – so betonen Wilkerson und Lang – in höchstem Maße fragwürdig und auch juristisch angreifbar, so lange sie die üblichen Testgütekriterien (Objektivität, Validität und Reliabilität) nicht oder nur unzureichend erfüllten.

Solche Auffassungen werden in der Regel mit dem Argument begründet, dass testtheoretische Gütekriterien der Legitimation, Absicherung und damit letztlich der Gerechtigkeit von Entscheidungen dienen (vgl. Bohl 2006: 178). Das Portfoliokonzept rückt einen anderen Aspekt von Gerechtigkeit ins Zentrum: Es geht darum, dem individuellen Lernen des /der Einzelnen gerecht zu werden. Auf der Folie quantitativer Testgütekriterien schnitten Portfolios daher nie sonderlich gut ab (vgl. Hebert 2001: xii; Jäger 2007: 324 ff.). Je individueller die Portfolioinhalte waren, desto weniger objektiv erschien ihre Bewertung. Portfolios schienen zwar besonders valide, aber nur wenig reliable Beurteilungen zu ermöglichen, was Lissmann mit dem *Bandbreite-Fidelitäts-Dilemma* (Schwarzer et al. 1979) erklärt, bei dem davon ausgegangen wird, dass eine Schmalbanddiagnose sehr reliabel (zuverlässig) und eine Breitbanddiagnose sehr valide (gültig) sein kann, vor allem aber beides nicht gleichzeitig gesteigert werden kann. Das Dilemma bestehe nun darin, dass man nicht gleichzeitig umfassende und reliable Informationen erhalten könne (vgl. Lissmann 2007: 88). Elbow (vgl. 1991: xiii) plädierte vor diesem Hintergrund schon früh dafür, stärker auf die Validität zu setzen und überzogene Reliabilitätsansprüche zurückzuweisen. Andere PortfoliobefürworterInnen weisen selbstkritisch darauf hin, versäumt zu haben, qualitative Gütekriterien sowie eine eigene Sprache für alternative Formen der Leistungsbewertung zu entwickeln (vgl. Hebert 2001: xii).

Im deutschen Sprachraum wird Portfolioarbeit zunehmend als ein „geeignetes didaktisches Szenario" (Imhof & Picard 2006: 360) bzw. als eine geeignete Lernumgebung für eine *reflexive Professionalisierung* angehender Lehrer/innen betrachtet. Doch obwohl Portfolios in den vergangenen Jahren von zahllosen lehrerbildenden Institutionen aufgegriffen, zum Teil sogar phasenübergreifend fest integriert wurden (z.B. in Hessen und Nordrhein-Westfalen), scheint der Einsatz dieses Mediums zum Zwecke summativer Bewertung, zumal für weitreichende Entscheidungen, noch weitgehend ungeklärt und daher nicht unbelastet zu sein: Veröffentlichungen über Portfolioarbeit in der LehrerInnenbildung lassen auffallend häufig wesentliche bewertungsbezogene Fragen unbeantwortet. So bleibt in der Regel offen,
- welche Bedeutung bzw. welches Gewicht die Beurteilung des Portfolios im Kontext der Ausbildung bzw. der Prüfung hat,
- nach welchen Kriterien die Portfolios beurteilt werden,
- wie die Kriterien zustande kommen und
- wer genau die Portfolios beurteilt (vgl. z.B. Tischler 2002; Gehler 2006; Imhof & Picard 2006; Kraler 2006).

Bei der Konstruktion des im folgenden dargestellten Konzepts für eine portfoliobasierte Masterprüfung im Studienbereich Bildungs- und Sozialwissenschaften (BSW) an der Pädagogischen Hochschule Luzern war die Frage leitend, wie es gelingen kann, wesentliche Grundprinzipien der Portfolioarbeit (Transparenz, Partizipation und Kommunikation) auch im Kontext einer summativen, standardbezogenen Leistungsbeurteilung mit high-stakes-Charakter aufrecht zu erhalten. Eine wichtige Orientierung war dabei, für die Prozeduren Klarheit und Transparenz zu schaffen, um auf diesem Wege zugleich die Güte der Verfahren zu sichern.

Portfoliobasierte Fachprüfung im Rahmen der Masterprüfung

Im Folgenden wird ein erster Praxisversuch geschildert, der im Kalenderjahr 2007 an der Pädagogischen Hochschule Luzern stattfand. Die Studierenden im Studiengang *Sekundarstufe 1* schlossen ihr neunsemestriges integriertes Masterstudium durch sechs Teilprüfungen in den einzelnen Studienbereichen ab und erwarben den *Master of Arts in Secondary Education*. Als Referenzrahmen und Orientierung für das inhaltliche Angebot und das didaktische Konzept der Module in den beiden Studienbereichen *Bildungs- und Sozialwissenschaften* (BSW) und *Berufsstudien* (BS) dienten in erster Linie Professionsstandards, die an den in den USA national weitgehend anerkannten INTASC-Standards (1992) sowie an den bundesdeutschen „Standards für die Lehrerbildung: Bildungswissenschaften" (KMK 2004) orientiert waren. Die beiden Studienbereiche wurden durch eine gemeinsame Fachprüfung auf der Basis eines Portfolios abgeschlossen, in der die Studierenden an vier Beispielen zeigten und belegten, dass/wie weit sie die Ausbildungsstandards der Hochschule – je einer aus den vier Kompetenzbereichen Unterrichten, Erziehen, Beurteilen und Innovieren – zum Zeitpunkt der Prüfung erfüllten. Die Fachprüfung bestand aus zwei Teilleistungen: Dem eingereichten Abschlussportfolio und der mündlichen Prüfung. Das Abschlussportfolio bildete zugleich eine Grundlage, d.h. den Ausgangspunkt für das Prüfungsgespräch. Die beiden Prüfungsteile (Portfolio und mündliche Prüfung) wurden bei der Gesamtbewertung im Bereich Bildungs- und Sozialwissenschaften im Verhältnis 1:1 gewichtet.

Rahmenbedingungen

Für die Erstellung des Abschlussportfolios stand den Studierenden ein eigenes Modul zur Verfügung, d.h. eine semesterübergreifende zweistündige Veranstaltung für vertiefende Studien an den gewählten Themen sowie für Beratungen durch KommilitonInnen und Dozierende (im Betreuungsverhältnis von max.15:1).
Die Auftaktveranstaltung diente der Herstellung von Transparenz. Hier wurden Informationen gegeben, fanden Klärungen statt und wurden Vereinbarungen getroffen hinsichtlich Ziel, Zweck, Rahmenbedingungen, Partizipationsmöglichkeiten, verfügbaren Ressourcen, Anforderungen, wechselseitigen Erwartungen und Qualitätsansprüchen. Die Studierenden erhielten zwei von den Dozierenden erarbeitete Vorschläge für Beurteilungsraster, erstens für das Portfolio sowie

zweitens für die mündliche Prüfung, die beide in den ersten Wochen gemeinsam mit den Studierenden konsensuell überarbeitet wurden (vgl. Anlage). Die Leitfrage der Überarbeitung lautete: *„Welche Kriterien sollen aufgenommen und welche ggf. ergänzt werden, damit meine individuelle Leistung bzgl. der von mir wahrgenommenen Kompetenzprofile und Standards im Berufsfeld angemessen abgebildet, wahrgenommen und beurteilt werden kann?"* Der frühe Zeitpunkt der Erstellung, die Beteiligung aller sowie das Prinzip des Konsenses zielten auf Transparenz, Beteiligung und Autonomiespielräume für die Lernenden im Studienjahrgang. Die Bewertung der Portfolios wie auch der Prüfungsgespräche erfolgte so auf der Basis von Kriterien, die gemeinsam erstellt wurden und allen Beteiligten von Anfang an bekannt waren.

Aus Sammlungen auswählen – die Auswahl ordnen, reflektieren und darstellen

Grundlagen für die Zusammenstellung und standardbezogene Analyse und Reflexion von Einlagen für das Portfolio waren sämtliche, während des Studiums in den zwei Studienbereichen (BSW/BS) angefallenen, mehr oder weniger verstreut oder systematisch vorliegenden Unterlagen und Materialien.

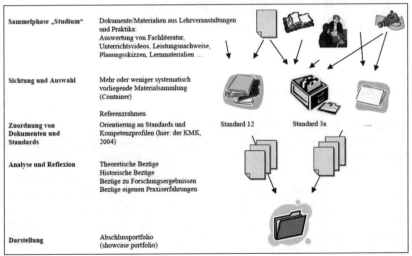

Abb. 1

Nachdem die Studierenden ihre Studienmaterialien auf der Folie der Kompetenzbereiche und Standards der KMK gesichtet hatten, entschieden sie, anhand welcher Materialien sie ihre eigene Kompetenzentwicklung und die Erreichung von Standards darstellen würden.

Den Kern des Portfolios bildete die Reflexion der ausgewählten Materialien (Analyse, Einordnung und Bewertung). Die damit verbundenen Themen und Inhalte wurden mit Bezug auf pädagogische, psychologische bzw. didaktische Theorien oder Modellvorstellungen dargestellt, analysiert und gegebenenfalls historisch eingeordnet. Es wurden Bezüge sowohl zu relevanten Forschungsergebnissen als auch zur eigenen Praxis hergestellt. Hinsichtlich des Aufbaus ihrer Portfolios waren die Studierenden in Luzern frei, es wurden lediglich Empfehlungen gegeben. So wurde beispielsweise angeregt, die vier aus den vier verschiedenen Kompetenzbereichen ausgewählten Standards jeweils in einem eigenen Kapitel zu behandeln.

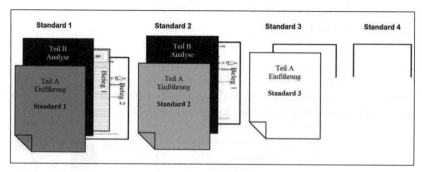

Abb. 2

Portfoliobasierte Fachprüfung

Als die Studierenden drei Wochen vor der mündlichen Prüfung eine Kopie ihres Portfolios einreichten, gaben sie zwei der im Portfolio behandelten Standards als Einstiegsthemen für die mündliche Prüfung an. Die PrüferInnen hatten so Zeit, die Portfolios zu lesen und sich durch exemplarische gemeinsame Bewertungen über Qualitätsmaßstäbe zu verständigen (Ankerbeispiele). Anhand des gemeinsam erstellten Kriterienrasters wurden die Portfolios dann bewertet und es wurden portfoliobezogene und weiterführende Fragen für den ersten Teil des zwanzigminütigen Prüfungsgespräches vorbereitet. Dieses begann mit einem vertiefenden Kurzvortrag des Prüfungsteilnehmers zu einem der angegebenen Standards und weitete sich dann auf die beiden Studienbereiche BSW und BS aus. Die in dieser zweiteiligen Prüfung erzielte Gesamtpunktezahl (auf der Basis der beiden Raster konnten max. 31 Punkte erzielt werden) wurde im Examenszeugnis als ECTS-Note (A-F) ausgewiesen. Die Mindestanforderung für das Bestehen der

Prüfung (E) wurde bei 32% der erreichbaren Gesamtpunkte angesetzt. Bei einer Gesamtpunktezahl im Bereich FX bestand die Möglichkeit der Nacharbeit und Prüfungswiederholung.

Ausblick

Die Erfahrungen bei den ersten Durchläufen einer BA-Prüfung und einer MA-Prüfung waren vielversprechend. Sie zeigten aber auch, dass die Arbeit mit Abschlussportfolios in Fachprüfungen des LehrerInnenexamens alle Beteiligten stark fordert und strukturell abgesichert werden muss (vgl. Häcker & Winter 2006). In zahlreichen Sitzungen wurden Abläufe geklärt und Portfolios gemeinsam exemplarisch auf darin erkennbare Kompetenzen hin analysiert. Es zeigte sich, dass die hohe Transparenz und Partizipation sowie die Trennung zwischen LernbegleiterInnen und PrüferInnen eine anspruchsvolle Kommunikation über Lernleistungen in Gang bringen und die Akzeptanz gegenüber den Bewertungen erheblich fördern kann.

Das alles darf jedoch nicht darüber hinwegtäuschen, dass eine empirisch gehaltvolle Debatte über den Einsatz von Bewertungsportfolios in der LehrerInnenbildungung im deutschen Sprachraum eine kontinuierliche Praxis benötigt, die es gestattet, Formen, Wirksamkeit und notwendige Bedingungen für erfolgreiche Portfolioarbeit zu evaluieren (vgl. Imhof & Picard 2006: 360) und zu erforschen (vgl. etwa Gläser-Zikuda 2007, 2010; Gläser-Zikuda & Hascher 2007). Der Leistungsfähigkeit von Bewertungsportfolios in einer ihnen angemessenen, eigenen Sprache auf die Spur zu kommen, darin liegt eine wesentliche Herausforderung der weiteren Erforschung der Portfolioarbeit (vgl. Häcker & Lissmann 2007).

Anlage 1

Raster zur Bewertung des Abschlussportfolios im Studienbereich BSW/BS

1.	Lerninhalt/ Qualität	Aspekte		ja	tw	nein
1.1	Auseinandersetzung mit Vorgaben, Voraussetzungen und Gelingensbedingungen	Das Portfolio…				
		a)	macht die persönliche Auseinandersetzung mit Standards/ Kompetenzen/ Zielen sichtbar (d.h., es dokumentiert eine Auseinandersetzung mit förderlichen bzw. hinderlichen Faktoren, die das Erreichen der Zielsetzung(en) beeinflusst haben)	☐	☐	☐
1.2	Theoretische und praktische Bezüge	Das Portfolio…				
		a)	enthält theoretische bzw. historische Bezüge zu den mit den gewählten Standards verbundenen Themen und Inhalten	☐	☐	☐
		b)	enthält Bezüge zu Forschungsergebnissen, und zeigt deren Relevanz für die mit den gewählten Standards verbundenen Themen und Inhalte	☐	☐	☐
		c)	stellt Bezüge zwischen den mit den gewählten Standards verbundenen Themen und Inhalten bisherigen Praxiserfahrungen und zukünftigen Vorhaben her	☐	☐	☐
1.3	Entwicklungsbezogenheit	Das Portfolio…				
		a)	lässt eigene Entwicklungen und Veränderungen im Bereich der gewählten Standards erkennen	☐	☐	☐
		b)	lässt erkennen, dass die Autorin/ der Autor in der Lage ist, sich über Lernprozesse der Lernenden einen Aufschluss zu verschaffen	☐	☐	☐

1.4	Auswahl, Begründung und Analyse der beigefügten Belegstücke	a) Die Belegstücke eignen sich durchgängig zur Darstellung der ausgewählten Standards, die Auswahl ist nachvollziehbar und plausibel begründet.	❏	❏	❏
		b) Zur Beschreibung und/oder Analyse der Belegstücke werden schulpädagogische und didaktische Begriffe bzw. Konzepte herangezogen	❏	❏	❏
2.	*Darstellung*				
2.1	Aufbau, Verständlichkeit	Das Portfolio…			
		a) ermöglicht durch seinen klaren und übersichtlichen Aufbau einen raschen Überblick	❏	❏	❏
		b) ist nachvollziehbar und sprachlich korrekt formuliert	❏	❏	❏
3.	*Reflexion*				
3.1	Rolle, Lern- und Kompetenzzuwachs	Das Portfolio…			
		a) zeigt, dass die Autorin/der Autor sich ihrer unterschiedlichen/zum Teil widersprüchlichen Rollen bewusst ist, und macht dies sprachlich explizit kenntlich	❏	❏	❏
		b) enthält ein Fazit, in dem der individuelle Lernzuwachs abschliessend bilanziert wird.	❏	❏	❏
		c) macht erkennbar, welche Kompetenzen in welchem Ausmass erworben bzw. erweitert wurden	❏	❏	❏

Die Aspekte werden als erfüllt/nicht erfüllt und entsprechend mit 1 oder 0 Punkten bewertet (Ausnahmsweise „teilweise" 0,5 Punkte).

Anlage 2

Raster zur Bewertung des Prüfungsgesprächs BSW/BS

1.	*Lerninhalt/ Qualität*	Aspekte		*ja*	*tw*	*nein*
1.1	Theoretische Auseinandersetzung und Herstellung von Bezügen	a)	Im Darstellungs- und Diskussionsteil spiegelt sich eine schulpädagogisch-didaktische Expertise durch den Bezug auf ausgewählte Theorien wider.	❏	❏	❏
		b)	Im Gespräch werden historische Bezüge und Bezüge zu Forschungsergebnissen hergestellt.	❏	❏	❏
		c)	Die Auseinandersetzung mit Standards/ Kompetenzen/ Zielen ist persönlich und fokussiert.	❏	❏	❏
1.2	Entwicklungsbezogenheit	\multicolumn{2}{l	}{Der Darstellungs- und Diskussionsteil…}			
		a)	lässt erkennen, dass Entwicklungs- und Lernprozesse sich in Veränderungen zeigen.	❏	❏	❏
		b)	arbeitet eigene Entwicklungs- und Lernprozesse der Studentin/des Studenten bezüglich der ausgewählten Standards erkennbar heraus	❏	❏	❏
		c)	arbeitet exemplarisch beabsichtigte und/oder stattgefundene Entwicklungs- und Lernprozesse der Schüler/innen heraus	❏	❏	❏
1.3	Begründung, Differenzierung	a)	Die Bedeutung der ausgewählten Standards/Kompetenzen/Ziele wird mit Blick auf das Zielfeld Schule begründet.	❏	❏	❏
		b)	Ein eigener Standpunkt wird erkennbar.	❏	❏	❏
		c)	Die/der Studierende argumentiert differenziert.	❏	❏	❏

2.	Darstellung					
2.1	Argumentation, Gesprächsführung und Fachsprache	a)	Die Argumentation ist nachvollziehbar gegliedert.	☐	☐	☐
		b)	Im Gespräch demonstriert der/die Studierende, dass er/sie in der Lage ist, didaktische und schulpädagogische Fachbegriffe korrekt zu verwenden	☐	☐	☐
2.2	Darstellung und Materialeinsatz	a)	Die/der Studierende bringt ihr/sein Material gezielt ins Spiel (initiativ) d.h. sie/er illustriert und untermauert damit ihre/seine Ausführungen adressatengerecht gegenüber den Fachexpertinnen /-experten.	☐	☐	☐
3.	Reflexion					
3.1	Praxis-Theorie-Vernetzung	a)	Praxis und Theorie werden miteinander verknüpft und wechselseitig auf einander bezogen.	☐	☐	☐
		b)	Eine Vernetzung mit anderen Theorieinhalten des Studiums wird erkennbar.	☐	☐	☐
		c)	Auf Fragen und Einwände wird flexibel und themenbezogen reagiert.	☐	☐	☐
3.2	Wechselnde Reflexionsebenen		Der/ die Studierende diskutiert Themen unter Berücksichtigung unterschiedlicher			
		a)	Aufgaben	☐	☐	☐
		b)	Rollen und	☐	☐	☐
		c)	Interessen	☐	☐	☐

Die Aspekte werden als erfüllt/nicht erfüllt und entsprechend mit 1 oder 0 Punkten bewertet (Ausnahmsweise „teilweise" 0,5 Punkte).

Literatur

Bohl, T. (2006). Kernfragen der Pädagogischen Diagnostik, bezogen auf die Portfolioarbeit. Gesichtspunkte, die es zu beachten gilt. In I. Brunner, T. Häcker & F. Winter (Hrsg.), *Das Handbuch Portfolioarbeit. Konzepte, Anregungen, Erfahrungen aus Schule und Lehrerbildung* (S. 171-178). Seelze: Kallmeyer.

Elbow, P. (1991). Foreword. In P. Belanoff & M. Dickson (Hrsg.), *Portfolios. Process and Product* (S. ix-xvi). Portsmouth, NH: Heinemann.

Gehler, B. (2006). Das Paderborner Portfolio Lehramt – eine phasenübergreifende Perspektive. In A. H. Hilligus & H. D. Rinkens (Hrsg.), *Standards und Kompetenzen – neue Qualität in der Lehrerausbildung? Neue Ansätze und Erfahrungen in nationaler und internationaler Perspektive.* Paderborner Beiträge zur Unterrichtsforschung und Lehrerbildung. 11 (S. 351-358). Berlin: LIT Verlag.

Gläser-Zikuda, M. (Hrsg.) (2007). *Lerntagebuch und Portfolio auf dem Prüfstand.* (Empirische Pädagogik, 21 (2), Themenheft). Landau: Verlag Empirische Pädagogik.

Gläser-Zikuda, M. (Hrsg.) (2010). *Lerntagebuch und Portfolio aus empirischer Sicht.* Landau: Verlag Empirische Pädagogik.

Gläser-Zikuda, M. & Hascher, T. (Hrsg.) (2007). *Lernprozesse dokumentieren, reflektieren und beurteilen. Lerntagebuch und Portfolio in Bildungsforschung und Bildungspraxis.* Bad Heilbrunn: Klinkhardt.

Häcker, T. (2001). Portfolioarbeit in der Lehrer/innen-Bildung. *journal für lehrerinnen- und lehrerbildung, 1* (4), 68-75.

Häcker, T. & Lissmann, U. (2007). Möglichkeiten und Spannungsfelder der Portfolioarbeit – Perspektiven für Forschung und Praxis. *Empirische Pädagogik, 21* (2), 209-239.

Häcker, T. & Winter, F. (2006). Portfolio – nicht um jeden Preis! Bedingungen und Voraussetzungen der Portfolioarbeit in der Lehrerbildung. In I. Brunner, T. Häcker & F. Winter (Hrsg.), *Das Handbuch Portfolioarbeit. Konzepte, Anregungen, Erfahrungen aus Schule und Lehrerbildung* (S. 227-233). Seelze: Kallmeyer.

Hebert, E. A. (2001). *The Power of Portfolios: What Children Can Teach Us About Learning and Assessment.* San Francisco: Jossey-Bass.

Imhof, M. & Picard, C. (2006). Portfolio als Lern- und Bewertungsform in der Lehrerausbildung? In A. H. Hilligus & H. D. Rinkens (Hrsg.), *Standards und Kompetenzen – neue Qualität in der Lehrerausbildung? Neue Ansätze und Erfahrungen in nationaler und internationaler Perspektive.* Paderborner Beiträge zur Unterrichtsforschung und Lehrerbildung. Bd. 11 (S. 358-365). Berlin, Münster: LIT Verlag.

INTASC (Interstate New Teacher Assessment and Support Consortium) (1992). Model Standards for Beginning Teachers Licensing and Development: A Resource for State Dialogue. URL: http://www.ltl.appstate.edu/436/techportf00/keller/INTASCcomp.html. (19.07.2007).

Jäger, R. S. (2007). *Beobachten, beurteilen und fördern! Lehrbuch für die Aus-, Fort- und Weiterbildung.* (Erziehungswissenschaft 21). Landau: Verlag Empirische Pädagogik.

KMK (Ständige Konferenz der Kultusminister in der Bundesrepublik Deutschland) (2004). Standards für die Lehrerbildung – Bildungswissenschaften: Beschluss der Kultusministerkonferenz vom 16.12.2004. URL: http://www.kmk.org/doc/beschl/standards_lehrerbildung.pdf (18.07.2007).

Kraler, C. (2006). Kompetenzorientierung und Portfolioarbeit als Kernaspekte des Innsbrucker Modells der Lehramtsausbildung. In A. H. Hilligus & H. D. Rinkens (Hrsg.), *Standards und Kompetenzen – neue Qualität in der Lehrerausbildung? Neue Ansätze und Erfahrungen in nationaler und internationaler Perspektive.* Paderborner Beiträge zur Unterrichtsforschung und Lehrerbildung. 11 (S. 367-375). Berlin: LIT Verlag.

Lissmann, U. (2007). Beurteilungsraster und Portfoliobeurteilung. In M. Gläser-Zikuda & T. Hascher (Hrsg.), *Lernprozesse dokumentieren, reflektieren und beurteilen. Lerntagebuch und Portfolio in Bildungsforschung und Bildungspraxis* (S. 87-108). Bad Heilbrunn: Klinkhardt.

Paulson, F. L. & Paulson, P. R. (1994). *Assessing Portfolios Using the Constructivist Paradigm.* Paper presented at the Annual Meeting of the American Educational Research Association (New Orleans, LA, April 4-8 1994): ERIC Document Reproduction Service No. ED 376 209. 15 S.

Salzman, S., Denner, P. R. & Harris, L. B. (2002). *Teacher Education Outcomes Measures: Special Study Survey.* Washington, D.C.: American Association of Colleges of Teacher Education.

Schwarzer, C. & Schwarzer, R. (1979). *Praxis der Schülerbeurteilung. Ein Arbeitsbuch.* (2. Aufl.). München: Kösel.

Tischler, K. (2002). Portfolio und Leistungsbeurteilung konkret. Am Beispiel des Projektseminars: „Schulentwicklung in Österreich – Bearbeitung von Fallbeispielen". *Informationen zur Deutschdidaktik, 26* (1), 48-55.

Vierlinger, R. (1999). *Leistung spricht für sich selbst. „Direkte Leistungsvorlage" (Portfolios) statt Ziffernzensuren und Notenfetischismus.* Heinsberg: Dieck.

Wilkerson, J. R. & Lang, W. S. (2003). Portfolios, the Pied Piper of Teacher Certification Assessments: Legal and Psychometric Issues. *Education Policy Analysis Archives, 11* (45), 1-31. URL: http://epaa.asu.edu/epaa/v11n45/ (03.12.2003).

Winter, F. (2006a). Es muss zueinander passen: Lernkultur – Leistungsbewertung – Prüfungen. Von „unten" und „oben" Reformen in Gang bringen. In I. Brunner, T. Häcker & F. Winter (Hrsg.), *Das Handbuch Portfolioarbeit. Konzepte, Anregungen, Erfahrungen aus Schule und Lehrerbildung* (S. 212-217). Seelze: Kallmeyer.

Winter, F. (2006b). Wir sprechen über Qualitäten. Das Portfolio als Chance für eine Reform der Leistungsbewertung. In I. Brunner, T. Häcker & F. Winter (Hrsg.), *Das Handbuch Portfolioarbeit. Konzepte, Anregungen, Erfahrungen aus Schule und Lehrerbildung* (S. 165-170). Seelze: Kallmeyer.

Portfolio und Formative Assessment: Der Einsatz von Portfolios in der türkischen LehrerInnenausbildung

Fisun Akşit, Erciyes Universitesi Kayseri/Türkei, und
Julia Harting, Universität Bielefeld[1]

Abstract
Der Beitrag referiert die Ergebnisse der bisher publizierten Studien zur Verwendung des Portfolios als Bewertungsinstrument in der LehrerInnenausbildung in der Türkei. Dabei zeigt sich, dass die gesichtete Forschungsliteratur ihren Untersuchungsschwerpunkt bisher lediglich auf das Lernen und die Bewertung der Lehramtsstudierenden gelegt und den Nutzen des Portfolios für die Akteure der LehrerInnenbildung und für das Curriculum vernachlässigt hat. Als Fazit dieser Übersicht wird herausgestellt, dass viele der bestehenden Probleme behoben werden können, wenn der Einsatz von Portfolios in der LehrerInnenausbildung auch von den Akteuren in und den Verantwortlichen für die LehrerInnenbildung umfassend akzeptiert und in der Praxis implementiert wird.

Schlagwörter: *Portfolio, LehrerInnenbildung, Bewertung von Portfolios, formative Assessment*

1 Einleitung

Die 2005 in der Türkei durchgeführte Bildungsreform ging mit drastischen Veränderungen im Bildungsprogramm einher. So wurden im Rahmen dieser Reform wichtige Veränderungen bei den Vorgaben zum Unterrichtsinhalt und zur Unterrichtsgestaltung, zu Lern- und Lehrprozessen sowie zum Verständnis der Lehrer- und Schülerrolle eingeleitet. Das dadurch entstandene neue, flexible Bildungsprogramm begann im Folgenden, die bis dato geltenden Bildungsgrundsätze zu ersetzen. Es war nun nicht länger primäres Ziel, die Lernenden zu Gehorsam und Fügsamkeit zu erziehen (vgl. Korkut 2006, zit. n. Akinpar & Aydin 2007; Bauman 2003; Hesapcioglu 2001). Stattdessen veränderte sich die Rolle der Lehrkräfte dahingehend, sich seither als Lernbegleiterin bzw. Lernbegleiter zu verstehen mit dem Ziel, die Schülerinnen und Schüler individuell in ihrem

---
[1] Julia Harting hat den Beitrag von Fisun Akşit übersetzt und an die Struktur des vorliegenden Bandes angepasst.

Lernen anzuleiten und ihnen dieses dadurch zu erleichtern (vgl. Acıkgoz 2003; Cakmak 2001; Hesapcioglu 2001; Oktay 2001).

Das vom Bildungsministerium (MEB) initiierte neue Bildungsprogramm entstand dabei nach dem Vorbild anderer, vor allem konstruktivistisch geprägter Bildungsprogramme moderner Gesellschaften. Insbesondere die Bildungsprogramme der Europäischen Union waren hierbei von großem Interesse. Sie zeichnen sich durch ihre modernen, lernerzentrierten Ansätze aus, die davon ausgehen, dass es interindividuelle Unterschiede bei dem Lernen jedes einzelnen Individuums gibt und dass diese beim Unterrichten zu berücksichtigen sind. Ihren Ursprung haben diese Ansätze dabei in den fortschrittlichen Bildungsphilosophien des Konstruktivismus und des kooperativen Lernens (vgl. Akpinar & Aydin 2007; Gozutok et al. 2005; Yangin 2005).

Mit der Einführung des neuen Bildungsprogramms bekam der Konstruktivismus somit eine bedeutende Rolle im türkischen Bildungssystem zugewiesen. Dies machte sich besonders in den Bereichen der Lehrplangestaltung, der Leistungsüberprüfung und der LehrerInnenbildung bemerkbar. In allen drei Bereichen fand eine Verschiebung von der Output- zur Prozessorientierung statt. Es war nicht mehr länger Ziel des Unterrichts oder Seminars, dass die SchülerInnen oder Lehramtsstudierenden lediglich Wissen reproduzieren können, sondern sie sollten nun auch in der Lage sein, das erlernte Wissen zu analysieren, zu bewerten und anzuwenden (vgl. Adams et al. 1996).

Für die Leistungsüberprüfung hatte dies zur Folge, nicht länger unreflektiertes Wissen auf einer abstrakten Ebene abzufragen (vgl. Stiggins 1999). Stattdessen sollte sich die Leistungsüberprüfung nicht nur auf Wissen, sondern auch auf Können beziehen und musste daher ebenfalls verändert werden. Durch eine enge Kopplung von Lernen und Leistungsrückmeldung sollte garantiert werden, dass die Lernenden durch aktive Wissenskonstruktion während der prozessorientierten Leistungsmessung zusätzlich etwas lernen können (vgl. Pilcher 2001). Dies sollte sie auch darin unterstützen, das Wissen anwenden zu können.

Für die Praxis bedeutete dies, dass neben den herkömmlichen, bisher angewandten Bewertungsformen am Ende einer Lerneinheit neue Instrumente zur Leistungsmessung und -rückmeldung entwickelt werden mussten. Sie sollten bereits während des Lernprozesses einsetzbar sein und selbst einen Lernzuwachs erzeugen, beispielsweise durch die Integration von Aufgaben zur Reflexion des bearbeiteten Inhalts.

Eine dieser neu entwickelten Prüfungsformen, die insbesondere durch die aktuelle Bildungsreform empfohlen wird und neben der Schule auch bei der Ausbildung von angehenden Lehrkräften angewandt werden soll, ist das Portfolio (vgl. Smith 2003).

Es wird als eine vielfältige Sammlung an Lernerarbeiten zu einem oder mehreren Themen angesehen, das die vom Lerner unternommenen Anstrengungen, seinen

Fortschritt sowie seine Leistungen wiedergeben soll (vgl. Paulson et al. 1991: 60). Während ihrer Arbeit mit dem Portfolio durchlaufen die Lernenden dabei verschiedene Arbeitsphasen. So gibt es die Phase der Entwicklung, der Auswahl, der Reflexion, des Vergleichs mit den Standards sowie der Präsentation (vgl. Mason et al. 2004, zit. n. Gülbahar & Köse 2006). Die im Portfolio enthaltene Sammlung muss dabei u.a. Beiträge der Lernenden zu folgenden Fragen enthalten: Inwieweit wurde selbst ausgewählt, was im Portfolio bearbeitet wurde? Was waren die Auswahl- und Bewertungskriterien, die dabei herangezogen wurden? Findet eine Selbstreflexion der eigenen Beiträge statt (vgl. Paulson et al. 1991)?

Zahlreiche internationale Studien belegen bereits für andere Länder die Wirksamkeit des Portfolios auch im Bereich der LehrerInnenbildung. So würden sowohl Lehramtsstudierende als auch ihre AusbilderInnen vom Einsatz des Portfolios in vielfältiger Weise profitieren. Während die DozentInnen dadurch ihre Lernenden in einem viel weiteren Kontext betrachten und so besser auf sie eingehen können (vgl. Arter & Spandel 1992; Wiggins 1993; Zollman & Jones 1994; Valdez 2001), helfe das Portfolio den Studierenden, ein tieferes Verständnis für ihren zukünftigen LehrerInnenberuf zu entwickeln und ihr eigenes Wissen und Können zu reflektieren (vgl. Hamilton 1994; Slater, Ryan & Samson 1997).

Neben diesen positiven Effekten des Portfolios für die LehrerInnenbildung ließen sich im internationalen Kontext aber auch Hindernisse bei der Implementierung des Portfolios feststellen. So wurden insbesondere der große Zeitaufwand, die Schwierigkeit der Festlegung von Bewertungskriterien sowie die Unsicherheit der DozentInnen, ob die Beiträge aus dem Portfolio eines Studierenden auch wirklich von ihm stammen würden, kritisiert (vgl. Haladyna 1997, McMillan 2007).

Ob sich diese Ergebnisse der internationaler Studien zum Einsatz des Portfolios in der LehrerInnenbildung auch im türkischen Kontext wieder finden, soll mit Hilfe dieser Metastudie geklärt werden. Dazu wurden unter den im nächsten Abschnitt dargestellten Fragen alle bisher zu diesem Themenbereich in der Türkei erschienene Studien untersucht. Ziel war es dabei, die aktuelle Situation des Portfolioeinsatzes in der türkischen LehrerInnenausbildung zu analysieren sowie die von den Lehrenden und Studierenden wahrgenommenen Vorteile und Schwierigkeiten im Hinblick auf das Portfolio zu beschreiben.

2 Portfolio und Formative Assessment in der türkischen LehrerInnenbildung – eine kriteriengeleitete Analyse aktueller Studien

Nach der Einführung des neuen Bildungsprogramms in der Türkei 2005 wurde das Portfolio als Methode zur Leistungsrückmeldung und Bewertung in der LehrerInnenbildung immer beliebter. Mehrere Untersuchungen zur Qualität der LehrerInnenbildung zeigen jedoch, dass sowohl die angehenden Lehrkräfte als auch die LehrerbildnerInnen bisher über zu wenig theoretisches und praktisches Wissen über die vom neuen Bildungsprogramm geforderten alternativen Bewertungsmethoden wie das Portfolio besitzen (vgl. Birgin 2011). Daraus ergibt sich die Notwendigkeit, die Kompetenzen der Lehramtsanwärter und deren Lehrenden im Umgang mit Bewertungsformen des formativen Assessments zu verbessern.

Die vorliegende Übersicht soll einen Beitrag hierzu leisten, indem sie die Verwendung von Portfolios als Methode des formativen Assessments in der türkischen LehrerInnenausbildung näher beleuchtet. Dazu werden die in anderen Studien bereits gewonnenen Erkenntnisse vorgestellt, die sich auf Angaben der Lehrenden in den Fachdidaktiken und Erziehungswissenschaft und angehenden Lehrkräften zum Umgang mit dem Portfolio beziehen. Bei der Darstellung der Ergebnisse werden insbesondere folgende Fragen berücksichtigt:

1. Wie nehmen die Dozentinnen und Dozenten der Fachdidaktiken und Erziehungswissenschaft und die Lehramtsstudierenden die alternativen Bewertungsmethoden und insbesondere das Portfolio zurzeit wahr?
2. Welchen Zweck erfüllen Portfolios in der LehrerInnenbildung der Türkei?
3. Welche Auswirkungen hat der Einsatz von Portfolios auf die Studierenden, die Lehrenden sowie das Curriculum der Lehrerbildung?
4. Welche Chancen und Grenzen werden bzgl. des Portfolioeinsatzes in der Lehrerbildung gesehen?

Die folgende Übersicht hat das Ziel, einen möglichst vollständigen und aktuellen Überblick über die bisher durchgeführten Studien zur Verwendung des Portfolios als Methode des formativen Assessments in der LehrerInnenausbildung zu geben und dabei die aktuellen Studien in der Türkei einzubeziehen. Im Folgenden soll kurz die Vorgehensweise bei der Suche, Auswahl und Betrachtung der Literaturquellen beschrieben werden.

Bei der Suche nach geeignetem Datenmaterial wurden die digitalen Datenbanken EBSCOhost und ERIC sowie erziehungswissenschaftliche Zeitschriften aus der Türkei durchforstet. Alle zwischen 2000 und 2011 veröffentlichten Zeitschriftenartikel wurden daraufhin untersucht, ob in ihnen folgende Begriffe enthalten sind: *„Portfolio", „alternative Bewertungsmethoden"* und *„LehrerInnenausbildung".* War dies der Fall, kamen sie in die engere Auswahl. Im nächsten Schritt wurde die Auswahl folgendermaßen eingegrenzt:

Bei der engeren Auswahl der für die Studie relevanten Forschungsliteratur wurde wie folgt verfahren. Es wurden zunächst mehrere Suchkriterien konstruiert, die sich aus den oben beschriebenen Forschungsfragen ableiten lassen. Mit ihrer Hilfe sollte im weiteren Verlauf sichergestellt werden, dass wirklich nur diejenige Literatur in die Untersuchung einbezogen werden sollte, die die für die oben genannten Fragen relevanten Aspekte enthielt. Folgende Suchkriterien wurden entwickelt:

1. Befasst sich der Text mit den Einstellungen von Lehramtsstudierenden oder Lehrenden der Fachdidaktiken oder der Erziehungswissenschaft hinsichtlich alternativer Bewertungsmethoden?
2. Ist der Text auf den Einsatz von Portfolios in der LehrerInnenbildung fokussiert?
3. Stellt der Text empirische Ergebnisse dar?

Auf der Grundlage dieser Auswahlkriterien konnten insgesamt 40 Artikel als für die Untersuchung relevant ausgewählt werden.[2] Während der anschließenden Betrachtung wurden die unterschiedlichen Perspektiven der ausgewählten Studien rekonstruiert und zu gemeinsamen Themenkomplexen zusammengefasst. Danach erfolgte eine Klassifizierung der einzelnen Themen in Kategorien. Die vier in diesem Kontext entstandenen Kategorien lauten:

- „*Einstellungen von Lehrenden der Fachdidaktiken und Erziehungswissenschaft und von Lehramtsstudierenden zu alternativen Bewertungsformen*"
- „*Chancen des Portfolioeinsatzes als Assessment-Instrument*"
- „*Grenzen des Portfolioeinsatzes als Assessment-Instrument*"
- „*Probleme, die bei der Reform des türkischen Bildungssystems bewältigt werden müssen*"

3 Vier aktuelle Diskurse zum Portfolio in der LehrerInnenbildung in der Türkei

3.1 Einstellungen von Lehrenden der Fachdidaktiken und Erziehungswissenschaft und von Lehramtsstudierenden zu alternativen Bewertungsformen

Bay et al. (2010), die 75 Lehrende sowie 274 Lehramtsstudierende der Kazım Karabekir Fakultät für Erziehungswissenschaft befragt haben, konnten zeigen, dass die Befragten den Einsatz von alternativen Bewertungsmethoden im Seminar und Unterricht befürworteten, jedoch gleichzeitig die konventionellen Prüfungsmethoden in der Praxis immer noch häufiger Verwendung fanden als die alternativen Bewertungsinstrumente.

Zu ähnlichen Ergebnissen kamen auch die Untersuchungen von Özsevgeç und Karamustafaoğlu (2010), Aydin (2005), Cakan (2004) sowie Ergun (2001). Die drei zuletzt genannten konnten jedoch noch zusätzlich zeigen, dass die Befragten Probleme bei der Anwendung der neuen Bewertungsmethoden hatten. So zeigte sich, dass die Lehrenden völlig unzureichend in Bezug auf die neuen Methoden

---

2 Deskriptive Studien sowie Untersuchungen bezüglich der Verwendung des Portfolios in anderen Professionen, wie z.B. in der Krankenpflege, der Zahnmedizin, der allgemeinen Medizin, der Verwaltung, der Finanzbranche, im Management und im von ausgebildeten Lehrkräften durchgeführten Unterricht, wurden hierbei ausgeklammert.

geschult waren und sie folglich auch nicht in ihren Veranstaltungen anwenden konnten. Dies galt auch für die Techniken des Peer Assessments. Daraus folgte, dass auch die Studierenden kein umfassendes Verständnis über die neuen alternativen Methoden erwarben (vgl. Gömleksiz & Kan 2010; Arslan et al. 2008).

Aufgrund dieser Ergebnisse stellten Bay et al. (2010) fest, dass die Lehrenden verstärkt über die neuen alternativen Ansätze und Methoden der Bewertung informiert werden sollten, dass zukünftig Studien zur Klärung der Frage nach der Effektivität der alternativen Bewertungsmethoden in verschiedenen Kontexten durchgeführt werden sollten sowie dass die LehrerInnenbildung und die Anforderungen des LehrerInnenberufs besser aufeinander abgestimmt werden sollten. Ihren letzten Punkt begründen sie damit, dass oftmals die Methoden zur Leistungsmessung und -bewertung, die die Studierenden in ihrer Ausbildung kennenlernen, nicht diejenigen seien, die sie später in ihrem Beruf als Lehrerin und Lehrer benutzen würden.

Gündoğdu (2010) fand in einer von ihm durchgeführten Studie mit angehenden Sprachlehrerinnen und Sprachlehrern heraus, dass diese die formative Leistungsrückmeldung, die zur Verbesserung der Lernprozesse eingesetzt wurde, als anstrengend erlebten. Allerdings hielten sie sie zugleich für sehr effektiv und bewerteten sie daher insgesamt positiv.

Bekiroğlu (2009) untersuchte die Einstellungen von angehenden Physiklehrkräften zu unterschiedlichen Bewertungsmethoden. Er konnte dabei zeigen, dass die Einstellungen der befragten Studierenden vom Konstruktivismus beeinflusst waren. So gaben die interviewten Studierenden an, dass die alternativen Bewertungsformen ihrer Meinung nach sehr effektiv seien, da diese ihre Beteiligung in den Seminaren erhöhen sowie ihre Motivation, ihr Interesse, ihre Kreativität, ihr Lernen und ihre Fähigkeit zur Selbstbewertung verbessern würden. Des Weiteren würden ihrer Ansicht nach alternative Bewertungsformen den Lehrenden die Möglichkeit geben, sie angemessen in den unterschiedlichen Bereichen zu bewerten, ihr Leistungswachstum zu verfolgen, ein sofortiges Feedback zu geben sowie daraus Konsequenzen für ihre weitere Entwicklung abzuleiten. Ganz besonders schätzten die Befragten an dieser Form der Bewertung, dass sie auch den Leistungs- und Wissenszuwachs sowie weitere, nicht akademische Leistungen, wie etwa ihre Anstrengungsbereitschaft und ihre Beteiligung, abbilden würde.

Wie an den dargestellten Ergebnissen zu sehen ist, haben sowohl die Lehrenden als auch die Studierenden einer Reihe von türkischen Universitäten eine allgemein positive Einstellung zur Verwendung von Portfolios. Jedoch konnte auch gezeigt werden, dass die Lehramtsstudierenden während ihrer Ausbildung selten oder überhaupt nicht in Kontakt mit dieser Bewertungsmethode gekommen sind (vgl. Gomleksiz & Kan 2010; Arslan et al. 2008). So wurde das Portfolio in den Ausbildungsseminaren nur unzureichend vorgestellt und seine Anwendung meist nicht einmal erprobt. Stattdessen wurden die angehenden Lehrkräfte vielfach von ihren Betreuungslehrkräften in den Schulen beeinflusst, die häufig die konventionellen Bewertungsmethoden vorzogen (vgl. Özsevgec & Karamustafaoglu 2010). Einige Studien belegen, dass insbesondere in der Primar- und Sekundarstufe die konventionellen Prüfungsmethoden noch immer vorherrschen (vgl. Birgin 2011; Simsek 2011; Birgin, Tutak & Turkdogan 2009; Birgin & Baki 2009; Gelbal & Kelecioglu 2007; Balcı & Tekkaya 2000). Dies liegt nach Meinung der Forscherinnen und Forscher insbesondere an den überfüllten Klassen, der einfacheren Anwendung, den einfacheren Bewertungsmöglichkeiten, dem geringeren Zeitaufwand sowie der besseren Vorbereitung auf das universitäre Prüfungssystem (vgl. Kabapinar & Ataman 2010; Korkmaz & Kaptan 2003; Balcı & Tekkaya 2000).

Da zurzeit Lehramtsstudierende unter diesen Bedingungen ausgebildet werden und diese Absolventen bald in der Schule unterrichten werden, wird klar, dass hier ein ernsthaftes Problem der türkischen LehrerInnenbildung vorliegt. Zwischen den zentral festgelegten Ausbildungsvorgaben und deren tatsächlicher Umsetzung herrscht zurzeit in der Türkei eine große Kluft.

3.2 Chancen des Portfolioeinsatzes als Assessment-Instrument

In den in die Analyse einbezogenen Studien fanden sich viele Hinweise auf Vorteile der Portfolionutzung in der LehrerInnenbildung.

So konnte Bal (2012) in einer von ihm durchgeführten Untersuchung zur Einstellung von angehenden Grundschullehrerinnen und Grundschullehrern zur Effektivität des Portfolios als Bewertungsinstrument zeigen, dass das Portfolio die Lehramtsstudierenden darin unterstützt, mehrere für den Lehrberuf notwendige Fertigkeiten zu entwickeln. Konkret wurde behauptet, dass das Portfolio ihnen dabei helfe, ihre Denkfähigkeit zu verbessern, sie zum wissenschaftlichen Arbeiten anleite und sie in der Bewältigung von affektiven und kognitiven Prozessen unterstütze.

Bals (2012) Ergebnisse ähneln dabei denen anderer Untersuchungen von Bahceci und Kuru (2008), Kazu und Yorulmaz (2007), Ersoy (2006) und Morgil et al. (2004). Diese konnten zusätzlich zeigen, dass das Portfolio die Lehramtsstudierenden bei der Ausbildung ihrer Fähig- und Fertigkeiten unterstützt, die man zum Lösen von Problemen, zum logischen Denken, zur Kommunikation sowie zum deduktiven Denken benötigt. Dass die angehenden Lehrkräfte die Arbeit mit dem Portfolio weiterhin als durchaus positiv und als angenehme Herausforderung empfanden, haben Birgin (2008), Parlakyıldız (2008), Bahceci (2009) und Korkmaz und Kaptan (2003) dokumentiert.

Ersoy (2006) fand heraus, dass angehende Lehrkräfte die Bewertung mit Hilfe des Portfolios als eine objektive und notwendige Technik der Leistungsmessung und -bewertung ansehen. Ihnen zufolge trage es zur Verbesserung ihrer individuellen und beruflichen Kompetenzen und somit zur Stärkung ihrer Selbstsicherheit bei.

Atay (2003) kam in seiner Studie zu ähnlichen Ergebnissen. Auch hier gaben die befragten angehenden Lehrkräfte an, das Portfolio unterstütze sie darin, ihr theoretisches Wissen in der Praxis besser anwenden zu können, sich mit ihren eigenen Fähig- und Fertigkeiten intensiver auseinanderzusetzen sowie das Unterrichten aus einer anderen Perspektive zu betrachten. Diese Erkenntnisse werden auch durch die Untersuchungen von Tasdemir und Kollegen (2009), Yelken (2009) und Elken (2006) gestützt.

Bahceci (2009) und Bahceci und Kuru (2008) heben in ihren Untersuchungen zum Portfolio einen weiteren positiven Aspekt hervor. Durch die Bewertung mit Hilfe des Portfolios kann die angehende Lehrkraft sehr viel vielschichtiger betrachtet werden als dies bei den herkömmlichen Bewertungsmethoden möglich ist. Insbesondere können Dozentinnen und Dozenten auf die emotionalen und motivationalen Dispositionen einer Lehramtsanwärterin oder eines Lehramtsanwärters besser eingehen. So verringert das Portfolio die Leistungsangst bei den Lehramtsstudierenden und fördert ihre Motivation, sich am Unterricht zu beteiligen sowie ihre Eigenverantwortung und Eigenständigkeit. Es diszipliniert zusätzlich ihr Arbeitsverhalten und hilft ihnen, ihre Fähigkeit zur Selbstkontrolle auszubilden sowie ein Bewusstsein dafür zu entwickeln, welche Kompetenzen sie besitzen. Des Weiteren unterstützt es sie darin, ihr theoretisches Wissen mit den praktischen Erfahrungen besser in Beziehung zu setzen.

Studien zu elektronischen Portfolios konnten ebenfalls eine positive Einstellung der Lehramtsanwärterinnen und Lehramtsanwärter gegenüber der Verwendung dieser Portfoliovariante im Bildungsbereich zeigen. Ihnen zufolge könne auch diese Form des Portfolios die Lehramtsstudierenden beim permanenten Lernen unterstützen und ihre Arbeitsmotivation und Selbstkontrolle verbessern (vgl. Demirli & Gurol 2010; Turhan & Demirli 2010; Akcil & Arap 2009; Gülbahar & Köse 2006; Gülbahar & Tinmaz 2006; Korkmaz & Kaptan 2005).

Morgil und Kollegen (2004) konnten in ihrer Untersuchung zur Nutzung des E-Portfolios weitere Vorteile identifizieren. So zeigten sie, dass die angehenden Lehrerinnen und Lehrer die Inhalte ihres elektronischen Portfolios mit Bedacht bearbeiteten und dabei ihre getroffenen Entscheidungen angemessen begründeten. Daraus zogen sie das Fazit, dass das E-Portfolio eine gute Basis für die Bewertung des Leistungsfortschritts der angehenden Lehrkraft sei und sie darin unterstützen könne, ihr Wissen zu erweitern und Fehlverständnisse zu vermeiden. Es helfe ihnen des Weiteren, ihre Kompetenzen im Bereich des kritischen Denkens und wissenschaftlichen Arbeitens, die zuvor häufig nur mangelhaft ausgebildet waren, zu verbessern und fördere durch das eigenständige Arbeiten das Selbstbewusstsein des zu Bewertenden. Zusätzlich konnte gezeigt werden, dass das E-Portfolio das wissenschaftliche Denken fördert. So zwinge es die angehende Lehrkraft dazu, eine Auswahl der für das Portfolio relevanten Informationen aus einer Fülle von Daten herauszufiltern. Die Ausbildung von Kompetenzen im Bereich der Kommunikation unterstütze das E-Portfolio ebenfalls, indem es die

Lehramtsstudierenden dazu ermutige, mit Hilfe von Diskussionen Lösungen zu erarbeiten. Jedoch wurde in der Studie auch deutlich, dass beim E-Portfolio oftmals schlechtere Resultate als beim herkömmlichen Portfolio erzielt wurden. Dies konnte darauf zurückgeführt werden, dass die Leistungen beim E-Portfolio eng mit den technischen Fertigkeiten der angehenden Lehrkräfte zusammenhingen und diese oftmals nur unzureichend ausgebildet waren, was mitunter auch an den unzureichenden technischen Ausstattungen der Universitäten lag.

Gülbahar und Köse (2006) konnten zeigen, dass das Erstellen eines E-Portfolios für die Lehramtsstudierenden sowie die Bewertung für die Ausbilderinnen und Ausbilder ein zeitaufwändiges Unterfangen ist. Jedoch seien nach Ansicht der Befragten die mit Hilfe des E-Portfolios erzielten Ergebnisse die Zeit und Mühe wert. So wurde besonders hervorgehoben, dass die angehenden Lehrerinnen und Lehrer eine zeitnahe Rückmeldung zu ihren Arbeiten sowie die Möglichkeit der eigenen Evaluation bekommen hätten. Das E-Portfolio leiste somit ihrer Meinung nach einen wichtigen Beitrag zur individuellen Entwicklung einer jeden Lehramtsanwärterin und eines jeden Lehramtsanwärters und könne als wichtiges Hilfsmittel zur kontinuierlichen Verbesserung ihrer Leistung verstanden werden. Es lässt sich somit festhalten, dass das E-Portfolio u.a. einen großen Beitrag zur Erweiterung der Medienkompetenz der Lehramtsanwärterinnen und Lehramtsanwärter leistet und die Möglichkeiten der Unterrichtsplanung erweitert (vgl. dazu auch den Beitrag von Himpsl-Gutermann & Groißböck in diesem Band).

3.3 Grenzen des Portfolioeinsatzes als Assessment-Instrument

Trotz der Chancen, die der Einsatz von Portfolios in der LehrerInnenbildung offensichtlich bietet, lassen sich auch einige Schwierigkeiten und Grenzen des Einsatzes von Portfolios anführen, allen voran die Schwierigkeiten für die Lehrenden während des Anwendungs- und Bewertungsprozesses.

Birgin (2011) und Kan (2007) identifizierten folgende konkrete Herausforderungen beim Einsatz der Portfolios:
- geringe Vergleichbarkeit und Reliabilität
- Schwierigkeiten in der Erfüllung der Anforderungen von Standardtests sowie höhere Kosten
- höherer Zeitaufwand im Vergleich zu anderen Bewertungsmethoden

Ersoy (2006) stellte weiterhin heraus, dass die angehenden Lehrkräfte den Prozess der Portfolioerstellung z.T. als sehr langweilig wahrnahmen oder zunächst mit Panik, Stress und Unsicherheit auf diese Bewertungsmethode reagierten. Darüber hinaus gaben sie an, das Portfolio als Methode des formativen Assessments nicht als besonders ökonomisch zu empfinden. Das Problem daran sei, dass die Erstellung des Portfolios eine gewisse Medienkompetenz voraussetze, die viele nicht hätten.

Der Einsatz von Portfolio in der türkischen LehrerInnenausbildung | 259

Da jedoch die Qualität des Portfolios insbesondere mit den oftmals geringen Computerkenntnissen der Lehramtsanwärterin oder des Lehramtsanwärters zusammenhinge, wie Morgil und Kollegen (2004) herausstellten, habe dies eine schlechte Bewertung der Portfolios zur Folge. Bal (2012) fand in seiner Untersuchung ebenfalls heraus, dass angehende Lehrkräfte die Arbeit mit dem Portfolio als ermüdend, schwierig und anstrengend empfanden.

Zu ähnlichen Erkenntnissen kam auch Bahceci (2009). Dieser konnte in seiner Studie zusätzlich zeigen, dass Lehramtsstudierende Probleme hatten, mit dem Portfolio effektiv zu arbeiten sowie sich ihre Zeit angemessen einzuteilen. Dadurch entstand für sie Stress. Des Weiteren erklärten die in dieser Studie befragten Personen, dass ihr größtes Problem ihre mangelnde Erfahrung in der Arbeit mit dem Portfolio sei und dieses viel Zeit in Anspruch nehme.

Schließlich nennen Oncu (2009) und Kutlu, Dogan und Karakaya (2008) weitere zu erforschende Nachteile des Portfolios: die Unmöglichkeit, den gemachten Fortschritt genau festzustellen, die Schwierigkeit, jeder und jedem Studierenden in einem überfüllten Seminarraum bei der Feststellung ihres oder seines Lernfortschrittes sowie der Bereitstellung von ausreichend Unterstützung gerecht zu werden, das Problem, dass solange das Ziel und die Kriterien nicht klar vorgegeben sind, die von der Lernerin und vom Lerner gemachten Fortschritte und Ergebnisse im Portfolio nur mangelhaft dargestellt werden können sowie die Schwierigkeit der mangelnden Objektivität bei der Messung von kognitiv anspruchsvollen Denkprozessen.

3.4 Probleme, die bei der Reform des türkischen Bildungssystems bewältigt werden müssen

Bekiroglu (2009) unterteilte in ihrer Studie die Probleme, die angehende Lehrkräfte nach ihrem Abschluss daran hindern, alternative Bewertungsmethoden anzuwenden, in zwei Kategorien. So gibt es ihr zufolge subjektive, von der Lehrerin und vom Lehrer selbst ausgehende Probleme sowie objektive, auf äußere Bedingungen zurückzuführende Probleme. Die subjektiven Probleme würden nach der Autorin von den Bewertungskompetenzen der angehenden Lehrkräfte sowie ihrem Kenntnisstand zum jeweils abzufragenden Thema determiniert und bilden die Schwierigkeiten, die beim Einsatz der unterschiedlichen Bewertungsmethoden begegnen ab.

Die objektiven Probleme würden hingegen von externen Faktoren abhängen, wie der Schulpolitik und den schulischen Gegebenheiten, die einen Einfluss auf die Wahl der Bewertungsform haben können. Fast die Hälfte aller von ihr befragten angehenden Lehrkräfte gab an, dass objektive Probleme einen starken negativen Einfluss darauf haben würden, dass sie später das Portfolio im Unterricht nicht anwenden würden. Das größte objektive Problem ist Bekiroglu zufolge dabei das etablierte Testsystem.

So müssen in der Türkei alle Schülerinnen und Schüler am Ende ihrer Schullaufbahn eine national standardisierte Zulassungsprüfung für die Universität (ÖYS) absolvieren. Diese wird zur selben Zeit landesweit durchgeführt und enthält Multiple-Choice-Fragen. Die bei dieser Prüfung erlangte Punktezahl entscheidet darüber, ob die Schülerin oder der Schüler nach seinem Abschluss einen Studienplatz bekommt oder nicht (vgl. Cakiroglu & Cakiroglu 2003). Eine hohe Punktzahl erreicht dabei jedoch meist nur die- oder derjenige, die bzw. der gut in der reinen Reproduktion von Wissen ist.

Aufgrund dieser Teststruktur ist es nicht verwunderlich, dass die Schülerinnen und Schüler im Unterricht Bewertungsmethoden vorziehen, die nach dem Multiple-Choice-Prinzip aufgebaut sind. Hinzu kommt, dass die Leistungen der Lehrkräfte ebenfalls an den Ergebnissen des ÖYS bewertet werden. Aufgrund dieser Tatsache sind Lehrkräfte abgeneigt oder zumindest unsicher, im Vorfeld dieser zentralen Prüfung alternative Bewertungsformen einzusetzen.

Weitere in diesem Kontext zu nennende objektive Probleme sind die beschränkten Zeitressourcen, die einer Lehrkraft für die Erfüllung des Lehrplans zur Verfügung stehen, überfüllte Klassenräume, die Hemmungen der Schülerinnen und Schüler, mit alternativen Bewertungsformen zu arbeiten sowie die Gegebenheiten der jeweiligen Schule. Insbesondere das in der Türkei vorherrschende Problem der überfüllten Klassenräume und der schlechten Arbeitsverhältnisse in dicht besiedelten Gebieten konnte in der Literatur schon häufig bestätigt werden (vgl. Cakiroglu & Cakiroglu 2003).

Will das Land die genannten Probleme überwinden, so braucht es Lehrkräfte mit einer konstruktivistischen Einstellung bezüglich der Anwendung von alternativen Bewertungsformen. Es muss eine Erneuerung der curricularen Strukturen sowie die Veränderung des Aufbaus und des Inhalts des ÖYS' angestrebt werden. Des Weiteren müssen die Gegebenheiten in den Schulen sich verbessern sowie die Klassengrößen verringert werden. Nur so kann eine Bildungsreform erfolgreich implementiert werden.

4 Zusammenfassung und Ausblick

Nach der Darstellung von den o.g. vier Diskursebenen lassen sich zwei zentrale Ergebnisse bezüglich der Portfolionutzung in der LehrerInnenbildung in der Türkei festhalten:
(1) Der Einsatz des Portfolios als Bewertungsmethode in der LehrerInnenausbildung ist auf die seit einigen Jahren eingeleitete Wende zum Konstruktivismus in der Türkei zurückzuführen.
(2) Auch wenn Lehrende und die Lehramtsstudierenden den Wert des Portfolios für die LehrerInnenbildung grundsätzlich anzuerkennen scheinen, konnte sich das Konzept in der Praxis bisher nicht in erheblichem Umfang etablieren.

Aufgrund des 2005 in der Türkei geänderten Bildungsprogramms, das von der eingeleiteten Wende zum Konstruktivismus geprägt war, fand, zumindest auf dem Papier, eine Veränderung der Bewertungskultur statt. Es wurde nun eine Synthese zwischen der Bewertung und dem Lernen angestrebt, statt die Lernenden mittels konventioneller Messmethoden zu bewerten. Der ausschließliche Einsatz der bisherigen Bewertungsinstrumente war somit auch in der LehrerInnenbildung nicht mehr haltbar. Alternative Messmethoden, wie das Portfolio, sollten in Zukunft weiter entwickelt und zunehmend in der Praxis verankert werden.

Die in dieser Analyse herausgearbeiteten Herausforderungen beim Einsatz von Portfolios können nach Meinung der hier erwähnten Autorinnen und Autoren behoben werden.

Dazu müssen zukünftig erstens noch weitere Untersuchungen zu diesen Problemen durchgeführt werden. Insbesondere sind in diesem Kontext Studien zur Bestimmung des Bedarfs der angehenden Lehrkraft an Eigen-, Peer- und gemeinsamer Evaluation notwendig und hilfreich.

Darüber hinaus kann zweitens eine umfangreichere Integration von alternativen Bewertungsformen in die LehrerInnenbildung das Wissen der Studierenden verbessern und sie routinierter im Umgang mit solchen Bewertungsformen werden lassen. Dazu muss jedoch im ersten Schritt das Wissen der Lehrenden der Fachdidaktiken und Erziehungswissenschaft zu den alternativen Bewertungsformen sowie ihre Einstellung zu diesen verbessert werden.

Drittens ist es für eine Behebung der Probleme in der Portfolionutzung unbedingt notwendig, dass das bisherige Prüfungssystem des ÖYS erneuert wird.

Abschließend lässt sich somit festhalten, dass die genannten Chancen des Portfolios im Verhältnis zu den Schwierigkeiten und Grenzen des Einsatzes überwiegen und man daher das Portfolio als Methode des formativen Assessments als eine für alle an der LehrerInnenbildung beteiligten Personen effiziente Alternative zu den bisherigen Prüfungsformen ansehen kann.

Literatur

Acıkgoz, U. K. (2003). Aktif Öğrenme (4. Baskı). İzmir: Eğitim Dünyası Yayınları.

Adams, N., Cooper, G., Johnson, L. & Wojtysiak, K. (1996). Improving student engagement in learning activities. Yüksek Lisans Tezi, Saint Xavier University, Lincolnshire, IL. (ERIC Dökümanı Servis Numarası: ED 400 076).

Akcil, U. & Arap, İ. (2009). The Opinions Of Education Faculty Students On Learning Processes İnvolving E-Portfolios. Procedia Social and Behavioral Sciences, 1, 395-400.

Akpinar B. & Aydin K. (2007). Eğitimde Değişim ve Öğretmenlerin Değişim Algıları. Education and Science 007, Cilt 32, 144 , American Educational Research Association, New Orleans.

Arslan, A., Avcı, N. & İyibil, U. (2008). Physics Prospective Teachers' Perception Levels Concerning Alternative Evaluations Methods. D.Ü. Ziya Gökalp Eğitim Fakültesi Dergisi, 11, 115-128.

Arter, J. A., & Spandel, V. (1992). Using portfolios of student work in instruction and assessment educational measurement. Assessment & Evaluation in Higher Education, 30 (4), 325-341.
Atay D. (2003). Öğretmen Adaylarına Yansıtmayı Öğretmek: Portfalyo Çalışması. Kuram ve Uygulama Eğitim Yönetimi, 36, 508-527.
Aydın, F. (2005). Öğretmenlerin alternatif ölçme değerlendirme konusundaki düşünceleri ve uyguladıkları. XIV.Ulusal Eğitim Bilimleri Kongresi,Pamukkale Üniversitesi Eğitim Fakültesi, Denizli, 28-30 Eylül 2005, 775-779.
Bahceci, D. (2009). Portfolyo Değerlendirmenin Sınav Kaygısı, Çalışma Davranışı ve Tutum Üzerine Etkisi. Ahi Evran Üniversitesi Kırşehir Eğitim Fakültesi Dergisi, 10 (1), 169-182.
Bahceci, D. & Kuru, M. (2008). The Effect Of Portfolio Assessment On University Students' Self Efficacy And Life Skills. Ahi Evran Üniversitesi Kırşehir Eğitim Fakültesi Dergisi, 9 (1), 97-111.
Bal P. A. (2012). "Teacher Candidates" Point Of Views About Portfolio Preparation (Turkey Setting). C. U. Faculty of Education Journal, 41 (2), 87-102.
Balcı, E. & Tekkaya, C. (2000). Ölçme ve değerlendirme tekniklerine yönelik bir ölçeğin geliştirilmesi. Hacettepe Üniversitesi Eğitim Fakültesi Dergisi, 18, 42-50.
Bauman, Z. (2003). Legislators and Interpreters On Modernity, Post-modernity and Intellectuals. Basil Blackwell: Polity Press.
Bay, E., Kucukoglu, A., Kaya, H., Gundogdu K., Köse E., Ozan, C. & Tasgın, A. (2010). Öğretim Elemanı Ve Öğretmen Adaylarının Ölçme-Değerlendirmeye İlişkin Görüşleri (Kazım Karabekir Eğitim Fakültesi Örneği). Uluslararası Öğretmen Yetiştirme Politikaları ve Sorunları Sempozyumu II, 16-18 Mayıs 2010 – Hacettepe Üniversitesi, Beytepe-ANKARA.
Bekiroglu, O. F. (2009). Assessing Assessment: Examination of pre-service physics teachers' attitudes towards assessment and factors affecting their attitudes. International Journal of Science Education, 31 (1), 1-39.
Birgin, O. (2008). Alternatif Bir Değerlendirme Yöntemi Olarak Portfolyo Değerlendirme Uygulamasına İlişkin Öğrenci Görüşleri. Türk Egitim Bilimleri Dergisi Kış, 6 (1), 1-24.
Birgin O. & Baki, A. (2009). An investigation of primary school teachers' proficiency perceptions about measurement and assessment methods. The case of Turkey. Procedia Soc. Behav. Sci., 1 (1), 681-685.
Birgin, O. (2011). Pre-service mathematics teachers' views on the use of portfolios in their education as an alternative assessment method. Educational Research and Reviews, 6 (11), 710-721.
Birgin, O., Tutak, T. & Turkdogan, A. (2009). Primary school teachers? views about the new Turkish primary school mathematics curriculum. E-Journal of New World Sciences Academy, 4 (2), 270-280.
Cakan, M. (2004). Öğretmenlerin ölçme-değerlendirme uygulamaları ve yeterlik düzeyleri. İlk ve ortaöğretim. Ankara Üniversitesi Eğitim Bilimleri Fakültesi Dergisi, 37 (2), 99-114.
Cakiroglu, E. & Cakiroglu, J. (2003). Reflections on teacher education in Turkey. European Journal of Teacher Education, 26 (2), 253-264.
Cakmak, M. (2001). Etkili Öğretimin Gerçekleşmesinde Öğretmenin Rolü. Çağdaş Eğitim, 274, 22-26.
Demirli, C. & Gurol, M. (2010). Teacher Candidates' Attitudes and Perceptions towards Electronic Portfolio Process. 21st annual conference of the Society for Information Technology and Teacher Education (SITE), San Diego, CA, USA.
Elken & Yanpar, T. (2006). İlköğretim Sınıf Öğretmeni Adaylarının Sosyal Bilgiler Dersinde Tamamlayıcı Değerlendirme Yaklaşımları Konusundaki Görüşleri. Sosyal Bilimler Araştırmaları Dergisi, 2, 58-75.
Ergun, M. (2001). Üniversitelerde öğretim etkinliğinin geliştirilmesi. 2000 Yılında Türk Milli Eğitim Örgütü veYönetimi Ulusal Sempozyumu, Ankara, 11-13 Ocak 2001, Öğretmen Hüseyin Hüsnü Tekışık Eğitim Araştırma Geliştirme Vakfı Yayınları, 188-192.

Ersoy, F. (2006). Opinions of Teacher Candidates as to the Portfolio Assessment. İlköğretim Online, 5 (1), 85-95.

Gelbal S. & Kelecioglu H. (2007). Teachers' proficiency perceptions of about the measurement and evaluation techniques and the problems they confront. Hacettepe Univ. J. Educ., 33, 135-145.

Gomleksiz, M. & Kan, A. (2010). Sınıf Öğretmeni Adaylarının Alternatif Ölçme-Değerlendirme Yaklaşımlarını Tanıma Düzeylerine İlişkin Bir Değerlendirme. Doğu Anadolu Bölgesi Araştırmaları.

Gozutok, F. D., Akgun, O. E. & Karacaoglu, O. C. (2005). İlköğretim Programlarının Öğretmen Yeterlikleri Açısından Değerlendirilmesi. Yeni İlköğretim Programlarını Değerlendirme Sempozyumunda sunulmuş bildiri. Kayseri: Erciyes Üniveristesi.

Gülbahar, Y. & Tinmaz, H. (2006). Implementing project-based learning and e-portfolio assessment in an undergraduate course. Journal of Research on Technology in Education, 38 (3), 309-327.

Gülbahar, Y. & Köse, F. (2006). Perceptions Of Preservice Teachers About The Use Of Electronic Portfolios For Evaluation. Journal Of Faculty Of Educational Sciences, 39 (2), 75-93.

Gundogdu, K. (2010). Öğretmen adaylarının çoklu oluşturmacı öğrenme ortamı ve çoklu değerlendirme sürecineilişkin görüşleri: bir eylem araştırması. 1. Ulusal Eğitim Programları ve Öğretim Kongresi. EPODER-Balıkesir Üniversitesi.

Haladyna, T. M. (1997). Writing test items to evaluate higher order thinking. Boston: Allyn and Bacon.

Hamilton, L. S. (1994). Validating hands-on science assessments through an Investigation of Response Processes. per presented at the Annual Meeting of the American Educational Research Association (New Orleans, LA).

Hesapcıoglu, M. (2001). Postmodern Toplumda Eğitim, Okul ve İnsan Hakları. İstanbul: Sedar Yayıncılık.

Kabapinar, Y. & Ataman, M. (2010). İlköğretim Sosyal Bilgiler (4-5. Sınıf) Programları'ndaki Ölçme ve Değerlendirme YÖntemlerine İlişkin Öğretmen Görüşleri. İlköğretim Online, 9 (2), 776-791.

Kan, A. (2007). Portfolio Assessment. Hacettepe Üniversitesi Eğitim Fakültesi Dergisi, 32, 133-144.

Kazu, H. & Yorulmaz, M. (2007). Elementary school teachers' opinions and practice related to portfolios.

Proceedings of 16th National Educational Sciences Congress, Ankara: Detay Pub., 382-386.

Korkmaz, H. & Kaptan F. (2005). An Investigation On Using Electronic Portfolio For Assessing Students' Development In Science Education Abstract. The Turkish Online Journal Of Educational Technology – TOJET, 4 (1). URL: http://www.tojet.net/articles/v4i1/4113.pdf (30.01.2013).

Korkmaz, H. & Kaptan, F. (2003). Ilköğretim Fen Öğretmenlerinin Portfolyolarin Uygulanabilirliğine Yönelik Güçlükler Hakkindaki Algilari. Pamukkale Üniversitesi Eğitim Fakültesi Dergisi, 13.

Korkut, F. (2006). Yeni ilköğretim programlarını öğrenci gelişimsel özellikleri açısından incelenmesi. Yeni ilköğretim Programlarını İnceleme ve Değerlendirme Raporu.

Kutlu, Ö., Doğan, C. D. & Karakaya, İ. (2008). Öğrenci Başarısının Belirlenmesi: Performansa ve Portfolyaya Dayalı Durum Belirleme. Ankara: Pegem A Yayıncılık.

Mason, R., Pegler, C. & Weller, M. (2004). E-portfolios: An assessment tool for online courses. British Journal of Educational Technology, 35 (6), 717-727.

McMillan, J. H. (2007). Classroom assessment: principles and practice for effective instruction. (3rd ed). Boston, MA: Pearson.

Morgil, İ., Cingor, N., Erokten, S., Yavuz S. & Oskay, O. (2004). Bilgisyar Destekli Kimya Eğitiminde Portfolyo Çalışmaları. The Turkish Online Journal of Educational Technology – TOJET, 3 (2). URL: http://www.tojet.net/articles/v3i2/3215.pdf (30.01.2013).

Oktay, A. (2001). 21.Yüzyılda Yeni Eğilimler ve Eğitim. 21. Yüzyılda Eğitim ve Türk Eğitim Sistemi. İstanbul.

Oncu, H. (2009). Ölçme ve Değerlendirmede Yeni Bir Yaklaşım: Portfolyo Değerlendirme. TSA/Yıl: 13, S: 1, Nisan (2009) Ozkiraz, A. (2003). Modernleşme Teorileri ve Postmodern Durum. Konya: Çizgi Kitapevi

Ozsevgeç, T. & ve Karamustafaoğlu, S. (2010). Öğretmen Adaylarının Geleneksel Ve Yapılandırmacı Ölçme-Değerlendırme Yaklaşımlarına Yönelik Profilleri. Türk Eğitim Bilimleri Dergisi Bahar, 8 (2), 333-354.

Parlakyıldız, B. (2008). Portfolyoya dayalı değerlendirmenin üniversite öğrencilerinin akademik başarılarına ve bilişsel yaşam becerilerine etkisi. Yayınlanmamış doktora tezi, Gazi Üniversitesi, Ankara.

Paulson, F. L., Paulson, P. R. & Meyer, C. A. (1991). What makes a portfolio a portfolio. Educational Leadership, 58 (5), 60–3.

Pilcher, J. K. (2001). The standards and integrating instructional and assessment practices. Bildiri American Association of Colleges for Teacher Education'ın Dallas.

Simsek, N. (2011). Sosyal Bilgiler Dersinde Alternatif Ölçme Değerlendirme Araçlarinin Kullanilmasi: Nitel Bir Çalişma. Fırat Üniversitesi Sosyal Bilimler Dergisi, 21 (1), 149-168.

Slater, T. F., Ryan, J. M. & Samson, S. L. (1997). Impact and dynamics of portfolio assessment and traditional assessment in a college physics course. Journal of Research in Science Teaching, 34 (3), 255-271.

Smith, C. B. (2003). Alternative forms of assessment. (ERIC: ED 482 404).

Stiggins, R. (1999). Evaluating classroom assessment training in teacher education programs. Educational Measurement: Issues and Practice, Spring, 23-27.

Tasdemir, M., Tasdemir, A. & Yıldırım, K. (2009). İşbirlikli Öğrenme Sürecinde Kullanılan Portfolyo Değerlendirme Sürecinin Öğrenci Başarısı Üzerine Etkisi. Egitimde Kuram ve Uygulama, 5 (1), 53-66.

Turhan, M. & Demirli, C. (2010). The Study On Electronic Portfolios In Vocational Education: The Views Of Teachers And Students In United Kingdom, Denmark, Romania And Turkey. Scientific Research And Essays, 5 (11), 1376-1383.

Valdez, P. S. (2001). Alternative assessment: a monthly portfolio project improves student performance. Science Teacher, 68 (8), 41-43.

Wiggins, G. P. (1993). Assessing student performance: Exploring the purpose and limits of teaching. San Francisco, CA: Jossey-Bass.

Yangın, B. (2005). İlköğretim Türkçe Dersi Öğretim Programı ve Klavuzunun Değerlendirilmesi. Kuram ve Uygulamada Eğitim Bilimleri, 5 (2), 477-516.

Yelken, T. (2009). Öğretmen Adaylarının Portfolyoları Üzerinde Grup Olarak Yaratıcılık Temelli Materyal Geliştirmenin Etkileri. Eğitim ve Bilim Education and Science, 34 (153), 83-98.

Zollman, A. & Jones, D. L. (1994). Accommodating assessment and learning: utilizing portfolios in teacher education with preservice teachers. Paper presented at the annual meeting of the Research Council on Diagnostic and Prescritive Mathematics, Texas, IL.

Elektronische Portfolios als Katalysatoren für Studium und Lehre

Gerd Bräuer, z.Z. Simon Fraser University (Vancouver/Canada), und Stefan Keller, Pädagogische Hochschule Basel

Abstract
Dieser Beitrag identifiziert anhand eines Kooperationsprojektes (Deutschland/Schweiz) zur Arbeit mit elektronischen Portfolios die Handlungsebenen, auf denen der Wirkungsgrad von ePortfolios für authentisches und nachhaltiges Lernen unserer Meinung nach wesentlich beeinflusst wird: (1) die Ebene der Institution bzw. der Impulse zur Implementierung von ePortfolios als Teil von Hochschulentwicklung, (2) die Ebene der Studierenden bzw. deren Reflexionskompetenz, (3) die Ebene der Lehre bzw. der spezifischen Aufgabendidaktik zur Anleitung und Begleitung von reflexiver Praxis.
Schlagwörter: *reflexive Praxis, Aufgabendidaktik, Hochschulentwicklung, Curriculumentwicklung, ePortfolio*

Einleitung

Reflexive Praxis, verstanden als die Fähigkeit, aktuelles Handeln im Kontext von Handlungserfahrung und potentieller Handlungsentwicklung sprachlich abzubilden und zu steuern (Bräuer, in Vorbereitung), wird seit geraumer Zeit in der englischsprachigen Hochschullandschaft als wesentliches Kriterium zur Einschätzung der Wirksamkeit von Studium und Lehre angesehen (vgl. u.a. Cambridge et al. 2009, Cambridge 2012). Den wichtigsten Grund dafür sehen wir in der mit reflexiver Praxis verbundenen Möglichkeit, kompetenz- und bedarfsorientiert zu handeln – auf individueller und institutioneller Ebene. Reflexive Praxis als zentrales hochschuldidaktisches Konzept verspricht also nicht nur verbesserte Studierfähigkeit, sondern ebenso einen potenziell erfolgreicheren Übergang zum Berufsfeld (*employability*).
Dass Portfolios, verstanden als wichtigstes Instrument zur Organisation von reflexiver Praxis, sich inzwischen auch im deutschsprachigen Raum durchzusetzen beginnen, bedeutet jedoch noch lange nicht, dass reflexive Praxis in der Lehre tatsächlich stattfindet. Oft werden Portfolios am Ende von Lehr-Lernprozessen angefügt, um von Seiten der Studierenden Arbeitsprozesse zusammenzufassen und Ergebnisse zu präsentieren bzw. auf Seiten der Institution Leistung zu be-

werten und zu verwalten. Auf diese Weise dominiert nach wie vor *surface learning* -*Wissensrekonstruktion* als Nachvollzug kanonisierter Lehre (vgl. Atherton 2011) anstatt *deep learning* (vgl. ebenda), d.h. die ***Konstruktion*** von Kompetenzen, die am echten Bedarf des jeweils angestrebten Berufsfeldes orientiert sind, daher als persönlich bedeutsam erlebt werden und das Potenzial besitzen, auch im Übergang von Studium zum Beruf nachhaltig zu wirken.

Es ist also zu vermuten, dass der Erfolg von Hochschulen in Zukunft u.a. daran abgelesen werden wird, inwieweit es ihnen gelingt, Lehre, Lernen und Evaluation bzw. Assessment an den sich ständig verändernden Herausforderungen der jeweils angezielten Berufsfelder auszurichten. Eine zentrale Möglichkeit, diese Frage nach der Ausbildungsqualität einer Hochschule zu beantworten, besteht u.E. darin zu klären, welche Rolle reflexiver Praxis im Allgemeinen und elektronischen Portfolios im Besonderen zugewiesen wird. Zur Analyse des Entwicklungsstandes schlagen wir für jede Handlungsebene eine zentrale Kontrollfrage vor und beantworten diese für unser eigenes Kooperationsprojekt.

1 Die Ebene der Institution – Kontrollfrage: Wie unterstützt die Hochschule die Einführung von ePortfolios?

Ein ePortfolio stellt das elektronische Pendant zur traditionellen Portfoliomappe in einer seiner vielfältigen Ausprägungsformen (vgl. Häcker 2006) dar. Es kann einerseits Lernprozesse der Studierenden anregen, dokumentieren und begleiten; andererseits kann es auch der Leistungsschau dienen, indem eine Sammlung der besten Arbeiten auf einem oder mehreren Gebieten dargestellt wird. Unabhängig von seinem Grundcharakter – prozess- oder produktorientiert – soll das ePortfolio zur Förderung und Einschätzung von komplexen Handlungskompetenzen dienen, die im Zentrum eines bestimmten Berufsfeldes stehen. Dafür werden von den Studierenden die im modularisierten Curriculum disparat präsentierten Wissensdomänen zusammengeführt und im Kontext berufspraktischer Handlungskompetenz reflektiert: Was muss ich wissen bzw. können, um Probleme des von mir angestrebten Berufsfeldes lösen zu können?

In unseren beiden ePortfolio-basierten Seminaren in Basel und Freiburg wurde die webbasierte Software „Mahara" verwendet. Diese ermöglicht den Studierenden, Zugriffsberechtigungen auf ihr ePortfolio flexibel zu vergeben und somit die Einsicht in die zu leistende bzw. bereits geleistete Arbeit je nach individuellem und institutionellem Bedarf zu differenzieren. ePortfolios sind also immer zweckbezogen und adressatenorientiert, im Unterschied zu anderen reflexiven Genres wie z.B. den Lerntagebüchern. Im Unterschied zum traditionellen, papierbasierten Portfolio kann diese Zweck- und Adressatenbezogenheit sehr effizient verändert werden, was nicht zuletzt dazu beiträgt, dass digital basierte Portfolioarbeit flexibler auf die Bedürfnisse und Möglichkeiten der Studierenden und Lehrenden ausgerichtet werden kann.

Fallbeschreibung Freiburg
Papierbasierte Portfolioarbeit hat an der Pädagogischen Hochschule Freiburg (Deutschland) eine recht lange Tradition und erreichte durch informellen Austausch unter den Lehrpersonen beachtliche Verbreitung in fast allen Ausbildungsdisziplinen. Impulse auf der institutionellen Ebene zur Einführung von ePortfolios gab es jedoch bisher wenige. Zur Verdeutlichung der Situation ein Beispiel: Bevor das ePortfolio im BA-Studiengang Deutsch als Fremd- und Zweitsprache eingeführt wurde, fand sich zwar der Begriff des Portfolios bereits in der Studien- bzw. Prüfungsordnung, aber es gab weder eine gemeinsame hochschuldidaktische Konzeption zur Durchführung der Portfolioarbeit noch das Bestreben seitens der Hochschule, eine solche durch gezielte Beauftragung (z.B. durch eine Steuergruppe) zu schaffen. Aufgrund dessen wurde das Portfolio v.a. in jenen Ausbildungsmodulen als alternative Form der Leistungsbewertung platziert, von denen man in der Planungsphase des Studienganges annahm, dass sie sich eher weniger zur systematischen Wissensüberprüfung durch schriftliche Examen eignen würden. Portfolios wurden unter diesen Voraussetzungen also vorwiegend als Sammel- und Nachweismappe genutzt anstatt als Medium, mit dem ein Diskurs über das eigene bzw. gemeinsame Lernen praktiziert und somit eine individuell bedeutsame, berufsfeldrelevante Wissenskonstruktion initiiert werden könnte. In so genannten Modulportfolios wurden zwar Informationen aus unterschiedlichen Lehrveranstaltungen innerhalb des jeweiligen Moduls zusammengeführt, jedoch wurden diese kaum gezielt zum seminar- und semesterübergreifenden Lehren und Lernen genutzt. Noch seltener wurden Portfolios aus bereits abgeschlossenen Modulen als Grundlage bzw. Voraussetzung für nachfolgende Module eingesetzt. Mit anderen Worten: Portfolioarbeit fand punktuell (zumeist am Semesterende) und isoliert statt (*surface learning*), anstatt als individuell bedeutsame Ressource direkt in die Lehre eingebunden zu werden, um damit authentische Aufgaben zu schaffen und *deep learning* zu initiieren.

Damit ePortfolios also auf institutioneller Ebene nachhaltig implementiert werden können, müssen sie einen festen Platz im jeweiligen Studiengang haben und dessen Lehr-Lernkultur, v.a. über eine reflexive Aufgabenkultur (siehe Abschn. 3) verändern (vgl. Himpsl 2012: 211). Folgende Fragen können Dozierenden helfen, dies zu prüfen oder sicherzustellen:

Tab. 1: Zentrale Fragen bei der Einführung von E-Portfolios (angelehnt an INP 2010: 6)

Kontextdefinition	Kommunikation	Organisation
Sind klare Ziele für die Arbeit mit dem ePF formuliert und für alle Beteiligten transparent?	Gibt es Rückmeldungen und Einschätzungen zu den Prozessen und Ergebnissen des Lernens?	Welche Art von Produkten müssen erstellt werden? Wie sind diese strukturiert?
Ist der Zweck des Instruments sowie der einzelnen „Ansichten" allen Beteiligten klar?	Wer leistet diese Rückmeldungen wo, wie, wann? Welche Funktionen haben sie genau?	Wird eine gezielte Auswahl unter den Produkten getroffen? Wer entscheidet darüber?
Welchen Status hat das ePF in der Leistungsbewertung. Welche Kriterien gelten dabei?	Wie erfolgt die Kommunikation über die Leistungsbewertung? Welche Konsequenzen ergeben sich daraus?	In welchem Rahmen werden die ePF's wahrgenommen? Wer kann zu welchem Zeitpunkt Einsicht nehmen?

Insbesondere für die Bereiche der Wissenstransformation und Wissenserweiterung, aber auch des zukünftigen Wissenstransfers müssen im ePortfolio Lernaktivitäten initiiert werden, die Studierende nicht nur als rezeptiv aufnehmende, sondern aktiv handelnde Individuen wahrnehmen und entsprechend zum Handeln stimulieren. Dazu gehört die Förderung von Fähigkeiten in den Bereichen des selbstgesteuerten Lernens, der Reflexionsfähigkeit und der Unterstützung des persönlichen Wissensmanagements. Oft müssen auch tendenziell passive Lernstile und -strategien verändert werden, welche die Studierenden über lange Jahre aufgrund von eher input-orientierten Lehr-Lernkulturen aufgebaut und verinnerlicht haben (Himpsl 2012: 83). Wie die Umsetzung der o.g. Prämissen an der PH Freiburg gelungen ist, kann anhand der Konzepte zur ePortfolioarbeit für Lehrende und Studierende auf der Homepage des Freiburger Schreibzentrums (Freiburger Schreibzentrum 2012) durch die LeserInnen dieses Beitrags selbst kritisch eingeschätzt werden.

2 Die Ebene der Studierenden – Kontrollfrage: Wie wird die Reflexionskompetenz der Lernenden entwickelt?

Ein großer Teil der dokumentierten Implementierungen im deutschsprachigen Raum zeigt, dass viele ePortfolios weder eine langfristige Nutzung noch eine nachhaltige Wirkung über das formale Bildungssetting hinaus erreichen (Himpsl 2012: 27) bzw. diese auch nicht anstreben. Diese Konstellation schlägt sich nicht nur im punktuellen Einsatz von Portfolios, sondern auch in der Arbeitshaltung der Studierenden nieder: Die Reflexion wird auf das Semesterende verschoben und „nachträglich" erledigt, d.h. die Arbeitsergebnisse der Studierenden werden v.a. rückblickend dokumentiert und daher oft nur pauschal evaluiert. Wie die beiden folgenden Fallbeschreibungen zeigen, vermuten wir hinter dieser Haltung der Studierenden zwei Gründe, verbunden mit großem Handlungsbedarf nicht nur auf der Seite der Studierenden, sondern auch seitens der Institution: geringe Reflexionskompetenz (s.u. Fallbeschreibung Freiburg) und sehr unterschiedlich ausgeprägte technische Kenntnisse hinsichtlich der Gestaltung der ePortfolios (s.u. Fallbeschreibung Basel).

Fallbeschreibung Freiburg
Unsere Erfahrungen haben vielfach gezeigt, dass Reflexion in Portfolios zumeist auf der Ebene der Dokumentation der von den Studierenden bewältigten Handlungen verharrt, wenn nicht spezielle Aufgaben vorhanden sind, die die komplexe Herausforderung des Reflektierens „herunterbrechen" bzw. in Zwischenschritte zerlegen (*scaffolding*). Für dieses *Scaffolding* haben sich im Freiburger Seminar die folgenden Ebenen der Reflexion bewährt:

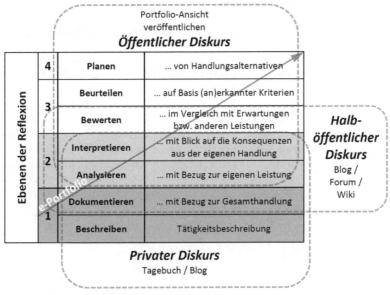

Abb. 1: Grafik: Bräuer &Schindler 2011: 27

Der Übergang von einer Reflexionsebene zur nächsten wurde in Freiburg durch Peer-Feedback bzw. Schreibberatung unterstützt, wobei es darauf ankam, dieses Feedback auf die Textqualität zu konzentrieren und leserorientiert zu gestalten. Anstatt die vorliegende Reflexion aus der Position eines (besser)wissenden Lesers zu kommentieren, erfolgt sie beim so genannten nicht-direktiven Feedback aus der Sicht eines neugierigen Lesers, dessen zentrales Bedürfnis darin besteht, den vorliegenden Text umfassend zu verstehen: Mit Blick auf den Informationsbedarf für die nächste Ebene der Reflexion werden den AutorInnen entsprechende Fragen gestellt, die sie dazu anregen, eben diese nächsthöhere Ebene der Reflexion sprachlich umzusetzen und ihre Textentwürfe entsprechend zu überarbeiten bzw. zu ergänzen. Die Auswertung der Feedback-Protokolle, Textrevisionen und nachfolgenden Interviews lässt dabei vermuten, dass das für die nächsthöhere Reflexionsebene nötige Sprachmaterial bei den Studierenden durchaus vorhanden war, dieses jedoch nicht sofort zum Einsatz kam, weil der kommunikative Bedarf dafür nicht erkannt wurde. Dieser Bedarf wurde den meisten Studierenden erst durch entsprechende Fragen im Peer-Feedback deutlich (vgl. auch *Das Freiburger Schreibzentrum: Infos für Studierende*).

Zur Einschätzung der Reflexionsqualität der ePortfolios wurden die folgenden Kriterien für Feedback und Assessment verwendet (vgl. dazu auch die o.g. Grafik zu den Ebenen der reflexiven Praxis):

Tab. 2: Beurteilungskriterien für zentrale Dimensionen der reflexiven Praxis in ePortfolios

Ebenen der reflexiven Praxis	Ebene 1	Ebene 2	Ebene 3	Ebene 4
Kriterienbeschreibung	Eine Aktivität wird in ihrem Verlauf dokumentiert.	Die Umstände einer Aktivität werden analysiert und interpretiert.	Eine abgeschlossene Aktivität wird evaluiert.	Als Konsequenz aus einer abgeschlossenen Aktivität werden neue Aktivitäten geplant.

Erklärung für die Feedback-Gebenden bzw. die Lehrperson	1 Leser ist nicht in der Lage, die dokumentierte Aktivität als solche zu erkennen.	1 Leser kann die Umstände der Aktivität nicht erkennen.	1 Leser kann den Versuch einer Einschätzung der Aktivität nicht feststellen.	1 Leser kann die Planung nicht erkennen.
	2 Leser kann die "Meilensteine" der dokumentierten Aktivität erkennen.	2 Leser erhält die wichtigsten Hintergrundinformationen zur Aktivität.	2 Leser bemerkt scheinbar zufällig ausgewählte Kriterien der Bewertung der Aktivität.	2 Leser sieht Aspekte anscheinend zufälliger und punktueller Planung
	3 Leser erhält einen umfassenden Eindruck vom Verlauf der Aktivität.	3 Leser erhält eine umfassende Erklärung der Umstände, unter denen sich die Aktivität vollzogen hat.	3 Leser erhält interne und externe Kriterien der Evaluation, die ausreichend beschrieben werden.	3 Leser erhält eine konkrete und durchdachte Planung mit transparenten Beweggründen.

Fallbeschreibung Basel

Vor der „technischen" Einführung in das ePortfolio ist es sinnvoll, die Computerkenntnisse der Lernenden zu erfassen, um so den individuellen Betreuungsaufwand besser abschätzen zu können. Dazu entwickelten wir gemeinsam einen Fragebogen, welcher Angaben zu Dauer, Ort, Häufigkeit, Art der privat genutzten eGeräte und Software-Anwendungen erfasste. Zusätzlich wurde die Nutzung von Websites und Web 2.0-Tools erfragt (Blogs, Wikis, sozialen Netzwerken usw.). In Basel findet zu Beginn jedes Semesters an einem Vormittag eine technische Einführung zu „Mahara" statt, wobei die entsprechenden Funktionalitäten direkt am Beispiel der spezifischen Lernaufträge des Seminars demonstriert und unter kompetenter Anleitung geübt wurden. Während des gesamten Semesters erhalten die Studierenden Support über E-Mail, wofür TutorInnen zum Einsatz kommen. Solche niederschwelligen Hilfen sind wichtig, um Frustrationen zu vermeiden und zu verhindern, dass technische Belange die Sicht auf das fachliche Lernen verstellen bzw. die Quantität der reflexiven Praxis vom Aneignungsgrad der technischen Fähigkeiten negativ beeinflusst wird.

3 Die hochschuldidaktische Ebene – Kontrollfrage: Welche konkreten Aufgaben braucht die Anleitung und Begleitung reflexiver Praxis im ePortfolio?

Das Aufgabenarrangement, das wir in Basel und Freiburg zur Anleitung und Begleitung von reflexiver Praxis zum Einsatz brachten, beruhte auf den u.g. drei Zielbereichen, welche von drei unterschiedlichen Schreibanregungen flankiert wurden.

Zielbereiche der Aufgaben:
1. Das Verstehen von wissenschaftlichen Texten.
2. Die Analyse des individuellen Lern- und Schreibhandelns in Studium und/ oder Beruf.
3. Das Entwickeln von Perspektiven für die eigene berufliche Praxis.

Der Fakt, dass dieses Aufgabenarrangement von unseren beiden verschiedenen Zielgruppen (in Freiburg Studienanfänger, in Basel Studierende in einer konsekutiven Ausbildung mit Masterabschluss im Unterrichtsfach) ähnlich positiv aufgenommen wurde, deutet darauf hin, dass diese Form des Herunterbrechens (*scaffolding*) von reflexiver Praxis grundsätzlich notwendig ist für Portfolioarbeit. Die folgenden Schreibanregungen waren währen des gesamten Semesters auf einer HTML-Struktur, einer so genannten „FolioQuest", zugänglich (Das Freiburger Schreibzentrum 2012):
1. Linguistische Prompts: Dienen der Initiierung individueller Textproduktion oder Lernarbeit der Studierenden (z.B. „Lesen Sie den Text nochmals genau durch und machen Sie sich klar, was Sie noch nicht genau verstanden haben").
2. Prozedurale Prompts: Sollen die Art und Weise beeinflussen, wie Studierende ihr Lernen planen und regulieren (z.B. durch Austausch mit Peers).
3. Institutionelle Prompts: Stellen offizielle Dokumente der Hochschulen dar, die das ePortfolio durch Konzepte als Ganzes sowie dessen Stellenwert in der Ausbildung beschreiben (z.B. Leistungsbeurteilung, Beurteilungskriterien).

Im o.g. Aufgabenarrangement steht Reflexionsfähigkeit im Mittelpunkt, und zwar bezogen auf das Erfahrungswissen in Studium bzw. Beruf, welches im Rahmen der Ausbildung erweitert und transformiert werden soll. Wenn die Auseinandersetzung damit zu selbstbestimmtem Lernen führen soll, müssen die Intentionen und Motivationen der Lernenden in den Vordergrund rücken, damit es zu einer Identifikation mit dem ePortfolio kommen kann (vgl. Himpsl 2012: 63). Bei der Aufgabe „Verstehen von wissenschaftlichen Texten" bedeutet dies, dass die Studierenden ihre persönlichen Fragen zu einem wissenschaftlichen Text den anderen Teilnehmern zugänglich machen, wobei diese Fragen später auch die Diskussion im Seminar strukturieren helfen. Einerseits rücken damit persönliche Aspekte bei der Auseinandersetzung mit dem Material in den Vordergrund, andererseits werden reflexive Prozesse angeleitet, welche unmittelbar an einen Lerngegenstand gebunden und in die Lebenswirklichkeit der Lernenden eingebettet sind (vgl. Dewey 1938: 36 ff.).

Eine weitere Funktion des o.g. Aufgabenarrangements ist die Initiierung nachhaltigen Lernens (*deep learning*), eine Qualität, die von den Studierenden im ePortfolio systematisch nachgewiesen werden soll. Die Studierenden sollen in kompakter, übersichtlicher Form die erworbenen Kompetenzen veranschaulichen, wobei neben Fachwissen auch metakognitive und reflexive Leistungen sowie Lernstrategien dokumentiert werden sollen. Die für das ePortfolio verwendete Software bietet dazu vielfältige Gestaltungsmöglichkeiten, indem neben Texten auch Fotos, Videos, Links, Materialien zum Download usw. einbezogen werden können. Zum produktiven Umgang damit müssen die Lernenden kritische Fähigkeiten des Schreibens und Darstellens entwickeln, wenn wirklich kohärente und gut lesbare Hypertexte entstehen sollen anstatt mehr oder weniger zufällig zu Stande gekommene Materialsammlungen. Zur Einschätzung der Lernqualität wurden die folgenden Kriterien für Feedback und Assessment verwendet:

Tab. 3: Raster zur Beurteilung von Lernqualität in ePortfolios

Rubrik	Niveaustufe 1	Niveaustufe 2	Niveaustufe 3
	Material wird ohne weiteren Handlungszusammenhang hochgeladen oder verschoben.	Material wird mit minimalen Konsequenzen für die weiterführende Handlung hochgeladen oder verschoben.	Material wird mit umfassenden Konsequenzen für die weiterführende Handlung hochgeladen oder verschoben.
Erklärung der Rubrik	Das Material wird durch die ePortfolio-AutorIn/den Autor zufällig und ohne weiteren Zusammenhang zu anderen Informationen präsentiert.	Die ePortfolio-AutorIn/der Autor verknüpft zwei oder mehrere Materialien.	Die ePortfolio-AutorIn/der Autor verknüpft zwei oder mehrere Materialien auf eine bestimmte Weise, sodass eine weiterführende Bedeutung der Verknüpfung erkennbar wird.

Abschließende Bemerkungen

Der Einsatz von ePortfolios führt also von konventionellen und punktuellen Formen der Leistungsfeststellung weg und bietet die Möglichkeit einer langfristigen Dokumentation, die sich an einem breiten und inklusiven Konzept von Leistung orientiert. Diese Erweiterung ist dringend notwendig, wie die einleitenden Bemerkungen gezeigt haben: Wenn die Komplexität, der Herausforderungsgehalt sowie die Zumutung an Eigeninitiative und Selbstständigkeit, die sich mit „deep learning" verbinden, in den Test- oder Prüfungsformen nicht vorkommen, wird produktive Lehrarbeit „von hinten" wieder demontiert. Die Beurteilungskultur übt besonders auf die Lernenden selber eine starke Rückwirkung aus und bestimmt, wie sie den Unterricht sehen: „[I]f we wish to discover the truth about an educational system, we must look into its assessment procedures" (Rowntree 1977: 1).

Unabhängig davon, welches Kompetenzmodell im Einzelfall zu Grunde gelegt wird, tatsächlich nachgewiesen werden kann „deep learning" nur in realen und möglichst komplexen Handlungssituationen. In Basel sind dies die „teaching units", welche die Studierenden zu zentralen Themen des Englischunterrichts erstellen, in Freiburg wird das Portfolio als Prüfungsleistung für das erste Ausbildungsmodul von Studienanfängern eingesetzt und schafft somit eine Grundlage für die Studierfähigkeit im Verlaufe der nachfolgenden Semester.

Sowohl in Basel als auch in Freiburg wird das ePortfolio am Ende eines Kurses mit „pass/fail" bewertet, wobei kriterienorientierte Assessments (siehe u.a. die o.g. Beurteilungsraster) zur Anwendung kommen. Am Ende des Studiums findet eine mündliche Prüfung auf der Basis des gesamten (studienbegleitenden) ePortfolios statt, wobei ausgewählte Einlagen noch einmal vertieft reflektiert und vor dem Hintergrund wissenschaftlicher Theorien und Befunde im Prüfungsgespräch diskutiert werden. Die Bewertung erfolgt zu 50% auf Grund des vorliegenden Portfolios und zu 50% auf Grund der mündlichen Leistung. Prüfungsgespräche laufen so entspannter, aber gleichzeitig gehaltvoller ab als früher: Die Lernenden können detailliert aufzeigen, welche Handlungskompetenzen sie erworben haben und wie sie diese zu wissenschaftlichen Befunden der Fachdidaktik in Bezug setzen. Die Abschlussnote hängt damit nicht alleine von der „Tagesform" in der Prüfung ab, sondern kann stärkenorientiert langfristig angepeilt werden.

Mit dieser Kompetenz-Bilanzierung am Ende der Hochschulausbildung ist die Schnittstelle erreicht zwischen Studium und Berufsleben, wofür das ePortfolio wiederum wichtige Funktionen für den Übergang übernehmen kann. Darin gespeicherte Kompetenznachweise können neu zusammengestellt und einem zukünftigen Arbeitgeber als „Bewerbungsportfolio" zugänglich gemacht werden (z.B. als „geheime URL"). Im Sinne des „lifelong learning" wird dabei auch der Übergang in neue Diskurs- bzw. Praxisgemeinschaften unterstützt, wobei die Entwicklung und Dokumentation von professioneller Handlungskompetenz auch nach dem Verlassen der Hochschule fortgeführt wird. Angesichts der erst beginnenden Verbreitung von ePortfolios in vielen Berufsfeldern ist dieser Anspruch – zumindest zum heutigen Zeitpunkt – jedoch noch Zukunftsmusik.

Literatur

Atherton J. S. (2011). *Learning and Teaching; Deep and Surface learning.* URL: http://www.learningandteaching.info/learning/deepsurf.htm (19.09.2012).

Berendt, B. (2001). From Teaching to Active Learning in Higher Education – A Research-oriented Concept for Staff Development Workshops. In UNESCO (Hrsg.), *The University of the 21st Century* (S. 415-434). Paris: Muscat.

Bräuer, G. (2012). *Rubrics* als gemeinsames Denkwerkzeug: Portfolio-Einführung im Spannungsfeld von Unterrichts- und Schulentwicklung. In G. Bräuer, M. Keller & F. Winter (Hrsg.), *Portfolio macht Schule. Unterrichts- und Schulentwicklung mit Portfolio* (S. 188-198). Seelze-Velber: Klett/Kallmeyer.

Bräuer, G. & Schindler, K. (Hrsg.) (2011): Schreibarrangements für Schule, Studium und Beruf. Freiburg i. Breisgau: Fillibach Verlag.

Bräuer, G. (in Vorbereitung, 2013). *Reflexive Praxis an Hochschule und Universität. Das Portfolio als Kommunikationsmedium zwischen Lehrenden, Studierenden und der Institution.* Reihe UTB-S Kompetent lehren. Leverkusen, Opladen: Verlag Barbara Budrich.

Cambridge, D. (Hrsg.) (2012). *E-Portfolios and Global Diffusion: Solutions for Collaborative Education.* Hershey, PA: IGI Global.

Cambridge, D., Cambridge, B. & Yancey, K. B. (2009). *Electronic Portfolios 2.0: Emergent Research on Implementation and Impact.* Sterling, VA: Stylus.

Das Freiburger Schreibzentrum. URL: https://www.ph-freiburg.de/hochschule/weitere-einrichtungen/schreibzentrum/laufende-projekte/studienbegleitendes-eportfolio.html (19.09.12).

Das Freiburger Schreibzentrum. *Infos für Studierende.* URL: https://www.ph-freiburg.de/hochschule/weitere-einrichtungen/schreibzentrum/laufende-projekte/studienbegleitendes-eportfolio/fuer-studierende.html (19.09.12).

Das Freiburger Schreibzentrum. *Infos für Lehrende.* URL: https://www.ph-freiburg.de/hochschule/weitere-einrichtungen/schreibzentrum/laufende-projekte/studienbegleitendes-eportfolio/fuer-lehrende.html (19.09.12).

Dewey, J. (1938). *Experience and Education* (neu herausgegeben 1997). New York: Touchstone.

Häcker, T. (2006). Vielfalt der Portfoliobegriffe. Annäherung an ein schwer fassbares Konzept. In I. Brunner, T. Häcker & F. Winter (Hrsg.), *Das Handbuch Portfolioarbeit. Konzepte, Erfahrungen, Anregungen aus Schule und Lehrerbildung* (S. 33-39). Seelze-Velber: Klett/Kallmeyer.

Himpsl-Gutermann, K. (2012). *E-Portfolios in der universitären Weiterbildung.* Boizenburg: Hülsbusch.

INP: Internationales Netzwerk Portfolioarbeit (2010). *Was gehört zu guter Portfolioarbeit?* Berlin, November 2010. URL: http://www.portfolio-schule.de (20.09.2012).

Rhodes, T. (2010). *Assessing Outcomes and Improving Achievement: Tips and Tools for Using Rubrics.* Washington, DC: Association of American Colleges and Universities.

Rowntree, D. (1977). *Assessing Students: How shall we know them?* London: Kogan Page.

E-Portfolios als Karrierebegleiter in der Schule – vom eigenen Lehrportfolio zur Medienbildung

Klaus Himpsl-Gutermann, Donau-Universität Krems, und
Peter Groißböck, Pädagogische Hochschule Niederösterreich

Abstracts
„Teaching Portfolios" haben im angloamerikanischen Raum eine langjährige Tradition. Der Beitrag plädiert für einen Einsatz von Lehrportfolios in der Lehrer/innenbildung in elektronischer Form, wodurch ein Mehrwert hinsichtlich dreier Aspekte entstehen kann. Erstens ermöglichen E-Portfolios unterschiedliche multimediale Ausdrucks- und Gestaltungsformen sowie Kommunikation, Kollaboration und Vernetzung mit anderen über das Web. Zweitens bietet das E-Portfolio in seinem Facettenreichtum verschiedene Nutzungsvarianten im Laufe der Karriere einer Lehrperson: vom Lernportfolio im Grundstudium über ein Reflexionsportfolio zur Unterstützung von „Peer-Learning" und Mentoringprozessen in der schwierigen Berufseinstiegsphase bis hin zu einem Präsentationsportfolio zur Weiterentwicklung der Karriere. Und schließlich kann das E-Portfolio drittens auch als Methode im eigenen Unterricht eingesetzt werden und einen wichtigen Beitrag zu einer ganzheitlichen Medienbildung in der Schule leisten.

Schlagwörter: *E-Portfolio, Lehrportfolio, Medienbildung, Mentoring, Reflexion*

„Teaching Portfolios" im Hochschulkontext

„Teaching Portfolios" haben im angloamerikanischen Sprachraum eine langjährige Tradition, deren Ursprung in Kanada liegt. Dort wurde bereits 1980 eine Broschüre mit dem Titel „Guide to the Teaching Dossier: Its Preparation and Use" veröffentlicht, um in den Hochschulen mehr Aufmerksamkeit auf die bis dato vernachlässigte und unterbewertete Lehrtätigkeit zu lenken (vgl. Queis 2012: 22). Das kanadische Modell wurde Ende der 1980er Jahre sowohl in Australien als auch in den USA aufgegriffen, wobei der Begriff „Dossier" durch „Portfolio" ersetzt wurde. Wegweisend wurde eine Monographie von Peter Seldin mit dem Titel „The Teaching Portfolio: A Practical Guide to Improved Performance and Promotion/Tenure Decisions", die inzwischen in vierter Auflage erschienen ist (vgl. ebd.: 23). Wie der Titel bereits verrät, wurden mit dem Lehrportfolio zwei Hauptziele verfolgt: Einerseits sollten auf Grundlage eines stärker standardisier-

ten Lehrportfolios personelle Laufbahnentscheidungen in einer Fakultät getroffen werden, andererseits sollte eine freiere Form des Portfolios dazu dienen, die eigenen Lehrkompetenzen weiterzuentwickeln (vgl. Seldin et al. 2010: 6). Auch wenn zuverlässige Zahlen nicht leicht zu bekommen sind, so kann davon ausgegangen werden, dass aktuell mehr als 2500 Colleges und Universitäten in den USA und Kanada mit Lehrportfolios arbeiten (vgl. ebd.: 4).
Von solchen Zahlen kann im deutschsprachigen Raum nur geträumt werden. Auch wenn bereits 1993 mit dem „Hamburger Lehrportfolio-Modell" eine Übertragung auf deutsche Hochschulverhältnisse vorgenommen wurde (vgl. Queis 1993), so finden Lehrportfolios dennoch erst in den letzten Jahren eine gewisse Anerkennung. Hauptgrund für die geringe Verbreitung ist sicherlich die Tatsache, dass für Laufbahnentscheidungen an Hochschulen vorwiegend Forschungsleistungen und Publikationen herangezogen werden. Auch im schulischen Kontext spielen Lehrportfolios im deutschen Sprachraum eine geringe Rolle, ganz im Gegensatz zu den USA, wo viele Bildungsinstitutionen bei Bewerbungen von Junglehrern und -lehrerinnen Portfolios verlangen, die dann als Grundlage für eine etwaige Anstellung dienen. Doch nicht nur Junglehrer/innen, sondern auch erfahrene Pädagogen und Pädagoginnen erstellen „Teaching Portfolios" zur Darstellung ihrer Entwicklung und Schwerpunktsetzung in ihrer schulischen Arbeit, zum Beispiel in Zeiten beruflicher Veränderung und Neuorientierung. Bei der Erstellung eines solchen Portfolios werden unter anderem Berichte von Klassenbeobachtungen, repräsentative Unterrichtsmaterialien und reflexive Statements eingebunden, die über die Unterrichtsphilosophie und bevorzugte Methoden Auskunft geben. Dabei geht es in erster Linie um das Erstellen von Materialiensammlungen und Reflexionen ihrer eigenen Arbeit, um Grundsätze und Aktivitäten neu zu betrachten, Strategien, Methoden und Prioritäten zu überdenken und für die Zukunft zu planen (vgl. Seldin et al. 2010: 5).
Die Gestaltung eines Lehrportfolios ist mit einem hohen Aufwand verbunden. Eine Zusammenschau der verschiedenen angelsächsischen Modelle ergibt einen Katalog von annähernd 50 Punkten, die in ein Lehrportfolio aufgenommen werden könnten (vgl. Queis 2012: 23). Im Hamburger Modell wurden diese auf acht Hauptkapitel, später auf fünf Kapitel reduziert: Lehrphilosophie, Lehrpraxis, weiteres Engagement in der Lehre, Perspektiven für die Zukunft sowie ein Anhang mit Belegen (vgl. ebd.: 24). Bei einer fehlenden formalen Anerkennung für das Lehrportfolio ist deshalb leicht verständlich, dass nur wenige Engagierte aus einer intrinsischen Motivation heraus ein Portfolio zur Verbesserung der eigenen Lehrkompetenz pflegen. Motivationshemmend könnte überdies sein, dass die aufwändig gestaltete Portfoliomappe meist nur wenige Personen zu sehen bekommen – ein Umstand, der für die besser zugängliche digitale Variante des Portfolios spricht.

Die elektronische Variante des Lehrportfolios

Das E-Portfolio ist das elektronische Pendant zur Portfoliomappe, das mit Hilfe einer speziell dafür entwickelten, webbasierenden Software gestaltet werden kann. Die Texte zur Beschreibung der eigenen Lehrphilosophie etc. werden mit einem Editor verfasst und online gespeichert, zugehörige Kompetenznachweise werden digitalisiert und auf die Portfolioplattform hochgeladen. Die E-Portfolio-Software bietet die Möglichkeit, die gesammelten Artefakte zu verwalten, eine Auswahl daraus zweckbezogen zusammenzustellen und einer gewünschten Zielgruppe zu präsentieren. Das Portfolio selbst ähnelt einer Homepage, mit dem Unterschied, dass dieses nicht notwendig öffentlich präsentiert wird, sondern gezielt einzelnen Personen oder Personengruppen Zugriff gewährt werden kann. Abbildung 1 zeigt den Grundaufbau eines E-Portfolios in einer 3-Schichten-Struktur, wie er beispielsweise mit Hilfe der E-Portfolio-Software Mahara realisiert werden kann (vgl. Himpsl-Gutermann 2012: 269).

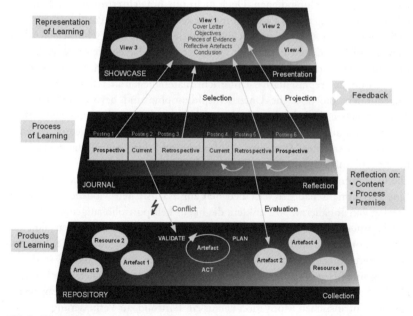

Abb. 1: Die 3-Schichten-Struktur des E-Portfolios nach Himpsl-Gutermann (2012: 269)

Gemäß dieser Struktur besteht das E-Portfolio aus den drei Schichten Products of Learning, Process of Learning und Representation of Learning, die man sich übereinander angeordnet vorstellen kann. Die unterste Schicht, Products of Learning, dient der Sammlung (Collection) und ist ein sog. Repository, also vergleichbar einem Ordner, in dem die Ressourcen und Ergebnisse der eigenen Lernhandlungen geordnet abgelegt werden. Die Artefakte verschiedener medialer Kodierung werden bereits digital erstellt oder nachträglich digitalisiert und zur besseren Orientierung möglichst genau beschrieben und beschlagwortet.

Eine Ebene darüber liegt die Schicht Process of Learning, in der die Planung, Beobachtung und Steuerung des eigenen Lernprozesses sowie die Selbstevaluation der Artefakte abgebildet sind. Diese Schicht kann mit einem Lerntagebuch gleichgesetzt werden, in dem Beiträge zur Reflexion des eigenen Lernprozesses verfasst und in chronologischer Reihenfolge abgelegt werden. Die Reflexionen können in zwei Dimensionen unterschieden werden: Eine Dimension ist die zeitliche Perspektive, die sie einnehmen können. Sie wird in Current (gegenwärtig), Retrospective (rückblickend) und Prospective (vorausblickend) eingeteilt (vgl. Baumgartner 2009: 39). Außerdem kann als zweite Dimension nach dem Gegenstand, mit dem sich die Reflexion beschäftigt, in Anlehnung an Mezirow (1991) in Content (Inhalt, „WAS"), Process (Verlauf, Strategien, „WIE") und Premise (Voraussetzungen, Annahmen, „WARUM") differenziert werden. Bezieht sich ein Reflexionsbeitrag auf ein bestimmtes Artefakt (= reflective artefact), wird eine Referenz eingefügt, die aufgrund der webbasierenden Struktur als Hyperlink realisiert werden kann.

Die oberste Ebene des E-Portfolios heißt in Anlehnung an Moon (1999: 154) Representation of Learning. Diese Schicht könnte auch als Showcase oder Schaufenster des Lernens bezeichnet werden (vgl. Bräuer 2000: 22). Jede Portfolioansicht steht für eine Repräsentation des eigenen Lernens, mit der zu verschiedenen Zwecken und für unterschiedliche Zielgruppen Einblick in die eigenen Lernergebnisse gewährt wird. Neben Pflichtelementen wie einem Cover Letter und Informationen zur Person werden zu den Lernzielen passende Kompetenznachweise ausgewählt, die in der Regel aus „Reflective Artefacts" bestehen. Ein persönliches Fazit zur Selbstevaluation und ein Ausblick komplettieren die Portfolioansicht.

Über das Internet besteht die Möglichkeit, verschiedenen Zielgruppen – beispielsweise Kolleginnen und Kollegen, Mentorinnen und Mentoren, Prüferinnen und Prüfern etc. – zur selben Zeit verschiedene Ansichten (View1, View2, etc.) des eigenen Portfolios zu präsentieren und Feedback einzuholen. Außerdem können in der digitalen Form unterschiedliche Medien eingebunden werden, wie beispielsweise Audiodateien, Videos, Linksammlungen, Foliensätze, Grafiken, etc. Diesen Vorteilen stehen aber auch Hürden gegenüber, die insbesondere zu Beginn auftreten, wenn die Bedienung der Portfoliosoftware noch ungewohnt ist (vgl. Treeck & Hannemann 2012: 222): Einzubindende Dokumente müssen erst digitalisiert werden, Datenschutz- und Urheberrechtsbedenken können auftreten, eventuell können Face-to-Face-Kommunikationskanäle verloren gehen oder online gestellte persönliche Reflexionen könnten missbraucht werden. Nichtsdestotrotz könnte die elektronische Variante aufgrund der vielseitigen Verwendbarkeit zu einer stärkeren Verbreitung von Lehrportfolios führen, wie beispielsweise Himpsl-Gutermann & Bauer (2011) konstatieren. Aufgrund des hohen Aufwands für die Erstellung und Pflege eines E-Portfolios empfehlen die beiden Autoren eine Verwendung des E-Portfolios in drei Phasen der Lehrer/innenbildung[1] (vgl. ebd.: 24ff.):

Phase 1 – das Lernportfolio im Lehramtsstudium:
Begleitend zu einzelnen Lehrveranstaltungen soll bereits im Lehramts-Grundstudium in die Portfolioarbeit und die Bedienung der E-Portfolio-Software eingeführt werden. Dabei steht der Aspekt im Vordergrund, dass die Studierenden sich Wissen und Kompetenzen in einer Domäne aneignen und an die Reflexion herangeführt werden – das Portfolio hat also eher formativen Charakter (vgl. Baumgartner & Himpsl-Gutermann 2011: 209). Über die webbasierte E-Portfolio-Software erhalten die Lernenden Rückmeldungen von Peers sowie Tutorinnen und Tutoren, somit wird der Austausch in der Lerngruppe gefördert und eine Feedback-Kultur erlernt und gepflegt. Gegen Ende des Studiums kann dieses E-Portfolio eine erste Form eines „Teaching Portfolios" annehmen.

Phase 2 – das Reflexionsportfolio zum Berufseinstieg:
Nach dem Studium erfahren viele Lehrer/innen einen sogenannten „Praxisschock", wenn sie die ersten Unterrichtserfahrungen unter hoher Stundenbelastung sammeln. In dieser Phase ist persönliche Unterstützung in einer sicheren Umgebung wichtig, in der Probleme besprochen werden können, ohne dass dabei gleichzeitig die Kompetenz beurteilt wird. Über das E-Portfolio kann in dieser Phase einerseits Kontakt zu den „Peers" aus dem Lehramtsstudium aufrechterhalten werden, andererseits kann das Portfolio als Arbeitsgrundlage für Beratungsgespräche dienen, die mit Mentorinnen und Mentoren an der Einsatzschule vor Ort geführt werden. Gegenüber dem Lernportfolio aus Phase 1 steht hier weniger der Neuerwerb von Wissen und Kompetenzen im Vordergrund, sondern die Reflexion der eigenen beruflichen Praxis im Sinne eines „Reflective Practitioner" (vgl. Schön 1983) sowie die Rückkopplung mit dem im Studium erworbenen Hintergrundwissen. Aufbauend auf den ersten Praxiserfahrungen und den zugehörigen Reflexionen wird das Lehrportfolio aus dem Studium ergänzt.

Phase 3 – Entwicklungs- und Präsentationsportfolio für die Weiterbildung:
Für eine kontinuierliche Professionalisierung und Spezialisierung der Lehrkräfte soll das Lehrportfolio sukzessive weitergeführt werden. Neben persönlichen

---

[1] Die folgenden Phasen orientieren sich an der einphasigen Erstausbildung in der Schweiz, sind aber sinngemäß natürlich auch auf eine andere Phasenstruktur wie in Deutschland übertragbar.

Entwicklungsplänen der einzelnen Lehrpersonen könnten dabei auch schulische Fortbildungspläne Eingang in die E-Portfolios finden. Außerdem könnte das Lehrportfolio – dem angloamerikanischen Vorbild folgend – bei konkreten Karriereschritten eine wichtige Planungs- und Entscheidungsgrundlage sein.

Besonders schwierig ist für Junglehrer/innen die Phase 2, also der Berufseinstieg, wenn sie nach dem Studium und Praktikum zum ersten Mal mehr oder weniger auf sich allein gestellt in der Klasse stehen. Unter starkem zeitlichem und psychischem Druck werden eher zufällig Routinen zur Bewältigung des beruflichen Alltags entwickelt, die häufig sehr prägend sind und in der Lehrer/innenlaufbahn beibehalten werden (vgl. Herrmann & Hertramph 2000). Erstaunlicherweise sind dabei sogar Eindrücke aus der eigenen Schulzeit wesentlich prägend für den Unterrichtsstil, den Lehrer/innen in dieser Anfangsphase entwickeln (vgl. Dick 1997: 29). Um das eigene Berufshandeln von Beginn an als reflektierte Praxis zu gestalten, empfehlen Härtel et al. (2010: 67) für die Berufseinstiegsphase ein differenziertes Unterstützungssystem. Neben dem Austausch mit „Peers", die sich in der gleichen Situation befinden und häufig mit den gleichen Problemen zu kämpfen haben, kommt dabei Gesprächen mit erfahrenen Kollegen und Kolleginnen eine große Bedeutung zu, die als Mentoren und Mentorinnen den Neulingen beratend zur Seite stehen. Beides lässt sich durch eine geeignete E-Portfolio-Lösung sehr gut unterstützen, wie im Folgenden gezeigt wird. Besonders wichtig ist, dass die einzelnen Phasen nicht isoliert gesehen werden – so weist beispielsweise die Metastudie von Wang et al. (2008: 148) darauf hin, einen möglichst kontinuierlichen, gut abgestimmten Übergang zwischen Phase 1 und Phase 2 zu schaffen. Ein Lehrportfolio, das über einen längeren Zeitraum gepflegt wird, könnte dieses Kontinuum unterstützen und die Effizienz des Mentorings in Phase 2 steigern.

Mentoring in der Berufseinstiegsphase

Mentoring hat in den letzten Jahren sehr stark an Aufmerksamkeit und Popularität in der Öffentlichkeit gewonnen. Dass junge Menschen in verschiedensten beruflichen Feldern unterstützende Beziehungen mit erfahreneren Menschen brauchen, um sich weiterentwickeln zu können, hat auch im Bildungsbereich Einzug gehalten. Dies zeigt sich u.a. daran, dass es in der Lehrer/innenbildung inzwischen Kurse zur Ausbildung von Mentoren/Mentorinnen, Kompetenzprofile für gute Mentoren/Mentorinnen sowie ein Netzwerk zum Austausch von Best-Practice-Beispielen zu Mentoring gibt (vgl. Fischer et al. 2008: 7). Aufgrund des komplexen Aufgabenprofils ist es allerdings nicht leicht, handlungsleitende Empfehlungen für ein erfolgreiches Mentoring zu geben.

Wang und Odell (2002) unterscheiden drei Ansätze, die allerdings nicht in scharfer Abgrenzung voneinander zu sehen sind, sondern auch phasenweise ineinander übergehen können. Im „situated apprentice approach" werden – angelehnt an das klassische Lehrling-Meister-Verhältnis – vor allem methodische Anregungen für die Unterrichtspraxis und Klassenführung gegeben, der Mentor bzw. die Mentorin dient als Vorbild einer erfahrenen und kompetenten Lehrkraft. Beim „humanistic approach" ist das vertrauensvolle Verhältnis zwischen Mentor/in und Mentee von größerer Bedeutung. In einer ‚warmen Atmosphäre' sollte der Mentor bzw. die Mentorin durch positives Feedback und kollegiale Solidarität motivierend einwirken und das Selbstbewusstsein stärken. „Gute MentorInnen haben Fühler für die Bedürfnisse der Mentees; sie sind reife Erwachsene mit einem ausgeglichenen Gefühlsleben; sie haben eine breite Lebenserfahrung und sind erfahrene Lehrer und Lehrerinnen, die zuhören und mitfühlen können" (Väisänen 2003: 19). Im „critical constructivist approach" geht es stärker darum, aus einer selbstkritischen Haltung heraus die eigenen Lehrkompetenzen weiterzuentwickeln. Dieser Ansatz bedingt eine Form von Lerngemeinschaft zwischen Mentor/in und Mentee, um mit kollaborativen Problemlösestrategien neue Wege des Unterrichtens zu erforschen und einzuschlagen, die durch E-Portfolios begleitet werden können. Speziell bei dieser Form profitieren auch die Mentorinnen und Mentoren in der Weiterentwicklung ihrer professionellen Entwicklung aus der Mentoringtätigkeit (vgl. McCormack 2007: 8).

Selbstreflexion und kritisch-konstruktives Feedback sind nicht nur wichtige Säulen erfolgreicher Portfolioarbeit (vgl. Häcker 2007), sondern auch erfolgreichen Mentorings. Deshalb steht bei vielen Mentoring-Ansätzen die Kommunikation zwischen Mentor/in und Mentee im Vordergrund. Niggli (2003) unterscheidet beispielsweise in seinem Modell zwischen drei Gesprächsebenen, die gleichzeitig als drei Phasen im Mentoringprozess gesehen werden können. Das praktische Tun des Unterrichtens wird auf der ersten Ebene durch Feedback und vorsichtiges Nachfragen erörtert, um das Lehrverhalten bewusst zu machen und für künftige Lehrauftritte zu verbessern. Die Reflexion, die diesen Gesprächen zugrundeliegt, könnte als „reflection-on-action" nach Schön (1983) bezeichnet werden, bei dem eher das „Was" des Unterrichtens im Sinne Mezirows (1991) thematisiert wird – nach Wang und Odell (2002) entspräche dies am ehesten dem „situated apprenticeship". Auf der zweiten Ebene werden die praktischen Lehrhandlungen mit theoretischem Hintergrundwissen in Beziehung gesetzt, es steht das „Wie" des Unterrichtens im Vordergrund, das in den Mentoringgesprächen reflektiert und rekonstruiert wird. Auf der dritten Ebene schließlich geht es um Ziele, Werte und Motivationen, also um das pädagogische Selbstverständnis, das Mezirow mit „Premise" bezeichnet, wobei vorwiegend Fragen des „Warum" erörtert werden – hier reicht das Mentoring fast an ein persönliches Coaching heran. Wenngleich beim Mentoring die unmittelbaren, persönlichen Gespräche im Mittelpunkt der gemeinsamen Reflexionsprozesse stehen, so ist die persönliche Reflexion vor, während und nach dem pädagogischen Handeln, die über das E-Portfolio unterstützt werden kann, eine wichtige Grundlage des Mentorings. Prop et al. (2007) sehen Portfolio-Mentoren/Mentorinnen in drei verschiedenen Rollen: als „Contact Coaches" zu Beginn der Mentoringbeziehung, als „Coaches on Demand" eher gegen Ende hin und dazwischen immer wieder als „Buddy", die den Mentees mit Rat und Tat zur Seite stehen.

Elektronische Lehrportfolios als Brücke zur Medienbildung in der Schule

Ein weiteres wesentliches Argument spricht für die Verwendung von Lehrportfolios in elektronischer Form: Können sich die Lehrer/innen nämlich mit dem E-Portfolio als Methode identifizieren, so ist die Chance hoch, dass diese auch im eigenen Unterricht eingesetzt werden (vgl. Himpsl-Gutermann 2012: 190). Das E-Portfolio könnte demnach ein Reforminstrument darstellen, um den sogenannten „Teufelskreis der Medienbildung" zu durchbrechen (siehe Abb. 2). Dieser stellt das ernüchternde Fazit einer Studie der Universität Hamburg dar, in der die Situation an Schulen und in der Lehrer/innenbildung in Deutschland in allen Bundesländern 2009 hinsichtlich des Stellenwerts der Medienkompetenzförderung analysiert wurde (vgl. Kammerl & Ostermann 2010).

Abb. 2: Teufelskreis der Medienbildung (Quelle: Kammerl & Ostermann 2010: 49)

Der Studie nach findet eine systematische Medienbildung in der Schule nicht statt, die Angebote hängen stark vom Engagement einzelner Lehrkräfte ab. Die fehlenden Angebote in der Schule führen dazu, dass Schüler/innen mit Defiziten bei der Medienkompetenz zu Lehramtsstudierenden werden, die dort wiederum nur eine rudimentäre medienpädagogische Ausbildung erfahren. Als Junglehrer/innen stoßen sie auf eine Schulpraxis, in der Medienbildung nur gering in den Fachunterricht integriert ist. Förderung von Medienkompetenz ist zwar als fächerübergreifendes Unterrichtsprinzip in den Lehrplänen verankert, deren Umsetzung hat jedoch nur geringe Priorität im Schulalltag und wird auch nicht überprüft. Das E-Portfolio mit seinem anschlussfähigen Konzept auf allen Bildungsstufen könnte ein möglicher Schlüssel sein, diesen Teufelskreislauf zu durchbrechen, wobei das „Teaching Portfolio" eine Brückenfunktion zwischen der Lehrer/innenbildung und dem Einsatz als Unterrichtsmethode in den Schulen erfüllen könnte. Dass dieser Transfer des E-Portfolios aus der Rolle der Lernenden hin zur Perspektive der Lehrenden funktioniert, zeigen beispielsweise Erfahrungen mit der E-Portfolio-Software Mahara an der Donau-Universität Krems. Dort erstellen Studierende aus dem berufsbegleitenden Master-Programm „eEducation, MA" ein umfangreiches E-Portfolio, das konsequent in das Blended-Learning-Konzept und das Assessment des Lehrgangs integriert ist (vgl. Himpsl-Gutermann 2012). Wenngleich das E-Portfolio nicht als Lehrportfolio konzipiert ist, sondern begleitend zu den Modulen des Curriculums thematisch aufgebaut ist, so deckt es aufgrund des zentralen Themas des Studiums „Lehren und Lernen mit Neuen Medien" doch viele Aspekte eines Lehrportfolios ab. Eine Studie unter 27 Absolventinnen und Absolventen – davon sind etwa drei Viertel als Lehrer/innen tätig – aus zwei Jahrgängen zeigt, dass die E-Portfolios auch nach dem Studium noch verwendet werden: Bis auf eine Person hatten alle Alumni den Zugang zur Webplattform noch benutzt. Das E-Portfolio fungiert als persönliches Lernarchiv, auf das immer wieder zurückgegriffen wird, sobald sich im beruflichen Kontext ein konkreter Anlass ergibt (vgl. ebd.: 210). Daneben gaben viele Befragte an, dass sie selbst eine E-Portfolio-Einführung vorgenommen haben oder zumindest konkrete Pläne für eine solche hatten (vgl. ebd.: 190). Ein wesentlicher Faktor für den Transfer der E-Portfolio-Idee ist die Tatsache, dass der Mahara-Server der Donau-Universität Krems nicht nur den Studierenden selbst zur Verfügung steht, sondern diese auch die Möglichkeit haben, Accounts für eigene Lerngruppen dort anzulegen. Dabei entstehen für die Schulklassen keine Kosten, und der Verwaltungsaufwand ist gering. Dieses Angebot gilt auch für Lehrerinnen und Lehrer, die an vierwöchigen kooperativen Online-Seminaren am „Onlinecampus Virtuelle PH Österreich" (ehemals e-LISA academy) teilnehmen. Auch wenn hier der Zeitraum der eigenen E-Portfolio-Gestaltung im Vergleich zu einem zweijährigen Masterstudium viel kürzer ist, so wurden dennoch sehr positive Erfahrungen gemacht, was den Transfer der E-Portfolio-Idee von der Lehrer/innenfortbildung zum eigenen Unterricht betrifft. Bei einer Analyse von zwölf Seminaren im Zeitraum 2008 bis 2010 haben von 105 teilnehmenden Personen 71 den Kurs mit Zertifikat erfolgreich abgeschlossen (vgl. Himpsl-Gutermann & Bauer 2011: 28).

Die dabei erstellten Portfolios stellten gleichzeitig ein Unterrichtskonzept für den E-Portfolio-Einsatz an der eigenen Schule dar, wovon ein hoher Prozentsatz tatsächlich zur praktischen Umsetzung kam.

Zusammenfassung

„Teaching Portfolios" haben im angloamerikanischen Raum eine langjährige Tradition, wo sie in Schulen und Hochschulen nicht nur zur Entwicklung der persönlichen Lehrkompetenz eingesetzt werden, sondern auch bei Personalentscheidungen eine wesentliche Rolle spielen. In unserem Beitrag plädieren wir für den Einsatz von Lehrportfolios in elektronischer Form, wobei die Begründung auf drei Argumentationslinien aufbaut. Erstens bieten Lehrportfolios in digitaler Form die Vorteile eines jeden E-Portfolios. Im Wesentlichen sind dies die unterschiedlichen multimedialen Ausdrucks- und Gestaltungsmöglichkeiten sowie die Kommunikation, Kollaboration und Vernetzung mit anderen über das Web. Zweitens bietet das E-Portfolio in seinem Facettenreichtum verschiedene Nutzungsvarianten im Laufe der Karriere einer Lehrperson: als Lernportfolio begleitend zu Lehrveranstaltungen im Studium, als Reflexionsportfolio zur Unterstützung von „Peer-Learning" und Mentoringprozessen in der schwierigen Berufseinstiegsphase und als Präsentationsportfolio zur Weiterentwicklung der professionellen Karriere im Sinne eines umfassenden Lehrportfolios. Durch die vielfältigen Nutzungsvarianten ist auch der Erstaufwand für die Einarbeitung in die Bedienung der E-Portfolio-Software gerechtfertigt. Und schließlich kann das E-Portfolio drittens auch als Methode im eigenen Unterricht eingesetzt werden und damit einen Beitrag zu einer ganzheitlichen Medienbildung in der Schule leisten – einer fächerübergreifenden und fachintegrierten Medienbildung außerhalb des Informatikunterrichts, die trotz der rasant zunehmenden medialen Herausforderungen für die Jugendlichen in den Schulen noch vernachlässigt wird.

Literatur

Baumgartner, P. (2009). Developing a Taxonomy for Electronic Portfolios. In P. Baumgartner, S. Zauchner & R. Bauer (Hrsg.), *The Potential of E-Portfolio in Higher Education* (S. 13-44). Innsbruck, Wien, Bozen: Studienverlag.

Baumgartner, P. & Himpsl-Gutermann, K. (2011). Implementierungsstrategien für E-Portfolios an (österreichischen) Hochschulen. In T. Meyer, K. Mayrberger, S. Münte-Goussar & C. Schwalbe (Hrsg.), *Kontrolle und Selbstkontrolle: Zur Ambivalenz von E-Portfolios in Bildungsprozessen* (S. 203-223). Wiesbaden: VS Verlag.

Bräuer, G. (2000). *Schreiben als reflexive Praxis: Tagebuch, Arbeitsjournal, Portfolio.* Freiburg im Breisgau: Fillibach-Verlag.

Dick, A. (1997). „Lehrer-Werdung" als biographisch-wissenschaftliche Berufsentwicklung. *Schweizer Schule, 84,* 28-36.

Fischer, D., van Andel, L., Cain, T., Zarkovic-Adlesic, B. & van Lakerveld, J. (2008). *Improving School-Based Mentoring. A Handbook for Mentor Trainers*. Münster: Waxmann.

Häcker, T. (2007). *Portfolio: ein Entwicklungsinstrument für selbstbestimmtes Lernen: Eine explorative Studie zur Arbeit mit Portfolios in der Sekundarstufe I*. Schneider Verlag Hohengehren.

Härtel, P. et al. (2010). *LehrerInnenbildung NEU. Die Zukunft der pädagogischen Berufe*. URL: http://bmwf.gv.at/fileadmin/user_upload/paedagoginnenbildung_neu/labneu_endbericht.pdf (20.01.2011).

Herrmann, U. & Hertramph, H. (2000). Zufallsroutinen oder reflektierte Praxis? Herkömmliche Wege in den Berufseinstieg von Lehrern und notwendige Alternativen. *Beiträge zur Lehrerbildung, 18* (2), 172-191.

Himpsl-Gutermann, K. (2012). *E-Portfolios in der universitären Weiterbildung. Studierende im Spannungsfeld von Reflexivem Lernen und Digital Career Identity*. Boizenburg: Verlag Werner Hülsbusch.

Himpsl-Gutermann, K. & Bauer, R. (2011). Kaleidoskope des Lernens. E-Portfolios in der Aus- und Weiterbildung von (österreichischen) Lehrerinnen und Lehrern. *Zeitschrift für e-learning, Lernkultur und Bildungstechnologie, 6* (3), 20-36.

Kammerl, R. & Ostermann, S. (2010). *Medienbildung – (k)ein Unterrichtsfach? Eine Expertise zum Stellenwert der Medienkompetenzförderung in Schulen (Studie)*. URL: http://www.ma-hsh.de/aktuelles-publikationen/publikationen/studie-medienbildung/ (21.07.2010).

McCormack, A. (2007). *Becoming an insider: The impact of mentoring on the development of early career teachers* (Gehalten auf der Annual Conference of the Australian Association for Research in Education, Fremantle). URL: http://aare.edu.au/07pap/mcc07005.pdf (05.11.2012).

Mezirow, J. (1991). *Transformative Dimensions of Adult Learning*. San Francisco: Jossey-Bass.

Moon, J. A. (1999). *Reflection in learning and professional development: theory and practice*. New York: Routledge.

Niggli, A. (2003). Handlungsbezogenes 3-Ebenen-Mentoring für die Ausbildung von Lehrpersonen. *Journal für LehrerInnenbildung, 3* (4), 8-16.

Prop, A., Driessen, E., Shacklady, J. & Dornan, T. (2007). *Mentoring in portfolio-based learning: What is an effective mentor?* (43-53). URL: http://www.surffoundation.nl/SFDocuments/Stimulating%20Lifelong%20Learning%20-%20ePortfolio.pdf (20.07.2011).

Queis, D. von (1993). *Das Lehrportfolio als Dokumentation von Lehrleistungen. Ein Beitrag zur Qualifizierung und Weiterbildung in der Hochschullehre* (No. Bd. 14/93). Bildung – Wissenschaft – Aktuell. Bonn: Bundesministerium für Bildung und Wissenschaft.

Queis, D. von (2012). Wie das Lehrportfolio nach Deutschland kam. Ein Rückblick. In B. Szczyrba & S. Gotzen (Hrsg.), *Das Lehrportfolio: Entwicklung, Dokumentation und Nachweis von Lehrkompetenz an Hochschulen* (S. 17-25). Berlin: Lit Verlag.

Schön, D. A. (1983). *The Reflective Practitioner: How professionals think in action*. London: Temple Smith.

Seldin, P., Miller, J. E. & Seldin, C. A. (2010). *The Teaching Portfolio: A Practical Guide to Improved Performance and Promotion/Tenure Decisions* (4. Aufl.). Hoboken, NJ: Jossey Bass.

Treeck, T. van & Hannemann, K. (2012). Lehre und Praxiserfahrungen sichtbar machen in webbasierten Lehrportfolios. In B. Szczyrba & S. Gotzen (Hrsg.), *Das Lehrportfolio: Entwicklung, Dokumentation und Nachweis von Lehrkompetenz an Hochschulen* (S. 217-236). Berlin: Lit Verlag.

Väisänen, P. (2003). Gutes Mentoring im Lehrpraktikum von Studierenden. *Journal für LehrerInnenbildung, 3* (4), 17-21.

Wang, J. & Odell, S. J. (2002). Mentored Learning to Teach According to Standards-Based Reform: A Critical Review. *Review of Educational Research, 72* (3), 481-546.

Wang, J., Odell, S. J. & Schwille, S. A. (2008). Effects of Teacher Induction on Beginning Teachers' Teaching A Critical Review of the Literature. *Journal of Teacher Education, 59* (2), 132-152.

Portfolios in der Lehrer/innenbildung – Bilanz, Rahmung und Ausblick

Tina Hascher und Christine Sonntagbauer, Universität Salzburg

Die Sammelleidenschaft hat die Lehrer/innenbildung ergriffen! Der vorliegende Band illustriert dies auf eindrückliche Weise: Er verdeutlicht, wie sehr das Portfolio – verstanden als eine Sammelmappe verschiedener Arbeiten, die im Verlauf der Aus- und/oder Weiterbildung von Lehrpersonen erstellt werden – als pädagogisches Konzept und didaktisches Instrument Eingang in die Lehrer/innenbildung gefunden hat und welch hohe Erwartungen damit verbunden sind. Festhalten lässt sich auch: Die sich in den letzten Jahren entwickelte Heterogenität von Portfolio-Praxen ist groß, die Fragen zu deren Wirksamkeit sind weitgehend ungeklärt. Im Folgenden möchten wir die in dem vorliegenden Buch vorgestellten Beiträge thematisch rahmen, in Hinblick auf zentrale Aspekte der Portfolioarbeit in Praxis und Forschung systematisieren und kritische Anfragen an die Rolle des Portfolios stellen.

1 Stand der Diskussion um Portfolios in der Lehrer/innenbildung

Neben Überblicksbeiträgen werden in diesem Herausgeberband insgesamt 14 spezifische Portfolios präsentiert. Sie reichen, in Papierform oder elektronisch, von Portfolios zu einzelnen Lehrveranstaltungen bis zu ausbildungsübergreifenden Konzepten. Bereits etabliert im Bereich der Bildungswissenschaften bzw. Schulpädagogik werden sie inzwischen auch in der Fachdidaktik eingesetzt. Portfolios beziehen sich auf theoretische und schulpraktische Lerninhalte. Ihre Funktionen werden als vielfältig bezeichnet und auch ihr Einsatz für Prüfungen wird unterstützt. Im Folgenden wird tabellarisch dargestellt, wie die vorliegenden Arbeiten in vier Aspekte zu untergliedern sind (siehe Tab. 1). In der ersten Spalte liegt die Perspektive auf der Art des Portfolio-Einsatzes, d.h. welches konkrete Anwendungsfeld beschrieben wird oder ob ein Überblick über verschiedene Formen erfolgt. Die Autor/inn/en sprechen teilweise die Ausbildung übergreifend an, teilweise konzentrieren sie sich primär auf einen Studienabschnitt, also die erste Phase der schulpraktischen Grundausbildung oder die zweite Phase, das Referendariat. Auch einzelne Lehrveranstaltungen werden in Betracht gezogen. Im zweiten Fokus steht die Frage, inwieweit sich der Beitrag prioritär auf Lernen oder

Prüfen oder auf beide Komponenten gleichermaßen bezieht. Als dritter Aspekt wurden die empirischen Beiträge dahingehend gesichtet, ob die berichteten (eigenen) Daten qualitativ, quantitativ oder sowohl qualitativ als auch quantitativ ausgerichtet sind. Die Unterscheidung in elektronische Portfolios oder Portfolios in Papierform wird unter der vierten Rubrik ersichtlich. Und schließlich wird eine etwaige Spezifizierung auf ein konkretes Lernziel, wie etwa Reflexion, Kommunikation oder mathematisches Verständnis, mit in Betracht gezogen.

Tab. 1: Einsatzbereiche und Forschungsthemen zum Portfolio

	Portfolio-Einsatz	Lernen/Prüfen	Daten bei empirischer Studie	Portfolio-Medien	Spezifisches Lernziel
Winter	Überblick	Lernen + Prüfen	-		-
Koch-Priewe	Überblick	Lernen + Prüfen	-		-
Bolle & Denner	Schulpraxis während Grundausbildung (1. Phase)	Lernen + Prüfen	quantitativ	Papierform	-
Ziegelbauer et al.	ausbildungsübergreifend	Lernen	qualitativ + quantitativ	Papierform	-
Streblow et al.	ausbildungsübergreifend	Lernen	quantitativ	Papierform	-
Kraler	Überblick	Lernen	-		-
Bade	Referendariat (2. Phase)	Lernen	qualitativ	Papierform	Reflexion
Neß	ausbildungsübergreifend	Lernen + Prüfen	quantitativ	Papierform	-
Leonhard	Überblick	Lernen + Prüfen	quantitativ + qualitativ	-	Reflexion
Pineker & Störtländer	ausbildungsübergreifend	Lernen	qualitativ	Papierform	Kommunikation, Reflexion
Brosziewski	ausbildungsübergreifend	Lernen + Prüfen	qualitativ	Papierform	-
Vogel	Lehrveranstaltung	Lernen	-	elektronisch	mathematisches Verständnis

Häcker & Rentsch-Häcker	Abschlussmodul-Fachprüfung	Prüfen	qualitativ	Papierform	-	
Akşit & Harting	ausbildungsübergreifend	Lernen + Prüfen	-	-	-	
Bräuer & Keller	Lehrveranstaltung	Lernen + Prüfen	-	elektronisch	Reflexion	
Himpsl-Gutermann & Groißböck	ausbildungsübergreifend	Lernen	-	elektronisch	-	

Wie aus der Systematik ersichtlich wird, eignet sich der Portfolioeinsatz auch als Forschungsfeld für empirisch orientierte Lehrer/innenbildner/innen. Entsprechende Studien können dabei anhand dreier Ebenen charakterisiert werden: Auf der Mikroebene steht im Vordergrund, wie Studierende bzw. Dozierende Portfolios verwenden und das Instrument bzw. die damit verbundene Arbeit beurteilen. Auf der Mesoebene wird beispielsweise der Einsatz von Portfolios in verschiedenen Institutionen verglichen. Des Weiteren wird analysiert, wie sie für Prüfungen verwendet werden können. Auf der Makroebene stellt sich die Frage der Funktion der Portfolios im Kontext von Professionsentwicklung und ihrer Verankerung im Bildungssystem. Auf allen drei Ebenen ist relevant, inwiefern im Sinne der Implementations- bzw. Interventionsforschung (vgl. Hascher & Schmitz 2010) überprüft bzw. nachgewiesen werden kann, zu welchen Lernergebnissen Portfolios führen. Mit Bezug auf die in diesem Buch dargestellten Projekte lassen sich drei Argumentationslinien identifizieren, die meist miteinander verknüpft werden:
1. Portfolios unterstützen die „Neue Lernkultur".
2. Portfolios übernehmen eine Brückenfunktion zwischen Theorie und Praxis.
3. Beim Einsatz von Portfolios müssen bestimmte Gelingensbedingungen berücksichtigt werden.

1.1 Portfolios als Elemente der „Neuen Lernkultur"
Obwohl die „Neue Lernkultur" gar nicht mehr so neu ist – schließlich gehen zentrale Inhalte und Methoden auf die Reformpädagogik zurück – werden Portfolios gern mit ihr assoziiert. Es wird akzentuiert, wie es ihnen gelingt, eigenaktives, selbstreguliertes Lernen zu unterstützen. Auf der Basis konstruktivistischer Lern- und Entwicklungstheorien (Barbara Koch-Priewe) wird beispielsweise eine intensive, textbasierte Auseinandersetzung mit Lerninhalten und Erfahrungen gefordert (Felix Winter), die nicht zuletzt die Entwicklung von Metakognitionen fördern soll (Christian Kraler). Indem den Lernenden ein hohes Maß an Autonomie und Selbstregulation zugestanden wird (Sascha Ziegelbauer, Christine Ziegelbauer, Susi Limprecht & Michaela Gläser-Zikuda), gestaltet sich der Lernprozess

als individueller Prozess des Wissenserwerbs. Damit gehen Portfolios deutlich über die Methoden hinaus, die einen Lehr-Lern-Kurzschluss sensu Holzkamp (1993) durch die Vorstellung der „Wissensvermittlung" nahe legen. Stattdessen eröffnen schriftliche, visuelle oder auditive Dokumente Einblicke in Lernprozesse, und die entstandenen Produkte ermöglichen nicht nur einen Diskurs über das Lernen, sondern verlangen diesen auch. Daraus kann nicht nur individuelles, sondern auch institutionelles Lernen resultieren (Achim Brosziewski). Als zentral erweist sich das Konzept der Autorenschaft: Für die Dokumente eines Portfolios ist die/der Lernende selbst verantwortlich, es gibt in der Regel wenige Vorlagen und Vorgaben. Ein solches Vorgehen ist zwar nicht voraussetzungsfrei und muss erst erlernt werden, die zugestandenen Freiheitsgrade ermöglichen jedoch eine differenzierte Beschäftigung mit Lerninhalten und -prozessen.

Mit Blick auf die Lehrer/innenbildung wird einerseits die besondere Förderung der Reflexion des Handelns durch Portfolios unter der Zielsetzung der reflexiven Praxis (vgl. Schön 1984) betont. Grundannahme ist dabei, dass professionelle Entwicklung besonders durch die kritische Auseinandersetzung mit persönlichen Erfahrungen unterstützt wird (Anna Pineker & Jan Christoph Störtländer). Im Gegensatz dazu stünde eine bloße Entwicklung oder Übernahme von Handlungsmustern, die beispielsweise in einem Schulpraktikum bei einer Expert/inn/enlehrkraft beobachtet werden. Durch Reflexion ist ein bewusster Blick auf die eigene Tätigkeit möglich, der Stärken und Schwächen erkennbar macht. Diese stellt sich jedoch nicht per se ein (Gerd Bräuer & Stefan Keller). Hervorgehoben wird deshalb die Bedeutung, die gezielten Leitfragen zur Reflexion (Rainer Bolle & Liselotte Denner) und der Rolle der interpersonellen Konsensbildung (Harry Neß) zukommt, was die Unterscheidung verschiedener Formen der Reflexion (Rose Vogel) und eine möglichst evidenzbasierte Vorstellung davon, wie sich Reflexionskompetenz entwickelt (Tobias Leonhard), nötig macht. Andererseits werden die Stärken des Portfolios in seinem Prozesscharakter verankert. Einem Portfolio sind keine zeitlichen Grenzen gesetzt, und es lässt sich über alle Themenbereiche und Lebensphasen, Entwicklungsabschnitte und Lernverläufe spannen, was anhand elektronischer Form über einen langen Zeitraum erfolgen kann (Klaus Himpsl-Gutermann & Peter Groißböck).

Ebenfalls wird vorgeschlagen, Portfolios als Prüfungsgrundlage zu nutzen. Dies erfolgt aus zwei Gründen: (a) Die Arbeit mit Portfolios setzt einen Lernprozess in Gang, dessen Ergebnisse nicht mit klassischen Prüfverfahren erfasst werden können, wie beispielsweise Kreativität (Fisun Akşit & Julia Harting). Deshalb geht es im Kern darum, eine Passung von Lernprozess und Leistungsfeststellung zu sichern (Thomas Häcker & Katja Rentsch-Häcker). Allerdings, so wird in den Beiträgen auch deutlich, sind die Kriterien der Beurteilung derzeit noch wenig konkret. Der Vorschlag, diese mit den Lernenden auszuhandeln, ist unter der Perspektive der Anwendung individueller Bezugsnormorientierung durchaus sinnvoll

– möglicherweise sogar unabdingbar, wenn vermieden werden soll, dass Portfolios rein unter dem Gesichtspunkt der Leistungserbringung verfasst werden. (b) Den Materialien im Prozess der Portfolio-Arbeit wohnt mehr als ein hoher Informationsgehalt über das Lernen inne. Ihre Erstellung ist entsprechend aufwändig. Die Produkte geben auch Auskunft über Lernergebnisse. Motivationale Aspekte durch die Verknüpfung von eher intrinsischem (Lernen) mit eher fremdbestimmten Handlungsantrieben (Leistungserbringung) spielen folglich ebenfalls eine wesentliche Rolle. Schließlich soll der hohe Aufwand, der in ein Portfolio investiert wird, zu Erträgen führen, die nicht nur ideell, sondern auch formell ausweisbar sind.

1.2 Portfolios als Brücken zwischen Theorie und Praxis

Eine große Herausforderung an die Lehrer/innenbildung ergibt sich aus der Kluft zwischen Wissen und Handeln bzw. zwischen Theorie und Praxis. Obwohl davon auszugehen ist, dass es sich um spezifische Kompetenzbereiche handelt (Blömeke et al. 2008; Kunter et al. 2011), die sich nur bedingt integrieren lassen (vgl. Neuweg 2011), bedarf es eines Ausbildungskonzepts, in dem angehende Lehrpersonen beide Bereiche aufeinander beziehen lernen. Dies ist besonders anspruchsvoll, wenn man bedenkt, dass auf der einen Seite bei Praktika die „Kraft des Faktischen" und damit die Unterrichtsrealitäten dominieren und den Blick der Studierenden von theoretischen Sachverhalten eher ablenken, auf der anderen Seite schulpraktische Bezüge in der theoretischen Ausbildung (z.B. über Fallanalysen, Praxisbeispiele, Erkundungsprojekte, Reflexionen eigener Schulerfahrungen) mitunter nicht hinreichend als solche wertgeschätzt werden. Im Vergleich zum Primat der Praxis – wichtig und richtig ist, was im Schul- und Unterrichtsalltag zu beobachten, zu erfahren ist und sich zu bewähren scheint – hat die hochschulische Lehrer/innenbildung ein eher zweitrangiges Standing. Es stellt sich daher die Frage, inwiefern ein verpflichtender Einsatz von Portfolios in allen praktischen Phasen der Ausbildung diese Unterschiede abzumildern vermag und inwiefern verschiedene Praxen des Portfolios zu unterschiedlichen Lernergebnissen führen (Achim Brosziewski).

Erschwerend kommt hinzu, dass Studierende den bildungswissenschaftlichen Anteilen, in denen Portfolios bevorzugt eingesetzt werden, eher skeptisch gegenüberstehen (z.B. Rösler et al. 2013). Im Vergleich zu den anderen Ausbildungselementen, wie Fachwissenschaft, Fachdidaktik und vor allem Schulpraktischen Studien, wird die Relevanz pädagogischer Inhalte für den Lehrberuf stärker in Zweifel gezogen. Erklärt wird dies u.a. damit, dass von dieser Disziplin weniger Theorie und Wissenschaft, sondern vielmehr Praxisnähe und Handlungsbezug erwartet wird, diese Erwartungen jedoch zu wenig erfüllt werden. Eventuell spiegelt sich dies auch in der Arbeit mit Portfolios wider, die sich durchaus nicht unbedingt durch Verarbeitungstiefe auszeichnet (Barbara Koch-Priewe) und der kritisch begegnet wird (Lilian Streblow, Vanessa Rumpold & Nicole Valdorf).

Für die Brückenfunktion von Portfolios spricht, dass sie prinzipiell für die Dokumentation individueller, auf praktischen Erfahrungen aufbauender Lernprozesse offen sind. Darüber hinaus lassen sich Erkenntnisse aus verschiedenen Bereichen in einen Zusammenhang bringen, der nicht nur mental abgespeichert, sondern auch anhand von schriftlichen, mündlichen oder gestalterischen Elementen dargestellt werden kann. Unabhängig vom Grad der Veröffentlichung solcher Produkte stellen sie eine verbindliche und bearbeitbare Grundlage dar, die eine Verknüpfung der Auseinandersetzung mit der Qualität von Unterricht und den individuellen Lernprozessen im Referendariat (Peter Bade) explizit ermöglicht. Dialogischen Formen der Reflexion kommen dabei eine besondere Rolle zu, indem kritische Anfragen an die Inhalte der Dokumente formuliert werden können und ihre Beurteilung und Bewertung besprochen werden kann. Um dies zu ermöglichen, muss eine Reihe von Voraussetzungen erfüllt werden, darunter auch die explizite Integration von Theorie und Praxis. Formen dieser Integration sind vielfältig und lassen sich auf zwei Hauptebenen anordnen: (a) die systematische Zusammenführung von Praxiserfahrungen und theoretischen Wissensbeständen der angehenden Lehrpersonen anhand entsprechender Dokumente; (b) die gezielte Beschäftigung mit Theorie und Praxis durch die Zusammenarbeit zwischen Lehrer/innenbildner/innen in Hochschule und Schule (siehe auch Zeichner 2010).

1.3 Gelingensbedingungen des Einsatzes von Portfolios

Da Portfolios nicht per se eine lernfördernde Funktion ausüben, wird zunehmend die Frage nach den Gelingensbedingungen thematisiert. Diese Frage zieht sich durch alle hier vorliegenden Beiträge, motiviert u.a. dadurch, dass Portfolios mitunter sehr kritisch oder ablehnend aufgenommen werden. Die identifizierten Bedingungen lassen sich drei Bereichen zuordnen:

(a) Die Portfolio-Arbeit muss in den Gesamtkontext der Ausbildung eingebettet sein. Es gilt, eine auf Humanisierung abzielende Kultur zu entwickeln, in der auf das Individuum bezogene Lernformen wie nonformales, informelles oder selbstreguliertes Lernen einen zentralen Stellenwert einnehmen (Barbara Koch-Priewe). Dafür sind einerseits die Inhalte, andererseits die Qualität der Lernprozesse zu berücksichtigen (Christian Kraler). Ein phasenübergreifendes Professionalisierungs-Portfolio, welches in drei Teile gegliedert ist und dessen einzelne Bausteine individuell unabhängig von Zeit, Ort und Anlass bearbeitet werden können (Harry Neß), kann dazu beitragen. Auch die Nutzung des Portfolios als ‚Container' für Arbeitsmaterialien aus der Praxis vermag seine Akzeptanz zu erhöhen (Peter Bade). Grundlegend und innovativ ist die Idee, Portfolios als Produkte einer kollektiven Autorenschaft, in die auch Reflexionsleistungen der Institutionen einfließen, zu charakterisieren und die berufsbezogene Reflexion nicht als Akt individuellen Denkens, sondern als Typus professioneller Kommunikation aufzufassen (Achim Brosziewski).

(b) Die Portfolio-Arbeit muss gut begleitet werden. Ein intensiver und vielfältiger Kommunikationsprozess ist notwendig, damit Portfolios wirken und sich Studierende nicht davon abwenden (Felix Winter). Der Portfolioprozess muss durch Anleitung, Begleitung, Austausch, Wahrnehmung und Anerkennung gut „gerahmt" werden (z.b. auch durch formale Anerkennung). Wichtig ist dabei die Unterstützung und qualifizierte Rückmeldung/Betreuung durch die Ausbildenden (Rainer Bolle & Liselotte Denner) und/oder durch Peers (Anna Pineker & Jan Christoph Störtländer). Der explizite Austausch mit den Lehrenden und klare Zielkriterien sind dabei berechtigte Anliegen und Erwartungen von Seiten der Studierenden (Lilian Streblow, Vanessa Rumpold & Nicole Valdorf), die auch für Prüfungssituationen einzuhalten sind. Transparenz und Partizipation sowie eine Trennung zwischen den Rollen der Dozierenden in Lernbegleiter/innen auf der einen und Prüfer/innen auf der anderen Seite erweisen sich als zielführend (Thomas Häcker & Katja Rentsch-Häcker).

(c) Den Bedürfnissen der Studierenden muss mehr Beachtung geschenkt werden. Diesbezüglich gilt es, Kompetenz- und Autonomieerleben sowie Wertschätzung bzw. Wertzuschreibung von Lehrenden zu beachten (Sascha Ziegelbauer, Christine Ziegelbauer, Susi Limprecht & Michaela Gläser-Zikuda). Dies kann durch ein konsequentes Aufgabenarrangement und eine explizite Verknüpfung mit individuellen Entwicklungsperspektiven gelingen (Gerd Bräuer & Stefan Keller). Das Erreichen ganzheitlicher Lernziele, beim E-Portfolio etwa multimediale Ausdrucks- und Gestaltungsformen, Kommunikation und die Vernetzung mit anderen, stellt ebenfalls einen viablen Zugang dar (Klaus Himpsl-Gutermann & Peter Groißböck). Da die Arbeit mit Portfolios nicht voraussetzungsfrei ist, sollten beispielsweise die Reflexionsprodukte von Lehramtsstudierenden mit deren Reflexionskompetenz in Beziehung gesetzt werden (Rose Vogel). Angesprochen wird auch in diesem Zusammenhang der Einsatz des Portfolios als Prüfungsinstrument, um nicht nur Lernprozesse, sondern auch -ergebnisse sichtbar zu machen (Tobias Leonhard). Relevant sind dafür die Einstellungen zu alternativen Bewertungsformen sowohl der Studierenden als auch der Dozent/inn/en der Fachdidaktiken und Erziehungswissenschaft (Fisun Akşit & Julia Harting).

2 Portfolios im Licht des Angebot-Nutzungs-Modells

Insbesondere die Bedeutung von Gelingensbedingungen für den Einsatz von Portfolios legt nahe, das Portfolio-Konzept in einen theoretischen Kontext der Lehr-Lernforschung zu verankern. In der aktuellen Unterrichtsforschung hat sich das Angebot-Nutzungs-Modell in den letzten Jahren einen Namen gemacht (z.B. Helmke 2008; Lipowsky 2006) und wird inzwischen auch in der Lehrer/innenbildung aufgegriffen (Lipowsky 2011; Kunter et al. 2011). Aus unterschiedlichen

Perspektiven wird dafür plädiert, Lehr-Lernprozesse als ein Wechselspiel von Angeboten (in der Regel durch die Lehrenden) und Nutzungen (üblicherweise durch die Lernenden) zu verstehen. Diese Rollen sind aber nicht einseitig, sondern agieren in einem dynamischen Austausch. Überträgt man diese Denkfolie auf die Portfolioarbeit (siehe Abb. 1), so ergeben sich daraus wichtige Anhaltspunkte. Dies kann indes nur erfolgen, wenn das Portfolio nicht nur als ein Instrument, sondern als ein pädagogisches Konzept verstanden wird, welches das Verhältnis von Wissensvermittlung und -erwerb als einen genuin interaktiven Prozess deutet.

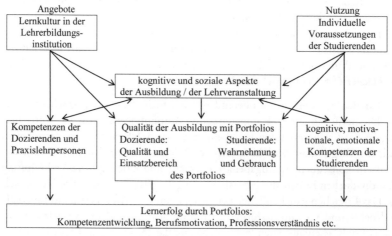

Abb. 1: Einfaches Angebot-Nutzungs-Modell nach Lipowsky (2006: 48) bezogen auf das Konzept des Portfolios

Zunächst gilt es, die Merkmale des Angebots zu identifizieren. Dabei sind die Rahmenbedingungen, unter denen Portfolios implementiert und praktiziert werden, zu betrachten. In welcher Lernkultur und in welchen Lernkontexten werden sie eingesetzt? Es ist anzunehmen, dass eine – bisher allerdings kaum anzutreffende – individualisierte Lehrer/innenbildung einen besonders guten Rahmen darstellen würde, in dem Portfolios auf eine hohe Passung von Lernkultur und subjektiven Lernprozessen treffen würden. Zu klären ist auch der Stellenwert, der einem Portfolio zukommt: Werden Dokumente und Erfahrungen aus mehreren Lehrveranstaltungen einbezogen oder handelt es sich um ein sog. Seminarportfolio (siehe dazu auch Felix Winter in diesem Buch)? Ist die Portfolio-Arbeit ein fester Bestandteil im Studium oder wird sie nur in bestimmten Ausbildungsfächern umgesetzt? Werden Portfolios auch in den offiziellen Zeugnissen ausgewiesen oder bleiben sie unerwähnt? Des Weiteren sind die Kompetenzen, Erfahrungen und Überzeugungen der Lehrenden von besonderer Wichtigkeit: Wie gut können sie die Studierenden im Portfolio-Prozess begleiten und beraten, wie viel Zeit steht ihnen dafür zur Verfügung, welche Formen der Rückmeldung und des Lerndialogs finden Anwendung? Wie gelingt es ihnen, die Lernprozesse der Studierenden anhand der vorgelegten Dokumente zu verstehen, zu diagnostizieren und daraus Impulse für die Weiterentwicklung sowie gezielte Unterstützungsmaßnahmen abzuleiten?

Auf der Seite der Nutzung von Portfolios sind primär die Voraussetzungen und Kompetenzen der Studierenden entscheidend. Welche Ressourcen bringen sie mit, welche Schwächen weisen sie auf? Wie gut ist ihr bereits erworbenes Wissen zum jeweiligen Themenbereich (z.b. die Qualitätskriterien von Unterricht) verankert und mit Praxiserfahrungen verknüpft? Einerseits ist die Bereitschaft relevant, sich in der aktuellen Situation mit Portfolios zu beschäftigen und sich auf die jeweiligen Lerngelegenheiten einzulassen. Deshalb sind die subjektiven Einstellungen gegenüber der Portfolio-Arbeit essentiell. Sind diese prinzipiell positiv und mit einem gewissen Maß an Offenheit gegenüber dem eigenen Lernen verbunden, so stellt dies eine gute Ausgangslage dar. Andererseits sind grundlegende Kompetenzen und Dispositionen von Bedeutung. Dies soll an drei Beispielen illustriert werden (siehe entsprechende Hinweise aus der Lerntagebuchforschung von Hascher & Hofmann 2014): Da Portfolios eher hohe Sprachanteile beinhalten, spielen beispielsweise die verbalen Fertigkeiten der Studierenden eine nicht zu unterschätzende Rolle. Wer gern und gut formuliert, findet möglicherweise schneller einen positiven Zugang zum Portfolio und profitiert mehr davon. Des Weiteren sind metakognitive Kompetenzen entscheidend, die erforderlich sind, um Erfahrungen und Inhalte reflektieren zu können. Zwar werden Sprache und Metakognitionen auch durch die Portfolioarbeit gefördert, Grundlagen sind aber nötig, um den Prozess selbstregulierten Lernens gut gestalten zu können. Darüber hinaus könnte die Nutzung der Angebote dadurch beeinflusst sein, wie gut die Studierenden mit offenen Lernsituationen umgehen können und wie kompetent sie darin sind, ihren eigenen Lernprozess mitzugestalten, was in einem engen Zusammenhang mit ihren Metakognitionen steht.

3 Ausblick

Die Beiträge im vorliegenden Band geben einen breiten und vielseitigen Einblick in den gegenwärtigen Stand der Portfolio-Diskussion in der Lehrer/innenbildung. Wie bereits einleitend angedeutet, werden die Studierenden zu vielfältigen Sammelaktivitäten ermutigt und gemeinsam mit den Ausbildenden dazu angehalten, die gesammelten Dokumente im Dienste verschiedener Formen des Lernens zu nutzen. Die vorliegenden Texte berichten über Stärken dieses Verfahrens und konfrontieren die Leser/innen dabei auch mit dessen Schwächen sowie didaktischen und pädagogisch-psychologischen Herausforderungen. Abschließend möchten

wir den Blick auf drei Fragenbereiche richten, die für die künftige Portfolio-Arbeit in Theorie, Forschung und Praxis von hoher Relevanz sein könnten:
- Werden die Prozesse und Ergebnisse des Lernens in den Mittelpunkt gerückt, dann gilt es zu klären, welches Wissen durch Portfolios erworben wird, welche Kompetenzen entwickelt werden und wie dies erfolgt. Anders formuliert: Welche Prozesse des Lernens lassen sich nachzeichnen? Wie können diese Prozesse realitätsnah abgebildet werden – ist dies überhaupt möglich? Wie Forschungen zum Lernen im Praktikum deutlich machen (z.b. Hascher 2012), ist der Lernprozess von angehenden Lehrpersonen oftmals sprunghaft, stark situativ verankert und inzidentiell. Daraus ergibt sich, dass durch den Einsatz von Portfolios der Lernprozess noch nicht hinreichend erhellt wird. Im besten Fall lassen sich Marksteine und zentrale Komponenten des Lernens identifizieren, von denen dann auf den Lernprozess geschlossen werden kann. Deshalb muss gefragt werden, ob die Portfolio-Diskussion nicht auch einer „Prozessillusion" unterliegt und insgesamt ein viel bescheidenerer Anspruch an Portfolios erhoben werden sollte. Wichtig erscheint uns dabei, dass vermehrt Lernmodelle bzw. Modelle der Kompetenzentwicklung (für die Entwicklung reflexiver Kompetenzen siehe z.B. Eysel 2006) einbezogen und die Wirkungen von Portfolios diesbezüglich gezielt überprüft werden.
- Nachdrücklich wird auf die Bedeutung der Begleitung bei der Erstellung von Portfolios hingewiesen. Diese ist auch vor dem Hintergrund der mehrmals berichteten Überlastung der Studierenden eine ernst zu nehmende Aufgabe. Allerdings fehlen in der Regel Bezüge zu theoretischen Ansätzen und Konzepten, wie diese erfolgen soll. Insbesondere im Bereich der schulpraktischen Ausbildung haben sich die Konzepte des Coachings und Mentorings etabliert. Es wäre aus unserer Sicht lohnenswert, deren Übertragbarkeit auf die Portfolio-Arbeit zu untersuchen und zu diskutieren. Beispielsweise unterscheidet Niggli (2005) in seinem Modell des 3-Ebenen-Mentorings, welche Inhalte besprochen und beraten werden: Geht es eher um sachbezogene Rückmeldungen, um Feedback, oder werden auch persönliche Themen erörtert? Anregungen lassen sich auch aus dem Empowerment-Konzept ableiten, in dem es um die gezielte Förderung und Aktivierung individueller Ressourcen geht, damit die angehenden Lehrpersonen die professionsbezogenen Entwicklungsaufgaben besser meistern können (vgl. Arnold et al. 2011).
- Die Erforschung der Gelingensbedingungen und der Wirksamkeit von Portfolios ist noch lange nicht abgeschlossen. Offen ist beispielsweise die Frage des Lernpotentials unter der Perspektive der ATI-Forschung (z.B. Leutner 1992). Wie steht es um die Passung von individuellen Voraussetzungen und der Portfolio-Arbeit bzw. wie muss die Arbeit mit Portfolios weiter individualisiert werden, ohne zugleich den Studierenden die nötigen Ankerpunkte und Orientierungslinien vorzuenthalten? Die Forschung ist dabei gefordert, stärker

als bisher auf verlässliche und generalisierbare Befunde abzuzielen. Die Einordnung der bisherigen empirischen Ergebnisse zum Portfolio erweist sich nämlich in der Regel als schwierig, weil einerseits nicht klar genug dargestellt wird, wie die Portfolios gestaltet und mit welchen Inhalten sie verbunden sind und die Studien andererseits einen lokalen Bias aufweisen. Darüber hinaus sollte erkundet werden, inwiefern Portfolios einem breiteren Ausbildungsziel verpflichtet werden können, indem sie auch in neuen Lernfeldern wie dem forschenden Lernen eingesetzt werden, z.B. für die Forschungsdokumentation (zu verschiedene Formen des forschenden Lernens siehe Feindt 2007).

Literatur

Arnold, K.-H., Hascher, T., Messner, R., Niggli, A., Patry, J.-L. & Rahm, S. (2011). *Empowerment durch Schulpraktika. Perspektiven wechseln in der Lehrerbildung*. Bad Heilbrunn: Klinkhardt.
Blömeke, S., Kaiser, G. & Döhrmann, M. (2008). *Professionelle Kompetenz angehender Lehrerinnen und Lehrer. Wissen, Überzeugungen und Lerngelegenheiten deutscher Mathematikstudierender und -referendare – Erste Ergebnisse zur Wirksamkeit der Lehrerausbildung*. Münster: Waxmann.
Eysel, C. (2006). *Interdisziplinäres Lehren und Lernen in der Lehrerbildung. Eine empirische Studie zum Kompetenzerwerb in einer komplexen Lernumgebung*. Berlin: Logos-Verlag.
Feindt, A. (2007). *Studentische Forschung im Lehramtsstudium*. Opladen: Barbara Budrich.
Hascher, T. (2012). Lernfeld Praktikum – Evidenzbasierte Entwicklungen in der Lehrer/innenbildung. *Zeitschrift für Bildungsforschung, 2* (1), 109-129.
Hascher, T. & Hofmann, F. (erscheint 2014). One size fits all? Analyzing differences in the use of learning diaries during field experiences and preconditions for an effective use in teacher education. In K.-A. Arnold, A. Gröschner & T. Hascher (Hrsg.), *Schulpraktika in der Lehrerbildung: Theoretische Grundlagen, Konzeptionen, Prozesse und Effekte*. Münster: Waxmann.
Hascher, T. & Schmitz, B. (Hrsg.). (2010). *Pädagogische Interventionsforschung. Theoreti-sche Grundlagen und empirisches Handlungswissen*. Weinheim & München: Juventa.
Helmke, A. (2008). *Unterrichtsqualität. Erfassen, Bewerten, Verbessern*. Seelze-Velber: Kallmeyer.
Holzkamp, K. (1993). *Lernen. Subjektwissenschaftliche Grundlegung*. Frankfurt/M.: Campus.
Kunter, M., Baumert, J., Blum, W., Klusmann, U., Krauss, S. & Neubrand, M. (Hrsg.) (2011). *Professionelle Kompetenz von Lehrkräften – Ergebnisse des Forschungsprogramms COACTIV*. Münster: Waxmann.
Kunter, M., Kleickmann, T., Klusmann, U. & Richter, D. (2011). Die Entwicklung professioneller Kompetenz von Lehrkräften. In M. Kunter, J. Baumert, W. Blum, U. Klusmann, S. Krauss & M. Neubrand (Hrsg.), *Forschung zur professionellen Kompetenz von Lehrkräften – Ergebnisse des Projekts COAKTIV* S. 55-68. Münster: Waxmann.
Leutner, D. (1992). *Adaptive Lehrsysteme. Instruktionspsychologische Grundlagen und experimentelle Analysen*. Weinheim: Psychologie Verlags Union.
Lipowsky, F. (2011). Theoretische Perspektiven und empirische Befunde zur Wirksamkeit von Lehrerfort- und -weiterbildung. In E. Terhart, H. Bennewitz & M. Rothland (Hrsg.), *Handbuch der Forschung zum Lehrerberuf* S. 398-417. Münster: Waxmann.
Lipowsky, F. (2006). Auf den Lehrer kommt es an. Empirische Evidenzen für Zusammenhänge zwischen Lehrerkompetenzen, Lehrerhandeln und dem Lernen der Schüler. *Zeitschrift für Pädagogik*, 51. Beiheft, 47-70.

Neuweg, G. H. (2011). Distanz und Einlassung. Skeptische Anmerkungen zum Ideal einer „Theorie-Praxis-Integration" in der LehrerInnenbildung. *Erziehungswissenschaft, 22* (43), 33-45.
Niggli, A. (2005). *Unterrichtsbesprechungen im Mentoring.* Oberentfelden: Sauerländer Verlag.
Rösler, L., Zimmermann, F., Bauer, J., Möller, J. & Köller, O. (2013). Interessieren sich Lehramtsstudierende für bildungswissenschaftliche Studieninhalte? Eine Längsschnittstudie vom ersten bis zum vierten Semester. *Zeitschrift für Pädagogik, 59* (1), 24-42.
Schön, D. A. (1983). *The Reflective Practitioner. How Professionals Think in Action.* New York: Basic Books.
Zeichner, K. (2010). Rethinking the Connections between Campus Courses and Field Experiences in College- and University-Based Teacher Education. *Journal of Teacher Education, 61* (1-2), 89-99.

Autorenverzeichnis

Dr. Fisun Akşit ist Assistenzprofessorin an der Erciyes Universität in Kayseri/ Türkei und Lehrerin für Erdkunde. Ihre aktuellen Arbeitsschwerpunkte liegen in der bilateralen Kooperation mit Deutschland, dem Portfolioeinsatz in der Lehrerbildung, Lehr-Lernforschung, active learning und alternativen Lernorten im Geografie- und Sozialkundeunterricht.
Kontakt: aksitf@erciyes.edu.tr

Peter Bade arbeitet in Hamburg als Studiendirektor am Landesinstitut für Lehrerbildung und Schulentwicklung in der Lehrerausbildung. Er ist dort tätig als Fachseminarleiter für das Fach Spanisch und hat ebenfalls als Hauptseminarleiter in der allgemeinen Pädagogik und Didaktik Erfahrungen sammeln können. Neben weiteren Tätigkeiten, die im Rahmen des Kernpraktikums für Lehramtsstudenten in Kooperation mit der Universität Hamburg durchgeführt werden, arbeitet der Autor u.a. seit mehreren Jahren in der Steuergruppe Portfolio der Abteilung Ausbildung des Landesinstituts und begleitet Portfolioarbeit sowohl in der ersten als auch in der zweiten Phase der Lehrerausbildung.
Kontakt: peterbade@li-hamburg.de

Dr. Rainer Bolle ist Professor für allgemeine Pädagogik an der Pädagogischen Hochschule in Karlsruhe. Seine aktuellen Forschungsschwerpunkte sind die Klassiker der Pädagogik, die historisch-systematische Pädagogik, die Erziehungs- und Bildungstheorie, Portfolio und Bildung, die Geschichte der Religionspädagogik sowie der Pädagogik-Unterricht.
Kontakt: rainer.bolle@ph-karlsruhe.de

Dr. Gerd Bräuer ist Hochschuldozent, z.Zt. Gastprofessor an der Simon Fraser University (Vancouver/Canada). Dort leitet er ein Forschungsprojekt zur Nutzung mobiler elektronischer Geräte an Schulen und Hochschulen mit dem Ziel der effizienteren Verknüpfung von formellem, informellem und non-formellem Lernen in ePortfolios. Seine neueste Publikation befasst sich mit internationalen Ansätzen zur Förderung von Literalität an Hochschulen und Universitäten.
Kontakt: braeuer@ph-freiburg.de

Dr. Achim Brosziewski ist Professor für Bildungsforschung, studierte Soziologie und Ökonomie an den Universitäten Köln, Bamberg und St. Gallen. Von 2002

bis 2003 lehrte er als Fulbright Scholar an der Penn State University in DuBois, Pennsylvania, USA. Seit 2003 forscht er an der Pädagogischen Hochschule Thurgau, insbesondere über Bildung, Medien, Organisation, Profession und Kommunikation.
Kontakt: achim.brosziewski@phtg.ch

Dr. Liselotte Denner ist außerplanmäßige Professorin und Akademische Oberrätin am Institut für Bildungswissenschaft, Abteilung Elementarpädagogik und Schulpädagogik an der Pädagogischen Hochschule in Karlsruhe. Ihre aktuellen Forschungsschwerpunkte sind schulpraktische Studien aus Sicht von ExamenskandidatInnen, das Einführungspraktikum aus Studierendensicht sowie Lernprozesse und schulpraktische Kompetenzentwicklung von Studierenden mit Deutsch als Zweit- oder Fremdsprache im Einführungs- und Blockpraktikum I aus Selbst- und Betreuendensicht.
Kontakt: denner@ph-karlsruhe.de

Dr. Michaela Gläser-Zikuda ist Professorin für Schulpädagogik und Allgemeine Didaktik an der Friedrich-Schiller-Universität in Jena. Ihre aktuellen Forschungsschwerpunkte sind das Portfolio in der LehrerInnenbildung, die Förderung von Lernkompetenzen auf der Grundlage des Portfolio-Ansatzes, die Analyse der Entwicklung guter Schulen, die interessenorientierte Unterrichtsgestaltung im Physikunterricht, der Tagebuch- und Portfolioansatz im Bildungsbereich sowie die Implementation und Evaluation im Bildungsbereich.
Kontakt: michaela.glaeser-zikuda@uni-jena.de

Peter Groißböck, MA, ist Lehrer für Englisch und Musikerziehung und seit 2009 in der Lehrer/innenfortbildung tätig. Seit 2012 ist er Mitarbeiter der Pädagogischen Hochschule Niederösterreich, wo er für das Projekt E-Portfolio tätig ist. Dabei arbeitet er an der Einbindung von E-Portfolios in Lehrgängen der Weiterbildung bzw. der Schulpraktischen Studien und ist Online-Tutor für einen Masterstudiengang zu Mentoring.
Kontakt: peter.groissboeck@ph-noe.ac.at

Dr. Thomas Häcker ist Professor für Erziehungswissenschaft unter besonderer Berücksichtigung der Schulpädagogik und empirischen Bildungsforschung an der Universität Rostock. Seine aktuellen Forschungsschwerpunkte sind das Portfolio als Entwicklungsinstrument für selbstbestimmtes Lernen in der Schule und in der LehrerInnenbildung, die Unterscheidung von unterrichtlichen Lern- und Leistungssituationen, die Eignung für den Lehrberuf sowie Widerstände in Lehr-Lern-Prozessen.
Kontakt: thomas.haecker@uni-rostock.de

Autorenverzeichnis

Julia Michaela Harting, M.Ed., wissenschaftliche Hilfskraft an der Fakultät für Erziehungswissenschaft an der Universität Bielefeld. Arbeitsschwerpunkte: Portfolioarbeit, Inklusion, Einsatz von Lesediagnostiktests im Unterricht.
Kontakt: jharting@uni-bielefeld.de

Dr. Tina Hascher ist bis 31.07.2013 Professorin für Pädagogik mit dem Schwerpunkt Schulpädagogik an der Paris Lodron Universität Salzburg, Email: tina.hascher@sbg.ac.at.
Ab 01.08.2013 ist sie Professorin für Schul- und Unterrichtsforschung an der Universität Bern. Ihre Arbeits- und Forschungsschwerpunkte sind Emotionen und Lernen, Schul- und Unterrichtsforschung, LehrerInnenbildung.
Kontakt: tina.hascher@edu.unibe.ch

Dr. Klaus Himpsl-Gutermann ist ehemaliger Lehrer für Mathematik, Physik und Informatik und mehr als zehn Jahre in der Lehrer/innenfortbildung tätig. Seit 2007 ist er wissenschaftlicher Mitarbeiter am Department für Interaktive Medien und Bildungstechnologien der Donau-Universität Krems, wo er zwei Weiterbildungslehrgänge im Themenfeld E-Learning leitet. Das elektronische Portfolio ist sein aktueller Arbeitsschwerpunkt in Forschung und Lehre.
Kontakt: klaus.himpsl@donau-uni.ac.at

Dr. Stefan Keller ist Professor für Englischdidaktik und ihre Disziplinen an der Pädagogischen Hochschule Basel (FHNW). Zu seinen aktuellen Forschungsschwerpunkten gehören Portfolios im Fremdsprachenunterricht (Sekundarstufe I & II) sowie in der Lehrerbildung. Im Fokus stehen dabei die Organisation von komplexen Lehr-Lern-Arrangements sowie die Dokumentation von komplexen fachlichen Handlungskompetenzen.
Kontakt: stefan.keller@fhnw.ch

Dr. Barbara Koch-Priewe ist Professorin für Erziehungswissenschaft an der Universität Bielefeld. Ihre aktuellen Forschungsschwerpunkte sind das Portfolio in der LehrerInnenbildung (u.a. in bilateraler Kooperation mit dem Partnerland Türkei), professionelle Kompetenzen angehender LehrerInnen (Sek I) im Bereich Deutsch als Zweitsprache (DaZ), Allgemeine Didaktik und Unterrichtsplanung.
Kontakt: bkoch-priewe@uni-bielefeld.de

Dr. Christian Kraler ist assoziierter Professor für Bildungswissenschaften unter besonderer Berücksichtigung der Schulpädagogik an der School of Education der Universität Innsbruck. Ausbildung: Mathematik (Diplom), Mathematik-Philosophie/Psychologie/Pädagogik und Informatik Lehramt (Sek II). Focusing Therapeut (DAF). Forschungscherpunkte: Lehrerbildungsforschung, Bildungsgangforschung, Analyse von Bildungsstrukturen, Lernforschung.
Kontakt: Christian.Kraler@uibk.ac.at

Dr. Tobias Leonhard, Dipl-Päd., ist Schulpädagoge an der Pädagogischen Hochschule Heidelberg mit den Arbeitsschwerpunkten Professionsforschung, Schul- und Unterrichts-, sowie Schulentwicklungsforschung und vertritt derzeit eine Professur für Schulpädagogik an der Universität Mainz.
Kontakt: leonhart@uni-mainz.de

Susi Limprecht ist wissenschaftliche Mitarbeiterin im DFG-Projekt „Förderung von Lernkompetenzen auf der Grundlage des Portfolio-Ansatzes" am Lehrstuhl für Schulpädagogik und Didaktik am Institut für Erziehungswissenschaft an der Friedrich-Schiller-Universität in Jena. Ihre aktuellen Forschungsschwerpunkte sind die Portfolioarbeit im schulischen Kontext, die Medienpädagogik für den Ganztagsschulbereich, Lehren und Lernen im Kontext neuer Medien sowie Jungen und Medien: die Bedeutung und der Umgang mit Medien in der Adoleszenz.
Kontakt: Susi.Limprecht@uni-jena.de

Dr. Harry Neß ist wissenschaftlicher Mitarbeiter am Deutschen Institut für Internationale Pädagogische Forschung. Seine aktuellen Forschungsschwerpunkte sind der europäische Dialog zu den aktuellen Herausforderungen und innovativen Maßnahmen in der beruflichen Bildung, die Entwicklung eines gemeinsamen Instruments zur Erkennung und Anerkennung von informellem, non-formalem und formalem Lernen in der Verzahnung der drei Phasen der Lehrerbildung, der internationale Vergleich von Berufsbildungssystemen unter besonderer Berücksichtigung von Aspekten der Doppelqualifikation und des Mobilitätsverhaltens sowie die Steuerung beruflicher Aus-, Fort- und Weiterbildung.
Kontakt: ness@dipf.de

Anna Pineker, M.Ed., hat Chemie, Geschichte und Erziehungswissenschaft für das Gesamtschul- und Gymnasiallehramt studiert und ist wissenschaftliche Mitarbeiterin an der Universität Bielefeld. Sie promoviert zur integrativen Sprachförderung. Ihre aktuellen Arbeitsschwerpunkte sind Professionsforschung, Schul- und Unterrichtsforschung, Allgemeine Didaktik und Portfolio in der Lehrerinnenbildung.
Kontakt: anna.pineker@uni-bielefeld.de

Katja Rentsch-Häcker, Dipl.-Päd., Lehrerin, systemisch-integrative Beraterin, ist pädagogische Leiterin des Pädagogischen Kollegs Rostock (PKR). Ihre Arbeitsschwerpunkte sind offene Lernformen, Werkstattunterricht und Portfolioarbeit.
Kontakt: krentsch@kolleg-rostock.de

Dr. Vanessa Rumpold ist wissenschaftliche Mitarbeiterin in der Bielefeld School of Education (BiSEd), Projekt BI:Train. Ihre Arbeitsschwerpunkte sind: Entwick-

lung von Angeboten zur Kompetenzentwicklung für Studierende, Beratung und Supervision, Gender und Diversity.
Kontakt: vanessa.rumpold@uni-bielefeld.de

Christine Sonntagbauer, B.Ed., M.A., ist wissenschaftliche Mitarbeiterin in Ausbildung an der School of Education der Paris Lodron Universität Salzburg. Forschungsschwerpunkte: Fachdidaktik Deutsch, Schreibkompetenz und selbstreguliertes Lernen, Portfolioarbeit im schulischen Kontext (Sek II).
Kontakt: christine.sonntagbauer@sbg.ac.at.

Jan Christoph Störtländer, M.Ed., hat Philosophie, Deutsch und Erziehungswissenschaft für das Gesamtschul- und Gymnasiallehramt studiert und ist wissenschaftlicher Mitarbeiter an der Universität Bielefeld. Er promoviert zum Verhältnis von Allgemeiner Didaktik und dem Capabilities Approach und arbeitet in verschiedenen Projekten zur Allgemeinen Didaktik sowie zum Portfolioeinsatz in der LehrerInnenbildung.
Kontakt: jan_christoph.stoertlaender@uni-bielefeld.de

Dr. Lilian Streblow ist wissenschaftliche Mitarbeiterin in der Bielefeld School of Education (BiSEd), Projekt BI:Train. Ihre Arbeitsschwerpunkte liegen in den Bereichen: Evaluation, Entwicklung und Durchführung von Angeboten zur Kompetenzentwicklung für angehende Lehrerinnen und Lehrer sowie der Förderung von Lesemotivation von Schülerinnen und Schülern der Sekundarstufe.
Kontakt: lilian.streblow@uni-bielefeld.de

Nicole Valdorf ist wissenschaftliche Mitarbeiterin in der Bielefeld School of Education (BiSEd), Projekt BI:Train. Ihre Arbeitsschwerpunkte sind Entwicklung von Angeboten zur Kompetenzentwicklung für Studierende, Kollegiale Beratung, Portfolioarbeit.
Kontakt: nicole.valdorf@uni-bielefeld.de

Dr. Rose Vogel, Professorin für Didaktik der Mathematik im Primarstufenbereich an der Goethe-Universität in Frankfurt am Main. Ihre aktuellen Forschungsschwerpunkte sind multimodale Aspekte des Mathematiklernens, die hochschuldidaktische Forschung, die fachdidaktische Professionsforschung, die frühe mathematische Bildung sowie die Bedeutung von Rückmeldungen im mathematischen Lehr-Lern-Prozess.
Kontakt: vogel@math.uni-frankfurt.de

Dr. Felix Winter arbeitet am Institut für Erziehungswissenschaft der Universität Zürich in der Lehrerbildung. Seine Hauptarbeitsgebiete sind neue Formen

der Leistungsbeurteilung und Portfolioarbeit. Er ist Sprecher des Internationalen Netzwerks Portfolioarbeit.
Kontakt: felix.winter@igb.uzh.ch

Christine Ziegelbauer ist wissenschaftliche Mitarbeiterin am Lehrstuhl für Schulpädagogik und Didaktik am Institut für Erziehungswissenschaft an der Friedrich-Schiller-Universität in Jena. Ihre aktuellen Forschungsschwerpunkte sind der Portfolioeinsatz in der LehrerInnenbildung, die Selbstkonzepte von Lehramtsstudierenden sowie die Förderung selbstregulierten Lernens bei Studierenden.
Kontakt: christine.ziegelbauer@uni-jena.de

Dr. Sascha Ziegelbauer ist wissenschaftlicher Mitarbeiter am Lehrstuhl für Schulpädagogik und Didaktik am Institut für Erziehungswissenschaft an der Friedrich-Schiller-Universität in Jena. Seine aktuellen Forschungsschwerpunkte sind die Portfolioarbeit im Physikunterricht, die Akzeptabilität von Portfolios bei Schülerinnen und Schülern, Lehrerinnen und Lehrern sowie Lehramtsstudentinnen und -studenten, Lern-Lehrportfolios in der Lehrerbildung, der Innovationsbegriff in Schule und Unterricht, wissenschaftliches Arbeiten in der Sekundarstufe II sowie die Akzeptanz im Kontext von Implementationsforschung.
Kontakt: Sascha.Ziegelbauer@uni-jena.de